普通高等院校经管系列『十四五』规划教材·数字化财税应用系列

ADVANCED MANAGEMENT ACCOUNTING

高级管理会计

邢凯华 主编
宋粉鲜 罗曼珊 副主编

立信会计出版社
LIXIN ACCOUNTING PUBLISHING HOUSE

图书在版编目(CIP)数据

高级管理会计 / 邢凯华主编. --上海：立信会计出版社，2024.8
ISBN 978-7-5429-7485-3

Ⅰ.①高… Ⅱ.①邢… Ⅲ.①管理会计－教材 Ⅳ.①F234.3

中国国家版本馆 CIP 数据核字(2024)第 017493 号

策划编辑　张巧玲
责任编辑　张巧玲
助理编辑　窦乔伊
美术编辑　吴博闻

高级管理会计
GAOJI GUANLI KUAIJI

出版发行	立信会计出版社		
地　　址	上海市中山西路 2230 号	邮政编码	200235
电　　话	(021)64411389	传　　真	(021)64411325
网　　址	www.lixinph.com	电子邮箱	lixinaph2019@126.com
网上书店	http://lixin.jd.com		http://lxkjcbs.tmall.com
经　　销	各地新华书店		
印　　刷	常熟市人民印刷有限公司		
开　　本	787 毫米×1092 毫米　　1/16		
印　　张	16.25		
字　　数	406 千字		
版　　次	2024 年 8 月第 1 版		
印　　次	2024 年 8 月第 1 次		
书　　号	ISBN 978-7-5429-7485-3/F		
定　　价	54.00 元		

如有印订差错，请与本社联系调换

普通高等院校经管系列"十四五"规划教材·数字化财税应用系列编审委员会

委员会顾问
田高良（西安交通大学）

委　员（排名不分前后）
徐焕章（西安工程大学）
李永红（西安邮电大学）
谢　涛（西安欧亚学院）
宋粉鲜（西安欧亚学院）
罗艳妮（西安欧亚学院）
谢晓妮（西安欧亚学院）
贺　鸣（西安欧亚学院）
侯玉荣（西安欧亚学院）
杨徐馨（西安欧亚学院）

总　序

"教材建设是事关未来的战略工程、基础工程,教材体现国家意志"。近年来,由新业务、新变化、新需求拉动企业会计准则及其应用指南、管理会计及其应用指引等的不断推陈出新,以及财务机器人、大数据、区块链、人工智能等新技术及其应用加速涌现,让广大会计、审计、财务管理、税务理论研究和实际工作者及学生目不暇接。大智移云物区时代,企业与经济发展对会计、审计、财务管理、税务人才的要求越来越高,具备大数据思维和信息素养的财、税、审专业人才越来越受到企业欢迎。因此,进一步深化会计、审计、财务管理、税务教育改革,培养满足新时代需求的高素质会计、审计、财务管理、税务人才,是当前我国高等学校教育的紧迫任务。我们一直努力探索会计学专业和财务管理专业的教育改革,尤其是教材改革。

从2018年起,伴随会计学、财务管理两个一流专业建设,我们启动了相关专业课程体系重构,以及相应启动"普通高等院校经管系列'十四五'规划教材·数字化财税应用系列"的建设工作。教材编审委员会审定通过并确定的课程教材体系由特色课程教材、实务实践课程教材、信息化专业课程教材三个模块构成。特色课程教材包括《公司财务》《税法》《成本与管理会计》《战略管理会计》四种;实务实践课程教材包括《审计学原理与实务》《内部控制实务》《信息化财务管理实务》三种;信息化专业课程教材包括《管理信息系统教程》《业财一体化教程》《财务数据处理技术——基于PowerBuilder》《智能财务共享理论与实践》《区块链会计》《大数据财税》《大数据审计(智能审计)》《智能财务报表分析》八种。这套系列教材从2020年起陆续由立信会计出版社出版发行。

在此次教材建设中,我们继续坚持教材建设"关注前沿与技术、理论与实务并重、兼容并蓄、务实创新"的原则,关注会计工作的本质及其发展变化规律,基于人才培养创新的视角,以企业"业财资税审数字化转型"实际需求为基础,结合行业认知、企业运营、信息化技术等进行教材内容设计。本系列教材具有"科学性、先进性、实用性和易教易学性"四个特点:一是系统论述会计学科、审计学科和财务管理学科的基本知识、理论和技能,全面反映我国经济改革以及会计、审计、财务管理改革和研究的最新成果,体现教材的科学性。二是立足现实,面向未来,结合信息化技术,体现教材的先进性。三是既与国际趋同,又与中国实际相结合,体现教材的实用性。四是充分尊重教学规律的要求,体现教材的易教易学性。

需要特别说明的是,自2021年起新出版的"普通高等院校经管系列'十四五'规划教材·数字化财税应用系列",持续得到了立信会计出版社以及许多兄弟院校和广大读者的热情支持与帮助,在此一并表示衷心的感谢!同时,我们也真诚地希望会计界、审计界、财务界的专家、学者和广大读者,对本系列教材提出宝贵的意见和建议,以便再版时修订和完善。

编审委员会

2023年6月

前言

2014年，财政部发布《关于全面推进管理会计体系建设的指导意见》；2016年，又颁布《会计改革与发展"十三五"规划纲要》，把管理会计人才列为急需紧缺人才，随后陆续颁布《管理会计基本指引》《管理会计应用指引》等一系列管理会计制度，标志着我国管理会计体系建设已上升到国家战略层面，成为会计未来发展的趋势和方向。深化管理会计教育改革，培养适应新时代需求的高素质管理会计人才是时代的要求，基于此，编者在多年管理会计教学的基础上，吸收了国内外已有管理会计教材的优秀成果，撰写了本书，希望能反映国内外管理会计实践的最新发展。

传统管理会计强调服务于企业的内部管理，对企业的外部环境有所忽视，因而其所提供的信息同企业的战略决策缺乏相关性。现代管理会计以战略管理为主线，强调管理会计为企业战略决策服务。现代管理会计既参与战略规划的制定，又注重业财融合，支持和引导企业实施战略规划、评价战略实施情况，并完善激励机制。现代管理会计的目标是要创造和保持持久相对竞争优势，提供有利于企业针对竞争进行战略调整的财务和非财务信息。

与同类教材相比，本书具备以下特点：首先，本书站在企业全局的战略高度，体现管理会计思维的开放性，帮助解决企业实际问题，真正落实到企业财务支持业务的本质，以实现业财融合的目标。其次，本书内容吸收了国内外最新研究成果，包括管理会计的新理论、新方法、新工具，具体包括管理会计基础理论，战略管理会计，成本管理系统，平衡计分卡理论，经济附加值理论，战略预算管理，公司治理、激励机制与高管薪酬，内部控制与管理会计，大数据时代下的管理会计发展。最后，本书中每个知识点都用大量案例予以解释说明，力求做到知识与能力相结合、实践与实务相结合，培养读者的自学能力和解决问题能力；重点突出应用型人才培养的特色。

本书可作为会计学、财务管理和审计学等专业本科生和工商管理硕士（MBA）的教材。本书由邢凯华担任主编，由宋粉鲜、罗曼珊担任副主编。各章撰写分工如下：邢凯华编写第一章、第二章、第三章、第八章、第九章；罗曼珊编写第四章、第五章、第七章；宋粉鲜编写第六章。本书由邢凯华拟定编写提纲，在编写过程中全体编者多次进行讨论和修改。

在本书的编写过程中，我们参阅了国内外大量的文献资料，在此向相关文献作者致以诚挚的感谢，同时由于我们经验和水平有限，书中如有疏漏之处，恳请各位专家学者和广大读者不吝赐教，以便再版时修订和完善。

编者
2024 年 5 月

目 录

第一章 管理会计基础理论 ·· 001
  第一节 管理会计的产生与发展 ································ 001
  第二节 管理会计的基本内容与职能 ···························· 006
  第三节 管理会计与财务会计的区别和联系 ······················ 008
  第四节 管理会计的基本假设与原则 ···························· 011
  第五节 管理会计组织工作 ···································· 013
  第六节 管理会计新主题:培育企业核心能力 ····················· 016
  思考与讨论 ··· 019
  章节案例 ··· 019

第二章 战略管理会计 ·· 022
  第一节 战略管理概述 ·· 022
  第二节 战略管理会计基本理论 ································ 025
  第三节 战略定位分析 ·· 032
  第四节 价值链分析 ·· 045
  第五节 成本动因分析 ·· 051
  第六节 竞争战略 ·· 055
  思考与讨论 ··· 062
  章节案例 ··· 062

第三章 成本管理系统 ·· 065
  第一节 作业成本法 ·· 065
  第二节 全生命周期成本 ······································ 076
  第三节 质量成本管理 ·· 081
  思考与讨论 ··· 093
  章节案例 ··· 094

第四章 平衡计分卡理论 ·· 099
  第一节 平衡计分卡概述 ······································ 099
  第二节 平衡计分卡的基本内容 ································ 102
  第三节 平衡计分卡的特点 ···································· 108
  思考与讨论 ··· 111
  章节案例 ··· 111

第五章　经济附加值理论 ······ 116
第一节　传统财务绩效评价缺陷 ······ 116
第二节　经济附加值概述 ······ 119
第三节　经济附加值的应用 ······ 122
思考与讨论 ······ 124
章节案例 ······ 124

第六章　战略预算管理 ······ 128
第一节　战略预算管理概述 ······ 128
第二节　战略预算循环 ······ 132
第三节　基于战略的预算编制 ······ 134
第四节　基于战略的预算考评与薪酬设计 ······ 145
第五节　交互预算 ······ 148
思考与讨论 ······ 151
章节案例 ······ 152

第七章　公司治理、激励机制与高管薪酬 ······ 162
第一节　公司治理与管理会计 ······ 162
第二节　治理机制 ······ 173
第三节　激励机制 ······ 197
第四节　公司高管薪酬 ······ 199
思考与讨论 ······ 202
章节案例 ······ 203

第八章　内部控制与管理会计 ······ 206
第一节　内部控制与管理会计概述 ······ 206
第二节　内部控制概述 ······ 210
第三节　内部控制活动 ······ 217
思考与讨论 ······ 229
章节案例 ······ 229

第九章　大数据时代下的管理会计发展 ······ 233
第一节　财务共享服务中心 ······ 233
第二节　财务智能 ······ 238
思考与讨论 ······ 243
章节案例 ······ 243

主要参考文献 ······ 247

第一章
管理会计基础理论

教学目标

通过本章的学习,学生需要了解管理会计的发展过程及发展趋势,掌握管理会计的基本内容,理解管理会计的发展的新主题。

第一节 管理会计的产生与发展

一、管理会计的概念

美国会计学会管理会计委员会于1958年对管理会计所下的定义是:管理会计是指为了协助经营管理人员拟订能达到合理经营目的的计划,并作出能达到上述目的的明智决策,在处理本企业历史和计划的经济资料时所运用的被认为是适当的技术和概念。

英国成本和管理会计师协会在1982年发表了一个广义的管理会计定义,其认为:管理会计是为管理当局提供所需要信息的那一部分会计工作,使管理当局得以确认方针政策;对企业的各项经营活动进行计划和控制,保护财产的安全;向企业的外部人员反映财务状况;向职工反映财务状况;对各个行动的备选方案作出决策。为此,企业需要编制长期计划,确定短期经营计划;对实际业务进行记录;采取行动纠正偏差,将未来的实际业务纳入进来;获取并控制各种资金。这种广义的管理会计定义及其解释,当时得到了国际会计师联合会管理会计委员会的认可。

美国著名会计学家罗伯特·卡普兰教授在其代表作《高级管理会计》一书中指出:管理会计是一个对信息进行搜集、分类、汇总、分析和报告的系统。它帮助管理人员进行决策和控制活动。财务会计侧重于为企业的外部人士提供报告,而管理会计侧重于内部的计划和控制活动。

20世纪80年代初,西方管理会计的理论被介绍到中国。我国会计学者在解释管理会计定义时,提出了如下重要观点:管理会计是一个服务于企业内部经营管理的信息系统,是一种为管理部门提供信息服务的工具。

从学科的性质看,管理会计是一门新兴的、以现代管理科学为基础的综合性交叉学科;从工作性质看,管理会计是信息系统的一个子系统,是决策支持系统的重要组成部分。

综合以上观点,我们可对管理会计作出如下定义:管理会计是把会计和管理结合起来的一门新兴的边缘性学科,它主要是通过运用一系列的专门方法,对财务会计及其他相关资料进行深加工,为企业内部进行预测、决策、规划、控制和业绩考核评价服务的一整套信息处理系统。这一定义不仅概括了管理会计的对象、职能和方法,而且还指明了管理会计的学科性质和工作性质。

管理会计与财务会计是现代企业会计的两大分支,它们之间既有区别又有联系。两者的区别与联系将在本章第二节中具体阐述。

二、传统管理会计的发展历程

管理会计的雏形产生于20世纪20年代,其在20世纪50年代形成基本体系,20世纪70年代以后在世界范围内得以迅速发展和传播。管理会计从传统的会计中分离出来,成为一门新兴的学科,是有它的客观原因的。管理会计是市场经济发展和科学技术发展的必然结果。管理会计的雏形,即早期的执行性管理会计,其形成可以追溯至20世纪二三十年代。

19世纪末20世纪初,产业革命加速了资本主义经济的发展,生产规模的社会化和激烈的自由竞争,使得原来那种单凭经验和主观臆断进行管理的方法已不能适应企业管理的要求,于是泰罗的科学管理理论便应运而生。被西方誉为"科学管理之父"的泰罗于1911年出版《科学管理原理》,从而开创了企业管理上的一个新纪元。"泰罗制"逐步被推广,并于20世纪20年代达到顶峰。"泰罗制"的核心是:通过动作与时间的研究,制定额定的工作量和工资标准,用来考核和评价工作成绩。泰罗于1881年在米德维多钢铁厂任领班时,就开始了"动作与时间"的研究。他把每一种工作流程先尽可能分解为许多基本动作,然后通过观察最熟练工人的操作,从中找出最快、最好的操作方法,再加上一些额外的时间(如必要的休息、不可避免的耽搁等)作为额定的时间,在此基础上定出一天的额定工作量,并根据工人完成的好坏,给予其高低不同的工资。"泰罗制"实践的效果是明显的,如搬运工搬运的生铁,由原来每人每天16吨提高到50吨;工人工资由每天1.15美元提高到1.88美元;每吨生铁的搬运费由7.2美分下降到3.8美分。动作和时间方面的高度标准化,可以大大降低人工成本,并提高企业利润。列宁于1918年在《苏维埃政权的当前任务》一文中指出:资本主义在这方面的最新发明——"泰罗制",也同资本主义其他一切进步的东西一样,有两个方面,一方面是资产阶级剥削的最巧妙的残酷手段;另一方面是一系列的最丰富的科学成就,即按科学来分析人在劳动中的机械动作,省去多余的笨拙的动作,制定最精确的工作方法,实行最完善的计算和监督制,等等。

作为配合推行泰罗的科学管理方法而进行的初步尝试,一些与泰罗的科学管理方法直接相联系的技术方法开始被引进到会计中来。在会计业务中增加了"标准人工成本"和"成本差异",出现了标准人工成本法。后来,另一位管理学专家甘特把标准人工成本法引申到材料和制造费用的成本管理中,形成了"标准人工成本""标准材料成本"和"标准制造费用"的标准成本体系。1919年,美国全国成本会计师协会的成立,加快了标准成本的推广,并将它纳入会计系统,成为标准成本会计。与此同时,预算控制和差异分析等方法也相继出现。20世纪20年代,少数学者开始提出"管理会计"这一名词,并有相关著作问世。1922年,奎因坦斯出版了《管理会计：财务管理入门》；1924 年，麦金西的《管理会计》专著面世；布里斯出版了《通过会计进行经营管理》等著作。他们提出了利用会计加强企业内部管理，为企业内部管理服务的观点，但是由于没有形成相对独立的完善体系，当时并未引起人们的重视。据此，可以认为，以泰罗的科学管理理论为基础，以标准成本、预算控制和差异分析为主要内容的早期执行性管理会计，在 20 世纪 20 年代已经萌芽。

20 世纪三四十年代，由于受到几乎波及整个西方资本主义世界范围的经济危机和第二次世界大战的双重影响，经营环境恶化、资金筹措不易迫使企业想方设法加强内部管理，挖掘内部潜力。人们又提出了成本性态分析、本量利分析和变动成本法等管理会计的基础理论和方法，再加上原来的标准成本、预算控制和差异分析，管理会计的雏形基本形成。

现代管理会计的真正形成和迅速发展，是从 20 世纪 50 年代开始的。20 世纪 50 年代，世界经济进入了第二次世界大战后发展的新时期。其主要特点表现在：第一，现代科学技术突飞猛进，并广泛应用于生产，使生产力获得十分迅速的发展。第二，资本进一步集中，企业规模日趋扩大，跨国公司大量涌现，市场竞争更加激烈，企业经营环境更趋复杂。这些特点对企业管理也提出了相应的新要求：一方面要求企业内部管理更加合理化、科学化；另一方面要求企业具有灵活多变的反应能力和适应能力，以免在激烈竞争中被淘汰。第二次世界大战后经济的这些新特点和新要求，直接冲击了曾经风靡一时的泰罗科学管理理论。泰罗的科学管理理论的根本缺陷逐渐显露出来，如它只重视对生产过程的个别环节的高度标准化和高效化，而忽视企业管理的全局及企业与外部的关系；不把人当作有主动性、创造性的劳动者，而只作为机器的附属物来管理，势必会引起广大工人的强烈不满，因此难以持久地取得良好的效果。在这种背景下，现代管理科学理论应运而生。现代管理科学理论广泛吸收了自然科学和管理科学的研究成果，形成了以运筹学、行为科学为主要支柱，包括系统科学、电子计算机技术在内的一整套能较好地适应第二次世界大战后经济特点和要求的理论和方法，从而克服了泰罗的科学管理理论的重要缺陷。

现代管理科学理论的发展及其在企业管理中的成功应用，为现代管理会计学奠定了理论和方法的基础。例如，借助于运筹学中的有关理论和方法，建立了经营决策会计、投资决策会计和预测分析会计；借助于行为科学理论，建立了责任会计的方法体系。管理会计的应用范围日益扩大，作用越来越明显，也越来越受到重视。

1952 年，在伦敦举行的会计师国际代表大会上，"管理会计"这一专门术语被正式通过。原来传统的那一部分会计工作被称为财务会计，会计学被划分为财务会计和管理会计两大领域。

进入 20 世纪 50 年代以后，管理会计理论研究也呈现出良好的发展势头。美国、英国等发达国家陆续将管理会计学作为高等院校会计专业和其他财经管理专业的主干课程。西方会计学者撰写了大量的管理会计教材、专著和论文，其内容广泛，涉及预测决策会计、规划控制会计和责任会计。起初，西方会计学者只注重管理会计的实用性，而不注重它的理论研究，把管理会计理解为各种专门技术的应用。从 20 世纪 80 年代至今，管理会计的研究从实用的角度转向了理论研究。所属美国会计学会的管理会计事务委员会自 1980 年以来系统地发布《管理会计公告》，作为解决管理会计问题的指导原则。截至 1988 年 2 月，管理会计事务委员会共发布了 14 个《管理会计公告》。这些公告是按管理会计体系的类别进行编号的,其主要内容包括"目标"类公告 5 个、"术语"类公告 1 个、"实务与方法"类公告 8 个。

专业管理会计团体的成立,也是现代管理会计形成的标志之一。早在 20 世纪 50 年代,美国会计学会就设立了"管理会计委员会"。1972 年,美国全国会计师联合会又成立了独立的"管理会计协会",并举行了全美第一届执业管理会计师资格考试;几乎与此同时,英国也安排了类似的考试。从此,西方出现了"执业管理会计师"(CMA)职业,管理会计与财务会计的区分已形成制度化。1985 年,美国"管理会计协会"更名为"执业管理会计师协会"。同年,英国也成立了"成本和管理会计师协会"。美国和英国分别出版了专业性刊物《管理会计》月刊,并在全世界发行。后来,又有许多西方国家出版发行了管理会计专业杂志。

从 20 世纪 60 年代末 70 年代初开始,受统计决策理论和不确定条件下的经济学研究成果的影响,西方管理会计学者开始对以新古典经济学为基础的管理会计进行反思,并逐步放松了管理会计原有的基本设定,将不确定因素和信息成本概念引入管理会计,进而开始将信息统计学和行为科学等引入管理会计的研究,使管理会计的研究领域进一步拓宽。

20 世纪 70 年代管理会计逐步风靡全世界。如果说 20 世纪 70 年代以前管理会计理论比较流行的话,那么 20 世纪 80 年代以后研究重点则是管理会计如何推广和应用的问题。1980 年 4 月 24 日至 26 日,国际会计师联合会在法国巴黎召开了第一次欧洲会计专家会议。会议上,与会专家和学者发出呼吁:为了在当今复杂多变的世界上使企业能够生存下去并繁荣起来,一个战略性的问题就是推广和应用管理会计。王丙乾在 1980 年全国会计工作会议上提出,要在中国逐步推广和应用管理会计,管理会计开始引进到中国。

20 世纪 80 年代以后,伴随着全面质量管理、适时制造、时间竞争、弹性制造等管理理念的陆续产生,以及在企业管理中的不断应用,企业面临着竞争更加激烈的全新的商业环境,管理会计发展到战略管理会计阶段。战略管理会计的主要内容包括价值链分析、战略定位分析、作业成本管理、以战略为导向的全面预算管理、以战略为导向的绩效评价等内容。

三、现代企业组织的变化与现代管理会计

在传统的工业经济时代,企业主要靠扩大生产规模,提高原材料利用率、设备利用率、劳动生产率(即提高生产效率)来提高经济效益。在这样的技术经济环境下,产生了以标准成本制度、变动成本法、责任会计、本量利分析为主要内容的基础管理会计。伴随着科学技术的巨大进步和社会经济的发展变化,西方的一些大企业进行了一系列改革,在早期采用全面质量管理、柔性制造系统和标杆管理等提高生产效率的措施后,它们将改革的重点逐步转移到组织结构方面。其表现为:企业各部门功能开始融合,交叉现象层出不穷,如制造部门可能兼有直销、会计与财务的功能,销售部门可能兼有市场调查、会计、财务、工程技术的功能等。此外,随着计算机的广泛应用和信息处理能力的日益增强,企业上下级之间、多功能部门之间,以及与外界环境之间的信息交流变得十分便捷,企业对环境的应变性和灵活性大大提高。此时,管理会计对企业组织结构的变化最为敏感,其传统的内容、职能和作用等均发生了变革和创新。

企业经营环境的变化引起了企业组织的变革,企业组织的变革引起了企业管理的变化,企业管理的变化又引起了管理会计的创新。环境的变化主要包括:首先,竞争的变化,如竞争规则的变化。随着更多的国家和地区加入世界贸易组织(WTO),竞争日益全球化;人们生活水平提高,顾客需求在不断变化,导致竞争更加复杂和激烈。其次,生产经营技术方面

的变化,如越来越多的企业采用了适时生产系统(JIT)、全面质量管理(TQM)、ISO9000系列质量管理系统、柔性制造系统、计算机一体化制造系统等。最后,信息加工技术方面的变化,如计量技术、沟通交流技术、加工技术、报告与分析技术的采用等,还有越来越多的企业采用了物料需求计划(MRP)与制造资源规划(MRPU)系统、企业资源计划(ERP)信息管理系统等。

企业从实践中体会到,速度、创新和知识将成为决定企业成败的关键因素。在今天高度竞争和技术驱动的环境中,限制企业增长和战略成功的稀缺资源不是资金,而是专业化的知识和专长,以及蕴藏在企业中的组织能力。换言之,企业为获得竞争优势,必须从资源分配、管理层次的设置、决策程序和部门之间关系等多个方面对原有的组织模式进行改造。尽管企业的组织变革各有侧重,具体方法也不尽相同,但是可以看出西方大企业的组织变革呈现出一种共同的趋势,即存在了60多年几乎被所有大企业采用的事业部制的组织模式正在被一种新型的组织模式所取代,这种组织模式被称为扁平化的网络组织或N型组织。

进入20世纪90年代以来,这种以减少企业管理层、强化分权管理为主要内容的组织模式变革层出不穷。英国电讯公司的管理层级由12层减为6层,在1992年和1993年两年中,该公司解雇了900名高级管理人员和5 000名中级管理人员;1994年3月,该公司又宣布裁减35名年薪在5万~10万英镑的高级主管。美国通用电气公司的管理层次也由9层减为4层,公司的高级经理从700名减少到400名,总公司的管理人员由原来的2 100人减少到1 000人。1992—1995年,德国大众汽车制造公司不仅取消了过去分为6级的管理层次,管理人员也由1 000人减少到800人。近年来,许多企业的实践表明,21世纪就业机会消失最多的是中层管理人员的职位,这实质上是组织扁平化的必然结果。

与事业部制相比,这种新组织模式的单元和单元之间的关系类似于一个网络。从总体上看,它是一个由众多独立的创新经营单位组成的彼此有紧密纵横联系的网络,其主要特点如下。

1. 分散性

它不是几个或几十个大的战略经营单位的结合,而是由为数众多的小规模经营单元构成的企业联邦,这些经营单元具有很大的独立性。这种模式减少了基层单位对企业集团或总公司在技术、财务和人力等方面的依赖,基层企业的权力和责任极大增强,充分调动和发挥了基层员工的主动性、积极性和创造性。这一特征使管理会计信息不仅为少数高层管理者服务,而且为更广泛的基层管理者服务,为整个企业集团服务。例如,海尔的"人单合一管理系统"。

2. 创新性

随着这种组织模式导致的基层企业权力和责任的增大,需要促使其对本单位的经营绩效负责。因此,基层经理从传统的执行者的角色转变为创新活动的主要发起人,为企业创造和追求新的发展机会;中层经理不再扮演控制者的角色,转而变成了基层经理关键的资源,辅导和支持基层员工的工作。此时的最高管理层的精力主要集中于驱动创新过程。创新活动已经从过去由少数高层管理人员推动转变为企业基层人员的重要职责,创新活动遍及企业的各个角落。现代管理会计要为企业的创新提供必要的信息支持。

3. 高效性

在这种组织模式下,行政管理和辅助职能部门十分简练,基层员工有必要的经营自主权,通常采用柔性管理的方式,即通过频繁的纵向沟通,让基层员工真正了解企业的总体战略目标和战略意图,培养和营造共同的价值观念和企业文化。基层员工可以自主地根据具体市场情况组织生产经营活动,快速地对市场变化作出反应。这一特征要求管理会计更加注重实用性,在实践中不断学习和修正。

4. 协作性

在这种组织模式下,独立的小规模经营单位资源有限,不能像事业部那样自给自足,在生产经营中必须大量依赖与其他单位的广泛合作。这种基层经营单位之间主动广泛合作,为知识、技能等资源在企业内的转移和企业能力的整合提供了重要渠道。中间管理层在促进经营单位合作的过程中发挥着关键作用。计算机信息系统的不断成熟和普遍使用将中层管理人员从纵向信息传递的繁重任务中解脱出来,使其将主要精力放在横向沟通与资源和能力的整合上。这种横向整合是多元的,有信息的交流、人员的流动、非正式的人际交往等社会交往过程。这一特征迅速提升了管理会计在整个企业价值管理中的地位和作用,管理会计信息开始由内而外,协调和服务于企业集团的整体利益。

总之,随着企业组织结构的扁平化,企业内部各个层级的自主权越来越大,很多过去不是管理者的员工今天成为新的管理者,很多过去不需要管理会计信息的员工今天也需要管理会计信息的支持,而且需要实时的、在线的管理会计信息,由此,现代管理会计将演变为意义更广、内容更丰富、可以提供实时信息的"组织会计"。

第二节 管理会计的基本内容与职能

一、管理会计的基本内容

管理会计的基本内容是由完成管理会计职能和目标的具体理论及方法组成的,可分为预测分析、决策分析、全面预算、成本控制和责任会计五个方面。

1. 预测分析

预测分析主要是指根据现在推断未来、根据已知推断未知的活动。管理会计中预测分析的内容主要包括销售预测、成本预测、利润预测和资金需要量的预测。预测分析可以为决策分析提供必要的资料,为企业作出正确的决策服务。

2. 决策分析

决策分析是在预测分析的基础上进行的,其主要内容包括短期经营决策和长期投资决策。短期经营决策一般是指在一个经营年度或经营周期内能够实现其目标的决策,主要包括生产决策、定价决策和存货决策等内容。长期投资决策是指在较长时期内(超过1年)才能实现其目标的决策。它的主要特点是对若干期的收支产生影响,一般需要投入大量资金,回收慢,风险也较高。

3. 全面预算

全面预算就是以货币为主要指标,展示未来某一特定期间内企业全部经营活动目标及其资源配置的财务计划。它一般包括经营预算、财务预算和资本预算,其内容将在以后有关章节中说明。

4. 成本控制

成本控制是对企业生产经营的各个方面、各个环节和各个阶段所有成本的控制。它不仅要控制产品生产阶段的成本,而且还要控制产品设计试制阶段、销售阶段和售后服务阶段的成本;不仅要控制产品成本,而且还要控制产品成本以外的其他成本,如质量成本和使用寿命周期成本;不仅要加强日常的反馈性成本控制,而且还要做好事前的前馈性成本控制。它在时间上贯穿于企业生产经营的全过程,在空间上渗透企业的方方面面。

5. 责任会计

责任会计是现代分权管理模式的产物,它是通过在企业内部建立若干个责任中心,并对其分工负责的经济业务进行规划与控制,以实现业绩考核和评价的一种内部控制会计。责任会计是管理会计的一个子系统。

上述内容中,预测分析和决策分析可以合称为预测决策会计;全面预算和成本控制可以合称为规划控制会计。这样,管理会计的基本内容也可以归纳为三大类,即预测决策会计、规划控制会计和责任会计。以上内容既相互独立,又相辅相成,共同构成了管理会计的基本内容。

二、管理会计的基本职能

会计的职能是指会计应具备的内在功能。财务会计的基本职能是核算和监督;管理会计的基本职能是管理会计实践本身客观存在的必然性所决定的内在功能。与管理会计基本内容相对应,管理会计的基本职能可以概括为以下五个方面。

1. 预测经营前景

预测是指采用科学的方法推测客观事物未来发展必然性或可能性的行为。会计人员可以根据现在推测判断将来,根据已知推测判断未知。管理会计发挥预测经营前景的职能,就是按照企业的现实情况和将来可能出现的各种因素,充分考虑经济规律的作用和经济条件的约束,选择合理的方法和模型,对企业的销售、成本、利润和资金的变动趋势和水平作出预计和推测,为企业经营决策提供有用的信息。

2. 参与经营决策

决策是指在充分考虑各种可能的前提下,以预测为基础,按照客观规律的要求,通过一定的程序和方法对未来实践的方向、目的、原则和方法作出决定的过程。会计人员在只有一个方案可供选择时,要对该方案的可行性作出决策;在有几个方案可供选择时,要对各个备选方案的优劣进行分析比较和排序,并从中选出最优方案。决策在企业经营管理中具有十分重要的地位。决策工作贯穿于企业经营管理的各个方面和整个过程的始终,所以决策的正确与否直接影响一家企业的成败和兴衰。管理会计的决策职能主要体现在生产决策、定价决策、存货决策和长期投资决策等方面,有关内容及方法将在以后章节中陆续阐述。

3. 规划经营目标

规划主要是指对企业的未来生产经营活动作出计划。管理会计的规划职能是通过编制各种计划和预算实现的。它要求在最终决策方案的基础上,将事先确定的各项经营目标分解落实到各有关预算中去,从而合理、有效地组织协调供、产、销,以及人、财、物之间的关系,并为控制和业绩考核创造条件。

4. 控制经营活动

管理会计的控制职能要求会计人员把对经营活动过程的事前控制和事中控制有机地结合起来,即事前制定科学可行的各项标准,并根据执行过程中的实际与计划发生的偏差进行原因分析,以便及时采取措施进行调整,改进管理工作,确保经营活动按照预定的目标顺序进行。

5. 考核评价经营业绩

在生产力的各个组成要素中,劳动者是一个十分重要的因素,企业如果能把劳动者的积极性和创造性调动起来,会极大地提高劳动生产率。现代管理会计十分重视充分调动劳动者的积极性,通过建立责任会计制度,在企业内部各部门明确各自责任的前提下,逐级考核责任指标的执行情况,找出问题和不足,科学地考核和评价经营业绩,从而为奖惩制度的实施和未来工作改进措施的制定提供必要的依据。

第三节 管理会计与财务会计的区别和联系

一、管理会计与财务会计的区别

1. 工作侧重点不同

财务会计工作的重点在于通过一系列专门的会计核算方法,定期对外提供会计报告,满足企业外部债权人、投资者、财政税务部门、金融部门、上级主管部门和社会公众(包括潜在的投资者等)的需要,向上述与企业有利害关系的团体和个人报告企业的财务状况和经营成果。其具体目标主要是为企业外界服务,从这个意义上说,财务会计也可称为"对外报告会计"。

管理会计工作的重点在于加强企业内部管理,对企业的生产经营活动进行预测、决策、规划和控制,并对各个部门的工作业绩进行考核和评价,为企业内部各级管理人员提供有用的信息。其具体目标主要是为企业内部管理服务,从这个意义上说,管理会计也可称为"对内报告会计"。

2. 作用时效不同

财务会计的作用时效主要在于反映过去,它只是根据客观性原则,对已经发生的经济业务进行核算和监督,它强调客观性和可核实性,坚持历史成本原则。因为财务会计反映的都是过去实际已经发生的经济业务,所以它实质上属于算"死账"的"报账型会计"。

管理会计的作用时效并不局限于分析过去,更主要还在于它能利用有关资料控制现在,预测和规划未来。因此,管理会计实质上属于算"活账"的"经营型会计"。

3. 工作依据不同

为了取信于人,财务会计工作必须严格遵守一般公认会计原则(GAAP)。在我国现阶段,财务会计工作还必须遵守《中华人民共和国会计法》、企业会计准则和行业会计制度的规定。

管理会计主要是向企业内部各级管理人员提供加强内部管理所需要的信息,其面向未来且涉及的领域又比较广泛,所以它在很多方面可以不受上述原则和制度的约束。例如,在短期经营决策时,管理会计可以不受历史成本的约束、充分考虑重置成本和机会成本等因素的影响;在长期投资决策时,管理会计可以不受币值稳定假定和权责发生制原则的约束,按照收付实现制原则确定各期的现金净流量,并充分考虑货币的时间价值对决策方案的影响。

4. 工作程序不同

财务会计必须执行固定的会计循环程序。经济业务发生后,首先要取得和填制原始凭证,对原始凭证进行审核并据以填制记账凭证;其次要过入有关的总账、明细账和日记账,进行试算平衡、成本计算,期末要进行账项调整;最后在财产清查保证账实相符的基础上,编制各种会计报表。通常情况下,会计人员不得随意变更其工作内容或颠倒会计循环程序,它本身具有一定的强制性。在会计实务中,尽管不同行业之间经济业务的类型差异较大,但是财务会计循环的程序基本是固定的。

管理会计的工作程序是不固定的。企业可以根据自己的实际情况和管理需要,自行设计管理会计工作流程。有些能够从财务会计中直接取得的成本和收入资料,管理会计就没有必要按照固定的程序重新计算。在会计实务中,不同企业之间管理会计的工作程序具有较大的差异。

5. 计算方法不同

财务会计计算方法比较简单,只涉及初等数学的知识,而且运用范围也较少,一般情况下,加减乘除四则运算就能大体上满足财务会计计算方面的需要。

管理会计在计算方法的运用方面要求较高,为了解决复杂的经济问题,越来越多的高等数学、统计学方法、资金运筹学方法等被应用到管理会计中来。例如,应用回归分析法进行成本性态分析;应用微积分法计算边际收入和边际成本,以确定产品最优价格;应用概率分析法进行各种预测和决策分析;应用线性规划法进行产品最佳组合的决策分析等。

6. 工作范围不同

财务会计主要以整个企业为核算对象,全面、系统、连续核算和监督企业发生的全部经济业务,提供集中概括的财务会计信息,用来反映整个企业的财务状况和经营成果。其全面性要求凡属于该企业的经济业务都必须加以记录,不能有所遗漏。

管理会计主要针对企业局部的特定问题进行预测和决策,以企业内部的各个责任中心为单位进行业绩考核和评价。同时,管理会计也从整个企业的全局出发,认真考虑各项计划与决策之间的协调配合和综合平衡,把局部和全局有机地统一起来。

7. 会计报告方面不同

财务会计提供的会计报告需要对外公布,对准确性和真实性要求较高,并要承担一定的法律责任。为了便于有关部门进行汇总和比较分析,财务会计报表的格式比较固定,并要求定期对外报送。

管理会计提供的信息主要满足对内管理的需要,而且有许多是涉及未来的信息,不要求绝对精确,只要求具有及时性和相关性。由于管理会计报告的编制时间是不固定的,且它们一般不向社会发布,法律效力不高,只有参考价值。管理会计报表属于企业内部报表,没有统一的格式,企业可以根据管理需要自行设计。

8. 人员素质要求不同

财务会计的主要任务是对外提供会计信息,主要强调信息的真实性、相关性、及时性和清晰性,对会计人员的专业素质要求较高,对会计人员的知识方面相对而言要求并不苛刻。

财务会计工作一般需要专业操作能力较强、工作细致的专门人才来承担。

管理会计的主要任务在于加强企业内部管理，为企业内部管理服务。由于管理会计的方法灵活多样，也没有固定的程序可以遵循，其体系相对来说缺乏统一性和规范性，管理会计的工作水平在很大程度上取决于会计人员素质的高低。同时，由于管理会计工作需要考虑的因素较多、涉及的内容和方法比较复杂，要求从事这项工作的人员必须具备较宽的知识面和较深厚的专业造诣，具有较强的分析问题、解决问题和果断应变的能力。此外，管理会计所涉及的问题大多关系重大，尤其是决策工作，绝不允许素质较低的人员瞎参谋、乱指挥。可见，管理会计工作对会计人员素质的要求起点较高，需要由复合型高级会计人才来承担。

二、管理会计与财务会计的联系

管理会计作为从传统财务会计中分离出来的一门学科，与财务会计存在着一定的联系。管理会计与财务会计的联系主要体现以下三个方面。

1. 基本信息同源

管理会计虽然可以通过不同的渠道取得多种形式的资料，但最基本、最重要的还是会计核算资料。它不必像财务会计那样填制和审核凭证、登记账簿、记录和汇总企业日常发生的经济业务，这方面的工作依旧由财务会计完成，管理会计直接从财务会计中抽取有关的收入、成本等信息即可。所以，管理会计和财务会计虽说是两套不同的会计信息系统，但它们的基本信息来源却是相同的，即都是直接反映企业生产经营活动的原始信息。财务会计负责取得会计凭证并据以登记账簿；而管理会计只是对财务会计提供的有关数据进行一系列特殊的加工、改造，使之成为企业管理者预测、决策、规划、控制和考核评价经营业绩的主要依据。因此，归根结底，两者基本信息的源头是一致的。

2. 服务对象交叉

前面讲到，管理会计可称为"对内报告会计"；而财务会计可称为"对外报告会计"。但这样比拟，只是表明它们服务对象的侧重点不同，并不意味着两者在这个问题上完全割裂或对立。事实上，财务会计作为"对外报告会计"的同时也为内部服务；管理会计作为"对内报告会计"的同时也为外部服务。这是因为财务会计提供的许多重要指标，如资金、成本、利润等，对企业管理者特别是高层决策者也同样重要。企业管理层在不了解企业财务状况和经营成果的条件下，很难对未来生产经营活动进行正确规划，从而作出科学预测和决策。同样，管理会计提供的许多重要经济信息，以及根据这些信息所确定的目标、方针、计划和现金流量等，企业外部的债权人、投资者等也需要有所了解，这是他们决定投资、放款和估量未来收益时需要考虑的。尤其是管理会计所进行的预测、决策、规划和控制等各项工作，是围绕着企业生产经营的最佳运转而展开的，是为保持良好的财务状况和取得预期的经营成果服务的，同投资者、债权人的最终经济利益密切相关。20世纪70年代初，美国财务会计准则委员会要求把管理会计内部报表的财务状况变动表作为对外报送的资料。后来，国际会计准则委员会认可了这一决定，要求把财务状况变动表作为对外报送的三大报表之一。可见，管理会计与财务会计在为谁服务的问题上虽然有明确区别，但也有某些共同之处，两者之间存在服务对象交叉的现象。

3. 最终目标一致

管理会计和财务会计都处于现代经济条件下的现代企业环境之中；它们的工作对象总

体来看基本相同,都是企业经营过程中的价值运动;两者统一服从于现代企业会计总体要求,共同为满足信息使用者的要求服务。因此,它们的最终奋斗目标是一致的,即都是为了加强企业经营管理,提高企业经济效益和生产效率。

第四节 管理会计的基本假设与原则

一、管理会计的基本假设

会计假设是指面对变幻不定的社会经济环境,对会计领域中存在的某些尚未确定或当时无法验证的事项,根据客观的、正常的情况或趋势,作出合乎情理的逻辑性推断或命题。传统管理会计的基本假设,可根据管理会计的对象、职能、目标和工作环境的要求,分为以下六项。

1. 会计主体的假设

会计主体的假设是指管理会计人员要站在特定企业的立场上,为特定企业服务,它明确了管理会计的空间范围。管理会计只对特定企业的经营活动进行预测、决策、规划、控制和业绩考核评价服务,其目的在于加强特定企业的内部管理、提高特定企业的经济效益和生产效率。

2. 持续经营的假设

持续经营的假设是指假设企业能按照目前的状况和企业的未来发展规划持续存在下去,在可以预见的将来不会破产清算。它明确了管理会计工作的时间范围。只有在持续经营的前提下,管理会计的预测、决策、规划、控制和业绩考核评价工作才具有实际意义。

3. 货币时间价值的假设

货币时间价值是指作为资本使用的货币随着时间的推移所发生的增值。货币时间价值的假设是指它承认货币具有时间价值,即不同时期的同量货币价值是不同的。它假定企业投资的报酬与投资时间长短成正比,即时间越长,投资报酬就越多。这种说法也是一种假设,因为长期投资决策时所估算的报酬只能在实际投资之后才能确定和实现,而且这种报酬与利息率可能并不存在必然的联系。另外,由于投资环境的复杂性和风险性,投资报酬并不一定与时间长短成正比。

4. 成本性态与相关范围的假设

成本性态的假设是指企业按照成本性态,将全部成本区分为变动成本和固定成本两大类。相关范围的假设是指在特定时期和特定业务量范围内,假设固定成本总额不随业务量的增减变动而变动,变动成本总额随业务量变动成正比例变动。在此基础上,企业才能更方便地进行本量利分析、变动成本法的计算,并开展预测分析和短期经营决策分析。

5. 产销平衡和品种结构稳定的假设

产销平衡和品种结构稳定的假设是指企业在产销单一产品时,产量与销售量是一致的;而在企业同时产销多种产品时,假设各种产品销售收入在企业总收入中所占的比重是稳定的。只有在产销平衡和品种结构稳定假设的基础上,企业才能开展本量利分析等活动。而事实上,在企业实际经营过程中,产销未必一定平衡,品种结构也未必一直稳定不变。

  6. 变动成本法的假设

  变动成本法是指企业在计算产品生产成本时,只包括生产产品所消耗的直接材料、直接人工和变动制造费用,而把固定制造费用作为期间成本处理的一种成本计算方法。变动成本法的假设是指企业在计算产品生产成本时所选用的成本计算方法为变动成本法,而不是传统意义上的完全成本法(或称制造费用法)。在变动成本法的前提下,管理会计可以比较方便地开展本量利分析,进行预测分析和短期经营决策分析,而且编制全面预算的工作量也大大减轻。

二、管理会计的基本原则

  管理会计的基本原则是指处理管理会计业务、开展管理会计工作时所遵循的规范和标准。传统管理会计的基本原则包括以下六项。

  1. 相关性原则

  相关性原则是指管理会计所提供的信息应当有助于企业内部各级管理人员作出经济决策,应当对信息的使用者有用。所以,相关性原则也可称为有用性原则。

  2. 及时性原则

  及时性原则是指管理会计所加工出来的信息应当及时地提供给信息的使用者,以便于管理人员及时作出决策。如果信息提供不及时,就会降低其有用性,给企业造成损失。

  3. 明晰性原则

  明晰性原则是指管理会计所提供的信息应当清晰明了,便于信息使用者理解和利用。在提供管理会计信息时,提高信息的可理解性,增强其可读性,能扩大信息使用者的使用范围,提高信息的使用效益。明晰性是联结信息提供者和信息使用者之间的纽带,与决策者了解和使用信息密切相关。

  4. 重要性原则

  重要性原则要求企业对于重要的管理会计信息单独、及时反映。重要性原则意味着一些重要的管理会计信息可以随时不定期地单独提供给决策者,而且其计算应尽可能准确,表述应尽可能规范、严密。凡是细微的和不重要的会计信息,对决策的制定影响不大,可以采用花费代价最小的方式加以计量和记录,有时也可以直接从财务会计有关信息中取得。它同时体现了成本效益原则,这是因为取得的信息越多,信息的精确程度越高,必然花费的成本也越大。另外,管理会计的预测和决策等活动是针对未来的,而未来本身就具有一定的不确定性,所以管理会计有时只要计算出近似值,就可以作出正确决策。

  5. 中立性原则

  中立性原则是指管理会计提供的信息对不同的内部经济利益体的影响都是公平的,不能有意偏袒其中的任何一方。中立性之所以作为管理会计的一项基本原则,是因为管理会计信息通常作为各内部部门业绩考核评价或内部资源分配的重要依据。

  6. 利润最大化原则

  利润最大化原则是指企业在经营管理决策中,总是以目标利润最大的方案作为最优方案。在短期经营决策和长期投资决策中,如果同时有多个备选方案可供选择,管理会计人员要以目标利润最大的方案为中选方案,最终目的是能使企业总体目标利润实现最大化。

第五节　管理会计组织工作

管理会计组织工作是根据管理会计工作的特点,制定管理会计制度,设置管理会计机构,配置管理会计人员,以保证合理、有效地进行管理会计工作。

一、制定管理会计制度

1. 管理会计制度的概念

管理会计制度是指根据各单位的具体情况和内部管理的需要,用于开展和规范管理会计工作的规章制度。制定合理的管理会计制度并有效执行,能保证管理会计工作高效、有序地进行,可以使其提供的管理会计信息更具及时性和有用性,从而更好地满足企业加强内部管理的需要。

2. 制定管理会计制度的原则

企业在制定管理会计制度时,应遵循以下原则:
(1) 要遵循市场经济规律和国家有关财经法规的要求。
(2) 应体现本单位生产经营、业务管理的特点和要求。
(3) 应当科学、合理,便于操作和执行。
(4) 应当全面规范本单位的管理会计工作,保证管理会计工作的有序进行。

3. 管理会计制度的内容

(1) 建立管理会计工作体系。其主要内容包括:单位领导人、总会计师对管理会计工作的领导职责;管理会计部门及其负责人的职责和权限;管理会计部门与其他职能部门的关系等。

(2) 建立管理会计人员岗位责任制度。其主要内容包括:管理会计人员的工作岗位设置;各工作岗位的职责和标准;各工作岗位的人员和具体分工;工作岗位轮换办法;对各工作岗位的考核办法等。

(3) 建立管理会计业务规章制度。其主要内容包括:成本性态分析的方法;成本计算方法的选择;预测分析方法的选择和使用;短期经营决策分析的方法;长期投资决策评价指标的选择和运用;全面预算的内容及其编制方法;标准成本控制系统的建立和执行;责任中心的划分、内部转移价格的确定和业绩考核评价的方法等。

二、设置管理会计机构

任何企业都可以划分为各个不同的职能部门,使企业的经营活动更加易于管理。西方制造型公司组织大体上可分为生产部门和服务部门两大系统。凡是直接处理产品的生产和销售活动的,称为生产部门。至于其他部门,因为都是支持生产部门的工作,或为生产部门服务,故称为服务部门。西方企业中会计部门和财务部门一般是分开设置的。会计机构的负责人为"会计长",其职责和工作性质相当于我国的总会计师,所以也可以将其称为"总会计师"。财务机构的领导为"财务主任",其主要负责企业的财务问题,而不是经营问题。美国高级财务人员协会规定的财务主任与总会计师的职责划分如表1-1所示。

表1-1　　　　　　　　　　财务主任与总会计师的职责划分

财务主任	总会计师
(1) 提供资金；	(1) 规划与控制；
(2) 与投资人联系；	(2) 编制报告并进行解释；
(3) 短期理财；	(3) 业绩评价与咨询；
(4) 与银行往来并委托银行保管货币资金；	(4) 税务管理；
(5) 放账与收款；	(5) 向政府提出报告；
(6) 投资；	(6) 保护财产安全；
(7) 保险	(7) 经济评价

从表1-1可以看出，总会计师履行的前三项职责都属于管理会计的范畴。在总会计师职责之下，计划、控制、会计、税务与审计等专门领域，分别由管理会计师、成本会计师、财务会计师、税务专家、审计专家等负责管理。

在大、中型企业中，管理会计机构可以分设以下几个小组，每个小组的职责和要求如下。

1. 预测分析组

预测分析组负责成本按性态分类；进行本量利分析；销售预测；成本预测；利润预测；资金需要量的预测等。

2. 决策分析组

决策分析组负责搜集决策所需的资料；进行生产决策，确定生产什么、生产多少、怎样生产等问题；进行定价决策，确定产品最优售价，判断分析调价方案的可行性；进行存货决策，确定经济订货量、再订货点和最优生产批量；进行长期投资决策，判断长期投资决策方案的可行性，比较投资方案的优劣，确定最优方案。

3. 全面预算组

全面预算组负责全面预算中各项经营预算、财务预算和资本支出预算表格的设计；确定具体预算的编制方法；预算的执行、调整和检查分析；预算差异的具体处理。

4. 成本控制组

成本控制组负责标准成本的制定；日常标准成本的执行和控制；成本差异的计算分析和账务处理；质量成本控制；使用寿命周期成本控制等。

5. 绩效评价组

绩效评价组负责责任中心的划分；责任中心的业绩考核与评价；责任转账；编制责任报告；确定内部转移价格等。

根据企业规模大小和管理要求的不同，以上几个小组也可以适当合并或细分，以适应企业加强内部管理的需要。

三、配备管理会计人员

管理会计在以英、美为代表的西方主要发达国家明显地具有职业化与专业化特征。要想取得管理会计师资格并在企业从事管理会计工作，必须参加管理会计师资格考试。

1. 美国管理会计师资格考试

美国于1972年成立了专门的管理会计协会,负责管理会计师资格考试,考试合格者颁发管理会计师资格证书(Certificate in Management Accounting,简称CMA)。管理会计师资格证书项目自1972年设立以来,已取得了巨大的成就。申请者取得管理会计师证书,被认为已具备较高的专业水平和能力,即可受到许多大公司的青睐,拥有令人羡慕的高薪和晋升的机会。

2. 英国管理会计师资格考试

英国的管理会计师资格考试是由英国皇家特许管理会计师公会(The Chartered Institute of Management Accountants,简称CIMA)负责组织和实施。该协会规定,申请参加资格考试的人员必须至少达到大学入学标准或相当学历。1987年以前,该协会组织的资格考试由基础阶段和专业阶段两个部分组成。通过资格考试,并具有3年以上从事管理会计工作实践经验者,方可申请非正式会员。申请正式会员,除通过资格考试外,还须具有3年财务经理或财务主任等工作经验。申请者一旦取得正式会员资格,持有特许管理会计师证书,就被认为具有广泛的理论知识和丰富的实践经验,具有较高的社会经验,为社会所尊重。

3. CGMA资格考试

总部位于伦敦的CIMA和总部位于纽约的美国注册会计师协会(American Institute of Certified Public Accountants,简称AICPA)对外宣布,双方各自的理事会已经审议通过双方的合作计划组建世界最大的会计师组织并推广一个新的全球性会计资格证书,该新证书命名为全球特许管理会计师(Chartered Global Management Accountant,简称CGMA),新证书将标志着持证人在管理会计、绩效管理和企业战略等方面的卓越能力。CGMA的考试分为四个阶段,通过每个等级考试都有相应证书:

(1) 基础级:通过基础级考试后可获得CIMA商业会计证书。

(2) 运营级:通过运营级考试后可获得CIMA管理会计证书。

(3) 管理级:通过管理级考试后可获得CIMA高级管理会计证书。

(4) 战略级:通过考试,并有3年工作经验可获得特许管理会计师证书和全球特许管理会计师证书。

4. 管理会计师的职业道德

管理会计师在工作中应遵守职业道德,管理会计师职业道德一般由国家会计师协会或管理会计协会颁布,如美国会计师协会于1982年颁布了《管理会计师职业道德标准》。管理会计师不得出现违反这些标准的行为,也不应听任其他人员违反这些规则。这些职业道德标准主要有以下内容:

(1) 技能。管理会计师有义务:通过不断提高自身的知识和技能,保持专业技术水平;按照各有关法律、规章和技术标准,履行其职业任务;在对相关和可靠的信息进行适当分析的基础上,编制完善而清晰的报告,并提出建议。

(2) 保密。管理会计师有义务:除法律规定外,非经核准,不得泄露工作过程中所获得的机密信息;告知下属要注意工作中所得信息的机密性,并监督其行为,以确保严守机密;禁止将工作中所获得的机密信息,经由个人或第三者用于获取不道德或非法利益。

(3) 廉政。管理会计师对下列各项有责任:不得从事道德上有害于履行职责的活动;拒绝收受影响其行为的任何馈赠、赠品或宴请;严禁主动或被动地破坏企业组织的合法和道德目标的实现;禁止从事或支持任何有害于职业团体的活动。

(4) 客观性。管理会计师对下列各项有责任:公允而客观地沟通信息;充分反映信息,帮助使用者正确理解各项报告、评论和建议。

第六节 管理会计新主题:培育企业核心能力

社会经济环境的变化必然导致企业组织结构或体制,以及企业所面临的市场环境的变化。这些变化又会引起管理会计理论与实务的变化。本节以社会经济环境的变化为背景,讨论管理会计主题从企业价值增值到企业核心能力培育的转变趋势。

一、社会经济环境的变化

从宏观上说,21世纪世界经济的基本特征是国际化、金融化和知识化;从微观上说,人类社会已经从工业社会转入信息社会,企业的经营环境发生了巨大变化。当代高新技术的蓬勃发展促进了社会经济的重大变革,并使整个世界经济日益朝着国际一体化的方向发展。这种新的国际经济环境,使各国经济再也不可能孤立地发展,而是越来越多地依赖国际经济的联系与合作。基于这种背景,各国都在促进本国企业的国际化,跨国公司由此应运而生。特别是第二次世界大战以后,跨国公司的发展十分迅速,规模越来越大,范围也越来越广。当前,世界各国的全球性跨国公司群体已经主宰着当今世界各国的经济命脉,在很大程度上左右着世界经济的发展。全球性跨国公司群体使现代市场经济跨越了国家和民族的界限,突破了不同的政治与经济制度的限制,使各国的经济活动紧密地联系在一起。

跨国公司的国际化经营促进了国际资本流动。第二次世界大战之后,国际资本市场的发展和成熟,不仅为跨国公司在全球范围内的投资和筹资活动提供了广阔空间,而且还为跨国公司实现内部资金的国际转移创造了条件。跨国公司的这些活动促进了资本国际化,使资本在国际流动日益频繁,从而促进了金融的国际化进程。基于生产与资本日益国际化的背景,跨国公司的国际化经营活动通过金融市场完成,由此,人类社会进入金融社会,世界经济进入金融化时代。

科学技术从未像今天这样,以巨大的威力和难以想象的速度,广泛而深刻地影响着人类经济和社会的发展。当今世界已经悄悄地从工业经济时代向知识经济时代转变,知识经济成为世界经济发展的主流。知识经济是指在充分知识化的社会中发展的经济,其最基本的特征就在于经济知识化。知识经济是"以知识为基础的经济",知识经济是"建立在知识和信息的生产、分配和使用之上的经济","知识"成为最核心的生产要素。

二、企业经营决策关键主题的变化

企业核心能力的培育和提升无疑也是现代企业管理的主题。管理会计本来就是为了帮助企业经理人作出更好的决策。因而,现代企业经营决策主题与企业经营方式的变化,自然而然地要求管理会计也要随之变化。

企业经理人面临的挑战影响管理会计的设计，如果管理会计要保持对企业经理人的有用性，就必须跟上企业经营决策主题的变化而变化。

企业可持续发展的本质是"做强做大"。企业可持续发展是企业核心能力提升与持续创造价值过程的和谐统一。由此，企业可持续发展包括企业核心能力的提升与持续创造价值两个主题。20世纪管理会计的主题是价值增值。创造价值是企业经营活动的目标，其重要性不言而喻。然而，企业某个或某几个时期创造了价值，不等于未来还能够持续地创造价值。20世纪管理会计只关注企业创造价值过程及其结果，忽略或较少关注企业创造价值的动因，更没有关注企业创造价值动因的可持续性，从而，忽略了企业创造价值的可持续发展问题。企业的核心能力决定了企业创造价值过程及其可持续性。缺乏核心能力的企业，尽管在某个或某几个时期创造了价值，但是难以持续创造价值，甚至只是"昙花一现"。而企业只有持续不断地创造价值，才能为企业培育、巩固和提升核心能力持续地提供财务资源，从而进一步强化或提升企业核心能力。这就是企业核心能力与持续创造价值之间的共生互动关系。

只有企业核心能力的提升与持续创造价值形成良性循环，企业才能真正发展壮大。基于这样的认识，企业经理人需要以企业可持续发展为核心，以核心能力与持续创造价值的共生互动关系为基础，着重研究企业创造价值的动因及其可持续性问题。

三、企业核心能力的培育

面对新时代的环境，在企业的发展过程中，企业的经理人已经充分意识到比价值增值更重要的是市场份额，比市场份额更具有根本意义的是竞争优势，比竞争优势更具有深远影响的是企业发展的核心能力，即企业面对市场变化作出反应的能力。如果说20世纪是"竞争的世纪"，那么，21世纪将是"竞争力的世纪"。如果把企业竞争力看成一个层次结构，它可以分为三个层次：企业竞争力的表层，它是企业竞争力大小的体现，主要表现为一系列竞争力衡量指标；企业竞争力的中层，它是企业竞争优势的重要来源，决定了竞争力衡量指标的分值或权重；企业竞争力的深层，它是企业竞争力的深层次土壤和真实的源泉，决定了企业竞争力的持久性。因此，企业的核心能力是企业竞争力的重要表现形式。

企业核心能力是企业的内在资源，竞争力是企业核心能力在市场上的外在表现。企业核心能力转化为竞争力是市场对核心能力外化结果的评价过程。企业核心能力与设备或原材料等其他生产要素的结合产生企业的核心产品或服务。企业核心产品或服务在市场上的表现就是企业的竞争力。尽管企业之间的竞争通常表现为核心能力所衍生出来的核心产品或最终产品的市场之争，但其实质却是企业核心能力的竞争。企业只有具备核心能力，才能具有持久的竞争优势。否则，企业不能成为"明星企业"而只能成为"流星企业"，品牌是核心能力的外在表现。因此，企业的核心能力决定企业在市场竞争中的兴衰成败。企业核心能力的培育和提升至关重要。

企业核心能力成为竞争焦点充分说明：企业竞争已经从过去的生产前移到创新，又从创新活动本身转移到企业的创新战略。这样，企业必须关注：

第一，技术。在企业界的进化中，下一个台阶将是组建能充分运用信息技术优势的企业。回顾过去的十几年，我们可以感觉到信息技术已经给社会、生活、企业经营业务和管理理念带来巨大的变化。而且这种变化仍然在以前所未有的速度影响着企业。企业也应该看到,面对顾客需求的变化,再尖端的技术也终究会因为落后而失去其商业价值。因此,只有不断创新,才能推出引领时代潮流的先进技术。

第二,创新能力。在现代科学技术的帮助下,产品或服务的效仿太容易。稍不留神,竞争对手就可能抢在前面。正如迈克尔·波特所说:"战略就是要让自己远远领先于竞争对手。因此,重要的不是把工作做得更好,而是要不同凡响"。更为重要的是,企业必须追求"唯一",而不是追求"第一",没有不断创新的"第一"只是暂时的,只有"唯一"才能保持永远的"第一"。

第三,先进且"与时俱进"的经营理念。"观念可以改变历史的轨迹,观念可以创造奇迹"。企业的经营理念可以改变企业的命运。企业不仅需要先进的技术和管理,更需要先进且"与时俱进"的经营理念。没有先进且"与时俱进"的经营理念,拥有再多的有形资产也没有用,先进且"与时俱进"的经营理念应时刻存在于企业经理人的头脑中。

第四,人才。正如西方国家经历了令人窒息的中世纪才来到了文艺复兴时期一样,经历了"技术决定一切"的自豪时期的人类,今天关注的焦点再次集中到人类本身。人是企业组织内最有价值的资产。在当今世界,如何激励员工,让他们发挥最大潜能至关重要。在人类经济行为的进化过程中,工业革命的兴起取代了农业经济,如今信息技术的突飞猛进又冲垮了工业经济的基石,迅速开启了知识经济的门扉。过去在发展经济过程中,人们强调谁拥有了资源,谁就占有市场。而现在,人们则开始强调如何有效整合有限的资源;整合资源的诀窍将依赖于谁拥有知识。知识的载体是人,"知识"成为知识经济最核心的生产要素,也意味着人就是知识经济最核心的生产要素。尽管一家企业乃至一个单位的正常运行需要人力资源与财务资源的有效组合,但其中最重要的、起主导作用的还是人。由此,企业之间的竞争从资源的竞争转向人才的竞争。整个世界已经从过去的掠夺土地、资本、市场转移到掠夺人才,"招商引资"已经逐步被"招智引商"所取代。

第五,学习与创新能力。世界发展如此之快,新的知识、新的技术正在涌来。任何人才,如果缺乏不断学习与创新的能力,终究会落伍,久而久之,人才也就成为庸才。人类一切创新都深深植根于不断学习与创新的能力。

由此可见,企业核心能力是企业的一项竞争优势资源,它能使企业的一项或多项业务达到国内或世界一流水平。企业核心能力是企业发展的长久支撑力,企业一时的成功并不表明企业已经拥有了核心能力,企业核心能力要靠企业长期而持久地培育。

上述分析表明,企业核心能力是企业内部一系列互补的功能和知识的结合。企业核心能力可能表现为先进的技术,如英特尔公司的微处理技术、佳能公司的影像技术;也可能表现为一种服务理念,如麦当劳遍及全球的快捷服务体系。无论如何,企业核心能力的实质就是一组先进技术和能力的集合体,而不是单个分散的技术或能力。例如,微型化是索尼公司的核心能力,它不仅包括产品设计和生产上的微型化,还包括对未来市场需求微型化选择模式的引导。企业核心能力可以视为核心技术、管理能力和集体学习的集合。它涉及企业的实物支持系统、独特的知识与技能、管理体制和员工价值观念等因素。

企业核心能力对企业组织及其人力资源具有高度的依赖性。企业的员工在相当大程度上充当企业核心能力的承担者。那么,侧重于为企业内部经营管理服务的管理会计如何为企业核心能力的诊断、分析、培育和提升提供相关信息,自然而然就成为管理会计的新主题。

四、管理会计研究思维的拓展

综合上述,新时代管理会计将围绕企业核心能力培育,对内深化,对外扩展,以战略为导向,以价值链为基础,纵横交错,构成一个有机的整体。可以预见,围绕管理会计主题的转变,管理会计在研究视野、研究领域、研究方法和提供信息等层面将发生变化。

第一,管理会计研究视野将进一步拓宽。管理会计将立足企业,面向国内国际市场,站在战略的高度,全方位地为培育与提升企业核心能力并提供相关信息。管理会计研究将彻底超越单纯"就会计论会计"的局限,采用多重主题、多重背景、多重理论,开展跨学科研究。

第二,管理会计的研究领域将进一步深化。管理会计将配合企业核心能力的培育与提升,从一般性研究企业预测、决策和计划及其执行问题转移到深入研究管理会计的战略化、企业化和行为化问题。

第三,实地研究、案例研究或实验研究将成为管理会计的主流研究方法。在此基础上,管理会计才能真正地培育与提升企业核心能力,并提供相关信息。

第四,管理会计提供的信息将更加多元化。企业核心能力是一个综合性概念,用会计语言来描述,企业核心能力包含显性资产和隐性资产。管理会计主题的转变意味着管理会计所提供的信息必须突破传统"财务信息"的界限,进入一种更加多元化的局面。数量信息与质量信息、财务信息与非财务信息、静态信息与动态信息、内部信息与外部信息、物质层面信息与精神层面信息都将成为管理会计信息。

总之,21世纪的管理会计将围绕企业核心能力的培育与提升而形成一个独特的、超越传统会计的、全新的综合化信息系统。

思考与讨论

1. 管理会计的发展经历了哪些阶段?
2. 管理会计的基本职能有哪些?
3. 管理会计的基本假设有哪些?
4. 现代管理会计有哪些特点?
5. 21世纪的管理会计的主题是什么?

章节案例

案例题目:从燕京啤酒和茅台谈企业谈差异化的价值创造

在北京,燕京啤酒十分受老百姓欢迎。虽然过去10多年来物价涨了不少,但是燕京啤酒的价格仍然保持在三四元,非常便宜,成为北京居民餐桌上的必备。而茅台白酒则是另外一幅景象,价格从900元左右一直提价到1400元以上,甚至出现了市场上一瓶难求的局面。同是酒精产品,为什么燕京啤酒价格如此便宜,茅台白酒却如此昂贵,这又如何通过管理会计思维和工具来进行解释呢?

在管理会计的技能中,很重要的一个内容就是价值链分析。价值链分析认为,企业的价值创造可以通过成本领先和差异化来获得,而不同企业的价值创造基础和目标都是不同的。价值链分析能够很好地解释燕京啤酒和茅台白酒的价格和市场现象问题。

从现实的商业情况来看,有的企业因为产品卖得很贵,获利颇丰。而其他的企业,虽然产品价格便宜,利润率低,但是因为薄利多销,大家购买非常踊跃,这也让企业赚得盆满钵满。这样的市场现象,其实就是成本领先和差异化的实际反映。如果把价值链分析以财务形式表达出来,我们可以针对企业的资产回报率的公式作一个分解,也就是"资产回报率(利润÷资产)=利润率(利润÷销售收入)×资产周转率(销售收入÷资产)",这样就会清楚地发现,企业可以通过利润率或者资产周转率来有效地提高资产回报率。无论是利润率还是资产周转率提高10%,都可以提高10%的资产回报率。不同企业因为行业背景不同和市场对象不同,采取的价值创造策略显然是不尽相同的。

以生产燕京啤酒的企业为例,它是典型的以成本领先、提高资产周转率为目标的企业。燕京啤酒的目标客户是广大老百姓,他们对价格非常敏感,价格的少许变动就可能会影响他们的购买决定。如果燕京啤酒贸然提价,追求较高的利润率,势必会失去很多消费者,倒向价格较高、口感更好的啤酒,这无疑将会影响燕京啤酒的销售收入和资产周转率。故此,燕京啤酒必须不断稳定价格,有效降低成本,并获得更多的客户,才能达到企业价值创造的目的。一瓶啤酒价格虽然仅有几元钱,但是只要消费者不断购买,燕京啤酒同样可以获得较高利润与回报。我们会发现,燕京啤酒的售价十几年变动不大,深受老百姓欢迎,而企业也同时在成本管理上做足了功课,严控成本,力求达到成本领先。其中消费者能发现的成本管控的一个有趣现象就是燕京啤酒的瓶子尺寸缩小了,从原来容量640毫升减少到500毫升。有的消费者开玩笑说,自己虽然年龄增长,但是酒量却似乎变大了。燕京啤酒瓶子的缩小使其生产成本降低,帮助燕京啤酒在稳定销售价格方面起到了重要作用,也能够和其他低成本啤酒企业进行市场竞争。对燕京啤酒来说,在生产和销售的各个环节优化和降低成本,通过便宜的价格吸引更多的消费者购买,恰恰是它核心竞争力的集中反映。

茅台白酒的情况就和燕京啤酒有所不同。茅台集团的白酒毛利达到近90%,净利润为50%左右,并以和其他白酒产品口感差异明显著称。如果我们仔细思考,会发现差异化的产品和低成本的产品非常不同。低成本的产品往往购买人数众多,如燕京啤酒,不少消费者几乎每天中午和晚上都要喝一瓶,而差异化的产品因为产品性质和价格昂贵原因,购买人数和消费量会少很多。我们即使非常喜欢茅台白酒的味道,也不太可能每天都喝,而是在节假日才消费。这就决定了这类差异化企业的市场消费量是有限的,如果想提高财务业绩,就必须从稳定和提高产品利润入手,通过利润率的提高来达到价值创造的目标。故此,这类企业往往对自己产品的美誉度非常关注,通过产品不断提价、强化销售渠道管理和加强品牌包装的手段来强化产品在消费者心目中的地位,这样使产品差异化深入消费者观念。在过去的几年中,茅台集团不仅对产品稳步提价,而且还对销售渠道进行了进一步管控,清理了部分靠低价销售走量取胜的白酒电商,并大力建设自身的电商渠道,保证电商和线下销售的茅台产品价格统一、无冲突,以保证茅台白酒在各个渠道的销售利润率一致,不允许某些销售渠道以吸引客户为目的的低价倾销而影响茅台白酒在消费者眼中的高端形象。这使得茅台白酒一直在消费者心中保持着国酒的高大形象,也为茅台集团带来了丰厚的利润回报。

那么"成本领先"和"差异化"之间能否相互渗透呢?也就是以成本领先为核心的企业进行差异化经营,而差异化的企业实施成本领先。从过去的商业发展现象来看,这确实是比较困难的,在国际上多家企业都曾经进行过尝试,以失败告终的居多。这些经验和教训也是我们在学习管理会计,以及在工作中应当多关注和思考的问题。在国内,茅台集团多年前就投资了茅台啤酒的产品线,而作为快消品的啤酒,显然应当定位为成本领先的产品,以追求销售量大、资产周转率高而取胜。然而,虽然茅台白酒销售非常火爆,但是茅台啤酒的市场却差强人意,和华润、燕京等几大啤酒企业所对标的高端啤酒的销售量有很大差距,这无疑也对茅台集团在价值链管理中提出了更高的挑战和要求。我们在未来也可以继续观察茅台集团的进一步管理举措,看看茅台集团是否能够在成本领先和差异化的平衡管理方面有所突破。

资料来源:杨晔.管理会计案例与解析[M].北京:经济科学出版社,2019.

第二章
战略管理会计

教学目标

通过本章教学,学生需要了解战略管理和战略管理会计的基本内容,明确战略定位分析的工具,掌握价值链分析的方法及战略成本动因分析的内容,理解对目标企业内外部环境两方面进行战略成本分析的方法及竞争战略选择的方法。

第一节 战略管理概述

一、战略管理的形成与发展

"战略"原为军事名词,是指在战争中对全局的筹划和指挥,后常被用来泛指在军事、政治、外交等领域重大的、全局性的谋划。战略管理的思想起源于西方,经历了发展、稳定和深化的过程。

美国管理学家切斯特·巴纳德最早把战略思想引入企业管理,他在《经理人员的职能》一书中运用战略思想对影响企业发展的物质、社会等各方面的因素,以及它们之间的相互联系与影响进行了分析。1962年,艾尔弗雷德·钱德勒在《战略与结构》一书中首次提出企业战略经营的定义,为企业战略研究指明了方向。

真正系统地从企业管理的角度对战略加以研究始于20世纪60年代中期。在此之前,人们对于企业战略管理的研究仅限于战略计划方面,主要是对预算期间进行扩展,但并不进行相应的战略调整。1965年,伊戈尔·安索夫所著《公司战略》一书的出版,奠定了现代企业战略管理理论的基础。从那时起,管理实务中越来越重视对企业外部环境的预测和对企业战略进行环境适应性调整,并力图运用运筹学、组合分析技术及预测技术和模型进行战略性的资源分配。

20世纪70年代初,石油危机使得世界经济格局发生变化,企业处于动荡不安的环境中,人们意识到必须以外部环境的变化为基础,及时和动态地考虑各种战略调整。与此同时,重视战略管理的日本企业取得了巨大的成功。因此,许多企业纷纷效仿日本企业,成立战略规划部门,咨询企业的战略咨询业务也大大增加,一时间出现了"战略热"。

自 20 世纪 80 年代以来,随着世界经济的进一步发展,过分夸大战略管理作用的热潮开始消退,许多并不了解战略管理内涵的企业盲目制定的战略规划遭受失败,学者们也开始对战略管理的真正作用和方法展开激烈的辩论。另外,行为管理思想、竞争对手分析、制造战略、收购战略、全球化战略和信息技术的发展进一步完善了战略管理理论。

二、战略管理的含义与内容

"战略管理"一词最初由伊戈尔·安索夫在《从战略计划到战略管理》一书中提出。就其含义而言,安索夫认为:企业战略管理是指企业日常业务决策与长期计划决策相结合而形成的一系列经营管理业务。美国学者乔治·斯坦纳则认为,企业战略管理是确定企业使命,根据企业外部环境和内部经营要素设定企业组织目标,保证目标的正确落实并使企业使命最终得以实现的一个动态过程。此外,许多学者和专家都发表了自己的不同见解,总的来看,可以将这些观点归纳为两种类型:一是以安索夫为代表的广义的战略管理,主张运用战略对企业整体进行管理;二是以斯坦纳为代表的狭义的战略管理,主要是对企业战略的制定、实施、控制和修正进行管理。

战略管理是管理中最基本也是最重要的一个方面。它不仅包括方向、目标的制定,战略、计划的执行,还包括最终业绩的考核。一个动态的战略管理过程通常可以分为战略规划、战略实施、战略控制和战略修正四个阶段。依时间先后排列,战略管理通常包括以下步骤。

1. 分析企业的内外部环境

企业高层管理者进行外部环境分析的主要目的是了解哪些因素会对企业的未来活动产生影响;认清这些影响的性质,即哪些是积极的影响因素,哪些是消极的影响因素;决定如何对这些不同性质的影响因素采取相应的对策。

企业的内部环境因素一般可以分为以下三类:

(1) 企业资源状况(人、财、物、信息、技术等)。

(2) 企业在市场营销、财务、生产、研究与开发、人力资源,以及企业文化等方面的表现。

(3) 企业管理者是否在市场营销、财务管理、生产管理、研究与开发,以及企业文化等方面使用了正确的方法。

企业的外部环境因素可以归纳为以下两类:

(1) 直接对企业生产经营活动产生影响的环境因素,如政府、股东、顾客、公众等。

(2) 间接影响企业活动和决策的环境因素,如政治、经济、社会文化等客观环境因素。

企业的内外部环境分析,一般应用 S(strenghts)、W(weaknesses)、O(opportunities)、T(threat)分析方法,简称 SWOT 分析法,即优势、劣势、机会和威胁分析。其中,SW 是对内部环境的分析,OT 是对外部环境的分析。

2. 确定企业的业务范围和宗旨

制定企业战略规划,先要解决"我们的企业是一个什么样的企业"和"我们的企业以什么为宗旨"这两个问题。确定企业的业务范围和宗旨是明确企业的方向和发展道路的首要步骤。根据对企业内外部环境因素的分析,企业管理人员必须全面思考企业的业务活动范围及各种业务活动的组合,仔细考虑目前要建立什么样的机构,将来要进入何种市场,希望服务何种顾客。这些问题大致勾画了企业的未来,并反映了企业高层管理者为企业规定的努力方向和长远目标,即企业的战略任务。

确定企业的愿景是企业战略管理过程中最重要也是最困难的工作。一般来说,企业愿景必须把企业的性质、特点和目的描述清楚,既不能界定得过窄,又不能界定得过宽。一个恰当的企业愿景,必须能为企业战略的制定与实施提供明确的指导方针,使企业既不至于在多种发展机会与方向面前无所适从,又不至于在复杂的环境中迷失方向。

3. 建立企业的战略目标

建立企业的战略目标应服务于企业的愿景。企业的战略目标就是企业在遵循自己的愿景的前提下所要达到的长期的特定地位,它可以看作企业活动在一定时期内所要得到的结果。在企业结构从上至下的不同层次上,都需要详细的长期和短期的业绩目标。从整体上看,企业战略目标至少应明确以下几点:

(1) 企业要取得的市场地位和竞争地位。

(2) 通过企业既定的业务活动所要取得的经营成果。

(3) 衡量战略成功的其他尺度。战略管理目标的确定需要所有管理人员的参与,所有的业绩目标必须具体且便于考核。

4. 制定企业的战略

制定企业的战略必须在全面考虑企业内外部环境的所有相关因素,并服务于企业愿景的前提下,从企业发展的全局出发,作出较长时期的总体性谋划。战略的制定体现了管理层对企业长期发展方向的考虑和采取新措施的必要性。一般来说,在制定战略时必须解决以下问题:

(1) 面对条件的变化带来的威胁,企业应当作出怎样的反应。

(2) 在不同的业务、不同的部门、不同的行动之间,企业应当如何分配自己的资源。

(3) 在自己所从事的行业中,企业应当如何与每一个同行竞争。

5. 贯彻和执行战略

贯彻和执行战略和制定战略同样重要,其核心是使每个员工和部门都成功执行各自应当承担的战略计划。它包括确定企业内部结构,制订适应战略的中短期计划,制定行动方案、预算及一定的程序,并明确内部责任关系,采取适当的激励手段,建立与战略相适应的企业文化等内容。战略的贯彻和执行需要企业从上至下将每一个部门和员工的行动与企业整体战略相协调。

6. 战略控制

战略控制实际上贯穿了战略执行的各个具体阶段。在企业战略的执行过程中,难免产生与战略计划要求不符的行动或者战略计划的局部和整体已不适合企业内外部环境的情况,这就需要企业及时将实际的战略实施效果与预定的战略目标进行比较,检测两者的偏离程度,并采取有效措施进行纠正,以完成战略目标。

7. 战略修订

战略修订是在战略执行过程中产生的实际结果与预定目标有明显差距时采取的对战略方案的修改措施。如果战略执行成效与预期战略目标无差别,则不需要对战略进行修正。战略修订可能是客观因素造成的,也可能是主观因素造成的。战略修订实际上是新一轮战略规划的开始,因此,战略制定与实施是一个持续不断改进的过程。

三、战略管理的意义

现代企业身处瞬息万变、危机四伏的外部环境中,企业过去主要关注内部效率的管理,往往忽视了对环境因素的考虑。在这种情况下战略管理显得尤为重要。战略管理主要有以下意义:

(1) 战略管理能使企业明确自身在社会、行业、市场中所处的位置,以及与外部环境各因素的关系。企业外部环境的迅速变化为企业带来了各种机遇与挑战,因此,战略管理的基础就是战略形势研究。在调查研究的基础上明确企业在社会、行业和市场中所处的位置,以及与外部环境各因素的关系,及时抓住机遇,减少风险。

(2) 战略管理能为企业提供更为清晰的方向和目标。在全面分析了各种现状和预期结果之后,企业通过战略管理,能科学地、积极地、主动地明确自己的宗旨和目标,并确立相应的竞争优势。

(3) 战略管理可以将企业决策过程与外部环境联系起来,提高各项决策工作和管理工作的效率和效果。战略管理更多地强调提前决策和进攻—防御决策,从而改变或避免可能出现的问题,使企业能更积极主动地进行决策和管理,更好地掌握自己的命运。

总之,战略管理的理论和方法可以使人们更重视对环境的分析,便于形成适应外部环境的战略。日益加快的外部环境变化引起了人们对战略管理的重视,世界各大公司(包括美国通用电气公司、荷兰皇家壳牌石油公司、IBM 等)都采用了一定形式的战略管理。从 20 世纪 70 年代末期开始,战略管理成为美国公司管理的重点和主要手段,这些都表明战略管理已成为现代企业取得成功的关键因素。

第二节 战略管理会计基本理论

一、战略管理会计的产生

战略管理会计概念的提出,亦是针对传统管理会计而言的。随着竞争环境的不断变化,传统管理会计信息系统在许多方面受到大量批评,主要表现在以下方面。

(一) 传统管理会计的指导思想落后于企业的发展趋势

传统管理会计旨在为企业提供决策服务,使企业资源得到合理利用。管理会计的目标在于强化企业内部经营管理,认为利润的实现取决于企业对内部资源的利用效率,其并不注重企业的外部市场环境和持续发展,也没有关注企业内部竞争优势的培养,所以其指导思想是内向的、局部的和短期的,显然这一观点与现在的战略管理理论是不相符的。

企业战略管理要求企业必须掌握其所处的外部环境因素的状况及变化,特别是了解竞争企业的信息,包括对方产品的技术、成本、定价、市场占有率、内部财务和非财务资源,以及对方的战略措施等,同时根据自身的资源和产品特性明确自己的战略定位和战略目标,以此制定相应的战略决策。企业战略管理的目标不仅注重短期的会计利润,还注重长期的竞争优势和企业价值的增长。因此,战略管理要求管理会计的指导思想必须面向外部、面向长期、面向未来。

由此可见,传统管理会计的指导思想已落后于企业的发展趋势,管理理论从经营管理阶段发展到战略管理阶段,管理会计也将随之发展到战略管理阶段。

(二) 传统管理会计不能适应制造和竞争环境的变化

20世纪80年代兴起的高级制造技术和适时生产技术改变了许多企业的生产工艺。高级制造技术以高度的灵敏性及相应的制造系统为特征,能够对市场情况和客户需求迅速作出反应。在未来的市场竞争中,高级制造技术将成为企业核心竞争能力的主要体现。先进生产技术的特点是将各种高新技术成果不断地渗透产品的设计、制造、生产、管理和市场营销的各个领域中,以此提升企业的综合竞争力。比如,精益生产技术就是以零库存、生产组织形式高柔性和产品质量无缺陷为目标;敏捷制造技术的目标则是迅速适应市场多元化和个性化的发展趋势,尽可能达到产品成本与产品数量无关,提升企业在不断变化且无法预测的生存环境下的竞争能力。

高级制造技术与传统制造技术有很大不同,如在高级制造技术上的投资已转变为成本性态,企业大部分成本在短期内是固定的,在产品的总成本中直接材料和直接人工所占的比重正在缩小,而固定费用所占的比重则越来越大,如尖端生产设备的使用和生产管理服务的强化,都加大了产品总成本中制造费用的比重。在发达国家的制造业成本或投入资本中,管理和研发等与知识相关的软成本占制造业成本的60%~70%。这种制造技术的革命引发了许多问题,如如何计算产品成本、如何评价对高级制造技术的投资、如何完善控制系统和业绩指标使之能够激励管理层实现企业的战略目标等。而现有的成本系统不仅没能帮助管理者适应这种变化,反而限制了企业对这种变化的适应。

在市场经济条件下,传统的成本管理思想已不能适应现代成本管理理念,成本管理粗放一直是困扰我国企业做大做强的重要问题。传统企业成本管理的问题主要表现为以下几点。

1. 成本观念模糊导致对成本的动态变化认识不足

在实际工作中,许多企业在成本管理中往往以产品生产过程为中心,只注重对生产成本的管理,却没有考虑企业内部非生产部门对成本费用的影响,如管理部门的管理环节、供销环节等,对企业外部的价值链更是视而不见。这种成本管理观念远远不能适应市场经济环境的要求,使企业未能获得全面的竞争发展战略,更削弱了企业竞争能力。

2. 企业成本管理缺乏市场观念

成本是一家企业生产经营效率的综合体现,是企业内部投入和产出的对比关系。低成本意味着以较少的资源投入提供更多的产品和服务,从而意味着高效率,但未必就是高效益。我国许多企业按照成本习性划分和核算产品成本,通过提高产量降低单位产品分担的固定成本。这种做法导致企业不管市场对产品的需求如何,片面地通过提高产量来降低产品成本,通过存货的积压,将生产过程发生的成本转移或隐藏于存货中。造成这种现象是因为企业对成本管理缺乏市场概念,导致其成本信息在管理决策上出现误区。

3. 成本管理内容僵化、手段老化

许多企业只注意生产过程中的成本管理,忽视供应过程和销售过程的成本管理;只注意投产后的成本管理,忽视投产前产品设计以及生产要素合理组织的成本管理。一些企业的事前成本管理薄弱,成本决策缺乏规范性和严谨性,可有可无;成本计划缺乏科学性、严肃性,可增可减,因此造成企业事中、事后成本管理的盲目性。在成本的具体核算中,企业只注重财务成本核算,缺少管理成本核算;注重生产成本的核算,忽视产品设计过程中的成本以及销售成本的核算。成本管理的手段仍处于手工操作阶段,缺乏现代化管理。

4. 不能提供企业全面的成本管理信息

传统成本管理系统未能采用灵活多样的成本方法,不能提供决策所需要的正确信息,不能深入反映经营过程,不能提供各个作业环节的成本信息,以及各个环节成本发生的前因后果,从而误导企业经营战略的制定。而且,传统的成本管理对象局限于产品财务方面的信息,不能提供管理人员所需要的资源、作业、产品、原材料、客户、销售市场和销售渠道等非财务方面的信息,难以起到为战略管理提供充分信息的目的。传统的成本管理是要实现简单的"降低成本",强调以企业内部价值链耗费为基础,通过管理手段对现实生产活动加以指导、规范和约束,最大限度地降低企业各种经营活动成本,以实现成本最小化和利润最大化。其弊端突出表现为缺乏对企业外部环境的分析,约束成本管理的创新,难以与战略管理协调,不能为企业战略管理提供决策有用的成本信息。

(三) 传统管理会计"服从"于财务会计的痕迹十分明显

企业所有权和管理权的分离使企业所有者产生了监督其投资受托责任的需要,这种需要导致了企业财务会计部门的产生。财务会计部门为投资者和债权人提供财务报告,这些财务报告应符合企业会计准则的要求,存货计价要以历史成本为计量基础,非制造成本只能作为期间成本而不能分配到产品成本中。编制报表时需要区分已销商品的成本和存货的成本,于是人们采取"客观的、可验证的"程序将成本分配到产品中,在这一程序中,受重视的是"将成本分配到产品",而不是精确地计量已消耗的资源。就单个产品消耗的资源来说,每种产品的成本可能是不精确的,但就报表的准确性而言,却是企业会计准则和公众可以接受的。但是保持财务会计和管理会计这两个各自独立的系统就需要付出很高的成本,于是企业管理者在进行内部管理时通常依据与外部财务报告来源相同的信息,从而使管理会计得以"服从"财务会计;此外,管理会计注重能以货币计量的劳动资本的管理控制,依赖财务会计信息进行预测、决策、控制,忽视产品开发、产品质量、顾客满意度等不能用货币计量却与企业战略目标密切相关的非财务指标,因而缺乏独立性、准确性和及时性。

许多学者认为,战略管理会计可以克服传统管理会计的上述不足,由此,战略管理会计作为管理会计的新发展被提上日程。

二、战略管理会计的概念

最早提出"战略管理会计"这一概念的英国学者西蒙德斯在《战略管理会计》一文中将战略管理会计描述为"对有关企业及其竞争者管理会计数据的提供和分析,目的是用于发展和控制企业战略"。他特别强调管理会计与企业战略结合的重要性,强调企业相对竞争者的成本竞争地位。我国著名管理会计专家余绪缨教授认为战略管理会计的形成与发展旨在消除传统管理会计强调服务于企业的内部管理而忽视企业外部环境的缺陷。王化成教授将战略管理会计定义为是以企业价值最大化为目标,运用灵活多样的方法,收集、加工、整理与企业战略相关的各种信息,并据此来协助管理当局确定战略目标,进行战略规划,评价战略规划业绩的一个管理会计分支。

从学科层次来看，战略管理会计是管理会计的一个分支，它提供和分析与企业战略有关的管理会计数据。战略管理会计是一个比较宽泛的概念，它包括战略成本计算、战略成本管理、战略预算、战略业绩评价和战略绩效管理，分析企业的产品市场，以及竞争者的成本和成本结构，监视一定期间内企业及其竞争者的战略在市场上的表现等。可见，管理会计只有发展到战略管理会计阶段，才能为企业的战略管理提供相应的信息支持。

战略管理要求企业必须确立自己的竞争优势，这种优势可以通过顾客、产品或服务，以及生产技术等各方面来表达。一家企业与其竞争对手的差别是其竞争优势的基础。因此，竞争的概念在各种战略模式中的意义极为重要。

战略管理会计是适应战略管理的需要而形成的，它必须服务于企业的战略选择。例如，与要保持产品优势的企业相比，想保持其成本优势的企业需要更详细的产品成本信息，以便选择生产技术或分析顾客的盈利能力。相反，与要保持成本优势的企业相比，想采取产品优势战略的企业则需要更多与新产品发明、设计时间周期、研究和开发费用及营销成本分析等方面有关的信息。总之，不同的战略要求会计人员进行不同的成本分析。

战略管理会计还可以作为战略控制的组成部分，通过报告战略的成功或失败来对战略产生影响。战略管理会计可以提供对衡量和改变企业战略实施及其目标实现程度有用的反馈信息。同样，错误的成本信息将导致错误的竞争战略。

三、战略管理会计的目标

战略管理会计的目标是指战略管理会计工作预期将要达到的目的，对战略管理会计系统的运行具有重要意义。战略管理会计目标在战略管理会计认知方法体系中处于最高层次，它是决定战略管理会计的本质、对象、假设、原则、要素和方法的基础。因此，我们应首先明确战略管理会计的目标。战略管理会计的目标可以分为最终目标、直接目标和具体目标三个层次。

战略管理会计的最终目标应与企业的总目标具有一致性。传统管理会计的最终目标是利润最大化。利润最大化的目标虽然能够促使企业加强核算和管理，但是，它不仅没有考虑企业的远景规划，而且还忽略了市场经济条件下最重要的一个因素，即风险。为了克服利润最大化目标的短期性和不顾风险的缺陷，战略管理会计的目标应立足于企业的长远发展，权衡风险与报酬之间的关系。自20世纪中期以来，多数企业把价值最大化作为自己的总目标，因为它克服了利润最大化的缺点，考虑了货币时间价值和风险因素，有利于社会财富的稳定增长。企业价值是企业现实与未来收益、有形与无形资产等的综合表现。因此，企业价值最大化也成为战略管理会计的最终目标。

战略管理会计的直接目标是为企业战略管理决策提供信息支持。这种信息不仅包括财务信息，如竞争对手的价格、成本等，还包括有助于实现企业战略目标实现的非财务信息，如顾客满意度、市场需求量、市场占有率、产品质量、销售和服务网络、学习与成长能力等。提供多样化的会计信息，既满足了企业战略管理及战略决策的需要，又改变了传统管理会计单一的计量模式。

战略管理会计的具体目标主要包括协助管理当局确定战略目标、协助管理当局编制战略规划、协助管理当局组织实施战略规划、协助管理当局评价战略管理业绩四个方面。

四、战略管理会计的特点

战略管理会计分析和提供与企业战略相关的信息,特别是反映实际成本、业务量、价格、市场占有率、现金流量和企业总资源的需求等方面的相对水平和趋势的信息。因此,与传统的管理会计相比,战略管理会计具有如下特点。

1. 战略管理会计提供了超越企业会计主体本身的更广泛、更有用的信息

营造企业竞争优势是战略管理的重要目标之一,而企业的竞争优势取决于它所拥有的相对成本优势。在相同的条件下,谁拥有成本优势,谁就拥有竞争优势。相对成本在战略管理中尤为重要,与传统管理会计把视野局限在一家企业主体之内不同,战略管理会计特别关注企业外部环境的变化,重点搜集有关竞争对手的信息,了解自己的相对成本,使企业管理者"知己知彼",采取相应的进攻或防御措施,凭借占优势的相对成本和较高的市场份额,使企业保持长期的相对竞争优势。

2. 战略管理会计提供了更多的与战略管理有关的非财务信息

传统管理会计提供的信息更多的是财务信息,战略管理会计则大量提供了诸如质量、市场需求量、市场占有率等极为重要的非财务信息。例如,市场占有率,它是反映企业战略地位的主要指标之一,反映了企业竞争地位的变化,在一定程度上代表了未来的现金流入量。

3. 战略管理会计改进了企业绩效评价的尺度

多年来财务和会计都认为投资收益来源于投资本身,因此,传统管理会计一般用投资报酬率来评价企业的绩效,忽略了市场相对竞争地位在绩效评价中的作用。实际上,企业利润能否稳定增长,很大程度上取决于企业相对的市场竞争地位。为增加销售额而进行的生产投资必须能够带来市场竞争地位的变化,这一变化应该是评价投资的重点。战略管理会计将战略管理思想贯穿于企业的绩效评价,以竞争地位变化带来的报酬取代传统的投资报酬指标,即在"不采取战略行动"和"采取战略行动"的前提下比较企业的竞争地位,以及由此带来的报酬的变化,对新的战略方案进行评价与决策。战略管理会计能够通过对竞争对手的分析,运用财务和非财务指标,利用战略绩效评价,增加企业的长期竞争优势。

4. 战略管理会计提供了更及时、更有效的业绩报告

传统管理会计的业绩报告一般是每周或者每月编报一次,而在制造周期已经大幅缩短的今天,多数企业都建立了信息系统,这极大方便了各职能部门的管理人员,他们可以通过对这些信息系统的操作和控制,来监控各种资源的运用。信息系统为实现数据的综合性和及时性提供了极大的帮助,编制业绩报告所需的时间也大为减少。信息技术的发展为改进信息的质量和时效性提供了可能,战略管理会计的理念和技术为会计分析提供了可靠的基础,更容易取得时效性和相关性更强的信息。

五、战略管理会计的主要内容

战略管理会计是现代管理会计体系中的一个新领域,即使在经济发达的西方国家,目前也仍处于初期发展阶段,尚未达到成熟化、定型化。战略管理会计是以企业为基点,着重对顾客和竞争对手的相关信息进行对比分析,借此为企业的战略管理提供信息和智力支持,其

主要内容包括以下几个方面。

1. 战略目标的制定

战略管理会计先要进行战略分析,而战略分析具体又包括企业外部环境分析(包括宏观、行业、竞争环境分析)和企业内部环境(资源条件)分析。通过各种信息的搜集、汇总和分析,协助管理层制定战略目标。战略目标可以分为企业战略目标、竞争战略目标和职能战略目标三个层次。企业战略目标主要是确定企业经营方向和企业业务范围。竞争战略目标主要研究的是产品和服务在市场上竞争的目标问题,需要回答以下几个基本问题:企业应在哪些市场竞争?企业要与哪些产品竞争?如何形成可持续竞争优势?其竞争目标是成本领先还是差异化?是保持较高的竞争地位还是可持续的竞争优势?职能战略目标所要明确的是,在实施竞争战略过程中,企业各个部门或各种职能应该发挥什么作用,达到什么目标。战略管理会计要从企业外部与内部搜集各种信息,提出各种可行的战略目标供高层管理者选择。

2. 价值链分析

价值链的名称最早由美国学者迈克尔·波特在《竞争优势》一书中提出。价值可以看成资金的生成和增值活动,贯穿价值增值的各个环节。价值链是和企业作业联系在一起的,如在钢铁企业"炼铁—炼钢—轧钢",可看作一条作业链,在这条作业链中贯穿着一条价值链,即"价值1—价值2—价值3",因此作业链表现为价值链,作业链的形成过程也就是价值链的形成过程。

价值链分析就是指通过考察价值活动本身及其相互之间的关系来确定企业的竞争优势的一种分析方法。由于价值活动是构成竞争优势的基石,对价值链的分析不仅要分析构成价值链的单个价值活动,更重要的是要从价值活动中分析各项活动对企业竞争优势的影响,明确各价值活动之间的联系,提高企业创造价值的效率,为企业取得成本优势和竞争优势提供条件。

3. 战略定位分析

企业可以采用的竞争战略主要有成本领先战略、差别化战略、聚焦化战略。每一家企业都需要根据自身情况,选择恰当的竞争战略;不同的竞争战略,需要不同的成本信息。

4. 战略成本管理

战略成本管理产生于20世纪80年代的西方发达国家,它是以现代成本管理观念为基础,以企业总体战略和基本竞争战略为导向,在成本管理中导入战略管理思想,在提高企业竞争优势的同时进行的成本管理。其实质就是成本管理会计信息贯穿于战略管理循环各个过程之中,从战略高度对企业成本结构和成本动因进行全面了解,并且控制与改善成本发生的条件,以寻求长久竞争优势。战略成本管理强调把企业成本管理的问题放在整个市场的环境中予以全面考虑,将成本视为产品整个价值链上使用的全部资源的成本,包括研究与开发、制造、市场开拓、销售和售后服务等,涵盖产品完全成本的价值链及主价值链间的联系,它不仅包括整个行业的价值链,还包括企业内部的价值链。

战略成本管理把成本管理的重点放在了发展企业可持续性竞争优势上,其目的是帮助企业确立竞争优势,并采取与企业竞争战略相配套的成本管理制度,使企业能在日益变化的市场和激烈的市场竞争中站稳脚跟,战胜对手。成本动因是指隐藏在成本背后、驱动成本发生的因素。不同制造费用明细项目的成本动因不同,需要采用不同的分配标准。作业成本管理是建立在成本动因分析和作业成本法基础之上的,它将企业的全部作业划分为增值作业和非增值作业,努力避免非增值作业,提高增值作业的效率。

战略成本管理是对传统成本管理的发展,而不是否定,战略成本的提出基于战略管理需要,将成本信息的分析与利用贯穿于战略管理循环,有利于企业优势的形成和核心竞争力的创造。传统成本管理与战略成本管理对比如表2-1所示。

表2-1 传统成本管理与战略成本管理对比表

项目	传统成本管理	战略成本管理
目标不同	以降低成本为目标	以企业战略为目标
范围不同	较狭窄(考虑近期成本效益原则)	较长远(考虑长期的战略利益)
时间不同	短期(每月、每季、每年)	长期(产品生命周期)
效果不同	暂时性、直接性	长期性、间接性
对象不同	表层、直接成本动因	深层次、内在动因
概念不同	其成本仅指产品的短期成本	质量成本、责任成本、作业成本等
重点不同	重视成本结果信息和事后信息	重视成本过程信息和实时信息
观念不同	注重内部成本管理,难以超越会计主体范围	注重外部环境,可超越会计主体范围

资料来源:温素彬.管理会计[M].北京:机械工业出版社,2016:340.

5. 业绩评价

战略管理会计中的业绩评价被称为整体业绩评价,它在战略管理每一步应用的过程中都强调业绩评价必须满足管理信息的需求,以利于企业寻找战略优势。比如,在战略形成过程中,管理者需要获取多方面的信息,整个业绩评价通过对相关顾客需求状况的评价来帮助管理者决策。意大利的贝瑞特公司是一家军火制造商,20世纪80年代,该公司采用了全面质量管理,但是收效不大,当该公司的整体业绩评价转向评价顾客对质量的看法时,其发现顾客重视的质量只是猎枪的防锈能力和随身武器的可靠性。这些直接的战略评价最终使该公司提高了利润率,并取得了美国军方的手枪订单。因此,战略管理会计认为,有效的评价并不在于使用财务指标还是非财务指标,而是在于它是否能够发现企业存在的问题。而从战略层面来讲,非财务指标往往比财务指标更能说明问题。

传统管理会计在谈到计划和控制时,认为企业可以预知自身的目的地及目标财务状况,因此,控制意味着比较"目的地"和"现在所处的位置"。而战略管理会计认为,企业并不能确定未来的目标,只能知道现在要走的大体方向,下一步如何走要看企业最新取得的外部、内部信息和经验。因此,企业的计划和方向将随着信息、经验的增加而不断改变。整体业绩评价是一个不断增加和减少评价指标的持续进步的动态系统,它把企业战略、具体行动和业绩评价不断地重新组合,即战略通过具体行动来实施,而业绩评价则指导战略的实施,并通过实施结果调整战略和计划。

第三节 战略定位分析

战略定位分析就是运用多种方法对企业的内外部环境进行分析,帮助企业选择适合所处行业的特征的竞争战略。具体来说,企业首先需要对自己所处的内外部环境进行调查分析;其次从行业分析中确定企业所进入的行业是否具有潜力,从市场维度确定企业所立足的市场中的优势和劣势,从产品的维度确定企业应该开发的产品和思考分析其相应的市场前景;最终确定以什么样的战略保证企业在既定的行业、市场、产品中立足,击败竞争对手,获取超过行业平均水平的利润,形成自身的竞争优势。企业战略管理的基本原则是企业的战略应该与其所处的竞争环境相适应。

一、宏观环境分析

企业开始思考战略定位,选择进入某一区域的市场前,需要对企业所处的大的宏观环境展开分析。宏观环境又称一般环境,是指影响一切行业和企业的各种宏观力量、因素。对宏观环境因素进行分析,不同行业和企业根据自身特点和经营需要,分析的具体内容会有差异,但一般都应对政治(political)、经济(economic)、社会(social)和技术(technological)这四大类影响企业的主要外部环境因素进行分析,人们将其称为 PEST 分析法。

1. 政治环境

政治环境包括一个国家的社会制度,执政党的性质,政府的方针、政策、法令等。不同的国家有着不同的社会性质,不同的社会制度对组织活动有着不同的限制和要求。即使社会制度不变的同一国家,在不同时期,由于执政党的不同,其政府的方针特点、政策倾向对组织活动的态度和影响也是不断变化的。

政府的政策广泛影响着企业的经营行为,即使在市场经济中较为发达的国家,政府对市场和企业的干预似乎也是有增无减,如反托拉斯、最低工资限制、劳动保护、社会福利等方面。当然,政府的很多干预往往是间接的,常以税率、利率、汇率、银行存款准备金为杠杆,运用财政政策和货币政策来实现宏观经济的调控,以及通过干预外汇汇率来确保国际金融与贸易秩序。因此,企业在制定战略时,对政府政策的长期性和短期性的判断与预测十分重要,企业战略应对政府发挥长期作用的政策有必要的准备;对短期性的政策则可视其有效时间或有效周期而作出不同的反应。

市场运作需要有一套能够保证市场秩序的游戏规则和奖惩制度,这就形成了市场的法律系统。作为国家意志的强制表现,法律法规对于规范市场和企业行为有着直接规范作用。立法在经济上的作用主要体现在维护公平竞争、维护消费者利益、维护社会最大利益三个方面,因此企业在制定战略时,要充分了解既有的法律规定,特别要关注那些正在酝酿之中的法律,这是企业在市场中生存、参与竞争的重要前提。

重要的政治和法律变量包括:执政党性质;政治体制;经济体制;政府的管制;税法的改变;各种政治行动委员会;专利数量;专利法的修改;环境保护法;产业政策;投资政策;国防开支水平;政府补贴水平;反垄断法规;与重要大国关系;地区关系;对政府进行抗议活动的

数量、严重性及地点;民众参与政治行为等。

2. 经济环境

经济环境主要包括宏观经济环境和微观经济环境两个方面的内容。宏观经济环境主要是指一个国家的人口数量及其增长趋势、国民收入及其变化情况,以及通过这些指标能够反映的国民经济发展水平和发展速度。微观经济环境主要是指企业所在地区或所服务地区的消费者的收入水平、消费偏好、储蓄情况、就业程度等因素。这些因素直接决定着企业目前及未来的市场大小。

重要监视的关键经济变量包括GDP及其增长率、中国向工业经济转变贷款的可得性、可支配收入水平、居民消费(储蓄)倾向、利率、通货膨胀率、规模经济、政府预算赤字、消费模式、失业趋势、劳动生产率水平、汇率、证券市场状况、外国经济状况、进出口因素、不同地区和消费群体间的收入差别、价格波动、货币与财政政策。

3. 社会环境

社会环境包括一个国家或地区的居民教育程度和文化水平、宗教信仰、风俗习惯、价值观念、审美观点等。文化水平会影响居民的需求层次;宗教信仰和风俗习惯会禁止或抵制某些活动的进行;价值观念会影响居民对组织目标、组织活动,以及组织存在本身的认可程度;审美观点则会影响人们对组织活动内容、活动方式及活动成果的态度。

关键的社会环境因素包括妇女生育率、特殊利益集团数量、结婚数、离婚数、人口出生死亡率、人口移进移出率、社会保障计划、人口预期寿命、人均收入、生活方式、人均可支配收入、对政府的信任度、对政府的态度、对工作的态度、购买习惯、对道德的关切度、储蓄倾向、性别角色投资倾向、种族平等状况、节育措施状况、平均教育状况、对退休的态度、对质量的态度、对闲暇的态度、对服务的态度、对老外的态度、污染控制对能源的节约、社会活动项目、社会责任、对职业的态度、对权威的态度、城市城镇和农村的人口变化、宗教信仰状况。

4. 技术环境

技术环境除了要考察与企业所处领域的活动直接相关的技术手段的发展变化,还应及时了解以下内容:关键的技术因素;国家对科技开发的投资和支持重点;该领域技术发展动态和研究开发费用总额;技术转移和技术商品化速度;专利及其保护情况等。

二、波特五力分析模型

波特五力分析模型又称五力分析法。该模型是由哈佛大学商学院的迈克尔·波特教授在1979年创立的、用于行业分析和商业战略研究的理论模型,这个模型对于企业战略的制定产生了全球性的影响。将波特五力分析模型用于竞争战略分析,可以有效地分析客户的竞争环境。这里的五力分别是供应商的议价能力、购买者的议价能力、潜在竞争者进入的能力、替代品的替代能力、行业内现有竞争者的竞争能力。

1. 供应商的议价能力

供应商主要是通过提高其投入要素的价格与降低单位价值的质量,影响行业中现有企业的盈利能力与产品的竞争力。供应商力量的强弱主要取决于他们提供给买方的投入要素。如果供应商所提供的投入要素的价值占买方产品总成本的比重较大,对买方产品的生产过程非常重要或者是严重地影响买方产品的质量时,供应商对于买方的潜在议价能力就会极大增强。一般来讲,满足下列条件的供应商集团会具有比较强的议价能力:

(1) 供应商所处的行业被一些具有比较稳固的市场地位,而不受市场的激烈竞争困扰的企业控制,其产品的买方很多,以至于每一个单个的买方都不可能成为供应商的主要客户。

(2) 供应商的产品都具有一定特色,以至于买方难以进行转换或者转换成本较高,又或者很难找到能够与供应商的产品相竞争的替代品。

(3) 供应商能够方便地实行前向联合或一体化,而买方则很难进行后向联合或一体化。

2. 购买者的议价能力

购买者主要通过压价和要求提供较高质量的产品或服务来影响行业中现有企业的盈利能力。通常来讲,满足如下条件的购买者可能具有较强的议价能力:

(1) 购买者的总数量较少,而每个购买者的购买量都比较大,占卖方销售量的很大比例。

(2) 卖方行业由大量的相对规模较小的企业组成。

(3) 购买者所购买的基本是一种标准化的产品,同时向多个卖主购买产品在经济上也具有可行性。

(4) 购买者有能力实现后向一体化,而卖方则不可能实现前向一体化。

3. 潜在竞争者进入的能力

潜在竞争者能够给行业带来新的生产力和资源,但它们也希望能够在已被现有企业瓜分完毕的市场中占有一席之地,这就有可能会与现有企业发生原材料与市场份额的竞争,最终会导致行业中现有企业的盈利水平降低,甚至会威胁到企业的生存。潜在竞争者所带来威胁的严重程度主要取决于两个方面:一是新领域的进入壁垒的大小;二是预期现有企业对潜在竞争者的反应强度。

进入壁垒主要包括规模经济、资本需要、产品差异、转换成本、销售渠道、政府行为与政策、自然资源、地理环境、不受规模支配的成本劣势等。其中,有些障碍是很难通过仿造或复制突破的。预期现有企业对潜在竞争者的反应强度,主要是指采取报复行动的可能性的大小,这种反应强度取决于潜在竞争者的财力情况、固定资产的规模、行业增长速度等。总之,新的企业进入一个行业的可能性大小,主要取决于其主观估计进入该行业所能带来的潜在利益、需要花费的代价和需要承担的风险三者的相对大小。

4. 替代品的替代能力

处于不同行业中的两个企业,可能会因所生产的产品互为替代品,从而在它们之间产生相互竞争的行为,这种由替代品产生的竞争会以各种形式影响行业中现有企业的竞争战略。第一,现有企业提高产品售价及获利能力的空间,可能会因为存在着可能被用户接受的替代品而受到限制。第二,替代品生产者的侵入,使得现有企业必须提高产品质量,或是通过降低成本来降低售价,或使其产品更具特色,否则,企业的销售目标与利润目标有可能难以实现。第三,替代品的威胁源自替代品生产者的竞争强度,并且受到产品买主转换成本高低的影响。总而言之,替代品的价格越低、质量越好,用户的转换成本越低,替代品所能产生的竞争压力就越强;这种来自替代品生产者的竞争压力的强度可以通过考察替代品的销售增长率、替代品生产者的生产能力和盈利扩张情况来表示。

5. 行业内现有竞争者的竞争能力

在大部分行业中,现有企业之间的利益会紧密联系在一起。企业的竞争战略目标在于获得相对于其他竞争对手的竞争优势,所以在战略实施的过程中必然会产生冲突与对抗的现象,这些冲突与对抗就构成了企业之间的竞争。现有企业之间的竞争往往表现在广告、价格、售后服务、产品介绍等方面,竞争强度与许多因素有关。

一般而言,存在下列情况之一就意味着行业中现有企业之间的竞争正在加剧:

(1) 竞争者试图采用降价等促销手段。
(2) 行业进入的障碍比较低,势均力敌竞争对手比较多,竞争参与者范围十分广泛。
(3) 竞争者能够提供几乎相同的产品或服务,用户的转换成本很低。
(4) 市场逐渐趋于成熟,产品需求增长缓慢。
(5) 一个战略行动如果取得成功,其收入相当可观。
(6) 行业外部实力强大的企业在并购了行业中实力薄弱的企业后发起进攻性的行动,结果使得刚被并购的企业成为市场的主要竞争者。
(7) 退出竞争要比继续参加竞争付出的代价更高。这里的退出障碍主要受经济、社会政治关系、战略和情感等方面的影响,具体包括退出的固定费用、资产的专用性、政府与社会的限制、战略上的相互牵制、情绪上难以接受等方面。

行业中的每一家企业都或多或少地必须应对以上各种力量所构成的威胁,并且必须面对行业中每一个竞争者的竞争。除非认为正面的交锋有必要且有益处,如要求得到更大的市场份额,否则企业可以通过设置进入壁垒(包括转换成本和差异化)来保护自己。当一家企业确定了其优势与劣势之后,首先必须进行定位,如产品的生命周期、行业的增长速度等,以便因势利导,避免被预料之中的环境因素变化所损害;其次保护自己并作好充分的准备,以有效地对其他企业的行动作出反应。

根据以上对五种竞争力量的讨论,企业可以采取一些措施来应对这五种竞争力量,以提高市场地位,增强竞争实力。企业可以采取的措施包括将自身的经营与竞争力量隔绝开来、努力从自身利益需求出发影响行业的竞争规则、先占领有利的市场地位再发起进攻性的竞争行动等。波特五力分析模型与一般战略的关系如表2-2所示。

表2-2　　　　　　　　　　波特五力分析模型与一般战略的关系

波特五力分析模型	一般战略		
	成本领先战略	产品差异化战略	集中化战略
供应商的议价能力	更好地抑制大供方的议价能力	将供方涨价的部分转移给顾客	进货量低供方的议价能力就高
购买者的议价能力	具备向大买方给出更低价格的能力	因为选择范围小而削弱了买方的谈判能力	因为没有选择范围而使买方丧失谈判能力
潜在竞争者进入的能力	具备议价能力以防止潜在竞争者的进入	培育顾客忠诚度以打击潜在竞争者的信心	建立核心能力以阻止潜在竞争者的进入
替代品的替代能力	能够利用低价格抵御替代品	顾客习惯了一种产品或服务,从而降低了替代品的威胁	特殊产品和核心能力能够降低替代品的威胁
行业内现有竞争者的竞争能力	能更好地进行价格竞争	品牌忠诚度能使顾客不理睬竞争对手	竞争对手无法满足集中差异化的顾客

波特五力分析模型的理论是建立在以下三个假设的基础之上的:

(1) 制定战略者可以了解整个行业的信息,但这在现实中是难以做到的。

(2) 同行业之间只有竞争关系,没有合作关系。但现实中企业之间存在多种合作关系,不一定是"你死我活"的竞争关系。

(3) 行业的规模是固定的,因此只有通过夺取对手的份额来占有更大的资源和市场。

现实中企业之间往往不是通过吃掉对手,而是与对手共同做大行业的蛋糕来获取更大的资源和市场。同时,市场容量可以通过不断开发和创新来扩大。实际上,关于波特五力分析模型的实践运用一直存在许多争论。目前较为一致的看法是:该模型更多是一种理论思考工具,而非可以实际操作的战略工具。波特五力分析模型的意义在于五种竞争力量中蕴含的战略思想,即成本领先战略、差异化战略、集中化战略。

三、波士顿矩阵分析

波士顿矩阵又称市场增长率矩阵、相对市场份额矩阵、四象限分析法、产品系列结构管理法等。企业确定了准备立足的行业后,需要完成的下一个目标是对市场战略分析。市场战略分析需要解决的问题包括:企业产品现在的市场占有率是多少?与其他的竞争对手相比情况如何?市场增长的前景如何?对市场战略定位分析通常采用波士顿矩阵。波士顿矩阵认为,决定产品结构的基本因素有两个,即市场引力和企业实力。市场引力包括企业销售量(额)增长率、目标市场的容量、竞争对手的强弱及利润的高低等。其中,最主要的因素是反映市场引力的综合指标——销售量(额)增长率,这是决定企业产品结构是否合理的外在因素。

波士顿矩阵横坐标表示企业的相对市场占有率,即本企业某产品的市场占有率与同行中最强竞争者的市场占有率之比。如果某产品的相对市场占有率为0.1,表示该产品的市场占有率为同行中领袖企业的10%;若为10,则表示企业的该项产品已成为行业领袖,且其市场占有率为次强者的10倍。相对市场占有率以1.0为界,分为高、低两个部分。相对市场占有率决定了企业获取现金的能力和速度。相对市场占有率高,说明企业的竞争力较强;反之,则说明企业竞争力较弱。

波士顿矩阵纵坐标表示企业的市场增长率,即某产品市场销售收入总额与上期相比的增长率。市场增长率以10%为界,分为高、低两个部分。高增长率的行业具有较大的潜力,是朝阳行业;反之,则为夕阳行业。

企业实力包括市场占有率及技术、设备、资金利用效率等,其中市场占有率是决定企业产品结构的内在因素,它能够直接显示出企业的竞争实力。销售增长率与市场占有率相互影响:市场引力大,市场占有率高,说明产品发展前景良好,企业的实力较强;如果仅有市场引力大,而没有相应的高市场占有率,则说明企业还不具备足够的实力,该种产品无法顺利发展。相反,企业的实力强,而产品市场引力小,也预示了该产品的市场前景不佳。

以上两个因素相互作用,会形成四种不同性质的产品类型,分别具有不同的发展前景:销售增长率与相对市场占有率"双高"的产品群,即明星产品;销售增长率与相对市场占有率"双低"的产品群,即瘦狗产品;销售增长率高、相对市场占有率低的产品群,即问题产品;销售增长率低、相对市场占有率高的产品群,即现金牛产品。

企业处在波士顿矩阵四个象限中的不同产品,如图2-1所示。

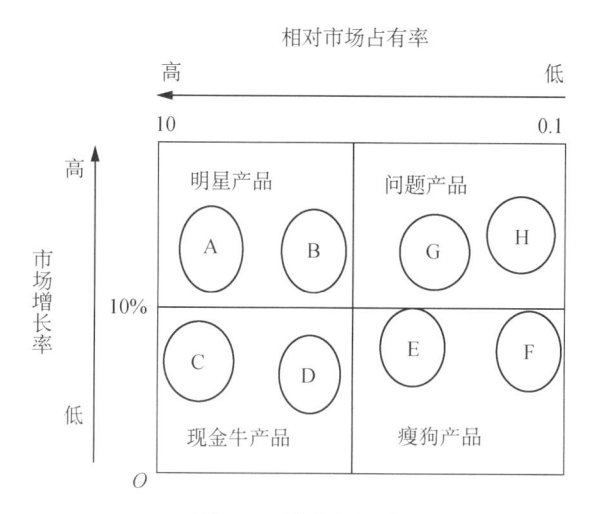

图 2-1 波士顿矩阵

1. 明星产品

明星产品是指处于高市场增长率、高相对市场占有率象限内的产品群,这类产品有可能成为企业的现金牛产品,企业需要加大投资以支持其迅速发展。该类产品应采用的发展战略是:积极扩大经济规模和市场机会,以长远利益为目标,提高相对市场占有率,加强企业的竞争地位。对明星产品的管理与组织形式最好采用事业部制,并由生产技术和销售两方面都有经验的经营者负责。

2. 现金牛产品

现金牛产品是指处于低市场增长率、高相对市场占有率象限内的产品群,这类产品已经进入成熟期。该类产品的特点是销售量大、产品利润率高、负债比率低,可以为企业提供资金支持,并且由于产品的增长率低,无须加大投资,成为企业回收资金以支持对其他产品,尤其是明星产品投资的后盾。对于在这一象限内并且销售增长率仍有所增长的产品,应该进一步进行市场细分,以维持现有市场增长率或延缓其下降速度。对于现金牛产品,同样适合于采用事业部制的组织形式进行管理,其管理者最好是市场营销型的经营者。

若企业现金牛产品市场增长率低,说明企业的财务状况是很脆弱的。因为如果市场环境发生变化导致这项业务的市场份额下降,企业就不得不从其他业务单位中抽回现金来维持现金牛的领导地位,否则这个强壮的"现金牛"可能就会变弱,甚至成为"瘦狗"。

3. 问题产品

问题产品是指处于高市场增长率、低相对市场占有率象限内的产品群。前者说明该产品的市场机会大、前景好,而后者则说明该产品市场营销上存在问题。其特点是利润率较低,资金不足,负债比率较高。对于问题产品应采取选择性的投资战略。因此,对问题产品的改进与扶持方案一般应列入企业的长期计划中。对问题产品的管理组织,最好采用智囊团或项目组织的形式,选拔有规划能力、有才干的经营者负责。

4. 瘦狗产品

瘦狗产品也称衰退类产品,是指处在低市场增长率、低相对市场占有率象限内的产品群。其特点是利润率低、处于保本或亏损状态、负债比率较高,且无法为企业带来收益。企业对这类产品应该采用撤退战略：首先，应当减少批量，逐渐撤退，对于那些销售增长率和相对市场占有率均极低的产品应立即淘汰；其次，将剩余资源向其他产品进行转移；最后，整顿产品系列，最好将瘦狗产品与其他事业部合并，进行统一管理。

波士顿矩阵分析不但可以对现有市场内的竞争状态作出判断，而且还可以提供关于竞争对手的信息。企业通过对竞争对手相关产品业务的信息的提炼与整合，使企业更加深刻了解竞争对手在市场规划方面的策略，做到有的放矢。

在对市场进行战略定位分析之后，企业需要针对自己产品的特点制定相应的产品战略，一般是通过成本领先战略、产品差异化战略、集中化战略三种方式来获取持久的竞争优势。

四、企业内部环境分析

通过企业内部环境分析，企业可以决定"能够做什么"，即企业所拥有的独特资源与能力所能支撑的行为。

（一）企业资源分析

企业资源分析的目的在于识别企业的资源状况，企业资源方面所表现出来的优势和劣势及其对未来战略目标制定和实施的影响。

企业资源是指企业所拥有或控制的有效因素的总和。按照竞争优势的资源基础理论，企业的资源禀赋是其获得持续竞争优势的重要基础。

1. 企业资源的主要类型

（1）有形资源。有形资源是指可见的、能用货币直接计量的资源，主要包括物质资源和财务资源。其中，物质资源包括企业的土地、厂房、生产设备、原材料等，是企业的实物资源；财务资源是企业可以用于投资或生产的资金，包括应收账款、有价证券等。有形资源一般都反映在企业的资产当中。但是由于会计核算的要求，资产负债表所记录的账面价值并不能完全代表有形资源的战略价值。

有些有形资源可以被竞争对手轻易地取得，因此，这些资源便不能成为企业竞争优势的来源。但是，具有稀缺性的有形资源能使企业获得竞争优势。例如，在中国香港的五星级观光酒店中，半岛酒店因为位于九龙半岛的天星码头旁，占有有利的地理位置，游客可以遥望对岸香港岛和维多利亚港。美不胜收的海景和夜景，是它的一大特色，构成其竞争优势的一个来源。

（2）无形资源。无形资源是指企业长期积累的，没有实物形态的，甚至无法用货币精确度量的资源，通常包括品牌、商誉、技术、专利、商标、企业文化及组织经验等。尽管无形资源难以精确度量，但由于无形资源一般都难以被竞争对手了解、购买、模仿或替代，无形资源是一种十分重要的企业核心竞争力的来源。

技术资源就是一种重要的无形资源，它主要是指专利、版权和商业秘密等。技术资源具有先进性、独创性和独占性等特点，使得企业可以据此建立自己的竞争优势。

商誉也是一种关键的无形资源。商誉是指企业由于管理卓越，顾客信任或其他特殊优势而具有的企业形象，它能给企业带来超额利润。对于产业质量差异较小的行业，如软饮料行业，商誉可以说是最重要的企业资源。需要注意的是，由于会计核算的原因，资产负债表中的无形资产并不能代表企业的全部无形资源，甚至可以说，有相当一部分无形资源是游离在企业资产负债表之外的。

（3）人力资源。人力资源是指组织成员向组织提供的技能、知识及推理和决策能力。大量研究发现，那些能够有效开发和利用人力资源的企业，比那些忽视人力资源的企业发展得更快、更好。是人掌握的技能、知识创造了企业的繁荣，而不是其他资源。在技术飞速发展和信息化加快的新经济时代，人力资源在企业中的作用越来越突出和重要。

2. 企业资源的判断标准

在分析一家企业拥有的资源的时候，必须知道哪些资源是有价值的，可以使企业获得竞争优势。其中主要的判断标准如下：

（1）资源的稀缺性。如果一种资源是所有竞争者都能轻易取得的，那么，这种资源便不能成为企业竞争优势的来源。如果企业掌握了处于短缺供应状态的资源，而其他的竞争对手又不能获取这种资源，那么，拥有这种稀缺资源的企业便能获得竞争优势。如果企业能够持久地拥有这种稀缺性资源，则企业从这种稀缺性资源获得的竞争优势也将是可持续性的。

（2）资源的不可模仿性。资源的不可模仿性是竞争优势的来源，也是价值创造的核心。资源的不可模仿主要有以下四种形式：

第一，物理上独特的资源。这些资源的不可模仿性是物质本身的特性所决定的。例如，企业所拥有的房地产处于极佳的地理位置，拥有矿物开采权或是拥有法律保护的专利生产技术等。这些资源有法律上的特殊性，是不可能被模仿的。

第二，具有路径依赖性的资源。它是指那些必须经过长期积累才能获得的资源。例如，中国海尔公司在售后服务环节的竞争优势并不仅仅在于有一支训练有素的售后服务人员队伍，更重要的是由于海尔多年来不断完善的营销体制建设，能够为这支队伍健康运作提供坚实的基础和保障。其他企业想要模仿海尔的售后服务的资源优势，同样需要花费大量时间完善自身的营销体制，这在短期内是不可能实现的。

第三，具有因果含糊性的资源。企业对有些资源的形成原因并不能给出清晰的解释。例如，企业的文化常常是一种因果含糊性的资源。美国西南航空公司以拥有"家庭式愉快，节俭而投入"的企业文化著称，这种文化成为企业的重要资源，竞争对手难以对其进行模仿。其原因就是没有人可以明确地解释出形成这种文化的真实原因。具有因果含糊性的资源，是组织中最常见的一种资源，难以被竞争对手模仿。

第四，具有经济制约性的资源。它是指企业的竞争对手已经具有复制其资源的能力，但因市场空间有限不能与其竞争的情况。例如，企业在市场上处于领导者的地位，其战略是在特定的市场上投入大量资本。这个特定市场可能会由于空间太小，不能支撑两个竞争者同时盈利，在这种情况下，企业的竞争对手即使有很强的能力，也只好放弃竞争。这种资源便是具有经济制约性的资源。

（3）资源的不可替代性。波特五力分析模型指出了替代产品的威胁力量，同样，企业的资源如果能够很容易地被替代，那么即使竞争者不能拥有或者模仿企业的资源，它们也仍然可以通过获取替代资源而改变资金的竞争地位。例如，一些旅游景点的独特优势就很难被其他经典的资源所替代。

（4）资源的持久性。资源的贬值速度越慢，就越有利于形成核心竞争力。一般来说，有形资源往往都有自己的损耗周期，而无形资源和组织资源则很难确定其贬值速度。例如，一些品牌资源随着时代的发展实际上在不断地升值；反之，通信技术和计算机技术迅速地更新换代会对建立在这些技术之上的企业竞争优势构成严峻的挑战。

(二) 企业能力分析

企业能力是指企业配置资源并发挥其生产和竞争作用的能力。企业能力来源于企业有形资源、无形资源和组织资源的整合，是企业各种资源组合的结果。企业能力包括研发能力、生产管理能力、营销能力、财务能力和组织管理能力等。

1. 研发能力

随着市场需求的不断变化和科学技术的持续进步。研发能力已成为保持企业竞争活力的关键因素。企业的研发活动能够加快产品的更新换代。不断提高产品质量，降低产品成本，更好地满足消费者的需求。企业的研发能力主要从研发计划、研发组织、研发过程和研发效果四个方面进行衡量。

2. 生产管理能力

生产是指将投入（原材料、资本、劳动等）转化为产品或服务并为消费者创造效用的活动，生产活动是企业最基本的活动。生产管理能力主要涉及生产过程、生产能力、库存管理、人力资源管理和质量管理等方面。

3. 营销能力

营销能力包括产品竞争能力、销售活动能力和市场决策能力。

第一，产品竞争能力。产品竞争能力主要可从产品的市场地位、收益性、成长性等方面来分析。产品的市场地位可以通过市场占有率、市场覆盖率等指标来衡量。产品的收益性可能通过利润空间和本—量—利进行分析。产品的成长性可以通过销售增长率、市场扩张率等指标进行比较分析。

第二，销售活动能力。销售活动能力是对销售组织、销售绩效、销售渠道、销售计划等方面的综合考察。销售组织分析主要包括对销售机构、销售人员和销售管理等基础数据的评估。销售绩效分析是以销售计划完成率和销售活动效率分析为主要内容。销售渠道分析主要分析销售渠道结构（如直接销售和间接销售的比例）、中间商评价和销售渠道管理。销售计划分析是对销售计划的全面审视和评估，旨在确保销售目标的实现和市场竞争力的增强，这一过程包括市场分析、销售目标的设定、销售策略的制定和销售预算的制定。

第三，市场决策能力。市场决策能力是领导者对企业市场进行决策的能力。

4. 财务能力

企业的财务能力主要涉及两个方面：一是筹集资金的能力；二是使用和管理资金的能力。筹集资金的能力可以用资产负债率、流动比率和已获利息倍数等指标来衡量；使用和管理资金的能力可以用投资报酬率、销售利润率和资产周转率等指标来衡量。

5. 组织管理能力

组织管理能力主要从以下几个方面进行衡量：

（1）职能管理体系的任务分工。

（2）岗位职责。

（3）集权和分权的情况。

（4）组织结构（直线职能、事业部等）。

（5）管理层次和管理范围的匹配。

(三) 企业核心能力分析

20世纪80年代，库尔和申德尔通过对制药业若干个企业的研究，确定了企业的特殊能力是造成他们业绩差异的重要原因。1990年,美国学者普雷哈拉德和英国学者哈梅尔合作发表《公司核心能力》一文,在对世界上优秀公司的经验进行研究的基础上提出,竞争优势的真正源泉在于管理层将公司范围内的技术和生产技能合并为使业务可以迅速适应变化机会的能力。1994年,哈梅尔与普雷哈拉德发表专著《竞争未来》。由此,西方管理学界掀起关于核心能力的研究与讨论的高潮,其对企业界也产生了很大影响。作为竞争优势的源泉,企业独特的资源与能力日益受到人们的关注,"核心能力"也成为流行的术语。

1. 核心能力的概念

所谓核心能力,就是企业在具有重要竞争意义的经营活动中能够比其竞争对手做得更好的能力。企业的核心能力可以是完成某项活动所需的优秀技能,也可以是在一定范围和深度上的企业的技术诀窍,或者是那些能够形成很大竞争价值的一系列具体生产技能的组合。从总体上讲,核心能力的产生是企业中各个不同部分有效合作的结果,也就是各种单个资源整合的结果。这种核心能力深深地根植于企业的各种技巧、知识和人的能力之中,对企业的竞争力起着至关重要的作用。

2. 核心能力的辨别

根据核心能力的概念,辨别企业能力是否属于核心能力的三个关键性测试是:

(1) 它对顾客是否有价值?

(2) 它与企业竞争对手相比是否有优势?

(3) 它是否很难被模仿或复制?

但是,企业的核心能力就其本质来讲非常复杂和微妙,有时很难满足上述三个关键性测试,在这种情况下,还需要运用其他识别方法,包括功能分析、资源分析和过程系统分析。

第一,功能分析。考察企业功能是判断企业核心能力常用的方法,这种方法虽然比较有效,但是它只能识别出具有特定功能的核心能力。

第二,资源分析。分析实物资源比较容易,如分析企业商厦所处的区域、生产设备和机器的质量等,而分析像商标或者商誉这类无形资源则比较困难。

第三,过程系统分析。过程涉及企业多种活动从而形成系统。过程和系统通常都会涉及企业的多种功能,因而过程和系统本身是比较复杂的。对企业整个过程和系统进行分析,能够很好地判断企业的经营状况和核心能力。

3. 核心能力的比较

前面说过,企业的核心能力不仅仅是企业的竞争优势,只有当这种能力很难被竞争对手模仿时,这种优势才具有战略价值。

(1) 企业的自我评价。一种既快速又经济的办法就是企业在自己内部收集信息。例如,通过绩效趋势分析来判断与竞争对手相比企业经营是在改善还是在恶化;企业内部人员根据自己的行业经验来判断企业是否在某一方面强于竞争对手。

(2) 企业内部比较。产业专家通常会收集产业内企业的某些数据,并进行企业间的比较,所收集的数据包括市场份额、成本结构、关键成本和顾客满意度等。这类信息可以告诉企业自己是否强于竞争对手,但是并没有告诉其导致该结果的原因。

(3) 基准分析。基准分析是企业比较自己和竞争对手的业绩,包括单个或多种具体活动、系统或过程的比较。一种方法是把企业自身和一流企业进行比较,无论它们是否处在同一产业；另一种方法是把企业与行业内的国内外其他企业进行比较，通常跨国企业会把自己的子公司设在好几个不同的国家，因而可以把企业与跨国企业在该国家设立的子公司进行比较，因为它们具有共同的经营环境与成本结构，特别是信息之间具有很强的可比性。

基准分析是企业之间进行业绩比较的一种重要方法，其目的是发现竞争对手的优点和不足，针对其优点，补己之短；根据其不足，选择突破口，从而帮助企业从竞争对手的表现中获得思路和总结经验，冲出竞争者的包围，超越竞争对手。越来越多的企业选择过程或活动基准进行比较分析。过程或活动基准的对象不是直接的竞争对手，因而更容易获取相关的信息，从而更有利于企业发现不足之处或创新点。例如，对于一家致力于提高质量、降低成本的酒店来说，需要确定能够为该酒店带来最大收益的客户，并且满足这些客户的需求。酒店如果从客户满意度调查中发现其并未完全满足有利可图的商务旅行者的需求，就可运用过程或活动基准分析方法，了解其他公司如何满足这类客户的需求。这里的其他公司可能包括诸如航空业、餐饮业等其他产业的公司。

企业实施基准分析的具体步骤如下：

第一步是选择基准对象。管理人员在明确基站对象时应尽可能地精确。例如，企业如果考察的是顾客服务质量，那么管理人员就需要对顾客服务质量相关的活动或领域非常熟悉。顾客服务包含相当多的活动，如订单管理、咨询回应、顾客投诉的处理、开立信用证以及货品计价等，这些活动之间都是相互独立的，它们有各自的技术与管理控制且属于不同的过程。

第二步是建立工作小组。小组成员需要包括涉及每项活动的战略上、功能上和战术上的代表成员。如果企业需要减少货品的返回率，那么这个基准分析小组成员就需要包括顾客服务代表、售货员、装载人员，以及质量控制管理人员。

一旦确认最优分析和比较对象，基准分析小组就可以收集对方的数据进行分析，把本企业的业绩与竞争对手的业绩进行比较，以帮助自己找到可以改进的地方。工作小组通过衡量消除自身与对方差距的收益与成本来决定所要付出的努力水平。与竞争对手进行比较所得出的企业竞争优势能为企业带来有用的战略信息。上一节谈及的关于竞争对手的未来目标、假设、现行战略和潜在能力的分析是企业自身核心能力识别和评价不可或缺的步骤和内容。

（4）成本驱动力和作业成本法。企业使用作业成本法可以找出企业的成本驱动力，这与传统的成本会计方法相比能够提供更有用的信息。然而，找出成本驱动力并非易事，这是因为作业一般不只是某项具体的活动，而是由一系列活动形成的系统。为了简便，我们可以找出对顾客没有什么价值但投入不够的活动。

（5）收集竞争对手的信息。企业有多种收集其竞争对手信息的方式，主要包括：与顾客进行沟通；与供应商、代理人、发行人以及产业分析师进行沟通；对竞争对手进行实地考察；分析竞争对手的产品；通过私下沟通、电话交谈以及网上交谈的方式询问对方的产品；雇佣竞争对手的员工等。

（四）成功关键因素

成功关键因素是指企业在特定市场获得盈利必须拥有的技能和资产。成功关键因素所涉及的是每一个产业成员所必须擅长的东西，或者说企业要取得竞争和财务成功所必须集中精力开展的一些工作。

成功关键因素随着产业的不同而不同,甚至在相同的产业中,也会因产业驱动因素和竞争环境的变化而变化。对于某个特定行业来说,在某一特定时期,极少有超过三四个关键成功因素。甚至在这三四个成功关键之中,也只有一两个占据较重要的地位。即使各个企业处于同一产业,也可能对该产业的成功关键因素有不同的侧重。例如,在零售业中,华润万家和京东同为行业龙头企业。两家企业对零售业成本关键因素很明显是各有侧重。京东侧重于卫星定位系统支持下的系统、高效、完善的物流配送体系,以及在此基础上与供应商的良好发展关系;而华润万家则侧重于鲜明的市场布局策略、兼有廉价性和综合性的大卖场的业态选择,以及对消费者心理的准确把握等。

企业核心能力与成功关键因素是两类不同的概念。成功关键因素是产业和市场层次的特征,而不是针对某家个别企业。拥有成功关键因素是获得竞争优势的必要条件,而不是充分条件。比如,一家公司要成为成功的体育运动鞋的供应商,它就必须有发展新款式、管理供应商和分销商网络,以及进行营销活动的能力。企业核心能力和成功关键因素的共同之处在于它们都是企业盈利能力的指示器。虽然它们在概念上的区别是清楚的,但在特定的环境中区分它们并不容易。例如,一个成功关键因素可能是某产业所有企业要成功都必须具备的,但它也可能是特定企业所具备的独特能力。

五、SWOT 分析

(一) SWOT 分析简介

SWOT 分析属于企业内部分析方法,即根据企业自身的条件进行分析。SWOT 分析有其形成的基础。著名的竞争战略专家迈克尔·波特提出的竞争理论从产业结构入手,对一家企业进行透彻的分析和说明,而能力学派管理学家则运用价值链剖析企业的价值创造过程,注重对企业的资源和能力的分析。SWOT 分析就是在综合前面两者的基础上,将以资源学派学者为代表的企业的内部分析与以能力学派为代表的产业竞争环境的外部分析结合起来,形成结构化的平衡系统分析体系。

1. 机会与威胁分析

随着经济、社会、科技等诸多方面的迅速发展,特别是世界经济全球化、一体化过程的加快,全球信息网络的建立和消费需求的多样化,企业所处的环境更为开放和动荡。这种变化几乎对所有企业都产生了深刻的影响。正因为如此,环境分析成为一种日益重要的企业职能。环境发展趋势分为两大类:一类表示环境威胁;另一类表示环境机会。环境威胁是指环境中一种不利的发展趋势所形成的挑战,如果不采取果断的战略行为,这种不利趋势将导致企业的竞争地位受到削弱。环境机会就是对企业行为富有吸引力的领域,在这一领域中,该企业将拥有竞争优势。

2. 优势与劣势分析

当两家企业处在同一市场,或者说它们都有能力向同一顾客群体提供产品和服务时,如果其中一家企业有更高的盈利能力,那么我们就认为这家企业比另外一家企业更具有竞争优势。竞争优势是指一家企业超越其竞争对手的能力,这种能力有助于实现企业的主要目标——赢利,竞争优势并不一定完全体现在较高的赢利率上,因为有时企业更希望增加市场份额。竞争优势可以指在消费者眼中一家企业或它的产品有别于其竞争对手的任何优越的东西,它可以是产品线的宽度、产品的大小、质量、可靠性、适用性、风格和形象,以及服务的及时、态度的热情等。虽然竞争优势实际上是指一家企业比其竞争对手有较强的综合优势，但是明确企业究竟在哪一个方面具有优势更有意义，可以扬长避短，或者以实击虚。

企业是一个整体，而且竞争性优势来源十分广泛，所以，在作优劣势分析时必须从整个价值链的每个环节上，将企业与竞争对手作详细的对比。例如，产品是否新颖、制造工艺是否复杂、销售渠道是否畅通，以及价格是否具有竞争性等。企业在维持竞争优势过程中，必须深刻认识自身的资源和能力，采取适当的措施。这是因为一家企业一旦在某一方面具有了竞争优势，势必会吸引到竞争对手的注意。一般来说，企业经过一段时期的努力，先建立起某种竞争优势，然后就处于维持这种竞争优势的态势，竞争对手开始逐渐作出反应。如果竞争对手直接进攻企业的优势所在，或采取其他更为积极的策略，就会使这种优势受到削弱。

（二）SWOT 分析过程

把识别出的所有优势分成两组，分组时遵循以下原则：它们是与行业中潜在的机会有关，还是与潜在的威胁有关。用同样的办法把所有的劣势分成两组，一组与机会有关，另一组与威胁有关，结果如图 2-2 所示。

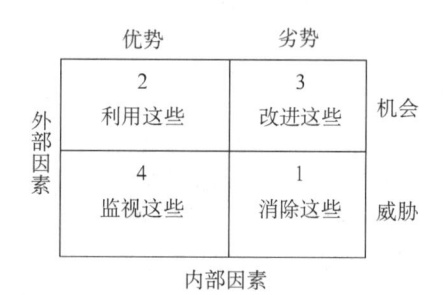

	优势	劣势	
外部因素	2 利用这些	3 改进这些	机会
	4 监视这些	1 消除这些	威胁

内部因素

图 2-2　SWOT 分析图

用 SWOT 矩阵将识别出的优势、劣势、机会和威胁分别填入图中相应位置，如图 2-3 所示。

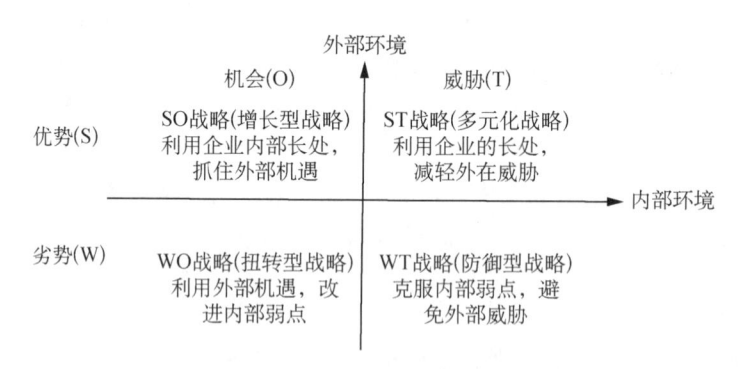

	机会(O)	威胁(T)
优势(S)	SO战略(增长型战略) 利用企业内部长处，抓住外部机遇	ST战略(多元化战略) 利用企业的长处，减轻外在威胁
劣势(W)	WO战略(扭转型战略) 利用外部机遇，改进内部弱点	WT战略(防御型战略) 克服内部弱点，避免外部威胁

图 2-3　SWOT 矩阵

在完成环境因素分析和 SWOT 矩阵的构造后，便可以制订出相应的行动计划。制订计划的基本思路是：发挥优势因素，克服弱势因素，利用机会因素，化解威胁因素；考虑过去，立足当前，着眼未来。运用系统分析方法，将排列与考虑的各种环境因素相互匹配起来并加以组合，得出一系列企业未来发展的可选择对策。

(三) SWOT 分析的作用

首先,有助于企业了解自身面临的外部环境因素。例如,国家的方针政策、法令法规以及国内外政治形势的发展状况;人口、居民的收入或购买力、居民的文化教育水平等;与本行业有关的科学技术的水平和发展趋势带来的商业机会和竞争挑战;宏观经济形势、世界经济形势、行业在经济发展中的地位的变化等。外部环境分析不仅帮助企业对外部环境的未来变化作出正确的预测,还是战略能够获得成功的前提。

其次,帮助企业了解本身的内部环境因素。例如,企业经营实力、历史和现行战略;内部资源、核心能力、企业文化等因素;企业内部的优势和劣势。内部环境分析旨在全面评估企业的内部条件和潜力,为企业的战略规划和决策提供依据。

再次,能够指出企业未来的发展方向。这主要从企业面对的市场机会来看:市场上现在有哪些可以利用的机会;还可以提供什么样的新的技术服务;还可以开发哪些新的客户群体;通过什么样的方式才能够做到与众不同;未来 5~10 年的发展等。

最后,指出企业能够向何处发展。通过对企业面临的一些市场环境方面的不利因素进行分析,指出企业可能的发展方向。其包括:企业所处市场的发展变化;竞争者目前的发展情况;本企业的发展能否满足客户需求的变化;外部政治环境的变化是否会影响企业的发展;市场上是否存在对企业生存不利的因素等。

第四节 价值链分析

随着科学技术的进步和生产力的发展,企业之间的竞争日益激烈,加上政治、经济、社会环境的巨大变化,使得整个市场需求的不确定性大大增加,于是人们对企业性质、经营目标的定位、经营方式的选择,乃至对日常经营管理方法的实施都有了新的认识,逐渐把管理的视线转向了价值及其载体数字的活动上。从现行会计模式本身来看,传统的财务会计与管理会计都遭到越来越多的批评,对财务会计批评的焦点在于财务会计无法反映企业价值的信息;再加上信息技术的发展,现行会计模式已经越来越不适应社会、经济环境的变化。因此,构建一种新的价值链会计模式,把管理的目标锁定在业务链和价值链每一个环节的价值增值上,是企业发展的必然要求。

一、价值链的概念

价值链分析法是由迈克尔·波特提出来的,是一种寻求确定企业竞争优势的工具。企业有许多资源、能力和竞争优势,如果把企业作为一个整体来考虑,又无法识别这些竞争优势,这就必须把企业活动进行分解,通过考虑这些单个的活动本身及其相互之间的关系来确定企业的竞争优势。

迈克尔·波特倡导运用价值链进行战略规划和管理,以帮助企业获取并维持竞争优势。迈克尔·波特指出:"每一家企业都是在设计、生产、销售、发送和辅助其产品的过程中进行种种活动的集合体。所有这些活动都可以用一个价值链来表明。"他将一家企业的经营活动分解为九项与战略相关的价值活动,包括内部后勤、生产经营、外部后勤、市场销售、服务、采购、技术开发、人力资源管理、企业基础设施。他认为,每一家企业的价值链都是由以独特方式联接在一起的这九项基本活动构成的。每一种价值活动都会对企业的价值链产生影响,这些相互联系的价值活动共同作用,为企业创造利润,从而形成企业的价值链系统。迈克尔·波特的价值链通常被认为是传统意义上的价值链,侧重于分析单家企业的价值活动、企业与供应商和顾客之间可能的连接,以及企业从中获得的竞争优势。后来,彼特·汉斯把迈克尔·波特的价值链重新定义为"集成物料价值的运输线",这是另一种有关价值链的定义,与传统价值链相比,其主要差别是波特·汉斯的价值链与传统价值链作用的方向相反,其所定义的价值链把顾客对产品的需求作为生产过程的终点,把利润作为满足这一目标的副产品,而迈克尔·波特所定义的价值链停留于把利润作为主要目标上。

约翰·山科的研究扩大了价值链的范围,其认为价值链不应局限于企业内部,应放到整个行业的价值链中去审视,要考虑到最初的供应商、上游企业、下游企业和最终用户,甚至要对竞争者进行充分的分析,制定出能保证企业保持和增强竞争优势的合理战略。同时,他还将会计信息置于价值链分析中,计算出价值链每一个环节的报酬率与利润,从而确定竞争优势之所在。

约翰·斯威卡等学者于1995年提出了"虚拟价值链"和"有形价值链"的概念。他们认为,任何一家企业都是在两个不同的世界中进行竞争的:一个是有形资源世界,称为"市场场所";另一个则是由信息构成的虚拟世界,称为"市场空间"。它们通过不同的价值链开展价值创造活动。两条价值链的增值过程并不相同,有形价值链是由一系列线性作业构成的,而虚拟价值链则是非线性的,有潜在的输入输出点。企业可根据自己的组织、结构和战略观点对这两个过程进行管理,提出新的观点和技术上的改进方案。

2001年,张继焦博士在总结他多年从事管理咨询工作的经验的基础上,结合我国的具体国情,对价值链管理理论也提出了独特的见解。他认为,价值链管理理论应将企业的业务过程描绘成一个价值链。也就是说,将企业的生产、营销、财务、人力资源等方面有机地整合起来,做好计划、协调、监督和控制等各个环节的工作,使它们形成相互关联的整体,真正按照"链"的特征实施企业的业务流程,使得各个环节既相互关联,又具有处理资金流、物流和信息流的自组织和自适应能力,使企业的供、产、销系统形成一条珍珠般的项链——价值链。

综上所述,价值链可以被定义为:价值链是指从产品设计到原材料采购,再到生产、销售、售后服务等一系列创造价值的作业活动形成的链条,它涵盖了企业内部和外部的多项作业活动。

20多年来,价值链管理理论得到了长足发展,已形成了以顾客为出发点、以价值增值为目标、以横向一体化为战略的一整套管理方式,在世界范围内也得到了不同程度的应用,取得了良好的效果。价值链管理可以帮助企业建立与市场竞争相适应的、数字化的新管理模式,以弥补企业在组织结构设计、业务流程和信息化管理等方面存在的不足,优化企业核心业务流程,降低组织和经营成本,提高业务管理水平和经营效率,提升市场竞争力,实现企业价值最大化的目标。目前,价值链已经在战略管理、企业会计、企业内部经营管理等领域得到了广泛的应用,并逐渐上升为管理方法体系。价值链管理理论的发展为价值链会计的产生奠定了理论基础。

二、价值链分析的意义

根据作业将企业的经营活动进行细分,有助于企业管理者们更深入地理解企业的竞争优势与战略。例如,如果企业准备以成本领先战略取胜,管理者就应当明确价值链上的每个作业是否与整体战略保持一致。仔细分析每个作业,就可以判断出哪些作业具有竞争力或缺乏竞争力。价值链分析的意义如下:

(1) 价值链分析有利于企业加强成本管理。价值链会计以价值链和价值链联盟中所有价值活动为分析对象,不仅要考察生产活动,还要考察非生产活动;不仅要考察本企业内部价值链,还要考察企业外部,甚至整个行业的价值链,以寻求广泛提高本企业经济效益的途径。

(2) 价值链分析有利于增强企业的竞争优势。基于价值链分析的战略成本管理有助于企业探索竞争优势的真正来源。通过企业内外部价值链的分析,可以对企业的业务流程进行再造和优化,确定企业的核心竞争力,并据此制定企业的成本战略,实现有效的成本管理。

(3) 价值链分析有助于促进企业战略目标的实现。基于价值链分析的战略成本管理理论的研究及应用能够使企业管理增强全局观、战略观、节约资源,提高效益。

三、价值链分析的特点

价值链分析的特点如下:

(1) 价值链分析的基础是价值,其重点是价值活动分析。各种价值活动构成价值链。价值是买方愿意为企业提供给他们的产品所支付的价格,也是顾客需求满足的实现。价值活动是企业所从事的物质上和技术上的界限分明的各项活动,它们是企业制造对买方有价值的产品的基石。

(2) 价值活动可分为基本活动和辅助活动两种活动。基本活动是涉及产品的物质创造及其销售、转移给买方和售后服务的各种活动。辅助活动是辅助基本活动,并通过提供外购投入、技术、人力资源,以及各种企业范围的职能以相互支持的各种活动。

(3) 价值链列示了总价值。价值链除了包括价值活动,还包括利润,利润是总价值与从事各种价值活动的总成本之差。

(4) 价值链的整体性。企业的价值链体现在更广泛的价值系统中。供应商拥有创造和交付企业价值链所使用的外购输入的价值链(上游价值),许多产品通过渠道价值链(渠道价值)到达买方手中,企业产品最终成为买方价值链的一部分,这些价值链都在影响着企业的价值链。因此,获取并保持竞争优势不仅要理解企业自身的价值链,而且也要理解企业价值链所处的价值系统。

(5) 价值链的异质性。不同的产业具有不同的价值链,在同一产业,不同的企业的价值链也不同,这反映了它们各自的历史、战略以及实施战略的途径等方面的不同,同时也代表着企业竞争优势的一种潜在来源。

四、价值链分析的内容

(一) 内部价值链分析

内部价值链分析是企业进行价值链分析的起点。内部价值链可分解成许多单元价值链，商品在内部价值链上的流转过程完成了价值的逐步积累与转移。每个单元价值链上都要消耗成本并产生价值，而且它们有着广泛的联系，如生产作业和内部后勤的联系、质量控制与售后服务的联系、基本生产与维修活动的联系等。深入分析这些联系可减少非增值作业，并通过协调和最优化策略的融洽配合，提高运作效率、降低成本，同时也为纵向和横向价值链分析奠定了基础。

一家企业被看作一个系统，企业的各个部门是组成该系统的子系统。一项产品或服务在各个子系统流转并最终被提供给客户的过程即形成一条价值链。企业的基本职能活动，如企业的总体管理、计划、法律管理等，以及人力资源管理活动，虽然不直接为顾客提供产品或服务，但对企业的运营起辅助作用，支撑着企业直接创造价值的业务活动，它们的运行轨迹均形成相应的价值链。各条价值链在部门内交叉，任何一个部门都成为一个小的"利润中心"，消耗人、财、物等资源，完成一项或几项作业，使产品或服务在企业内部传递，创造出使用价值，并实现价值的逐步积累与转移。

运用作业成本法，沿着资源—作业（由资源动因引起并耗费资源）—产品（由作业动因引起并耗费作业）这一线索，只有把财务会计中划入期间费用的间接费用也分配进产品成本，使产品成本成为完全成本，以成本为基础的产品定价和利润核算才能更加准确。企业在此基础上进行的客户盈利能力分析，能帮助企业对顾客分组，以便对不同的顾客群采用不同的营销策略和服务手段。

运用作业成本法细分成本计算对象，从原来的产品或服务层次划分到作业层次，甚至细分到资源，能够产生大量有助于业绩计量和考核的数据与信息。高质量的业绩计量及评价能有效调动员工成本管理的积极性，有助于企业实现事前、事中、事后的全方位管理，并把价值管理落实到使用价值管理上去，实现全员管理。同时，细分成本计算对象能够发现成本产生的根源，为成本压缩指明方向，有助于企业把有限的资源分配到成本收益比率较高的环节中去。

（二）纵向价值链分析

纵向价值链分析反映了企业与供应商、销售商之间的相互依存关系。进行纵向价值链分析可以为企业增强竞争优势提供机会。企业通过分析上下游企业的产品或服务的特点及其与本企业价值链的其他连接点，往往可以十分显著地降低企业自身的成本，甚至可以使企业与其上下游企业共同降低成本，提高这些相关企业的整体竞争优势。例如，施乐企业通过向供应商提供其生产进度表，使供应商能够将生产所需的元器件及时运过来，同时降低了双方的库存成本。在对各类联系进行分析的基础上，企业可求出各作业活动的成本、收入和资产报酬率等，从而看出哪一作业活动较具竞争力、哪一作业活动价值较低，由此再决定并购其上游企业或下游企业的策略或将自身价值链中一些价值较低的作业活动出售或转为外包，逐步调整企业在行业价值链中的位置及其范围，从而实现价值链的重构，从根本上改变成本的地位，提升企业竞争力。

如果从更广阔的视角进行纵向价值链分析，就是行业结构的分析，这对企业进入某一市场时如何选择切入口及占有哪些部分，以及在现有市场中外包、并购、整合等策略的制定都有极其重要的指导作用。例如，在汽车行业价值链中，汽车制造业务已经成为"鸡肋"，虽然能为企业带来巨额的收入，但其利润正逐渐降低；而且竞争日趋激烈，谋求更大发展已经十分艰难。相反，与汽车相关的金融服务业蓬勃发展，虽然目前市场容量有限，但利润丰厚、前景广阔。例如,五十铃公司在20世纪80年代初已经是世界知名的卡车制造经销商。为寻求更大的发展,该公司花了7年时间成功将品牌优势、技术优势、成本优势转移扩展到轿车生产方面,但是,遭遇了轿车制造业不景气,轿车事业部连年巨额亏损,其最终不得不出售给日产汽车公司。在同一时期,福特汽车公司明智地及时将公司发展的重点转向汽车租赁、贷款购车、汽车保险等业务,1996年这三块业务的销售收入只占公司整体的1/5,但利润却占到50%。五十铃公司的失败在于没有把握住价值链增值的关键环节,在"利润会随销售收入增长"这一逻辑指导下,最终将公司带入一种危险境地。福特汽车公司的成功在于能够迅速识别成熟行业的新的利润增长点,借助雄厚的财力和卓越的市场声望,步步为营地推进,使其获得了巨大的先发优势。对手眼睁睁地看着原来不起眼的"边缘"业务成为福特汽车公司的利润源泉。

(三) 横向价值链分析

横向价值链分析是企业确定竞争对手成本的基本工具,也是企业进行战略定位的基础。通过对企业自身各经营环节的成本测算,不同成本水平的企业可采用不同的竞争方式,面对成本较高但实力雄厚的竞争对手,可采用低成本策略,扬长避短,争取成本优势,使得规模小、资金实力相对较弱的小企业在主干企业的压力下能够求得生存与发展;而面对成本较低的竞争对手,可运用差异性战略,注重提高质量,以优质服务吸引顾客,而非盲目地进行价格战,使自身在面临价格低廉的小企业的挑战时,仍能立于不败之地,保持自己的竞争优势。

家电产业的竞争激烈程度,在国内各个行业中可谓首屈一指,业内各大企业经过一番大浪淘沙仍然能够生存。所谓八仙过海,各显神通,各大家电企业都有一套不同的分销体系,下面逐个分析家电产业的价值链。

1. 美的模式[美的空调公司—美的分公司(省级)—批发商—大商场/零售商]

美的空调公司的批发商必须在淡季的时候给美的分公司支付预付款,才能获得旺季的进货权和更多优惠。批发商不一定具有稳定的销售网络,但是可以利用大量资金争取到进货权和优惠政策,再利用这些优势招揽一批零售商组成销售网络。

2. 海尔模式(海尔空调公司—海尔工贸公司—批发商—专卖店/大商场/零售商)

海尔空调公司更多地利用其几乎遍布全国各省(自治区、直辖市)的工贸公司,直接与零售商做生意,并建立专卖店,而批发商的地位较低。

3. 格力模式(格力空调公司—合资销售公司—合资分公司—零售商)

格力空调公司则选择各地区空调销售大户组成股份制销售公司,这显然是制造商实施前向一体化战略的体现。

4. 志高模式(志高空调公司—省级总代理公司—批发商—零售商)

志高空调公司相对于其他空调巨头没有品牌优势,所以选择"农村包围城市"的战略,在各中小城市、城乡接合部选择批发商、零售商,并许诺销售志高空调可以比销售其他品牌空调获得更高的回报。

5. 苏宁模式(飞歌空调公司—苏宁连锁公司)

苏宁电器集团原是南京市一家空调经销商,后通过后向一体化战略控股飞歌空调公司,利用其分销网络销售飞歌空调为其定牌生产的苏宁牌空调,从而形成前店后厂的经营模式。

以下是各品牌空调价格分析,选择各个品牌产品系列中处于同一地位的一个型号空调机进行对比。不同品牌空调成本、价格、利润分布情况如表2-3所示。

表 2-3　　　　　　　　不同品牌空调成本、价格、利润分布情况表　　　　　　　单位:元

品牌	成本	出厂价 (厂商利润)	批发价 (批发商利润)	零售价 (零售商利润)
美的空调公司	1 700	2 240(540)	2 390(150)	2 530(140)
海尔空调公司	1 700	3 200(1 500)	3 325(125)	3 610(285)
格力空调公司	1 750	2 250(500)	2 530(180)	2 616(86)
志高空调公司	1 450	1 700(250)	1 950(250)	2 180(230)
苏宁连锁公司	1 450	1 600(150)	1 600(0)	2 000(400)

通过价格比较可以发现在各个品牌的产业价值链中,生产商与销售商的利润分配存在着相当大的差异。最有品牌号召力的海尔空调公司,其在产业链中获取了近80%的利润份额。较有品牌优势的美的空调公司和格力空调公司,也在产业链中获得60%~70%的利润。而品牌较弱的志高空调公司,仅能获得34%的利润份额。同样没有品牌优势的苏宁连锁公司,却通过其后向一体化战略囊括产业链全部的利润。各个企业采取不同的渠道策略获得各自的利润份额,完全是竞争和各自在产业中所处地位不同使然。

五、价值链分析的步骤

价值链分析一般分为三个步骤。

步骤一:识别价值链作业。

企业识别出在设计、生产和顾客服务这一过程中企业必须从事的具体增值作业,一些企业可能设计单项作业或全部作业中的一部分。例如,一些企业仅从事生产,而其他企业进行配送和销售。计算机制造业的价值链如表2-4所示。

表 2-4　　　　　　　　　　计算机制造业的价值链

价值链中的环节	作业	作业的预期产出
第一步:设计	研究与开发	完成了产品设计
第二步:原材料获得	开采、提炼	硅、塑料和各种金属
第三步:将材料组装成部件 　第一阶段 　第二阶段	将原材料转化成部件 转化、组装、完工 测试、评价	所需的各种零部件 芯片、处理器、其他基本部件 主板、更高层次的部件
第四步:计算机制造	包装、运送	完工的整机
第五步:批发、仓储及配送	将产品送到零售处和仓库	铁路、卡车和货运飞机
第六步:零售	零售	现金收入
第七步:顾客服务	处理退货、索赔和修理	所需服务和重新存储的计算机

价值链的增值作业随行业类型的不同而不同。例如,服务业中关注的重点是运作、广告和促销,而不是原料和生产。我们应该在更细致的层次上对运作中的作业链进行划分,即在业务部门或流程这一层次上决定各项可独立管理的作业(具有市场价值的作业)。例如,制

成一块芯片和计算机可以是一项作业(这一结果有市场),但芯片或主板包装便不可能是价值链分析中的一项作业。

步骤二:识别每一项价值作业的成本动因。

成本动因是导致总成本变化的任何因素。本步骤的目标是识别出企业具有现实或潜在成本优势的作业。例如,一家保险代理公司可能发现它的一项重要成本动因是顾客账户记录的成本,这一战略性的成本动因信息将导致该公司去寻找降低成本外购服务的方法,它可能去雇佣一家计算机服务公司为其处理数据,以此降低总成本并维持甚至提高竞争力。

步骤三:通过降低成本或增加价值建立可持续竞争优势。

企业通过研究识别的价值活动和成本因素来决定自己现实的及潜在的竞争优势。为此,企业必须考虑以下几点。

1. 识别竞争优势(成本领先或差异化)

价值活动的分析有助于管理层更好地理解企业的战略竞争优势和企业在整个行业价值链中的定位。例如,在手机行业中,一些企业致力于创新式的设计(如苹果),而另一些企业(如小米)则致力于低成本生产。

2. 识别增加价值的机会

对价值作业的分析有助于企业识别能为顾客显著增加价值的作业。例如,食品加工厂和包装厂一般都靠近最大的客户群,以便为其更优质且廉价地送货;大型零售商使用计算机技术协调供货商,并快速高效地为各店送货;在银行业中,自动取款机用于提供服务并降低处理成本,现在银行大多开发人工智能客服以进一步提高服务水平和降低处理成本。

3. 识别降低成本的机会

对价值作业和成本动因的研究有助于企业找出价值链中自己不具备竞争力的部分。我国珠江三角洲一带,是很多国际大型企业采购零部件及代理加工的集中地,也是其通过价值链分析所得出的最优结果。

4. 价值链上寻求各作业间的关联

内部自制或外购的决策,有时取决于价值链上不同作业之间的相互影响。例如,某牛肉加工厂移到西南部和中西部的饲养场附近,以节约运输成本,降低运输途中牛的体重损耗。

此外,价值链间的关联度也有助于解释一些企业兼并案件,如吉利并购沃尔沃、联想并购IBM等。企业并购促进了企业向全球市场发展,并向顾客提供更多、更好的产品和服务。同样,食品业巨头雀巢公司和哈根达斯公司成立合资企业进军世界冰淇淋市场,这样哈根达斯品牌就可以很容易地进入一些便利店,在这些便利店里,雀巢公司仍可以销售其自身品牌的冰淇淋。

第五节 成本动因分析

获得竞争优势关键的第一步,便是识别企业或组织的核心成本动因。成本动因是导致总成本变化的任何因素,对基本成本领先战略进行竞争的企业,核心成本动因的管理至关重要。例如,为了获得电子产品生产中的低成本优势,小米公司仔细观察了引导成本的设计和生产因素。企业在必要时应进行设计改进,而生产基地的设计与自动化则旨在高效利用原料、人工和设备。对非成本领先的企业,成本动因的管理可能不如非成本领先企业重要,但关注核心成本动因将直接有助于企业成功。例如,零售企业的一项重要成本动因就是运输毁损,所以许多零售商对产品需要有非常细致的处理、摆放和库存程序。

大多数企业,尤其是那些执行成本领先战略的企业,都利用成本管理来维持和提高其竞争优势,成本管理需要认清当成本动因变化时成本对象的总成本如何变化。成本的变化有四种方式,即有四种成本动因,它们包括:作业基础的成本动因、数量基础的成本动因、结构性的成本动因和执行性的成本动因。作业基础的成本动因是在详细的生产层次上制定的,它与生产作业(或服务中的作业)相联系,如机器准备、产品检测、材料处理和包装。数量基础的成本动因是在一个总体水平上制定的,如产出水平(产品数量或生产中所耗直接工时数)。两者的一个重大差异是:数量基础的成本动因一般在总体水平上建立,如总产量或总工时;而作业基础的成本动因一般在详细分析的层次上建立在作业层次,优势包括单个机器或工作单位。结构性和执行性的成本动因包括影响成本动因与总成本间关系的战略性、生产性决策。

一、常规成本动因

(一)作业基础的成本动因

作业基础的成本动因通过作业分析来识别,它详细描述了企业生产中的具体作业,这一描述包括产品生产或提供企业生产中的具体作业、产品生产或提供服务过程中的每一步骤。每一项作业都建立一个成本动因来解释由作业引起的成本如何变化,一家银行的总成本受到各项作业的成本动因的影响。银行作业和成本动因如表 2-5 所示。

表 2-5　　　　　　　　　　银行作业和成本动因

作业	成本动因
提供自动提款机的服务	自动提款机的交易次数
提供存取款服务	银行客户存取款次数
开户和销户	开户和销户数
给客户提供咨询	接受咨询客户数
签发旅游支票	要求开支票数
电脑更新客户账户余额	更新账户数
调查异常交易	调查的交易数,取决于管理政策和程序量
定期测试现金和交易处理的内控问题	测试次数,基于公司政策,部分由新员工人数和以前贪污盗窃次数决定
准备新贷款申请(汽车、房子和商业贷款)	贷款申请处理数
处理贷款申请	准备贷款申请数
准备批准贷款和付款	批准贷款数

(续表)

作业	成本动因
邮寄客户对账单	账户数
处理银行间转账	转账次数
回答客户问询	客户询问次数

企业作业的详细描述，通过帮助企业制定更精确的产品和/或服务的成本来帮助企业实现战略目标；同时，作业分析也有助于提高企业的运用与管理控制，这是因为各个详细层次上的业绩都能被监督和评价。

(二) 数量基础的成本动因

许多类型的成本都是以数量基础的，如直接材料和直接人工。数量基础的总成本与数量基础的成本动因（如产品或服务的产出量）之间是非线性关系。

成本动因数量较小时，成本减速增加，这部分归因于更有效的资源利用率和更高的生产率。成本减速增加的特征也常常被称为边际生产率递增，这意味着随着产出的增加，投入会被更高效地利用。

在成本动因数量较大时，成本开始加速增加，这部分归因于临近生产能力极限时运作效率的低下、资源的低效利用等。这一成本性态符合边际生产效率递减规律。总成本和生产能力限制的影响如图 2-4 所示。

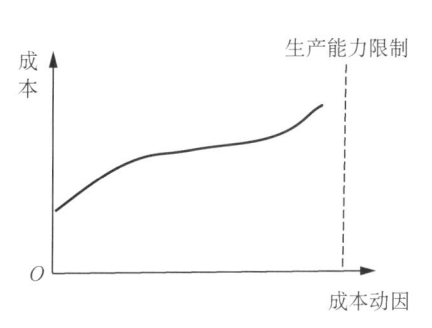

图 2-4 总成本和生产能力限制的影响

二、战略成本动因

战略成本动因分析是战略成本管理的重要方法。战略成本动因分析就是针对特定的企业分析其战略成本动因，这种分析可以使企业了解决定企业成本态势的基本因素，从而采取一定的战略和措施有重点地对成本动因加以控制或改善，最终使企业拥有超越竞争对手的成本优势。由于战略成本动因分析具有如此重要的意义，战略成本动因分析在西方国家被作为战略成本管理的基本方法。在战略成本管理方式下，成本动因的分析超出了传统成本分析的狭隘范围（企业内部、责任中心）和少量因素（产量、物耗），而代之以更宽广的、与战略相结合的方式来分析成本动因。战略成本管理所注重的无形的成本动因恰恰是传统成本管理所忽视的。战略成本动因分析站在更高的维度来管理成本，其对成本的影响更深远、更持久，且一经形成就难以改变，因此更应引起企业的注意。

由于战略成本动因可以分为结构性成本动因和执行性成本动因，战略成本动因的分析也从这两方面展开。

(一) 结构性成本动因

结构性成本动因是指与决定企业基础经济结构，如长期投资等相关的成本动因，其形成常需要较长时间，一经确定往往很难变动；同时，这些因素往往发生在生产开始之前，这些因素既决定了企业的产品成本，又会对企业的产品质量、人力资源、财务、生产经营等方面产生极其重要的影响。因此,对结构性成本动因的选择将决定企业的成本态势。结构性成本动因主要有以下几个。

1. 企业规模

企业规模是一个重要的结构性成本动因,它主要通过规模效应来对企业成本产生影响。当企业规模较大时,可以提高作业效率,使固定成本分摊在较大规模的业务量之上,从而降低单位成本。但当企业规模扩张超过某一临界点时,固定成本的增加会超过业务规模的增加,并且生产复杂性的提高和管理成本的上升也会带来不利影响,这时,单位成本会出现升高的趋势,形成规模报酬递减,出现规模不经济。

2. 经验

经验是影响成本的综合性基础因素,它是一个重要的结构性成本动因。经验积累,即熟练程度的提高,不仅带来效率的提高、人力成本的下降,同时还可降低物耗、减少损失。经验积累程度越高,操作越熟练,成本降低的机会就越多,经验的不断积累和发挥是获得"经验—成本"曲线效果、形成持久竞争优势的动因。

3. 技术

生产和配送中使用新技术可以显著降低成本。例如,宝洁公司使用计算机技术检测客户(主要是大型零售商)手中拥有多少宝洁产品,从而迅速配送货物。又如,在英特尔公司,技术创新提升个人电脑中的微处理器的处理能力,大大降低了其计算的成本;而在大大提升微处理器处理能力的同时,该公司的单位生产成本并没有显著改变。这一例子体现了摩尔定律,即数据处理技术领域的产品成本每隔18~24个月有大幅下降。

4. 复杂性

复杂性考虑企业的复杂程度如何、企业有多少不同的产品等问题。世界知名企业宝洁公司旗下拥有众多产品,公司的日程安排、生产流程管理方面的成本较高,而且公司还有产品开发上游成本及分销与服务下游成本。这些企业通常使用作业成本法来更好地识别成本及不同产品、供应商和客户的盈利性。

使用结构性成本动因的战略分析有助于企业改进其竞争定位,这些分析包括价值链分析和作业管理。其中,价值链分析有助于企业评估其当前的和计划的结构性成本动因的长期影响。例如,企业部件制造商规模的扩大和生产能力的提升,应该让企业重新考虑某些部件是否应该外购。

(二)执行性成本动因

企业在通过结构性成本动因分析企业成本管理战略后,还必须以执行性成本动因分析引导成本管理的方向和重点,用执行性成本动因分析的结果作为成本改善的立足点,更加有利于企业确立竞争优势。执行性成本动因是指决定企业作业程序的成本动因,是在结构性成本动因分析后才建立的,这类成本动因多属非量化的成本动因,其对成本的影响因企业而异。这些动因若能执行成功,则能降低成本;反之,则会使成本提高。执行性成本动因主要有以下几个。

1. 员工参与

人是执行各项作业活动的主体,企业的各项价值活动都要分摊成本,因此人的思想和行为是企业成本降低或改善的重要因素,在战略成本管理中起着至关重要的作用。员工参与的多少及责任感对企业成本管理的影响是很明显的,如果企业上下人人都具备节约成本的思想,并以降低成本为己任,那么企业的成本管理效果自然就会好;反之,企业的成本管理则会彻底地失去意义,变成无源之水。因此,在战略成本管理过程中强调全员参与,通过建立各种激励机制,培养员工"以厂为家"的归属感和荣辱感,在建立企业文化的同时,培育企业的成本文化。

员工对持续改进和质量的尽心状况是非常重要的。拥有强大员工关系的企业能够显著地降低运作成本。企业的行动是众多具体个人行动的总和。员工对企业的向心力对成本的影响归结为两个方面:一方面是显性的成本,如物耗高、设备利用率低、废品率高;另一方面是隐性的成本,如人员不团结,员工情绪低落、对企业漠不关心。

2. 全面质量管理

全面质量管理的宗旨是以最少的质量成本获得最优的产品质量。因为对错误的纠正成本是递减的,所以总成本会保持下降的趋势,直至最后的差错被消除,故全面质量管理的改进总是能降低成本。这项成本动因要求企业大力推行全面质量管理,树立强烈的质量意识,从企业设计、生产过程的各阶段着手,提高产品质量,降低产品成本,真正做到优质、高效。

3. 生产能力利用率

在企业规模既定的前提下,生产能力的利用程度是影响企业成本的一个重要动因。生产能力利用率主要通过固定成本影响企业的成本水平,由于固定成本在相关的范围内不随产量的增加而改变,当企业的生产能力利用率提高时,单位产品所分担的固定成本减少,从而引起企业单位成本的降低。寻求建立能够使企业充分利用其生产能力的经营模式,将会带来企业的成本竞争优势。

4. 联系

所谓联系,是指各种价值活动之间彼此的相互关联。其可分为两类:一类是企业内部联系,企业内部各种价值活动之间的联系遍布整个价值链,针对相互联系的活动,企业可以采取协调和最优化两种策略来提高效率或降低成本;另一类是企业与供应商(上游)、客户(下游)间的垂直联系,如供应商供料的频率和及时性会影响企业的库存、销售渠道。企业的所有价值活动都会互相产生影响,如果能够确保它们以一种协调合作的方式开展,将会为总成本的降低创造机会。

第六节 竞争战略

一、竞争战略的类型

竞争战略也称业务单元战略,竞争战略涉及各业务单位的主管和辅助人员。各部门的管理人员的主要任务是将企业战略所包括的目标、发展方向和举措具体化,形成本部门具体的竞争与经营战略。根据迈克尔·波特的观点,竞争战略基本分为成本领先战略与差异化战略两种。这两种基本的竞争战略还派生出了第三种竞争战略——集中化战略。

(一)成本领先战略

成本领先战略是指企业通过加强对内部成本的控制,在研究开发、生产、服务和营销等各个领域把成本降至最低,从而成为行业中成本领先者的竞争战略。按照迈克尔·波特的观点,成本领先战略应该体现为相对于竞争对手而言的低价格的产品。但是,成本领先战略并不意味着仅仅获得短期成本优势或者是削减成本,它是一个"可持续成本领先"的概念,即成本优势的战略性价值取决于其持久性。如果企业成本优势的来源对竞争对手来说是难以复制或模仿的,其持久性就会存在。企业可以通过控制成本动因和重构价值链两种方法来获取成本优势。成本领先战略是三种竞争战略中最明确的一种,其重点是如何让企业成本低于其竞争对手的成本。在激烈的市场竞争中,成本领先的企业对五种竞争力量的威胁具有强大的防御作用。

美国西南航空公司在固定成本极高的航空业中成功实施了成本领先战略。美国西南航空公司的成本领先战略主要包括以下几个方面:一是不断扩大规模,增加飞机的飞行时间;二是以飞行短程航班为主;三是采取单一机型,减少运营成本,如不提供航空餐;四是在保证安全的基础上,只提供基本的服务;五是简化作业流程,消除非增值作业。美国西南航空公司在20世纪70年代还是大航空公司中夹缝求生的小航空公司,随后一跃成为美国的第四大航空公司,并连续30年保持远高于行业平均水平的利润和远低于行业平均水平的成本。美国前十大航空公司连续几年一直处于亏损状态,只有美国西南航空公司始终保持盈利,并且创下连续30年盈利的业界纪录。美国西南航空公司的成功就在于长期坚持成本领先战略。

美国沃尔玛公司(以下简称沃尔玛)取得成功的关键在于商品物美价廉、对顾客的服务优质上乘。沃尔玛直接从生产厂家进货,想尽一切办法把价格压低到极限成交,又将货物的运费和保管费用降到最低。沃尔玛在全美有16个配货中心,都设在离沃尔玛商场距离不到1天路程的地点,商品购进后直接送到配货中心,再从配货中心由公司专有的集装箱车队运往各地的沃尔玛商场。沃尔玛建有最先进的配货和存货系统,公司总部的高性能电脑系统与16个配货中心和1 000多家商场的POS终端机联网,每家沃尔玛商场通过收款机激光扫描售出货物的条形码,将有关信息记载到计算机网络当中。当某一货品库存减少到最低限时,计算机就会向公司总部发出采购请求,要求安排进货。公司总部寻找到货源,便派离沃尔玛商场最近的配货中心负责安排运输路线和时间,一切安排有序,有条不紊。沃尔玛商场发出采购请求后36小时内,所需货品就会及时出现在货架上。就是这种高效的商品进、销、存管理,使沃尔玛迅速掌握商品进销存情况和市场需求趋势,做到既不积压存货,销售又不断货,加速了资金周转,降低了资金成本和仓储成本。压缩广告费用是沃尔玛保持低成本竞争战略的另一种策略。沃尔玛每年只在媒体上做几次广告,远远低于一般的百货公司每年50~100次的水平。沃尔玛也重视对职工勤俭风气的培养,从经理到员工,都要关心公司的经营状况,勤俭节约,杜绝浪费,从细微处做起。沃尔玛的商品损耗率只有1%(而全美零售业平均损耗率为2%),使得其极大地降低了成本。沃尔玛每周五上午召开经理人员会议,研究商品价格情况,保证同种商品在沃尔玛的价格最低。沃尔玛成功运用成本领先战略,在激烈的市场竞争中取胜。

1. 成本领先战略的优势

(1) 形成进入壁垒。企业的生产经营成本低,便为行业潜在的进入者设置了较高的进入壁垒。那些在生产技术上不熟练、经营上缺乏经验,或缺乏规模经济的企业望而却步,很难进入本行业。

（2）增强议价能力。企业的生产经营成本低，可以提升自己对供应商的议价能力，降低投入因素变化所带来的负面影响。同时，企业也可以提升自己对购买者的议价能力，以抗强有力的购买者。

（3）降低替代品的威胁。企业可以凭借其低成本的产品或服务吸引大量的顾客，降低或者缓解替代品威胁，使自己与替代品竞争时处于有利的竞争地位替。

（4）保持领先的竞争地位。当企业与行业内的竞争对手进行价格战时，企业的生产经营成本低，可以在使竞争对手毫无利润的低价格水平上仍保持盈利，从而扩大市场份额，保持绝对的竞争优势。

总之，采用成本领先战略可以使企业有效地应对行业中五种竞争力量带来的威胁，并以其低成本的优势获得高于行业平均水平的利润。

2. 成本领先战略的缺陷

（1）技术的变革可能使过去用于降低成本的投资（如扩大规模、工艺革新等）与积累的经验变得毫无价值。

（2）行业中的竞争对手或新进入者可能通过模仿、吸取前人经验，或者购买更先进的设备，使自己的成本降至更低水平，后来居上。这时，企业原有的成本优势也就不复存在。

（3）随着经济的发展和人们收入水平的提高，消费者从注重产品的价格开始转向更加注重产品的差异性，这就使得企业原有的优势变为劣势。

企业在采用成本领先战略时，应关注这些缺陷，及早采取防范措施。

（二）差异化战略

差异化战略是指通过产品研究开发，力求针对客户广泛重视的方面在行业内独树一帜，或在成本差距难以进一步扩大的情况下，生产比竞争对手功能更多、质量更优、服务更好的产品，以获得竞争优势的竞争战略。简言之，就是要标新立异、提供与众不同的产品或服务，以满足顾客的特殊要求，并且这种特色可以给产品带来额外的加价。如果一家企业的产品或服务的溢价超过因其形成独特性所增加的成本，那么，拥有这种差异化的企业将获得竞争优势。

差异化战略的核心就是追求特色，创造"人无我有"的产品。例如，法拉利汽车公司由于产量极低，成本自然无法与通用、福特、丰田等规模化大公司相比，但它走的是标新立异之路，注重车型的新颖、奇特、怪异，逐渐自成一派，代表着流行时尚，从而契合了显贵、追求时髦的风气。

海底捞于1994年成立，也采取了服务差异化战略。海底捞始终秉承"服务至上、顾客至上"的理念，以创新为核心改变传统的标准化、单一化的服务，提倡个性化的特色服务，将用心服务作为基本经营理念，致力于为顾客提供"贴心、温心、舒心"的服务。海底捞的服务不仅仅体现在某一个细小的环节，而是形成了从顾客进门到顾客就餐结束离开的一套完整的服务体系。对海底捞来说，让顾客放心是三级服务，让顾客满意是二级服务，让顾客感动才是一级服务。而优质的服务恰恰体现了对顾客的尊重。海底捞的老板正是抓住了顾客的这一心理特点，虽然有些服务会增加海底捞的运营成本，但这种付出与稳定的顾客源、不断扩大的忠实消费群和品牌的美誉度相比，投入产出是值得的。

1. 差异化战略的优势

（1）形成进入壁垒。由于产品或服务存在独特性，顾客对该产品或服务具有很高的认可度,从而使该产品或服务具有强有力的进入壁垒。潜在的进入者要与原有的企业竞争,则需要超越产品或服务的独特性。

(2) 降低顾客对价格的敏感程度。由于顾客对企业产品或服务有某种程度的忠诚度,当产品或服务的价格发生变化时,顾客对价格的敏感程度也不会太高。提供该产品或服务的企业便可以运用差异化战略,在行业竞争中形成一个隔离地带,避免竞争者进入。

(3) 提高议价能力。差异化战略可以为企业创造较高的边际效益,降低企业总成本,提升企业对供应商的议价能力。同时,由于购买者别无其他选择,对价格的敏感程度又低,企业也可以运用差异化战略削弱购买者的议价能力。

(4) 防止替代品的威胁。替代品能否替代老产品,主要取决于两种产品的性能和价格比的比较。差异化战略通过提高产品的性能来提高产品性能和价格比,可以有效抵御替代品的威胁。

2. 差异化战略的缺陷

(1) 企业形成产品差异化的成本过高。由于增加研发费用、采购高档原材料和做大量广告等原因,实施差异化战略的企业成本往往都比较高。如果因成本高而把价格定得很高,超出了购买者的承受能力,购买者不愿意为具有差异化的产品支付较高的价格,就会宁可放弃追求质量、性能、形象等方面的差异性,而去追求低价格。

(2) 市场需求发生变化,购买者需要的产品差异化程度下降,使企业失去竞争优势。这一缺陷在我国家电行业的竞争中表现十分明显。

(3) 竞争对手的模仿和进攻使已建立的差异缩小甚至转向。如果竞争对手也推行差异化战略,并且在质量、性能、形象等方面不断增强差异性,也会使得本企业的差异化优势大大降低。竞争对手的模仿和进攻使已建立的差异缩小甚至转向,是随着行业的成熟而出现的一种普遍现象。

(三) 集中化战略

集中化战略是指企业选择特定的细分市场,实施低成本战略或差异化战略,即向特定的地区或特定的购买者群体提供产品或服务,从而获取成本或差异化竞争优势的竞争战略。集中化战略有两种形式,即成本领先集中化战略与差异集中化战略,前者寻求在目标市场上的成本优势,而后者追求目标市场上的差异优势。成本领先战略和差异化战略是面向全行业,在整个行业的范围内进行活动;而集中化战略是集中有限的资源以更高的效率、更好的效果为特定的顾客或市场区域服务,从而超过那些服务于更广阔范围的竞争对手。

联合利华集团是世界上生产快速消费品的主要企业之一。集中化战略在联合利华得到了充分体现:一是企业集中化。联合利华于1999年把14个独立的合资企业合并为4个由联合利华控股的公司,使经营成本下降了20%,外籍管理人员减少了3/4。二是产品集中化。联合利华退出非主营业务,专攻家庭及个人护理用品、食品及饮料和冰淇淋三大优势系列,取得了重大成功。三是品牌集中化。联合利华虽然拥有2 000多个品牌,但在中国的推广数量不到20个,且都是一线品牌。四是厂址集中化。联合利华通过调整、合并,减少了3个生产地址,节约了30%的运行费用。将食品零售营销网络转包,即将营销环节集中化。实现营销环节集中化,把自己不是特别擅长的零售营销转包出去,从而专心制订战略计划、管理主要客户及分销商,有利于迅速提高市场占有率和知名度,实现其在华投资的战略目标。向第三方转包零售营销网络是集中化战略的又一重大创新。

采用集中化战略的优势在于：由于采用集中化战略是企业在一个特定目标市场上实施成本领先战略或差异化战略，两者抵御五种竞争力的优势也都能在集中化战略中体现出来。此外，由于集中化战略避开了在大范围内与竞争对手直接竞争，对一些还不足以与实力雄厚的大企业抗衡的中小企业来说，集中化战略的实施可以增强它们的相对竞争优势。即使对大企业来说，采用集中化战略也能够避免与竞争对手正面冲突，使企业处于一个竞争的缓冲地带。

企业在实施集中化战略时，可能会遇到以下问题：

（1）狭小的目标市场会带来风险。狭小的目标市场难以支撑必要的生产规模，集中化战略可能带来高成本的风险，从而导致与在较宽范围内经营的竞争对手之间的成本差异日益扩大，抵销了企业在目标市场上的成本优势或差异化优势，使企业集中化战略失败。

（2）购买者群体之间需求差异变小。由于技术进步、替代品出现、价值观念更新、消费偏好变化等多方面的原因，目标市场与总体市场之间在产品或服务的需求上差别变小，企业原来赖以实施集中化战略的基础也就消失。

（3）竞争对手的进入与竞争。以较宽范围的市场为目标的竞争对手采用同样的集中化战略，或者竞争对手从本企业的目标市场中找到了可以再细分的市场，并以此为目标来实施集中化战略，从而使实施集中化战略的企业失去了优势。

上述三种竞争战略是相互联系的：成本领先战略保证了理论利润，体现了效率；差异化战略保证了市场份额，使企业在成本方面的高效率转化为高效益；集中化战略强化了低成本与差异化的优势。

二、竞争战略的选择

应用上述战略定位分析方法对所处的内部环境分析后，企业就可根据实际情况，有针对性地去选择适合自己所处行业特征及自身特点的竞争战略。

（一）成本领先战略的选择

从理论层面讲，消费者对价格越敏感，就越倾向于低价格产品，成本领先战略就越有吸引力。具体来说，具备下列条件时，企业可以选择成本领先战略。

1. 企业外部环境条件

企业所处行业中的各卖方之间的价格竞争非常激烈，谁能成为成本领先者，谁就会获得高收益或者扩大市场份额。

（1）当企业所处行业的产品基本上都是标准化或者同质化产品时，由于产品在性能、功能方面几乎没有差别，消费者决策的主要影响因素就是价格。

（2）企业所处行业实现产品差异化的途径很少，所以不同品牌之间的差异化对消费者来说并不重要，从而使消费者对价格的差异非常敏感。

（3）消费者的转换成本很低。当消费者从一家企业转向另一家企业所要承担的成本较低时，就具有较大的灵活性，从而更容易转向低价格、同质量的企业。

（4）市场上存在着大量讨价还价的消费者，而且这些消费者具有较强的议价能力。

2. 企业须具备的有关技能和资源条件

（1）在规模经济显著的行业中，通过增加生产设备来实现规模经济。

(2) 降低各种要素成本。企业成本的直接来源包括与各种投入相关的资金、劳动力、原材料和零部件等生产要素。企业要力求获得各种要素最优惠的供给价格。

(3) 提高生产率。生产率即单位要素的产出。因此，提高生产率与降低成本密切相关。采用最新的技术、流程或者工艺来降低成本，改进生产力，充分利用学习曲线等，都是提高生产率的有效手段。

(4) 改进产品工艺设计。企业价值工程研究的一个重要内容是寻找物美价廉的替代品。企业可以采用简单的产品设计，减少产品的功能但同时又能充分满足消费者的需求，从而达到降低成本的目的。

(5) 提高生产能力利用程度。生产能力利用程度决定了分摊在单位产品上的固定成本的多少。在企业的成本结构中，如果固定成本占了很大比重，企业就应尽可能地扩大生产规模，以实现产品单位成本的降低。

(6) 选择适宜的交易组织形式。在不同的情况下，选择内部生产或者从市场获取，成本会有很大的不同。

(7) 重点集聚。企业集中力量针对某一经营领域，如某一顾客群体、某一特定市场、某一类型产品、某一特定技术等，可能会比广泛用力获得更高的成本效率。

（二）差异化战略的选择

一般来说，具备下列环境条件时，企业可以选择差异化战略。

1. 企业外部环境条件

(1) 企业能够通过多种途径创造出与竞争对手有差异的产品，而且对消费者来说这些差异是很有价值的，能被消费者认可。

(2) 企业所处行业中采用类似差异化途径的竞争对手很少，即能够保证企业采用的是真正的差异化。

(3) 消费者对产品的需求和使用要求是多种多样的，即消费者的需求是有差异的。

(4) 企业所处行业的产品生产技术创新能力强，市场上的竞争主要集中在不断推出新的特色产品。

2. 企业内部环境条件

(1) 企业内部具有很强的研究开发能力和产品设计能力，研究人员具有创造性。

(2) 企业在行业内以其优质的产品或领先的技术而具有声望。

(3) 企业的市场营销能力很强，各种销售渠道的合作是强有力的，并且其产品研究开发与市场营销等职能部门有很好的协调性。

(4) 企业具有很好的物质设施，能够吸引高级研究人员、创造性人才和高技能职员，有能够激励员工创造性的激励机制、管理体制和良好的创造性文化。

（三）集中化战略的选择

企业实施集中化战略的关键是选好战略目标。选择集中化战略的基本原则是企业要尽可能选择那些竞争对手最薄弱和最不易被替代产品冲击的目标。一般来说，具备下列环境条件时，企业可以选择集中化战略。

(1) 企业所处行业中各细分市场部门在规模、成长率、获利能力等方面存在很大差异，致使某些细分市场部门具有很大吸引力，从而使企业能够发挥自己的优势，在此细分市场上经营得更好。

（2）在相同的目标细分市场中，主要竞争对手取得成功的关键因素不是企业所选定的特殊顾客群或地区市场，在此细分市场中没有其他竞争对手采取类似战略。

（3）市场上具有不同的消费者群体，而且各消费者群体间在需求上存在显著差异，或习惯以不同的方式使用产品。

（4）企业的资源不允许其追求更广泛的市场，即企业具有相应的资源和能力，能够比竞争对手更好地满足目标市场。

三、竞争战略对成本信息的需求

在竞争战略分析过程中，成本信息的地位十分突出。随着企业环境的变化，成本管理的角色也会相应发生变化，新的生产信息技术、顾客为本、全球市场的增长，以及其他变化都需要企业建立战略信息系统，以便有效地保持自己在行业内的竞争优势，这就需要战略成本管理系统必须能够提供传统成本会计系统所不能提供的信息。为此，竞争战略对成本信息的需求应考虑以下几点：

（1）成本信息的准确性。成本信息准确性的程度取决于信息使用的目的，过于精确的信息其成本也很大。

（2）成本信息的及时性。战略成本管理要求适时、快速地为决策者提供决策所需要的相关成本信息。

（3）成本信息的提供形式。信息的提供形式取决于决策者及其决策的复杂程度，由于成本信息服务于企业的管理，应根据经营管理和决策控制的需要提供信息，而不受一些外部的规章制度，如企业会计准则等的限制。因此，成本信息提供的方法和程序具有很大的自由度和弹性，没有较为严格的约束，其宗旨在于满足管理的需要，以提高经济效益。

四、竞争战略对会计信息的需求

竞争战略分析应考虑不同竞争战略的信息需要。企业可以采取两种基本的竞争方式——提供比竞争者更低成本（成本领先战略）或更高质量（差别化战略）的产品。不同类型会计信息的重要性取决于企业的竞争战略类型，具体表现在以下几点。

1. 业绩评估成本

成本领先战略对成本控制的要求较高，这对于维持毛利最为重要；差异化对成本控制的要求较低，主要侧重于创新，而非成本控制。

2. 预算成本

成本领先战略认为预算是监控成本的主要手段，因此对预算的要求很高；产品差别化为允许产品改良，因此对预算要求较低。

3. 产品或服务成本

成本领先战略中定价决策对客户的购买决策至关重要，因此，对产品或服务成本要求高；差异化战略中客户购买的是最高质量，而不是最低价格，因此，对产品或服务成本要求低。

4. 营销成本

成本领先战略中营销开支在产品成本很小的情况下不是很关键，因此，对营销成本要求低;差异化战略认为当前侧重营销是关键,因此,对营销成本要求高。

5. 竞争成本

成本领先战略为了达到或者击败竞争对手的价格并保持可接受的利润,要求了解竞争成本,因此,对竞争成本要求高;差异化战略对竞争成本要求低,这是因为该战略认为竞争并不是基于成本,更重要的是竞争者对产品或服务的改进。

思考与讨论

1. 战略管理的内涵和特征是什么?
2. 战略管理会计的内涵是什么?
3. 传统成本管理和战略成本管理的区别是什么?
4. 战略定位的分析工具分别有哪些?它们的内涵各是什么?
5. 基本竞争战略有哪些?它们分别具有什么特点?
6. 企业在什么条件下选择成本领先战略?
7. 企业在什么条件下选择差异化战略?
8. 企业在什么条件下选择集中化战略?

章节案例

案例题目:小米公司价值链案例分析

一、公司简介

小米科技有限责任公司(以下简称小米公司)于2010年3月在北京创立,是一家以智能手机为核心业务,智能硬件和IoT业务为平台的创新型互联网科技企业,业务覆盖了社交网络、游戏、汽车交通、金融、消费生活等领域。2018年7月9日,小米公司成功在中国香港主板最大规模科技股IPO上市,股票代码为01810。截至2020年年底,小米智能手机全球出货量已稳居第三位,市估率达12.1%,AIoT平台连接的IoT设备数为324.8万台。

二、小米公司价值链构成分析

小米公司是专注开发智能设备的创新移动互联网企业,其核心战略是"手机 * AIoT"。因此,本案例将智能产品作为小米公司一系列作业的成果,结合小米公司的商业模式,以传统价值链为理论基础,梳理小米公司从内部价值链到外部价值链的增值价值活动流程。

(一)内部价值链

1. 产品生产环节

从价值链分析来看,一般企业需要在生产环节投入大量的固定资产和人力成本。但是随着全球经济市场和科技的快速发展,智能产品需求量巨大的同时,智能产品的更换时间和产品的生命周期缩短,高性价比成为消费者考虑的主要因素。

在这一环节,小米公司选择将部分生产业务外包的方式,只投入少量人力资源对代工厂生产环节产品标准及质量进行监控,放弃增值较低的自制生产环节,将更多的资源转向投入增值较高的业务,降低非增值或增值较低业务的资源损耗,从而实现通过少量的资源投入获取更多的营业收入。

2. 研发环节

对小米公司来说，尽管该环节对其资源消耗巨大，但价值链的关键增值活动就在于本环节。小米公司聚焦内部价值链中的核心研发环节，根据小米公司 2020 年报告，其研发投入已达近百亿元。

首先，小米公司在组建研发团队及研究开发工作上面投入了大量的资源，全球研发人员共 10 401 人，占公司总人数的 47.12%。其次，小米公司充分运用了互联网思维，在小米论坛创新性地推出"橙色星期五"活动，让用户充分参与到研发设计产品中，以用户需求为基础，开发 MIUI 手机操作系统。小米公司设计提案机制用户反馈超 4 000 万人；同时，百余个内测项目，吸引用户超 400 万人。

这些举措不仅减少了小米公司研发团队的内测试错成本，还降低了未来产品定位不符合顾客预期购买理念的风险，提升了品牌认可度。

3. 营销环节

营销环节也是价值链的一个核心环节。小米公司实行了线上、线下渠道交互融合的销售模式。线下，小米公司通过小米之家、授权服务网点等进行销售。根据小米公司披露数据，截至 2020 年年底，超过 3 200 家零售店的小米之家覆盖中国 28 个省、267 个市。为提升实体门店的整体运营效率和投资回报率，小米公司通过数字化门店管理，将实时销售相关数据等汇总、分析并及时进行反馈，为更好布局线下渠道进行决策。

线上，小米公司通过自有的小米商城、有品和其他电子商务平台，开启互联网销售手机模式。这种销售模式为小米公司的互联网社交网络服务提供了巨大的流量，从而精准投放广告。小米公司通过线上社区化营销，利用粉丝经济，降低了其广告宣传费，同时根据不同社群的需求进行不同的分区管理，使消费者与公司之间进行良性互动交流，增强用户黏度和"米粉文化"的可持续性。

(二) 外部价值链

以"手机 * AIoT"为核心，构建全球智能终端生态圈是小米公司外部价值链向外辐射的过程。小米公司的智能产品在纵向价值链链条中生产、价值增值并流转，最终变为公司收益。实施纵向一体化时，小米公司通过投资上下游价值链企业，即众多智能终端企业，增加 IoT 产品的种类和数量，为推进"手机 * AIoT"核心战略奠定基础。2020 年，小米公司双品牌多个品类智能家居出货量位居全球前三。

而移动互联网服务也受益于智能终端用户群扩展提供的流量红利，2020 年，其广告业务、游戏业务、小米电视付费业务、全球 MIUI 用户等收入同比增长超 10%，充分体现了智能终端生态圈对其他业务的助力。同时，为了加强对市场的控制，小米公司根据市场需求，对线下渠道展开布局，尽可能提早感知消费者心理及行为需求变化，以应对市场的迅速变化并提高自身的适应性和竞争力。

三、结论

综上所述，价值链分析对于企业的战略决策起到十分重要的作用，对企业完善财务绩效管理体系及生产经营管理模式具有直接影响。

小米公司的成功在于其重视企业财务绩效管理的重要性，并强调利用财务分析对企业价值链每个环节的资源进行整合以发挥协同效应，提高企业财务绩效水平，使企业达到价值链各个环节的利益相关者的价值最大化,完成企业的长期战略发展目标,提升自身品牌在市场上的核心竞争力,使企业价值、股东收益达到最优。与此同时,其注重加强与政府监管机构等部门的合作,自觉了解相关法律知识,提高自身的社会责任感,积极履行社会责任,使企业实现长期可持续发展。

思考: 根据本案例,思考小米公司在战略成本管理中的关注点有哪些?在使用价值链分析工具中,如何识别每项作业增加价值或降低成本的机会?还有哪些点可以进一步完善?

资料来源:黄鑫璨,刘君宜. 小米公司价值链分析与应用[J]. 合作经济与科技,2022(04):138-140.

第三章 成本管理系统

教学目标

通过本章教学,学生需要了解作业成本法产生的时代背景、生命周期理论在战略成本管理中的设计原则,理解作业成本法的基本原理与特征、全生命周期的概念,掌握作业成本法在企业战略成本实施中的工作流程、全生命周期成本的运行程序。

第一节 作业成本法

一、作业成本法概述

(一)现行完全成本法及其缺陷

在生产型企业中,产品成本是由直接材料、直接人工、制造费用三个部分组成的。直接材料、直接人工又统称为直接费用。直接费用以外的所有生产成本,都称为制造费用,如机器折旧费、水电费、机物料消耗、间接人工等。现行成本计算对直接费用采取直接确认的方法,这是因为生产产品所消耗的直接材料和直接人工比较容易确认和计量;而对制造费用进行分配则通过下列三个步骤进行:

(1)费用分摊。按业务量标准将制造费用分摊到各个受益的部门,包括生产部门和服务部门。

(2)分配服务部门的费用。识别服务部门所发生的费用,并将其分配到受益的各生产部门,经由这一步,所有的制造费用均归集到生产部门。

(3)分配制造费用。将各个生产部门的制造费用按单一的标准(直接人工或直接材料、机器小时等)分配到产品成本中去。通过各个生产部门所累积的费用就是产品的总制造费用。

从上述步骤可以看出,此种分配方法是先以部门作为成本库进行成本归集,再将其分配到产品中去。由此可见,现行成本分配方法假设各产品所消耗的制造费用与其所消耗的直接人工或直接材料、机器小时等的数量成正比。而实际上,大多数制造费用并不与这些数量呈比例关系，尤其是在生产技术含量不断提高、产品日趋多样化的条件下，直接人工在总成本中所占的比例不断下降，制造费用在产品成本中的比重不断提高，且其构成内容日益复杂，直接人工等数量的变动已不能如实反映产品所耗资源的消长情况。20 世纪 80 年代美国七大制造业的成本构成如表 3-1 所示。

表 3-1　　　　　　　　　20 世纪 80 年代美国七大制造业的成本构成

制造业别	直接材料	直接人工	制造费用
宇航	51.7%	19.3%	29.0%
计算机	69.9%	7.5%	22.6%
电子产品	48.6%	15.1%	36.3%
工农业设备	46.0%	12.8%	41.2%
金属产品	52.0%	15.7%	32.3%
汽车及其零部件	63.8%	7.8%	28.4%
科学仪器设备	52.3%	11.2%	36.5%
平均成本	54.9%	12.8%	32.3%

因此，若再按照直接人工等单一的数量标准来分配制造费用，必将歪曲产品成本的真实面貌。也就是说，现行成本计算方法已无法准确计量和反映产品所耗用资源的真实成本，其后果是影响管理者据以作出正确的决策。为此，人们必须寻求一种新的成本计算方法。

（二）作业成本法的产生与发展

1. 作业成本法的产生

当人们发现现行成本计算法的局限性后，就有人开始探索一些新的成本计算方法。作业成本法（ABC）作为一种新的成本计算方法，是斯托布斯教授提出来的。1971 年，斯托布斯出版了具有重要影响的《作业成本计算与投入产出会计》一书，对"作业""成本""作业会计""作业投入产出系统"等概念作了全面论述。他指出：成本计算的对象应是作业，而不是完工的产品；作业是与各类组织决策相关的一系列活动；作业成本计算就是要建立一套累积耗用各种资源成本的"作业账户"，以此来计算作业成本。由于 20 世纪 80 年代之前，西方大多数企业生产的产品不多，而且产品的技术含量不高，构成产品成本的主要元素是直接材料和直接人工，制造费用只占少部分。即使制造费用不与直接人工等成比例，将它按直接人工等分配到产品成本中去，对产品成本的扭曲程度也是微不足道的。所以，斯托布斯提出的作业成本计算这一新方法，在当时没有引起理论界和实务界的足够重视。

但到了 20 世纪 80 年代，随着富裕社会引起的消费者需求多元化、市场竞争的日趋激烈，许多西方企业纷纷将高科技应用于生产，形成资本密集型和知识密集型的产品，从而在竞争中取胜。在这种情况下，直接人工在产品成本中所占的比重日益下降，一般只有 10% 左右，有的甚至为零；而制造费用所占比重则大幅度上升。此时，若仍以日益减少或根本不存在的直接人工为基础来分配比重逐渐增加的制造费用，就不可避免地会造成产品成本信息的严重歪曲。

可见，高新制造技术的应用充分暴露了传统成本计算方法的缺陷，这就迫使理论界必须作出反应,创造一种能够准确反映产品耗用资源真实状况的成本信息系统。此时,斯托布斯提出的"作业成本计算"就日益受到重视,人们似乎看到了"作业成本计算"的光芒所在。为适应时代变化的需要,斯托布斯将自己的全部观点汇集成书——《服务于决策的作业成本计算——决策有用性框架中的成本会计》,该书于1988年出版,当即引起了学术界的轰动。

2. 作业成本法的发展

库珀和卡普兰对 ABC 的贡献不仅仅表现在理论上的发展和完善,而且对于将作业成本法推向实务界也起了极大的推动作用。1992 年,库珀和卡普兰在美国管理会计师协会和毕马威的资助下,挑选了八大公司进行试点,通过对试点报告的加工、整理,写成了《推行以作业为基础的成本管理:从分析到行动》一书。该书回答了实务工作者关心的问题,如如何设计作业成本系统、作业成本法能为组织带来多大利益、如何确保这些利益等。该书对企业推行作业成本法具有很大的指导作用。在他们的努力下,作业成本法在北美等地逐渐推广开来。

技术的进步必然伴随着生产过程的资本密集程度的提高。随着大量先进的制造设备的投入使用,企业中的产品成本构成发生了很大的变化。直接成本在总成本中所占的比例越来越低,而间接成本在总成本中的比重却大大提高,并且逐渐成为产成品的主体。

作业成本法产生的主要原因是传统成本计算系统的局限性,其具体表现为:一是用产品成本中比重越来越小的直接人工分配比重越来越大的制造费用。在先进制造环境下,许多人工已被机器取代,因此直接人工成本比例大幅下降,固定制造费用比例大幅上升。产品成本结构如此重大变化,使得传统的"数量基础成本计算"不能正确反映产品的消耗,从而不能正确核算企业自动化的效益,不能为企业决策和控制提供正确有用的会计信息。二是无法分配越来越多与工时不相关的作业费用,如质量检验、试验和机器调整准备费用等。三是忽略不同批量产品实际耗费的差异。另外,顾客需求的变化又使得新产品的开发和定价对成本信息的准确性要求更高,因此采用新思路和方法更客观、更合理、更有依据地分配间接成本、确定产品成本信息就成为管理会计的迫切任务。

在成本计量发展史上,先有完全成本法,后有变动成本法,用变动成本法取代完全成本法曾是成本计量的进步。然而,在当今的制造环境中,变动成本法主要存在以下两方面的缺陷:

第一,设计变动成本法的初衷在于适应企业短期决策的需要。随着以网络经济为首的信息经济和知识经济的到来,以计算机为主导的智能化、自动化日益普遍,技术密集型产业占据主导地位,导致直接成本投入比例大大降低,许多企业的间接成本占绝大部分,这导致模型 $y=a+bx$ 即使在短期内和一定业务量下也失去了相关性。在变动成本法下,产品成本包括直接材料、直接人工和变动性制造费用。而在完全成本法下,产品成本不仅包括直接材料、直接人工、变动性制造费用,还包括固定性制造费用。在新的制造环境下,变动成本的比重越来越小,而且把固定费用作为期间费用归集处理,并不能为控制日益增长的固定费用提供良策。

第二,在变动成本法的存在基础——成本形态分析中,把成本习性划分为变动成本和固定成本,并且建立模型 $y=a+bx$,而这种成本的划分和模型的相关性是立足于短期经营、业务量无显著变化的假设上的。然而,20 世纪 70 年代以后,企业要应对多变的市场风险,强调长远的可持续发展,从长期经营的角度来看,绝大部分成本都是变动的;兼并浪潮、生产规模化、经营全球化,导致企业的业务量急剧上升,突破了模型 $y=a+bx$ 的业务量假定。管理人员通常以产品数量为基础划分固定成本和变动成本。这种分析方法使管理当局难以确认该项成本到底是如何变动的,从而在决策时无法考虑它所定义的固定成本和变动成本的界限,难以实现决策的科学化。

无论是传统成本计算法导致产品成本信息的严重扭曲,还是用变动成本法取代完全成本法无法逾越的障碍,都对原有的完全成本法和变动成本法提出了质疑。以这些成本计算法确定的成本信息为导向的成本控制和经营决策,必将造成企业错误地选择经营方向,甚至失去扩大市场份额、提高竞争优势的机会。作业成本法自创立以后得到了实务界的大力推广,最先在美国、英国、加拿大等国的制造企业中得到应用。作业成本法在这些国家的使用一直保持着良好的上升趋势,随着信息化等技术工具手段的支持,这一趋势日益明显。目前,不仅制造业应用作业成本法,而且金融业、财务公司、医疗保险公司、商业零售及批发业也在应用作业成本法。

作业成本系统是一个以作业为基础的管理信息系统和成本控制及作业管理系统。作业成本计算通过对作业及作业成本的确认、计量,最终取得和提供相对真实、准确的产品成本信息。

二、作业成本法的基本理论

(一) 作业成本法的相关概念

作业成本法的指导思想是:成本对象消耗作业,作业消耗资源。资源、作业、成本对象和成本动因构成了作业成本法的核算要素体系。其中,资源是被消耗的对象;作业是资源的消耗者,又被成本对象所消耗;成本对象是资源的最终消耗者,成本的最终承担者;而成本动因能够揭示执行作业的原因和作业消耗资源的程度,是被消耗的资源向作业与成本对象归集的依据。

1. 资源

资源是支持作业的成本和费用来源,是一定期间为了生产产品或提供服务而发生的各类成本和费用项目,或者是作业执行过程中需要花费的代价。如果把整家企业看成一个与外界进行物质交换的投入产出系统,则所有进入该系统的人力、物力、财力等都属于资源范畴。一家企业的资源包括有直接人工、直接材料、生产维持成本(如采购人员的工资成本)、间接制造费用,以及生产过程以外的成本(如广告费用)。通常在企业财务部门编制的预算中,我们可以比较清楚地得到各个资源项目的数据,如原材料、辅助材料、动力、工资、折旧等。企业的各种资源确定以后,要为每类资源设立资源库,将一定会计期间所消耗的各类资源成本归集到各相应的资源库中去。

作业成本法下的资源是指为了产出作业或产品而发生的费用支出,即资源就是指各项费用的总和。在制造行业中,典型的资源项目有原材料、辅助材料、燃料与动力费用、工资及福利费、折旧费、办公费、修理费、运输费等。在作业成本核算中,与某项作业直接相关的资源应该直接计入该项作业,但若某一资源支持多种作业,就应当使用资源动因将资源分配计入各项相应的作业中。

2. 作业

作业是企业为某一目的而进行的耗费资源的活动。企业生产经营过程中相互联系、各自独立的活动,也可以作为企业划分控制和管理的单元。企业经营过程中的每个环节,或者生产过程的每道工序都可以视为一项作业。

根据企业业务的层次和范围,作业可分为单位作业、批别作业、产品作业和过程作业四类。

(1) 单位作业,即单位产品收益的作业。单位作业的成本一般与产品产量或销量呈正比例变动,每生产一个单位产品执行一次,而且各个单位所消耗的资源数量大致相同,如直接人工成本、直接材料成本等成本项目。单位作业是使单位产品或服务受益的作业,该类常见的作业如加工零件、对每件产品进行的检验等。

(2) 批别作业是使一批产品受益的作业。批别作业的资源消耗往往与产品或劳务数量没有直接关系,而是取决于产品的批数,如整备过程的成本、批检验成本、材料除颗粒和运送成本等成本项目,作业的成本与产品的批次数量成正比。该类常见的作业有设备调试作业、生产准备作业等。

(3) 产品作业是使某种产品的每个单位都受益的作业。产品作业的成本与产品的种类呈正比例变动。对每一种产品进行工艺设计、编制材料清单、为个别产品提供技术支持、零件数控代码编制等都是产品作业。

(4) 过程作业也称支持水平作业,是指为了支持和管理生产经营活动而进行的作业。支持水平作业是为维持企业正常生产而使所有产品都受益的作业,其成本与产品数量无关。这类作业与个别产品严重脱离,只取决于组织规模与结构。因而,其成本的分配具有主观性。该类常见的作业有工厂管理、生产协调、如厂房维修作业等。

现代企业实际上就是一个为满足顾客需要而建立的一系列前后有序的作业集合体,这个有序的集合体被称为作业链。价值链是分析企业竞争优势的根本,它与服务于顾客需求的作业链紧密相连。根据作业成本会计的原理,产品消耗作业,作业消耗资源,作业的转移同时伴随着价值的转移,最终产品是全部作业的集合,同时也表现了全部作业的价值集合。因此可以说:作业链的形成过程也就是价值链的形成过程,改进作业必须分析企业的价值链。

价值链分析是作业管理的关键,它的目标是发现和消除对企业价值链没有贡献的作业。例如,要根据JIT安排生产和采购计划,消除存货积压;要提高其他部门的工作成效,如改善顾客服务质量、提升反馈速度等。这为作业成本管理明确了努力的方向。

3. 成本对象

成本对象是指企业需要进行计量成本的对象,其通常是企业生产经营的产品。根据企业的需要,可以把每一个生产批次作为成本对象,也可以把一个品种作为成本对象。

成本对象可以分为市场类成本对象和生产类成本对象。市场类成本对象的确定主要是按照不同的市场渠道和不同的顾客确定的成本对象,它主要衡量不同渠道和顾客带来的实际收益,核算结果主要用于市场决策,并支持企业的产品决策。生产类成本对象是企业内部的成本对象,包括各种产品和半成品,用于计量企业内部的生产成果。

4. 成本动因

这里的成本动因是最基础的成本动因。成本动因又称作业成本驱动因素,是对导致成本发生及增加、具有相同性质的某一类重要的事项进行的度量,是对作业的量化表现。成本动因通常选择作业活动耗用资源的计量标准来进行度量。

首次提出"成本动因"概念的是迈克尔·波特,之后很多学者都从不同的角度定义成本动因。简单地说,成本动因是引发成本的驱动因素,即引发成本发生或变动的原因,如采购订单可以构成采购作业的成本动因、订货单可以构成销售作业的成本动因等。作业成本法的基本理论是成本动因理论,该理论强调按照作业对资源、成本对象对作业的消耗的实际情况进行分配,找到最合适的成本动因,并尽可能地直接分配,也就是符合"谁受益谁承担"的原则。

作业成本法是建立在"作业消耗资源,产品消耗作业"的基本假设之下。根据这样的假设,作业成本法的核算原理可以概括为:依据不同成本动因分别设置成本库;分别以各种产品所耗费的作业量分摊其在该成本库中的作业成本;汇总各种产品的作业总成本,计算各种产品的总成本和单位成本。因此,我们需要在传统成本法的资源和成本对象之间增加作业这个分配中介。

(二) 作业成本法的主要特征

与单一的、直接的间接成本分配的传统成本计算方法相比,作业成本法具有以下特征。

1. 作业成本法是一种间接的间接成本分配方法

作业成本法在间接成本分配的过程中引入了"作业"这个分配中介,设计了先将消耗的资源分配给作业这个中间分配环节,再将作业成本库中的成本分配给产品的间接成本分配程序,改变了传统成本法直接将间接成本分配给产品的做法。

2. 作业成本法是一种追本溯源的间接成本分配方法

作业成本法根据产品的成本动因将产品所消耗的成本计入产品。在被消耗的资源不能直接追溯于产品时,要寻找影响其消耗数量变化的关键因素作为分配基础,而作业和产品则需要根据它们所引起的动因数量来承担相应的间接成本,从而克服了传统的间接成本分配,人为地按照未必与产品所消耗的间接成本有关的产品的直接人工成本分配的主观性。

3. 作业成本法是一种成本计算与成本管理紧密结合的方法

当企业管理深入到作业时就形成了作业管理,作业管理需要作业成本的信息。由于间接成本分配的中间环节是以作业为对象进行成本归集的,可以提供作业管理所需要的成本信息。作业管理对作业链上的作业进行分析、改进与调整,尽可能消除非增值作业,同时尽可能减少增值作业的资源消耗,由此促进企业价值链的价值增值,提高企业整体的经济效益。作业成本法所发现的成本动因是作业成本和产品成本形成的原因与方式,是决定作业成本和产品成本高低的关键因素。企业把握了这些因素,就控制了成本形成的根源,就找到了成本控制的方式。作业成本法在产品成本计量的同时,也计量了作业的成本;在寻找间接成本分配依据的同时,也找到了控制成本的措施。因此,作业成本法是一种成本计量与成本管理相结合的方法。

(三) 作业成本法的作用

从作业成本法产生的背景和对其主要特征的分析中,我们可以看到作业成本对企业经营管理的重要作用。

1. 作业成本计算可为适时生产和全面质量管理提供经济依据

作业成本法支持作业管理,而作业管理的目标是尽可能地消除非增值作业和提高增值作业的效率,这就要求采用适时生产系统和全面质量管理。适时生产系统要求零库存,消除与库存有关的作业,减少库存上的资源耗费。零库存的基本条件是产品的生产运行畅通无阻,且不能有任何质量问题,因此需要进行全面质量管理。这样一来,作业成本计算、适时生产与全面质量管理三者同步进行,相辅相成,以达到提高企业经济效益的目的。

2. 作业成本法有利于完善企业的预算控制与业绩评价

传统的费用分配方式单一而直接,使得以标准成本和费用计划为基础的预算控制和业绩评价缺乏客观性、相应的费用分析和业绩报告缺乏可信性,因此削弱了预算控制与业绩评价的作用与效果。作业成本法可以依据作业成本信息为作业和产品的制定合理的成本费用标准,可以从多种成本动因出发分析成本费用节约或超支的真实原因,结合多种成本动因的形成数量和责任中心的作业成本与效率评价责任中心的业绩,可以为作业活动的改进和产品成本的降低提供思路和措施。

3. 作业成本法满足战略管理的需要

战略管理的核心是使企业适应自身经营条件与外部的经营环境,使企业具有竞争优势,保持长久生存和持续发展。迈克尔·波特所提出"价值链理论"认为,不断改进和优化价值链,尽可能提高顾客价值是提高企业竞争优势的关键。"价值链理论"是把企业看作是为最终满足顾客需要而设计成的一系列作业的集合体,形成一个由此及彼、由内到外的作业链。

(四) 作业成本法的计算步骤

根据库珀和卡普兰的作业成本计算思想,人们一般将作业成本计算归纳为以下几个步骤:

第一步:计算生产产品所产生的直接材料和直接人工成本。

第二步:将制造费用汇集于若干个同质成本。

所谓同质成本,是指可用一个共同的成本动因解释其成本变动的制造成本。当企业所生产的各种产品耗用某些制造费用的比例相同时,这些作业即为同质的,可划归为同一成本库。

第三步:将汇集于同质成本库的制造费用按成本库分配率分摊到各种产品,其计算公式为:

成本库分配率=某成本库制造费用总额/成本动因数量

某产品应分配的制造费用=成本库分配率×该种产品所耗用成本动因的数量

第四步:计算单位产品的制造费用,即用该种产品从各个成本库所分摊的制造费用之和,除以该种产品的产量。

第五步:计算单位生产成本。单位生产成本即单位产品的制造费用与单位产品的直接成本之和。

下面我们通过一个例子来说明作业成本法的具体计算步骤。

【例3-1】 燕山高新技术有限公司同时生产甲、乙、丙三种产品。其中,甲产品是一种老产品,生产比较稳定,每批大量生产480件,全年投产200批,共生产96 000件;乙产品是应客户要求改进的产品,每批生产80件,全年投产600批,共生产48 000件;丙产品是一种新的、技术含量高的、复杂的产品,每批生产8件,全年投产1 200批,共生产9 600件。

要求:按照作业成本法计算产品的制造成本。产品所耗用的制造费用如表3-2所示。

表 3-2　　　　　　　　　　　　　产品生产成本表　　　　　　　　　金额单位:元

成本项目	甲产品(96 000 件) 总成本	单位成本	乙产品(48 000 件) 总成本	单位成本	丙产品(9 600 件) 总成本	单位成本
直接材料	480 000	5.0	288 000	6.0	76 800	8
直接人工	297 600	3.1	201 600	4.2	28 800	3
制造费用	892 800	9.3	604 800	12.6	86 400	9
合计	1 670 400	17.4	1 094 400	22.8	192 000	20

注:表 3-2 中的"制造费用"是根据生产工人工资比例这个单一标准进行分配的,即:

制造费用总额＝1 584 000(元)

生产工人工资总额＝528 000(元)

直接材料总额＝844 800(元)

制造费用分配率＝1 584 000÷528 000＝3

甲产品应分摊的制造费用＝297 600×3＝892 800(元)

乙产品应分摊的制造费用＝201 600×3＝604 800(元)

丙产品应分摊的制造费用＝28 800×3＝86 400(元)

根据改进后的费用项目对"制造费用"进行归集,如表 3-3 所示。

表 3-3　　　　　　　　　　　制造费用明细表　　　　　　　　　　　单位:元

制造费用项目	金额	备注(分配标准)
间接人工:		
车间管理人员	123 552	直接材料成本＋直接人工成本
材料整理准备人员	296 000	产品批次
材料处理人员	264 000	产品批次
产品检验人员	167 500	检验数量
产品分类人员	160 000	分类次数
小计	1 011 052	
其他制造费用:		
水、热和照明	54 912	直接材料成本＋直接人工成本
厂房折旧	205 920	直接材料成本＋直接人工成本
材料处理设备折旧	90 000	产品批次
产品生产设备折旧	180 000	机器工时
办公费	42 116	直接材料成本＋直接人工成本
小计	572 948	
合计	1 584 000	

根据有关资料统计:

(1) 甲、乙、丙产品的单位机器小时分别为 1.2 小时和 5 小时。
(2) 每批次投产需要一次标准的材料整理准备、处理工作。
(3) 每批产品的标准检验单位为：甲产品每批检验 40 件，乙产品每批检验 5 件，丙产品每批检验 2 件。
(4) 甲、乙、丙三种产品全年分类次数分别为 40 次、50 次和 110 次。

按多元化分配标准编制制造费用分配表，如表 3-4 所示。

表 3-4　　　　　　　　　　　　　制造费用分配表　　　　　　　　　金额单位：元

制造费用项目	分配金额	分配标准	分配率	分配结果 甲产品	乙产品	丙产品
车间管理人员	123 552	844 800＋528 000＝1 372 800（元）	0.09	69 984	44 064	9 504
材料整理准备人员	296 000	200＋600＋1 200＝2 000（批次）	148.00	29 600	88 800	177 600
材料处理人员	264 000	200＋600＋1 200＝2 000（批次）	132.00	26 400	79 200	158 400
产品检验人员	167 500	200×40＋600×5＋1 200×2＝13 400（件）	12.50	100 000	37 500	30 000
产品分类人员	160 000	40＋50＋110＝200（次）	800.00	32 000	40 000	88 000
水、热和照明	54 912	1 372 800（元）	0.04	31 104	19 584	4 224
厂房折旧	205 920	1 372 800（元）	0.15	116 640	73 440	15 840
材料处理设备折旧	90 000	2 000（批次）	45.00	9 000	27 000	54 000
产品生产设备折旧	180 000	96 000×1＋48 000×2＋9 600×5＝240 000（机器小时）	0.75	72 000	72 000	36 000
办公费	42 116	1 372 800（元）	0.03	23 855.91	15 020.39	3 239.70
合计	1 584 000	—	—	510 583.91	496 608.39	576 807.70

根据上述结果重新计算各种产品的总成本和单位成本，如表 3-5 所示。

表 3-5　　　　　　　　　　　　　产品生产成本表　　　　　　　　　金额单位：元

成本项目	甲产品（96 000 件） 总成本	单位成本	乙产品（48 000 件） 总成本	单位成本	丙产品（9 600 件） 总成本	单位成本
直接材料	480 000	5.00	288 000	6.00	76 800	8.00
直接人工	297 600	3.10	201 600	4.20	28 800	3.00
制造费用	510 583.91	5.31	496 608.39	10.35	576 807.70	60.08
合计	1 288 183.91	13.42	986 208.39	20.55	682 407.70	71.08

通过上述计算,我们可以看出:制造费用采用多元化标准分配后,甲产品的单位成本由原来的17.4元减少至13.42元,下降幅度为22.87%;乙产品的单位成本由原来的22.8元减少至20.55元,下降幅度为9.87%;丙产品的单位成本由原来的20元上升至71.08元,上升幅度为255.4%。导致这种结果的主要原因在于传统成本计算方法采用单一分配标准对制造费用进行分配,忽略了各种产品的复杂性和技术含量不同,从而导致与此相联系的作业量也是不同的。丙产品技术含量高,直接人工成本低,按生产工人工资比例分配制造费用,其分摊的制造费用偏少,这与事实是严重不符的。相比之下,采用单一标准分配制造费用失真度较大,而采用多元化标准分配制造费用能更客观、真实地反映高新技术环境下各种产品的成本。

三、作业成本管理

(一) 作业管理与作业成本管理的含义

作业成本计算本身具有成本分配观和过程分析观两种观念。具体地说,首先要确定实物的消耗量;其次要确定生产经营过程消耗了何种资源。耗用资源就会发生成本,一旦明确资源的消耗形态,就可以直接追踪资源消耗作业的全过程,从根本上对成本进行控制,支持生产经营的持续改进。过程分析观承认多层次作业,既强调一个过程中作业的相对独立性,又强调作业的链接关系。在过程分析的基础上,作业管理得以实现。

作业管理就是将企业看作由顾客需求驱动的一系列作业组合而成的作业集合体,在管理中努力提高顾客价值的作业的效率,消除、遏制不增加顾客价值的作业,实现企业生产经营的持续改进。作业管理的基本管理思想是:以顾客链为导向,以作业链——价值链为中心,对企业的作业流程进行改造,强调协调企业内外部顾客的关系。从企业整体出发,协调各部门、各环节的关系,要求企业物资供应、生产和销售等环节的各项作业形成连续、同步的作业流程,消除作业链中一切不能增加价值的作业,使企业处于持续改进状态,促进企业整体价值链的优化,增强企业竞争优势。因此,作业管理与其说是一项管理工作,不如说是不断改进和完善企业作业链——价值链的过程。作业管理除了涉及作业成本管理,还涉及诸如生产周期时间、质量管理、灵活性、柔性和顾客服务等非成本方面,这些超出了本书的范围,在此不作赘述。

作业成本管理是应用作业成本计算提供的信息,从成本的角度,合理安排产品或劳务的销售组合,寻找改变作业和生产流程、改善和提高生产率的机会。作业成本管理主要从成本方面来优化企业的作业链和价值链,是作业管理的一个中介,是作业管理的核心方面。不增加顾客价值的作业及增加顾客价值但无效率的作业都是非增值作业,由非增值作业引发的成本是非增值作业成本。作业成本管理就是努力找到非增值作业成本,并努力消除或将之降到最低。作业成本管理一般包括确认和分析作业、作业链——价值链分析和成本动因分析、绩效评价、报告非增值作业成本四个步骤。作业分析又包括辨别不必要的作业或非增值作业,对重点增值作业进行分析,将作业与先进水平比较,以及分析作业之间的联系四个步骤。

(二) 增值作业与非增值作业

增值作业是指最终能增加顾客价值的作业,否则就是非增值作业。区别增值作业与非增值作业的标准就是看这个作业的发生是否有利于增加顾客的价值,或者说增加顾客的效用。作业成本管理的核心就是识别出不增加顾客的作业,降低、清除或转换它,从而降低和控制成本。

(三) 作业成本的价值链分析

1. 明确企业生产经营过程中的价值链

为了便于进行价值链分析,必须树立横向的组织观点,从产品投入开始,直到产出和顾客见面为止。可见,企业生产经营过程由为特定顾客或市场生产产品的一系列作业组成。实施价值链分析,关键是根据其对企业竞争优势的贡献大小来区分价值作业。例如,如果订货对于企业很重要,那么这个作业就应该属于营销领域。总之,虽然每一家企业都存在从技术、产品设计、制造过程、营销、顾客服务等一般过程,但不同的行业其价值链的构成是不相同的,有的长一些,有的短一些,如纯商业性的公司就不存在生产制造活动。每一类活动的重要性也不相同。批发商认为进货物流和发货物流最重要,而对一般制造企业而言,质量和服务却是最重要的。为了实现企业价值链内部优化和整体优化的目标,必须从企业实际出发,分析企业特定的价值链构成及相应的竞争力,通过比较,真正达到提升企业价值的目的。

2. 确定产品或劳务总成本的构成

价值链分析的下一步是追溯或分配成本和评估各价值生产过程。尽管企业保存有内部报表和成本会计信息,但这种信息根本不能适应作业成本及价值链分析的要求,企业不得不将数据重新分类,或者利用成本研究来分配成本和评估整个过程。

要估算出每个价值生产作业的完全成本,通常涉及作业生产能力或实际生产能力的完全利用。企业管理者和设备销售商往往能较正确地估算出生产能力。如果生产能力估算相差悬殊,企业要分析最终成本,以评估不同生产能力分析的敏感度。一旦成本发生戏剧性的变化,企业应该为更真实的长期能力估算收集更多的信息。

3. 识别各过程的成本动因

企业价值链分析的下一步是识别各价值生产过程的成本因素。通过了解影响成本的因素,企业可以在其成本改进的起始阶段就指明重要的项目。为了确定其相关成本优势,企业也应该了解竞争对手的成本因素。

4. 识别各过程的中间环节

单一的价值作业是不连续的,但也不是完全独立的。同一条价值链中的大多数作业相互依赖。企业一定不要忽略相互依赖的作业之间的价值链联系,因为它们很可能会影响总成本。例如,一个价值链过程的成本改进程序可以降低或增加另一个过程中的成本和收入。

5. 鉴别获得相关成本优势的机遇

许多企业实行全面成本降低法(如每个部门都降低10%),但由于没有战略性地降低成本,这种努力常以失败而告终。全面成本降低法往往会误导一些重要问题。利用价值链分析法,一家企业不再简单地全面削减成本,而是在各价值生产过程中降低成本、提高效率。例如,某公司可能要降低各过程的投入费用,如工资、采购,以及选择自制还是外购产品。降低过程的投入费用通常是指降低工资,将生产转移到劳动力成本较低的国家。供应商在与企业协商长期合同时,可能愿意降低价格。企业可利用买卖伙伴关系,在成本、质量、时间、交货及技术方面取得优势。

(四) 降低作业成本的主要方法

1. 作业消除

作业消除就是消除非增值作业,即先确定非增值作业,进而采取有效措施予以消除。例如,将原材料从集中保管的仓库搬运到生产部门、将某部门生产的零部件搬运到下一个生产部门,都是非增值作业。如果条件允许,将原材料供应商的交货方式改变为直接送达原材料使用部门,将功能性的工厂布局转变为单元制造式布局,就可以缩短运输距离,削减甚至消除非增值作业。

2. 作业选择

作业选择就是尽可能列举各项可行的作业并从中选择最佳的作业。不同的策略产生不同的作业。例如,不同的产品销售策略会产生不同的销售作业,而作业引发成本,因此不同的产品销售策略会引发不同的作业及成本。在其他条件不变的情况下,选择作业成本最低的销售策略可以降低成本。

3. 作业减低

作业减低就是改善必要作业的效率或者改善在短期内无法消除的非增值作业,如减少整备次数就可以改善整备作业及其成本。世界著名摩托车制造商哈雷戴维森就通过作业减低方式减少了75%的机器整备作业,从而降低了成本。

4. 作业分享

作业分享就是利用规模经济效应提高必要作业的效率,即增加成本动因的数量但不增加作业成本,这样可以降低单位作业成本及分摊于产品的成本。例如,新产品在设计时如果考虑到充分利用现有其他产品使用的零件,就可以免除新产品零件的设计作业,从而降低新产品的生产成本。

5. 作业转换

作业转换就是把不增值作业转换成增值作业,如海底捞把顾客等候就餐的不增值作业转换成为顾客提供"擦皮鞋""做美甲""洗眼镜"等服务的增加作业。

总之,作业成本计算方法已经发展成作业成本计算与作业管理相结合的全面成本管理制度。

第二节 全生命周期成本

一、全生命周期成本概述

全生命周期成本理论是成本企划模式中的重要成本管理思想,是企业对目标成本进行有效管理和控制的基础。产品的全生命周期成本有狭义和广义之分,狭义的产品的全生命周期成本是指企业内部及相关联方发生的由生产者负担的成本,包括成本策划、开发、设计、制造、营销、物流等过程中的成本。广义的产品的全生命周期成本不仅包括上述生产者及其相关联方发生的成本,而且还包括消费者购入后所发生的使用成本、废弃成本和处置成本等。如果从更广义的角度来看产品的全生命周期成本,其还包括社会责任成本。社会责任成本并不是一种单一成本,它是贯穿在产品生产、使用、处理和回收等过程中的成本,主要是环境卫生、污水处理等所发生的成本支出。

(一)全生命周期成本的起源

企业外部环境的变化给企业带来了机会,但也给企业带来了巨大的竞争压力,企业想要获得持续竞争力,必须取得成本优势,改变传统的成本管理思维和方法,以企业战略为导向,进行系统性、全局性的思考与规划,重塑企业价值链,持续扩大企业的成本优势,提升企业竞争力。与传统成本管理重点放在生产阶段不同,全生命周期成本法将成本管理延伸到产品整个生命周期(包括研究、开发到采购、生产、营销、售后各阶段),它是一种具有前瞻性、全面性、竞争性、跨部门边界、连接上下游的成本管理模式。

成本企划模式起源于日本的制造业,基于该模式的成本管理系统能够引导和促使企业的研发部门设计出成本尽可能低的新产品,使该产品能够以低价位迅速占领市场,击败竞争对手。成本企划模式是日本企业在国际市场上拥有强大竞争优势的重要源泉。成本企划模式产生于日本的丰田汽车公司。1959年,丰田汽车公司通过成本企划模式将企业的成本限定在目标范围内,运用成本企划模式的重要工具——价值工程,实施新车的开发和已有车型的更新,在设计、生产准备、正常投产等阶段通过各部门的合作和协调来达到成本目标。同时,丰田汽车公司提出成本维持、成本改善、成本企划三大成本管理思想,并将其在企业各个责任部门的实施形成制度化,改进企业的成本管理和控制,逐步形成企业特有的包括企业自身和合作企业在内的一体化成本企划制度,带动了企业的飞速发展。随着成本企划模式的发展,该模式逐渐拓展到其他行业,从电机、机械制造等装配制造业到化学、纺织、食品,甚至金融业。

成本企划模式的思想与欧美成本管理的思想有较大差别。传统的欧美成本管理的思想主要来自财务会计系统里的财务信息管理,通常先依据市场需求开发出产品,然后计算其相关的生产成本,根据该产品估计的相关成本分析其在市场上可能的销售情况,从而估计出产品可能的获利情况,主要是对产品生产经营过程中的成本进行管理控制;成本企划模式的思想则正好相反,其以产品能够获得竞争力的价格减去企业的期望利润,以其差额作为产品的目标成本,再用工程学等技术上的方法对产品生产过程的成本进行监督管理,使产品的生产成本控制在目标成本之内。在成本企划模式中,目标成本是核心因素,立足于产品的策划研发,而不是在产品的生产现场对成本进行管理和控制;同时采用以工程学、技术为主,组织行为科学等一体化手段为辅的方式对企业成本进行综合管理,在达到企业目标成本的同时,达到企业对目标利润的要求。

成本企划模式给企业成本管理和控制理念带来了巨大的变革,使建立在全生命周期成本基础上的目标成本管理与综合控制方法成为企业进行成本管理和控制的新的发展方向。

(二)全生命周期成本的产生与发展

从生产者的角度出发,成本管理包括对研究、开发、生产、营销等成本的管理。在大规模生产时代,企业将注意力放在生产成本管理上;在定制化、多样化的产品时代,企业需要将注意力转移到产品研发和营销成本上,成本管理的范围进一步得到延伸。总体来说,企业成本控制和管理的目的还是以生产者的利益为中心。

从消费者的角度出发,产品的全生命周期成本,应将产品被顾客购买后使用直至报废的所有成本考虑在内,将成本管理的内容进一步拓展,超越企业界限,以顾客为中心,使产品的全生命周期成本最小化,有助于吸引顾客,提高顾客的满意度,提升企业的战略地位和竞争优势。

从社会角度出发,产品的全生命周期则是指产品经过研发、制造、营销、用户使用直到产品被弃置的过程。将环境成本引入整个产品的全生命周期成本中,以最大限度地降低环境损害成本,并使企业获得诸如原材料利用率的提高、能源消耗的降低、产品的回收再利用、职工身体健康的增强等效益,大大提高产品的绿色环保程度,减少碳排放,提升企业的环保形象,增强企业的市场竞争能力和可持续发展能力,并最终实现环境效益和企业经济效益最优的目的。

产品的全生命周期主要是就产品与市场的关系来说的,是指产品从进入市场到退出市场经历的整个循环过程,包括导入期、发展期、成熟期和衰退期,它体现了成本企划模式的重要成本思想。早在20世纪60年代,美国国防部就开始关注军用物资成本的研究,寻求以最低的成本获得国防所需的军用物资,从而控制国防经费的开支。美国国防部要求物资供应商按照国防部特定的规格和标准对提供的物资进行设计,使国防部物资采购的成本、采购后整个使用期的使用成本和报废处理成本的总和最低,即物资从设计到使用的全生命周期成本最低,从而达到其控制军费开支的目的。

由于对产品的全生命周期成本的研究使美国国防部有效地控制了军用开支,对产品的全生命周期成本的研究逐渐从军用转为民用。许多学者开始研究,在一般民用产品市场上,如何使购买产品的费用及购买后的使用费用和报废处理费用的总和最低,从而使企业获得竞争优势。特别是在知识经济时代,高新技术飞速发展,涌现了大量的电子产品和高新技术产品,这些产品购买后的使用成本和报废处理成本相当高,尤其是产品报废处理时对周围环境的影响和对资源循环再利用的要求,使得对产品的全生命周期成本的研究日益重要,成为企业管理研究的一个重要发展方向。

(三)全生命周期成本的构成

全生命周期成本管理是成本企划模式的重要思想,对其成本构成进行分析,有利于企业进行产品成本的管理和控制。

产品的全生命周期成本按出发点不同可以分为:从市场角度出发的全生命周期成本、从生产者角度出发的全生命周期成本、从消费者角度出发的全生命周期成本、从社会角度出发的全生命周期成本。其中,企业对成本进行管理控制是从生产者角度出发的全生命周期成本。从生产者的角度来看,产品的全生命周期成本包括产品研发成本、产品试产成本、产品生产成本、产品营销成本、消费者购买后的使用成本五个阶段的成本。随着对环保与资源循环再利用的重视,产品报废处理的成本也日益受到重视,因此,很多企业将产品报废处理成本也考虑进来,以更全面地反映产品的全生命周期成本。

根据以上观点,产品的整个生命周期可以分为与生产者相关和与消费者相关两个阶段,因此可以把产品的全生命周期成本分为两大部分,即生产者成本与消费者成本。其计算公式为:

$$产品的全生命周期成本 = 生产者成本 + 消费者成本$$

1. 生产者成本

在产品的全生命周期成本中,生产者成本是从生产者的角度来看的,主要包括产品从研发、试产、生产、营销直到消费者手中的整个过程的成本,主要是为产品的定位和定价服务。成本企划模式就是在考虑市场需求的基础上,研发有竞争力的、能迅速占领市场的产品,并在研发阶段对产品的生产者成本进行预算估计,以确定产品合适的市场定位和市场价格,帮助产品最终在市场上推出。

在生产者成本的各项构成中,研发成本占产品的全生命周期成本的比重大,且研发阶段在很大程度上决定了产品的特性和产品的其他成本,因此研发成本成为生产者成本中最重要的部分。试产成本是产品研发出来到正式生产推向市场前发生的相关试生产成本,主要为产品的正式生产作准备。产品的生产成本是产品成本的主要构成部分,是构成产品实物所必须发生的相关成本,也是传统会计成本核算的主要内容。传统意义上的产品营销成本主要是为把产品推向市场而发生的广告、促销等成本,而在成本企划模式下,营销成本还包括物流成本,即产品生产出来后的分配运输、保管储存、装卸搬运、包装、送货,直到到达分销商或消费者手中发生的成本。物流成本约占产品总成本的10%～40%,是企业降低产品成本、提升利润空间潜力最大的部分,也是成本企划模式中非常重要的一部分。

在成本企划模式中,产品的生产者成本不只是对产品的研发成本、试产成本、生产成本、营销成本几部分成本数额的简单相加,生产者成本的意义也不只是计算产品的生产者成本数额,更重要的是从生产者的角度对产品的全生命周期成本进行估算,将各项成本纳入生产者对产品研发的考虑中,对产品成本加以先期引导和控制,特别是对后期产品的生产成本、使用成本和报废处理成本的控制,从一个独特的角度来看产品成本,从而在产品的全生命周期的前期阶段能够明确产品的各项成本,以及它们之间的关联关系,真正做好产品的成本效益分析。

2. 消费者成本

在产品的全生命周期成本中,消费者成本是从社会的角度来看的,主要包括消费者购买产品后的使用成本和报废处理成本。产品的全生命周期从生产者延伸到消费者是以产品所有权发生转移为标志的,产品由生产者或经销商转移给消费者后,与产品相关的使用成本和报废处理成本就转移给了消费者。在传统的卖方市场条件下,生产者可以不考虑这部分成本,但随着竞争的日益加剧,买方市场的确立,生产者要争夺顾客、抢占市场,就要考虑到消费者成本,这已经成为企业的一个重要的发展战略。

在消费者成本的各项构成中,消费者购买产品后的使用成本主要是指购买产品后获得和保持其使用价值所必须付出的成本,如消费者购买手机后要发生的电话费、维修保养费,购买汽车后要发生的汽油费、养路费、过桥费、维修保养费用等。使用成本依产品的使用特性而不同,有些产品的使用成本很高,而有的产品几乎没有什么使用成本。产品的报废处理成本依产品的物理和化学特性而定,报废时对环境污染大、处理成本高的产品值得特别关注。

产品购买后的使用成本和报废处理成本是在产品的全生命周期的后阶段发生的,对其进行考量不只是扩大企业成本管理控制的范围,而是将目标封闭型的生产成本管理转向目标开放型的市场成本管理,使企业在产品研发时能够充分考虑产品所有的相关成本。更重要的是,将由社会承担的消费者成本列入了产品成本的考虑范围,引导企业在研发产品阶段对这部分属于自身责任却由社会承担的成本进行先期控制,从更长期和更广阔的视角来考虑产品给社会带来的效益。例如,汽车尾气带来的危害,大型家电、化工设备等产品在报废处理时产生的有毒垃圾给环境带来的危害,在增加社会的环保成本的同时也损害了企业的形象和利益,从而促使生产商采取降低汽车的尾气污染、生产无氟冰箱等措施,以减少对环境的污染,降低社会的产品使用成本和报废处理成本,同时降低生产商潜在的环保成本。

(四) 研究产品的全生命周期成本的目的

基于企业、基于顾客,直到基于社会的产品的全生命周期成本的概念,反映了成本管理思想的不断演进。成本管理的立足点从产品的制造阶段,逐渐向上游扩展到产品的创意产生和研发阶段,向下游扩展到产品的使用阶段和产品的处置与回收阶段。产品的全生命周期成本概念的不断演进给企业的成本控制和成本管理带来了一些新的启示:

(1) 成本管理的目标服从于企业的战略管理目标,不仅仅是为了降低成本,更重要的是借助成本管理的功能建立和保持企业的竞争优势。

(2) 成本管理不应仅仅是事后的成本管理,即不应是"成本节约"或"成本改善",而应是"成本预防"。

(3) 成本管理的范围应该不断拓展,不应停留在生产过程中的成本控制,而应更着眼于产品的研发、设计、采购、售后服务等;不应只局限于企业内部,而应将成本管理的触角上伸到供应商、下伸到分销商、消费者整个供应链环节,以及考虑社会效益等。

二、全生命周期成本在企业管理实践中的应用

(一) 产品研发设计阶段的成本管理策略

当管理人员考虑上游成本和下游成本时,设计环节的决策制定是关键。尽管设计阶段发生的成本可能只占整个产品生命周期全部成本的非常小的比例,但是设计阶段决策对企业既定产品、营销和服务具有重大影响,因此,设计阶段决定了产品生产和营销成本的大部分。比如,大众汽车采用平台架构设计模式、特斯拉中央集中式电子架构等。产品研发设计阶段的成本管理策略如下:

(1) 战略定位分析。

(2) 产品可行性分析。

(3) 实施目标成本规划。

(4) 加大研发投入。

(二) 产品制造阶段的成本管理策略

产品的制造阶段,是产品由设计变成现实产品的阶段。虽然此阶段产品成本降低的潜力已经不大,但企业仍应可采用一些先进的成本管理理念,努力将成本控制在一定范围内。具体的管理理论和方法包括建立高效的供应链体系、实施作业成本法、建立适时生产制度、进行全面质量管理等。产品制造阶段成本管理策略如下:

(1) 战略供应商管理。

(2) 采用先进的成本管理方法,如 JIT、精益生产管理等。

(3) 实施全面质量管理。

(4) 更新、升级生产设备及系统。

(三) 产品营销阶段的成本管理策略

当今以顾客为中心的经营理念已经被广为接受。营销及售后维护使用服务等活动在企

业中发挥越来越重要的作用。因此,在探讨过产品研发设计阶段和制造阶段的成本控制后,有必要对销售及售后服务阶段的成本控制进行研究。产品营销阶段成本管理策略如下:

(1) 提升顾客服务水平,降低营销成本。
(2) 以品牌战略降低营销成本。
(3) 优化营销管理体系,降低营销成本。

产品的全生命周期成本管理是实施战略成本管理的立足点。它是一种全员参与、全面、全过程的成本管理。按照产品的全生命周期成本的思想,企业应树立全面成本管理、预防管理、系统管理观点,将成本管理内容进一步扩展到产品设计、材料供应、营销管理、售后使用各阶段。在控制方法上,产品的全生命周期成本管理注重分析部门与部门之间的相互联系,既注重生产过程的成本节约,又注重设计等过程的成本避免、成本改善,通过多种方法持续、系统地降低成本;在控制理念上,实行战略成本管理,将成本管理与产品的全生命周期各阶段中企业的发展战略密切配合,将短期效益与长期利益相结合。

第三节 质量成本管理

历史经验表明,质量成本在部分企业中有较高比例,一方面,部分制造企业的服务部门中经营成本的40%以上都是由低质量造成的;另一方面,拥有优质产品或服务的企业可凭此增加销售额,获取高利润。实现高质量产品和服务的持续改进,已成为大多数企业的生存方式。追求质量已变成一场全球性革命,并影响经济生活的各个层面。

一、质量与质量成本

(一) 质量

人们常常用产品某一方面的性质作为评判产品质量高低的标准,这一特定方面的性质也渐渐成为某种产品质量的替代概念,如电器的耐用程度、药品的疗效、衣物的用料等。针对不同种类的产品,"质量"一词的概念也会有所不同。美国著名质量管理专家朱兰最早将质量定义为:质量就是产品的适用性,即产品在使用时能成功地满足用户需要的程度。朱兰还进一步从设计质量、符合性质量、可靠性质量、现场服务质量四个方面来解释质量的概念。本节的分析主要集中在符合性质量层面。在理解质量的概念时,我们需要结合设计要求和顾客需求两个不同的维度。企业在设计生产产品时,也需要从这两方面出发来考虑产品的质量问题。一方面,产品的质量应该基于消费者的需求,针对消费者的某种具体的需要来不断完善自身的设计。如果一个产品在设计上达到较高的水平,但是脱离了消费者的实际需求,消费者的需求没有得到满足,这样的产品难以称得上高质量。另一方面,如果产品的设计要求已经完全超出了消费者的需求,消费者需要为满足特定需求之外的设计支付额外的成本,这同样不是高质量的产品。质量不是产品的一个固有属性,对质量好坏的评判需要消费者的参与,其是消费者对产品或服务所感知的优良程度。这也意味着,企业想要改善产品的质量,就需要从了解消费者的需求开始。

国际标准化组织(ISO)是目前世界上最大、最权威的国际标准化专门机构,其下属的质量保证技术委员会在《质量管理体系基础和术语》中对"质量"给出了如下定义：一组固有特性满足要求的程度。其中，特性是指可区分的特征，特性可以是定性的或定量的，还可以划分为具体的类别，如物理特性、功能特性、时间特性等；要求则是指明示的、通常隐含的或必须履行的需求或期望。

质量标准是企业生产产品、检验和评定产品质量标准的依据，是产品质量特性的定量表现。产品的质量标准并不是一成不变的，随着科学技术的发展，人们对产品的需求不断提高，对产品质量的要求也会随之改变。不同的用户，对同一类型产品的质量要求有所不同。用户的年龄、性别、职业、受教育程度、经济状况、生活习惯、宗教信仰等，都是影响企业对产品的质量要求的因素。同一用户对同一类型的产品在不同时间会有不同的质量要求。社会发展、技术进步，以及生活水平的提高，不断地改变着人们的消费需求和消费习惯。技术的不断革新使得产品的功能越来越强大、性能越来越优异，也在不断地淘汰产品。此外，社会环境、政治经济因素等都会让用户对产品质量的要求发生改变。因此，企业要以动态的、发展的眼光考察产品质量，要结合用户及其所处的社会经济条件加以判断。

（二）质量成本

质量成本是指企业为了保证产品达到一定质量标准而发生的成本，这一概念涉及企业管理中的生产技术与经济效益两个层面。

20世纪60年代，全面质量控制之父、美国质量管理专家菲根堡姆首次提出了"质量成本"的概念。菲根堡姆综合考虑了产品质量的预防费用、检验费用，以及产品不合格所造成的损失，在《全面质量管理》一书中将质量成本划分为预防成本（prevention costs）、检验成本（appraisal cost，也称鉴定成本）、内部失败成本（internal failure costs）、外部失败成本（external failure costs）四类，为质量成本管理奠定了基础。他的理论得到了西方国家的普遍重视。而后朱兰将质量成本比作"矿中黄金"，把企业减少不合格产品的损失比作"一座尚待开发的金矿"，人们应该尽可能地进行有利于企业的开采。

1. 预防成本

预防成本是指为防止产品质量达不到预定标准而发生的成本，是为防止质量事故的发生及最大限度降低质量事故所造成的损失而发生的费用。一般来讲，预防成本发生在产品生产之前的各阶段。预防成本包括以下几种：

（1）质量工作费用。质量工作费用是指质量管理体系中，为预防、保证和控制产品质量而制定的质量政策、目标、标准，开展质量管理所发生的办公费、宣传费，以及编制手册、制订全面质量管理计划、开展质量控制（QC）小组活动、组织质量管理工作和工序能力研究等所发生的费用。

（2）标准定制费用。质量管理需要制定相应的质量标准，而作业标准的评估、测试审查等环节都会产生一定的费用，这就是标准定制费用。

（3）教育培训费用。质量管理的实施，最后都要落实到管理者和员工身上。对企业员工进行质量管理方面知识的教育，以及为员工作业水平的提升进行相关的后续培训带来的一系列费用，可视为教育培训费用。

（4）质量奖励费用。质量奖励费用是指在生产或服务过程中，为了激励员工达到质量标准而实行的奖励机制所带来的费用。

2. 鉴定成本

鉴定成本是指为保证产品质量达到预定标准而对产品进行检测所发生的成本，如原材料或半成品的检测、作业的鉴定、流程验收、设备检测，以及外部批准等方面发生的检验费用。鉴定成本具体可细分为以下几种：

（1）检测工作的费用。某些检验需要送到外部单位进行，此时需要支付一定的检测费用，这就是检测工作的费用。

（2）检测设备的折旧费用。检测设备的折旧费用不仅包括检测所需仪器的折旧或维护费用，还包括检测场所建筑的折旧或维护费用。

（3）检测人员的费用。检测人员的费用具体包括对原材料、产品或流程进行检验的员工的工资福利费用。

3. 内部失败成本

内部失败成本是指产品进入市场之前因产品不符合质量标准而发生的成本。内部失败成本包括废料、返工、修复、重新检测、停工整修、变更设计等。

鉴定成本及内部失败成本都发生在产品未到达顾客之前的阶段。

4. 外部失败成本

外部失败成本是指存在缺陷的产品流入市场以后发生的成本，如产品因存在缺陷而错失的销售机会，问题产品的退还、返修，处理顾客的不满和投诉所发生的成本。外部失败成本一般发生在产品被消费者接受以后的阶段。

一般来说，企业能够控制预防成本和鉴定成本，即这两种成本属于可控质量成本；而无论是内部失败成本还是外部失败成本，企业都无法预知其是否会发生，一旦发生失败成本，其费用的多少往往不能在事前得知，因此失败成本属于不可控质量成本。

美国质量管理专家哈灵顿对质量成本的分类与菲根堡姆对质量成本的分类基本相同。哈灵顿注重从社会范围考察质量成本，将用户损失、用户不满成本、信誉损失等外部质量保证成本另外单独作为一类加以反映。用户损失是指因产品质量不符合用户的要求而给用户带来的损失；用户不满成本是指因产品质量不符合用户的要求，引起用户不满而导致企业丧失盈利机会所带来的损失；信誉损失是指因产品质量的缺陷而导致企业形象的下降，并由此带来的经济损失，如销量下降、存货积压、融资困难等。

不同行业的企业在运作模式、规模、产品类型等方面存在差异，会计核算的管理体制将有所不同，质量成本项目的设置也将有所不同。

（三）质量成本管理的主要内容

质量成本管理的主要内容包括以下几个方面。

1. 质量成本的预测和决策分析

通过分析企业生产经营过程，找出影响产品符合性质量水平的因素与环节，对生产经营过程与符合性质量水平的相互依存关系进行理论分析，把握两者之间的规律。企业应初步建立产品的质量成本结构，分析出理论上产品质量成本与符合性质量水平的配比关系，尝试找出质量成本与符合性质量水平的最优组合，并据此制定适合本企业的质量管理方案。

2. 质量成本计划的制订

质量成本管理贯穿企业生产的全过程，需要各部门的参与。为了保证质量成本管理工作有效且稳定地进行，企业内部各生产经营单位和职能部门应参考企业的质量管理方案和质量成本项目,以过往的成本数据为基础,结合部门具体情况,编制本部门的质量成本计划,并将其作为日后控制与考核质量成本的依据。

3. 质量成本的核算

采用财务会计核算体系反映质量成本。根据企业生产经营的特点,在质量管理方案的指导下,企业应建立质量成本核算制度和质量成本账户体系,采用一定的方法归集处理质量成本信息,对照事前制订的质量成本计划,检查企业质量成本管理的执行效果。

4. 质量成本的日常监督控制

企业各生产经营单位和职能部门在日常生产经营过程中应当根据事前制定的质量管理方案和事前制订的质量成本计划来组织生产和经营活动,对各项质量管理费用和因质量问题而产生的损失实行严格监督控制,力求在较低的质量成本下取得较高的质量水平。同时,对于超出质量成本标准的差异要进行分析,找出造成差异的原因,必要时还要追究个人或单位的责任。如果差异是因质量成本标准设置不当而造成的,还要据此对质量成本标准加以修改。

5. 质量成本计划执行情况的考核与评价

企业要定期对各生产经营单位和职能部门的质量成本计划执行情况进行考核与评价,明确责任,并予以相应的奖惩。显然,不同企业在具体实施质量成本管理的过程中没有统一的标准,但主要内容可以概括为以下几个方面:

(1) 建立质量成本管理组织体系。

(2) 制定质量成本责任制度。

(3) 设置质量成本二级、三级明细科目,构建质量成本科目体系。

(4) 预测质量成本,制订质量成本计划。

(5) 组织质量成本核算。

(6) 对质量成本加以控制。

(7) 考核分析质量成本,撰写质量成本分析报告。

(8) 定期总结与评价质量成本管理工作。

(9) 改进、完善质量成本管理体系。

(四) 质量与战略成本管理

在过去数年中,许多企业的首席执行官已经认识到质量改进的战略意义,它可以为企业带来巨大的竞争优势、持续的利润增长及长期的繁荣,质量改进计划与标准经营战略计划之间的界限越来越模糊。企业在竞争中,无论是采取低成本战略还是产品差异化战略,其经营活动的各方面都要涉及质量问题。企业选择低成本竞争战略,并不意味着它要生产劣质的产品,低价位的产品也必须满足顾客的期望。同样地,如果企业不能保证产品的质量,其差异化竞争战略也必然躲不过失败的命运。大多数质量改进计划的指导原则就是满足顾客需求,达到甚至超越顾客的期望。

质量成本在预期销售收入中占据很大一部分。在多数企业中,很少有别的因素能像质量成本一样,对总成本及利润产生如此巨大的影响。因此,企业应将质量改进计划整合到企业战略计划中,质量是企业成功的驱动力。

企业可以从质量提高中获益颇多,如获得战略竞争优势、较高的获利能力和投资回报。质量提高可降低产品的召回率,而低召回率则降低了产品维修成本和费用。质量提高可降低原材料、部件和产成品的存货水平,企业有了更合理、可靠的生产流程。同时,质量提高有助于减少生产成本,因为企业会减少甚至消除返工工序、提高生产率。顾客极可能认为高质量即为高价值,而高价值意味着企业可能制定高价或取得较大的市场份额,高价和高份额意味着企业会取得更高的收入和利润。质量提高还可缩减产出时间,更少的产出时间加速了产品交货,从而使顾客满意,并由此而创造需求、进一步提高市场份额。高收入和低成本促进了净利润的增长,从而提高了企业的投资报酬率。企业关注质量有助于增加市场机会,减少竞争威胁。成本、质量和时间是所有战略成功的三个关键因素。企业拥有优质产品,可以使其在差异化竞争中更有效地维持其企业战略。具有低成本和高质量产品的企业,就能以更低的价格向其顾客供给同等质量或更优质的产品。

二、全面质量管理

(一)质量管理的发展历程

传统的质量管理往往只重视生产过程中的产品质量,将质量管理的范围局限于产品的生产制造过程,而没有考虑到销售后的服务质量。随着质量管理实践的不断发展,传统的质量管理对产品设计缺陷,以及产品售后服务质量的忽视带来的负面影响逐渐暴露出来。将质量检验当作保证质量的唯一途径,难以从根本上解决产品质量问题,管理者不得不对传统的质量管理工作加以思考和改进,于是一种全员、全过程、全方位的现代质量管理方法逐渐形成,被称为全面质量管理(total quality management,TQM)。

现代质量管理的发展历程大体经历了质量检验阶段、统计质量管理阶段和全面质量管理阶段。

1. 质量检验阶段

20 世纪初,"科学管理之父"泰罗提出,在生产过程中,企业应该将计划和执行、生产和检验分开,目的是防止不同生产者个体间的产品质量标准差异导致整批产品质量水平参差不齐。之后,企业开始设立专门的质量检验部门,其主要职能是对产品进行统一的质量检验。质量检验部门采用一定的方法,依据一致的标准来鉴别合格品和残次品,从而使出厂产品的质量水平维持在一定的平稳状态。采取专人专职对产品进行质量检验工作,使得质量管理从一般性的、分散的、随意性较强的质量检查中独立出来,成为企业管理过程中的重要一环,这种做法是质量检验阶段的开始。

2. 统计质量管理阶段

在质量检验的过程中,往往是针对产成品进行质量鉴定,这种事后检验的方法虽然能够辨别出质量较差的产品,但是并不能预防不合格产品的发生,而不合格产品的发生所造成的损失仍然提高了质量成本。另外,对于大批量生产的产品采取逐一质量检验的方式并不可取,某些产品的质量检验具有破坏性,企业无法对每个产品都进行质量检验。管理者对于质量检验的可靠性和经济性的追求催生了新的质量管理思路。

20 世纪 20 年代,概率论和数理统计逐渐被应用到质量管理领域。美国贝尔电话研究室工程师休哈特发明了质量控制图。他采取"事先控制,预防废品"的思路,结合概率论和数理统计的方法,解决了事后把关不足的问题,将质量管理推向事先控制、预防为主、防检结合的新方向。美国的道奇和罗米格随后又提出了抽样检验的方法,他们设计的抽样检验表有效地解决了全数检验和破坏性检验在实际操作中的困难。

第二次世界大战期间是统计质量管理阶段发展和成熟的黄金时期。美国为了提高军需品的质量和可靠性,先后制定了三个战时质量控制标准,在质量控制过程中大量运用了数理方法。军工产品的制造商被普遍要求实行统计质量控制方法,这一期间产生的理论方法及大量的实践有力地推动了质量管理的发展。战后,随着理论研究的进一步深入,统计质量管理得到了进一步发展,数理统计方法更是广泛地应用到质量管理以外的其他管理领域。

3. 全面质量管理阶段

20世纪下半叶,科学技术的快速发展大幅提升了产品的技术含量和复杂程度。世界各国的战略重心纷纷转移到经济建设上,经济水平不断提高,生活水平明显改善,人们对产品的可靠性提出了更高的要求。服务业的迅猛发展也带来了服务质量管理的新问题,以往只针对产品的质量管理方法显然不再适应现实的需求。管理者迫切需要一种能够涵盖所有影响产品质量因素的质量管理体系,以确保产品和服务的质量。

全面质量管理在这样的背景下应运而生。20世纪60年代初,菲根堡姆和朱兰提出了全面质量管理的科学概念和理论,迅速在美国及世界范围内得到接纳和采用。从此,质量管理进入了全面质量管理的崭新阶段。质量管理与全面质量管理的比较如表3-6所示。

表3-6　　　　　　　　　　质量管理与全面质量管理的比较

项目	质量管理	全面质量管理
对象	产品或服务	所有与产品和服务有关的事项
相关者	外部顾客	外部顾客和内部顾客
过程	与产品和服务提供直接相关的过程	所有过程
人员	组织内部分人员	组织内所有人员
部门	组织内部分职能部门	组织内所有职能部门

(二) 全面质量管理的含义与特点

全面质量管理的思想自诞生日起便得到了广泛的肯定和传播,其理论研究价值及对实践的指导意义都得到了充分的证实,是当今世界质量管理领域最经典的理论。1961年,菲根堡姆在《全面质量管理》一书中提出了"全面质量管理"的概念:全面质量管理是为了能够在最经济的水平且充分满足客户要求的条件下进行生产和提供服务,把企业各部门在研制质量、维持质量和提高质量方面的活动构成一体的一种有效体系。

全面质量管理尤其强调一个组织必须以质量为中心,管理工作应该围绕保证产品或服务的质量而展开,全体人员都应参与其中,以此为组织带来持续的经济和社会效益。全面质量管理的对象从传统的"管结果"转移到了"管因素",即不再仅仅着眼于最终的产出,而是先研究出整个企业的运作过程中会对最终的产品或服务造成影响的因素,然后对这些因素实施系统性的管理。此外,过去的质量管理强调的是职能分工,将质量管理工作作为企业管理中的一个相对独立的职能,以便管理者对产品或服务实行统一的质量控制标准。现在,全面质量管理强调各部门协调运作,各职能部门共同围绕保证和提高产品或服务质量的目标来开展本部门的工作,使得企业成为一个各部门紧密联系的有机整体。全面质量管理需要注意它的三个特点,即全面的质量管理、全过程的质量管理、全员参与的质量管理。

1. 全面的质量管理

全面的质量管理是一种相对广义的质量管理概念,不仅包含了传统狭义的质量管理中对产品性能、寿命、可靠性和安全性等具体方面的要求,还对工作质量、服务质量提出了要求,将产品适用性、交货期限、服务水平等一系列事项都纳入了质量管理的范围。同时,全面质量管理不仅对事务进行管理,还对企业员工进行管理。员工作为企业中最活跃的要素,其行为无时无刻不影响着企业的正常运作,对最终产品质量的好坏起着至关重要的作用,需要将其作为质量管理的一个重点。简而言之,全面质量管理是从全方位对质量进行管理,从多个角度来保证产品或服务的质量。

2. 全过程的质量管理

全面质量管理需要对产品质量形成的全过程进行管理。传统的质量管理往往只着眼于产品的生产制造环节,而对大多数企业来说,生产制造仅仅是企业向消费者提供产品的诸多环节中的一个。企业向市场推出产品的背后实际上涵盖了一系列的活动,是一个包括市场调查、研究分析、设计、试制、工艺设计、原料供应、生产制造、检验、包装、售后服务的完整过程。其中任何一个环节存在缺陷,都会对其他环节造成影响,且最终反映到产品质量当中。为了向消费者提供一款让其满意的产品,并使产品能够充分发挥其价值,企业不仅要对产品的形成过程进行质量管理,还需要对产品形成以后乃至产品的使用过程进行质量管理。

3. 全员参与的质量管理

由于全面质量管理是全方位的,涉及企业方方面面的活动,质量管理工作所涉及的职能部门必定不仅仅是生产车间。产品的设计、生产、销售、使用,每个环节都会影响质量。企业各部门都应当参与质量管理活动,不同部门的员工都应当从自己的工作岗位出发,对照产品质量管理方案,重新思考自身工作与最终产品质量之间的关系,确定会对产品质量造成影响的具体工作事项,对工作质量严格把关,以此来保证企业所提供产品或服务的质量。

(三)全面质量管理的基本理论思想

全面质量管理理论经过多年的发展,从企业的具体实践中不断汲取宝贵的经验,其理论体系日渐完善,并形成了独特的理论思想。

1. 系统性的思想

系统是由具有共同目标和一定层次的多个部分组成的整体,而且不同部分之间存在相互沟通与联系。系统作为一个整体而存在,不同的部分都是组成系统所必不可少的元素,各部分不能独立于系统而存在,系统则要对各个部分进行有效的整合与协调。全面质量管理就是这样一个系统,其目标是保证产品或服务的质量,其具体的管理活动涉及不同层次、不同类型的部门,不是单一针对某些产品质量指标的管理活动。因此,在推行全面质量管理的企业中,每位员工(尤其是管理者)都需要具备系统性的管理思想。

系统性的管理思想是一种由点及面的管理思想,其内容是对一切与产品质量有关的事项进行分析研究。它要求管理者在遇到与质量有关的管理问题时,所思考和研究的范围不局限于问题的本身,而是顾及与问题有关的其他方面。在寻找解决问题的方法时,管理者可以从宏观着手,结合多个层次和维度来共同解决问题,注重整体效应。全面质量管理所追求的是全局的、整体的、长远的利益,唯有具备系统性的管理思想,才能统筹不同部门、协调各方利害关系,共同达到保证产品或服务质量的目标。

2. 为顾客着想的思想

作为产品或服务质量的最终评判者，顾客的满意应该是全面质量管理工作的出发点和落脚点。企业应当从顾客的需要出发来设计产品，生产能够满足顾客需求的产品。企业要将顾客作为自身服务的对象，在努力争取顾客满意的同时，尊重顾客、方便顾客。

这里"顾客"的含义比较广泛，不仅指产品购买者或使用者，还可能指企业内部生产过程中的每一个部门和岗位。在企业内部的生产流程中，往往存在相互衔接而又相对独立的工序，产品的质量要经过多个环节才能形成。全面质量管理的指导思想认为，企业应当将下一道工序视为上道工序的顾客。上道工序应该为下道工序提供符合标准、质量过硬的半成品，为下道工序提供服务，及时接收下道工序的反馈信息并作出整改，以便提高下一道工序的生产效率。

此外，为顾客着想能够使得顾客、企业和社会三者的效用最大化。企业如果能够真正做到为顾客着想，提供质量过硬、设计优秀且价格合理的产品，就能打开销路，扩大市场份额，取得竞争优势。同时，优秀的产品能有效地满足顾客需求，顾客从企业提供的服务中，能够充分了解产品的性能，掌握其使用方法，使得产品价值能够充分得到体现。从整个社会的宏观层面来看，企业对顾客的服务还能够避免资源浪费，提高社会整体的福利水平。

3. 预防为主的思想

以往的质量管理活动大多通过不同的方法来找出存在问题的产品，强调的是通过质量检验来保证输送到市场的产品的质量，是一种事后把关的管理思想。但真正影响产品质量好坏的并不在于检查本身，而是产品质量形成的过程，因此，若想有效提高企业所生产产品的质量，应该从形成产品质量的各个环节入手。例如，产品往往在设计的时候就已经决定了其质量所能达到的最高水平，而制作仅仅是实现质量。如果产品在设计时便存在这样或那样的不足，那么无论生产过程多么严格，其产品的先天缺陷都是无法弥补的。

全面质量管理是一个具有前瞻性的管理体系，它主张的是防患于未然的管理思想，即事前分析各种影响产品质量的因素，找出主要的因素并加以控制，最大限度地防止质量问题的发生。产品的质量是各道工序、各个环节质量的积累，生产过程中每道工序的质量都是人、设备、材料以及周围环境因素相互作用的结果。只有对每道工序中可能影响其产出的质量的因素加以控制，才能有效地保证该道工序的质量。

4. 用事实和数据说话的思想

"用事实和数据说话"强调的是在质量管理过程中注重客观事实，做到实事求是，以客观的事实、数据、资料作为反映、分析、解决质量管理问题的基础。在质量管理过程中要尊重客观事实，尽量避免主观随意性，运用科学的方法来发现问题、研究问题、解决问题。对于那些不能用数据来说明的问题，只能以事实呈现。不过，无论是事实还是数据，其原则都是一切从实际出发，力求用最准确的方式来反映现实情况。只有用事实和数据说话，才能使信息在企业内部流动时减少失真，增强信息的可靠性，也只有这样，质量问题才能准确反映，管理者才能采取有针对性的解决办法。

5. 质量与经济性相统一的思想

在正常的经营环境下，企业应当以尽可能少的投入生产出质量尽可能高的产品来满足顾客需求，使顾客满意，以获得尽可能大的经济效益和社会效益。这实际上是一种最优决策的管理思想。认真分析企业的各项投入与最终产出的质量的关系，找出质量与消耗、质量与技术、质量与收益之间的关系,谋求投入数量与产出质量的最优组合,优化质量效益。

质量成本管理实际上就是对产品的制造过程与使用过程进行经济分析,从经济的角度来衡量质量管理的有效性,并指出质量管理工作的改进方向的系统。质量成本管理将产品质量和成本经济性这两个目标统一起来,有时产品或服务质量的提升需要企业投入更多的成本,而有时如果企业能对其内部每道工序的质量加以有效控制,就能在维持一定产品或服务质量水平的情况下实现成本的下降,使得企业的生产经营更具经济性。采纳质量与经济性相统一的思想,有利于提高企业的管理水平和经济效益,合理利用资源,使企业在取得经济效益的同时也带来社会效益。

6. 突出人的作用的思想

人是企业管理过程中最活跃且最具能动性的要素,管理者在企业管理过程中需要重视对人力资源的开发和利用。全面质量管理充分重视人在质量管理过程中的积极作用,将发动全员参与、调动人的主观能动性与创造性作为其核心管理思想之一。

企业需要通过多种方法不断提高人的素质,创造优良的工作质量以保证产品质量,并要求员工掌握企业的质量目标并贯彻企业的质量方针。只有每一个岗位上的员工都明确企业的质量方针并熟悉自己的工作职责,才能够使得其发挥自身的能力,主动积极地投入到工作中,并且使得整个全面质量管理体系平稳、有序地运行。企业应采取各种形式发动员工参与到企业的质量管理活动中,同时要鼓励、保护员工在工作过程中表现出来的首创精神,注重挖掘员工的潜力,使其主人翁精神得以发挥。企业的管理制度应该既严格又灵活,以便在保障管理工作有序进行的同时避免使企业陷入过于呆板的制度氛围,做到奖罚分明,增强员工主动学习、主动参与的意愿,提高全体员工的生产效率。

7. 重视质量的思想

重视质量的思想强调的是:企业在生产经营的过程中要以质量为纲,重视质量,将质量作为串联企业各项管理活动的主线。企业的供、产、销等活动需要以科学的质量管理原理为指导,协调好质量与品种、效益、消耗等方面的矛盾。企业要树立以质取胜的经营目标,围绕质量目标开展有效的计划、组织、领导、控制等活动。生产活动固然是质量管理活动的重心,但产品设计、销售、服务等其他环节同样要做到以质取胜,让质量目标把各单位、各部门联系成一个有机整体。随着市场经济的发展,产品同质化的问题日趋严重,质量越来越成为企业能否立足于市场的评判标准,激烈的市场竞争能够有效地淘汰产品或服务质量较差的企业。企业需要重视质量,不仅是所提供产品或服务的质量,还包括内部工作的质量,要将质量作为衡量企业产出水平的一个标准,不断提高企业的投入产出比,增强竞争优势。质量制胜这个命题已在市场中多次得到验证,全面质量管理应当成为带动企业各项管理工作的中心环节,以保证企业沿着不断提高质量效益的路径发展。

(四) 全面质量管理的工作程序

1. PDCA 循环的内容

全面质量管理是一整套为保证和提高产品或服务质量而设立的科学管理体系,在具体的管理实践中,它遵循 PDCA 循环的管理程序。PDCA 循环最初是由"统计质量控制之父"休哈特提出的,他认为管理活动应该遵循"计划(plan)—执行(do)—检查(check)—行动(action)"这样一套科学的通用管理流程。而后,美国质量管理专家戴明对 PDCA 循环作了进一步的研究,使其发展为一套持续改进、不断学习的循环管理步骤,并在质量管理领域大力推广。因此，PDCA循环又被称为质量环或戴明环。PDCA循环分成四个阶段、八个步骤。

第一阶段——P阶段，即计划阶段。在这个阶段中，企业需要明确其质量目标。企业需要通过市场调研来发现顾客的需求，随后评估市场机会，对照企业自身的能力与资源来决定是否进入该市场。企业通过市场调查、用户访问、国家计划指示等，明确用户对产品质量的要求，初步确定产品类型；然后通过设计、试制、检查来进一步确定技术经济指标，以及达到这些指标所要采取的措施方法，形成一定的计划方案。

P阶段包含以下四个步骤，这四个步骤实际上也是P阶段的具体化。

步骤一：分析现状。对外部环境及企业内部资源、能力进行研究，发现可能对质量造成影响的问题。

步骤二：找出原因。质量管理过程中出现的问题往往不是由单一的要素造成的，管理者在发现问题后，要系统地从宏观层面来看待问题，发现造成问题的各种因素，并对各种因素加以分析。

步骤三：找出主要因素。在造成质量问题的诸多因素中，对问题的影响程度有大有小，解决质量问题需要从主要的影响因素着手。管理者要善于抓住重点，排除干扰，从多个影响因素中找出关键影响因素。

步骤四：制定措施。针对影响质量的主要因素，管理者要有针对性地制定一些纠正措施或防范性措施，措施要明确、具体，并且要注重其可行性。

第二阶段——D阶段，即执行阶段。这个阶段实际上是对之前所形成的计划方案的实施，根据计划上的安排执行各项工作，包括人员的培训、原材料的采购、产品的生产、产品的检验等。

步骤五：实施计划和措施。具体表现为按照计划方案执行相应的任务。

第三阶段——C阶段，即检查阶段。在具体工作推进的期间需要不断地对进度进行监测，并对照原计划检查完成情况，以保证实际情况与计划相符，有利于发现计划中没有预计到的情况并作出反应。

步骤六：将实施结果与目标对比。对照原计划的各项技术经济指标，检查实际执行的结果，评定总体完成情况。

第四阶段——A阶段，即行动阶段。根据第三阶段，对出现的情况进行反思、研究，总结经验，吸取教训，以提高日后的执行效率。

步骤七：对检查结果进行总结。归纳成功的经验和失败的教训，对原计划的标准进行修正完善，对在质量管理过程中表现较好的单位和个人进行奖励，对出现失误的单位和个人追究责任，必要时予以相应的惩罚。

步骤八：对本次循环当中尚未解决的问题进行检查梳理，并将其转移到下一个循环中。

2. PDCA循环的特点

(1) 大环套小环。PDCA循环最初作为一种通用的管理方法，其实施范围并不局限于整个宏观的质量管理项目，而是应该涵盖每个职能部门、每个车间乃至每位员工。在具体实施管理工作的时候也可以采取PDCA循环，使得管理活动科学合理，提高效率。每个职能部门应当根据企业的总体方针目标来制定自己的次一级目标，并采用PDCA循环来指导本部门的工作。这样，在整家企业大的PDCA循环当中又嵌有更小的PDCA循环，次一级的单位再实施更小的 PDCA 循环,直到个体员工按 PDCA 循环开展工作。较大一级的 PDCA 循环是制定较小一级 PDCA 循环的依据和基础,较小一级 PDCA 循环的贯彻落实又反过来成为较大一级 PDCA 循环有效运转的保障。如此大环套小环、小环推动大环,形成相互促进的关系,企业各部门能够有机地结合成一个整体,各项目标得到分解落实,让管理活动更科学、效率更高。

(2) 不断循环前进。PDCA 循环的四个阶段不断滚动循环,每完成一次循环,都会有一些问题得到解决,形成新的经验的积累,同时也会出现新的目标和内容,整家企业得到发展,质量水平也得到提高。每个员工、每个部门乃至整家企业,每完成一次 PDCA 循环就上升一个台阶,总体的发展轨迹可以概括为阶梯式上升,循环前进,即问题不断得到解决,并利用新的信息开展新的循环的过程。

(3) 重视 A 阶段。在整个 PDCA 循环中,推动循环的关键在于 A 阶段。A 阶段需要对任务的执行情况进行回顾总结,对于成功的经验需要肯定,对于过失需要探究其原因,找出关键点。只有不断地反思、总结、提高、完善,才能使得 PDCA 循环向更高的层次推进。如果没有 A 阶段,成功的经验得不到总结,错误的教训也得不到吸取,那么在以后的循环中,面对相同的情况,以往的成功可能并未使问题变得简单,曾经出现的错误则可能会再次出现。因此,管理者要充分重视 PDCA 循环中 A 阶段的作用,使得 PDCA 循环能够不断朝着更高的层次推进。

(五) 全面质量管理下的质量成本管理

在全面质量管理的视角下,企业的质量管理活动更应做到防患于未然,缩减失败成本,在确保质量的前提下尽可能降低成本支出。

作业管理将作业区分为增值作业与非增值作业。一般认为,内外部失败成本及与其相联系的作业都属于非增值成本或作业,应该尽可能消除;预防成本及与其相联系的作业属于增值成本或作业,必要的预防成本、鉴定成本等的支出,在一定程度上能够减少内外部失败成本,对确保产品和服务质量、维护品牌声誉等都有积极意义,应该提高其效率;至于鉴定成本及与其相联系的作业,很大一部分是预防成本及与其相联系的作业所必需的,应该将其视为增值成本或作业。

在全面质量管理体系下,管理会计需要适当转变观念,使得质量成本的管理符合全面质量管理指导思想的要求。

(1) 利用技术手段,提高财务信息的传输效率。过去以周或月为单位提供财务信息的做法已经不能适应全面质量管理对管理信息的及时性要求,信息的滞后性可能会使问题不能及时得到反馈,很容易错过最佳的处理时间。应用现代技术手段,提高信息传输频率,可以让管理者及时了解企业管理信息的动态。

(2) 管理会计所收集和处理的信息不能仅局限于财务信息,还应该包括非财务信息。质量管理过程中的问题有的能通过财务信息反映出来,但是相当一部分问题是无法通过财务信息呈现的,管理者应运用多种方法收集不同方面的信息来了解企业的质量成本状况,以便较为全面地掌握企业的质量管理状况。

(3) 全面质量管理需要对企业全过程、全方位的活动进行管理,因此在质量成本管理活动中需要的信息更为详细且复杂,仅靠会计部门难以完成全部的信息收集工作。广大员工在参与企业管理的过程中也可以成为信息收集的节点,将信息经过一定的程序和方式汇总到会计部门或质量检测部门。这不仅便于企业迅速地收集大量质量成本信息,建立起部门间相互协作、相互监督的关系,而且体现了全面质量管理中全员参与的特点。

三、全面质量管理的实施步骤

企业不可能一夜之间成功实施 TQM 计划,肤浅地照搬质量周期、团队作战、持续改进和其他实施 TQM 成功的企业的常用方法,并不能造就一家 TQM 企业。日本企业花费了 20 多年的时间,才能达到和超越许多美国 TQM 企业的质量水平。一家企业必须重视 TQM 的建议,依靠其全体员工若干年齐心协力和努力奉献,才能成为一家世界级的优质企业。

TQM 的实施并不简单,需要一定的时间。管理会计师协会认为,典型的企业一般要 3～5 年的时间才能由传统管理转为 TQM。在实施 TQM 的初期,企业很有可能看不到有形效益,虽然某些特殊项目能够迅速获得高额回报。

通过汲取那些因有效管理质量而获得美国国家质量奖的成功者们的实践经验,管理会计师协会设计出 3 年实施 TQM 的 11 个步骤。在整个过程中,成功实施 TQM 不可或缺的是所有员工充分参与。

(1) 设立质量委员会及委员。大多数企业已经发现,TQM 的成功实施需要首席执行官和高级管理人员坚定和积极的领导。TQM 是一项需要企业中所有单位齐心协力且尽最大努力的活动。没有高级管理人员的支持,质量改进计划就可能失败。然而,仅有首席执行官或总经理,并不能实现 TQM 的全部预期效果,只有依靠高级管理阶层所有管理人员的支持,TQM 才能获得最理想的结果。领导机构通常是由首席执行官层次的人员组成的质量委员会。质量委员会应该由首席执行官担任主席,委员包括高级管理部门的管理人员。委员会的主要职责是制定质量管理的使命、企业目标和制订长期战略计划。

(2) 实施高级管理人员质量培训计划。为了确保高级管理层对 TQM 坚定持久的支持,企业必须引入质量培训精华,这一计划的主要作用在于:

第一,提高高级管理人员对质量改进进行系统关注和持续支持的认识水平。

第二,了解全面质量基本知识。

第三,建立合理的期望和目标。

第四,也有助于因改变管理工作重点而产生的不同程度的误解和误传。

(3) 实施质量审计。质量审计用于评估企业的质量实践和分析其他同类企业最好的质量业绩。质量审计的实施使企业能够识别自身的优势和劣势,制定质量改进计划的长期战略,并且甄别哪些质量改进项目可以为企业带来近期和远期两方面的最大回报。

(4) 进行差异分析。差异分析是一种标杆,用以确定业内最优秀企业与特定企业之间的实际差异。根据质量审计所确认的质量计划中的优点和不足,进行差异分析能明确质量的改进范围,并且为企业实施质量改进提供一套基本的、客观的数据。

(5) 开发战略性质量改进计划。差异分析结果和质量改进目标为企业确定质量改进重点、开发短期(1 年)和长期(3～4 年)战略计划提供了依据。最初的计划应该是简短明确的,并具有产生较高的、可计量质量收益的潜力。

(6) 实施员工沟通和培训计划。员工培训计划作为一种交流的工具,旨在传达管理层对全面质量管理的承诺和责任,培养员工全面质量管理的必要技能,他们在成功的质量改进计划中扮演着至关重要的角色。

（7）成立质量小组。多功能的质量小组包括来自各部门、管理团队和各个职能单位的成员，这个多功能的质量小组监督整家企业持续改进的进程和质量任务的实施，协同各部门达到最优的质量效果，确保资源充足，解决问题及时。小组成员包括能够识别具体质量要求和质量成本的各类人士，典型的小组成员一般包括产品经理、工程师、生产工人、顾客服务代理人和管理会计师。质量小组一旦成立，就成为推动质量持续改进、执行和监控质量计划的主要驱动力；质量小组的主要职责之一就是使全体员工专心于实施质量计划。

（8）构建计量系统并设立目标。成功实施 TQM 的一个关键因素是：要有一套能够真实反映内部和外部顾客期望和需求的计量标准。有助于 TQM 的好的计量体系通常需要开发一个新的会计系统，这是因为传统的会计系统中关于质量的重要数据往往分散在无数会计科目中。一个好的 TQM 计量体系还应该让所有员工随时了解全面质量的进展情况及需要改进的地方。

作为企业财务业绩评价系统中不可分割的部分，传统会计系统可能妨碍质量的改进。所有员工必须明白，由 TQM 体系产生的计量标准是质量改进的手段，而不是惩罚的工具。一个独立的计量体系可使企业不必时时关注质量改进费用对短期经营成果的影响，从而促进全面质量管理。

（9）修订报酬/评价/业绩确认系统。奖励和确认是加强 TQM 的最好办法。一个以质量标准为基础设立的奖励和确认系统是促进公司推进 TQM 的强有力的激励因素，如果企业不改变不适用的报酬/评价/业绩确认系统，努力和进步可能只是昙花一现。

（10）与供应商一同开展外部创新。供应商就像企业的一个部门，构成经营的重要部分。不能按指定要求交货的供应商，不利于企业向他人交货。TQM 的作用应该包括从原材料供应到最终用户的整个商业系统。

在成功实施 TQM 的企业中，确保拥有优质供应商的实际做法是：一是减少供应商的数量。减少供应商的数量可以减少产品质量上的差异，增强供应商的责任并提高企业资源的使用效率。二是选择供应商。选择供应商不仅要看价格，供应商的能力、能否改进质量和成本、及时送货的意愿及其灵活性，还要看他们能否致力于持续改进。三是与供应商建立长期的合作伙伴关系。四是明确提出对供应商的期望，确保供应商始终如一地及时送货。

（11）重审与修订。在质量委员会和质量小组的领导下，所有员工至少每年应该重新检查一次质量进程，并且重新评估质量改进的成就。

思考与讨论

1. 作业成本法是如何产生的？
2. 作业成本法的主要特征是什么？
3. 作业成本管理的增值作业与非增值作业分别是什么？
4. 论述作业成本与战略成本管理的关系。
5. 生命周期成本的构成分别是什么？
6. 全面质量成本的工作程序有哪些？

章节案例

案例题目：AST公司作业成本法的应用

AST公司生产三种电子产品，分别是产品X、Y、Z。产品X是三种产品中工艺最简单的，每年销售10 000件；产品Y工艺相对复杂，每年销售20 000件，在三种产品中销量最大；产品Z工艺最复杂，每年销售4 000件。AST公司设有一个生产车间，主要工序包括零部件排序准备、自动插件、手工插件、压焊、技术冲洗及烘干、质量检测和包装。原材料和零部件均外购。AST公司一直采用传统成本计算方法计算产品成本。

一、采用传统成本计算方法计算产品成本的结果

AST公司相关的成本资料如表3-7所示。

表3-7　　　　　　　　　AST公司相关的成本资料

项目	产品X	产品Y	产品Z	合计
产量(件)	10 000	20 000	4 000	
直接材料(元)	500 000	1 800 000	80 000	2 380 000
直接人工(元)	580 000	1 600 000	160 000	2 340 000
制造费用(元)				3 894 000
年直接人工工时(小时)	30 000	80 000	8 000	118 000

在传统成本计算方法下，AST公司以直接人工工时为基础分配制造费用(表3-8)。

表3-8　　　　　　　　传统成本计算方法下制造费用的分配

项目	产品X	产品Y	产品Z	合计
年直接人工工时	30 000	80 000	8 000	118 000
分配率(元/工时)	\multicolumn{3}{c}{33(3 894 000÷118 000)}	
制造费用(元)	990 000	2 640 000	264 000	3 894 000

AST公司采用传统成本计算方法计算的产品成本资料如表3-9所示。

表3-9　　　　　　　　传统成本计算方法下的产品成本资料

项目	产品X	产品Y	产品Z
直接材料(元)	500 000	1 800 000	80 000
直接人工(元)	580 000	1 600 000	160 000
制造费用(元)	990 000	2 640 000	264 000
合计(元)	2 070 000	6 040 000	504 000
产量(件)	10 000	20 000	4 000
单位产品成本(元)	207	302	126

二、定价策略及产品销售方面的困境

1. 定价策略

AST 公司以成本加成定价法作为定价策略，按照产品成本的 125% 设定目标售价，如表 3-10 所示。

表 3-10　　　　　　　　　　成本加成定价法下的定价　　　　　　　　　　单位：元

项目	产品 X	产品 Y	产品 Z
产品成本	207.00	302.00	126.00
目标售价（产品成本×125%）	258.75	377.50	157.50
实际售价	258.75	328.00	250.00

2. 产品销售方面的困境

AST 公司在产品销售方面出现了一些问题。产品 X 按照目标售价正常出售。但来自外国公司的竞争迫使 AST 公司将产品 Y 的售价降低到 328 元，远远低于目标售价 377.5 元。产品 Z 的售价定于 157.5 元时，AST 公司收到的订单非常多，超过其生产能力，因此 AST 公司将产品 Z 的售价提高到 250 元。即使在 250 元这一价格下，AST 公司收到的订单依然很多，其他竞争对手在产品 Z 的市场上无力与 AST 公司竞争。上述情况表明，产品 X 的销售及盈利状况正常，产品 Z 是一种高盈利、低产量的优势产品，而产品 Y 是 AST 公司的主要产品。产品 Y 的年销售量最大，现在却面临困境，因此成为管理人员关注的焦点。在分析过程中，管理人员对传统成本计算方法提供的成本资料的正确性产生了怀疑，他们决定使用作业成本计算法重新计算产品成本。

三、采用作业成本计算法计算产品成本的结果

管理人员经过分析，认定了 AST 公司发生的主要作业，并将其划分为几个同质作业成本库，然后将间接费用归集到各作业成本库中，归集的结果如表 3-11 所示。

表 3-11　　　　　　　　　　间接费用的归集结果　　　　　　　　　　单位：元

制造费用	金额	制造费用	金额
装配	1 212 600	产品包装	250 000
材料采购	200 000	工程处理	700 000
物料处理	600 000	管理	507 400
启动准备	3 000	合计	3 894 000
质量控制	421 000		

管理人员认定并计算各作业成本库的成本动因，如表 3-12 所示。

表 3-12　　　　　　　　　　成本动因的认定与计算

制造费用	成本动因	作业量 产品 X	作业量 产品 Y	作业量 产品 Z	合计
装配	机器小时（小时）	10 000	25 000	8 000	43 000

(续表)

制造费用	成本动因	作业量 产品X	产品Y	产品Z	合计
材料采购	订单数量(张)	1 200	4 800	14 000	20 000
物料处理	材料移动(次数)	700	3 000	6 300	10 000
启动准备	准备次数(次数)	1 000	4 000	10 000	15 000
质量控制	检验时间(小时)	4 000	8 000	8 000	20 000
产品包装	包装次数(次)	400	3 000	6 600	10 000
工程处理	工程处理时间(小时)	10 000	18 000	12 000	40 000
管理	直接人工(小时)	30 000	80 000	8 000	118 000

单位作业成本的计算如表 3-13 所示。

表 3-13　　　　　　　　　　单位作业成本的计算

制造费用	成本动因	年制造费用(元)	年作业量	单位作业成本(元)
装配	机器小时(小时)	1 212 600	43 000	28.2
材料采购	订单数量(张)	200 000	20 000	10
物料处理	材料移动(次数)	600 000	10 000	60
启动准备	准备次数(次数)	3 000	15 000	0.2
质量控制	检验时间(小时)	421 000	20 000	21.05
产品包装	包装次数(次)	250 000	10 000	25
工程处理	工程处理时间(小时)	700 000	40 000	17.5
管理	直接人工(小时)	507 400	118 000	4.3

管理人员将作业成本库的制造费用按单位作业成本分摊到各产品，结果如表 3-14 所示。

表 3-14　　　　　　　按单位作业成本分摊制造费用的结果

制造费用	单位作业成本(元)	X产品 作业量	作业成本(元)	Y产品 作业量	作业成本(元)	Z产品 作业量	作业成本(元)
装配	28.20	10 000	282 000	25 000	705 000	8 000	225 600
材料采购	10.00	1 200	12 000	4 800	48 000	14 000	140 000
物料处理	60.00	700	42 000	3 000	180 000	6 300	378 000
启动准备	0.20	1 000	200	4 000	800	10 000	2 000
质量控制	21.05	4 000	84 200	8 000	168 400	8 000	168 400
产品包装	25.00	400	10 000	3 000	75 000	6 600	165 000

(续表)

制造费用	单位作业成本(元)	X产品 作业量	X产品 作业成本(元)	Y产品 作业量	Y产品 作业成本(元)	Z产品 作业量	Z产品 作业成本(元)
工程处理	17.50	10 000	175 000	18 000	315 000	12 000	210 000
管理	4.30	30 000	1 290	80 000	344 000	8 000	34 400
合计			734 400		1 836 200		1 323 400

经过重新计算，管理人员得到的产品成本资料如表3-15所示。

表3-15　　　　　　　　重新计算得到的产品成本资料　　　　　　　　单位：元

制造费用	产品X	产品Y	产品Z
直接材料	500 000	1 800 000	80 000
直接人工	580 000	1 600 000	160 000
装配	282 000	705 000	225 600
材料采购	12 000	48 000	140 000
物料处理	42 000	180 000	378 000
启动准备	200	800	2 000
质量控制	84 200	168 400	168 400
产品包装	10 000	75 000	165 000
工程处理	175 000	315 000	210 000
管理	129 000	344 000	34 400
合计	1 814 400	5 236 200	1 563 400
产量	10 000	20 000	4 000
单位产品成本	181.44	261.81	390.85

四、问题解决

产品X和产品Y在作业成本计算法下的产品成本都远远低于传统成本计算方法下的产品成本，这为AST公司目前在产品Y方面遇到的困境提供了很好的解释。两种产品成本计算法的比较如表3-16所示。

表3-16　　　　　　　　两种产品成本计算法的比较　　　　　　　　单位：元

项目	产品X	产品Y	产品Z
产品成本(传统成本计算法)	207.00	302.00	126.00
产品成本(作业成本计算法)	181.44	261.81	390.85
目标售价(传统成本计算法下产品成本×125%)	258.75	377.50	157.50
目标售价(作业成本计算法下产品成本×125%)	226.80	327.26	488.56
实际售价	258.75	328.00	250.00

如表3-16所示,根据作业成本计算法计算的产品成本,产品Y的目标售价是327.26元,AST公司原定的377.5元的目标售价显然是不合理的。AST公司现在的实际售价328元与目标售价基本吻合。产品X的实际售价258.75元高于重新确定的目标售价226.8元,是一种高盈利的产品。产品Z的产品成本在传统成本计算方法下显然被低估了,AST公司制定的目标售价过低,导致实际售价250元低于作业成本法下计算得到的产品成本390.85元,如果售价不能提高或产品成本不能降低,AST公司应考虑放弃生产品Z。这也解释了为什么产品Z卖250元,订单仍很多的原因。AST公司的管理人员利用作业成本计算法取得了比传统成本计算方法更准确的产品成本信息,对公司的定价策略进行了及时的调整,提高了公司的经济效益。

资料来源:刘运国.高级管理会计理论与实务[M].北京:中国人民大学出版社,2018.

第四章
平衡计分卡理论

教学目标

通过本章教学,学生需要了解平衡计分卡的产生背景;理解平衡计分卡的概念,指标的内涵、特点;掌握初步应用平衡计分卡设计绩效考核指标的方法。

第一节 平衡计分卡概述

一、传统财务业绩评价模式的缺陷

人类正在从工业经济时代走向知识经济时代。在工业经济时代,人们通过规模经营,从大批量的专业化生产中赚取大量的利润,企业的竞争优势来源于对厂房、设备和存货等有形资产的投资和管理,此时资产的管理和增值主要集中在有形资产。而在知识经济时代,人类高度发展的知识是最为关键的、处于主导地位的生产要素;资产的组成以智力资产(具有创造性思维的各类人才)和由知识物化形成的无形资产(专利权、专有技术、商标权、商誉等)为主体;企业的员工以高知识水平的员工为主体;产品和服务以生产高科技含量、高附加值的产品为主体;投资取向以智力投资为主体;在竞争策略上,以智谋和创新取胜,尽可能做到人无我有、人有我优、人优我奇(出奇制胜)。在工业经济时代,财务控制系统利用诸如投资报酬率等综合性财务指标来实现资金和实物资产的高效配置并对其进行监督,引导企业内部各项实物资源物尽其用,监督企业各个经营部门合理、高效地使用资金和实物资本为股东和利益相关者创造价值。但在知识经济时代,企业已不能从单靠把新技术引进实物资产,以及在出色地管理资产和负债比例的做法中获得持久的竞争优势,这在服务业中表现得尤其突出,特别是运输、公用事业、通信、金融和保险业。由于信息化的发展,这些企业纷纷摆脱管制走向市场,知识经济时代的市场环境决定了只有具备新的能力,才能在竞争中取胜。在知识经济时代,无形资产的管理和反映比实物资产更为重要,这是因为无形资产能够发展与客户之间的关系,从而维持现有客户对企业的忠诚度,并使新的客户和市场获得高效的服务;无形资产能够不断推出新型的产品和服务,以满足特定客户群体的需要;无形资产能够提供物美价廉的产品及个性化的服务；无形资产（如良好的企业文化）能够调动广大员工的积极性、主动性和创造性，从而不断提高工艺质量和工艺水平，缩短对市场的反应时间；无形资产（如掌握信息技术的员工）能够较好地运用信息技术、数据库和信息系统，从而帮助企业提高经营效率和经营效果。显然，随着知识经济时代的到来，以管理有形资产来创造价值的战略正在转向以创造和配置企业无形资产为主要内容的、以知识为基础的战略。

由于知识、技术和信息等无形资产很少对收入和利润产生直接的影响，无形资产通常间接地为企业创造财富。无形资产的增加对财务结果的影响一般都要通过至少包含两到三个阶段的因果关系链才能体现出来。由于各种因素之间的因果关系错综复杂，很难单凭财务结果来确定无形资产的财务价值。

无形资产创造的价值依赖于企业所处的环境和所采用的战略，因此不能孤立地将无形资产转化为顾客价值和财务业绩。资产负债表采用的是线性的简单相加的模式，对各类有形资产分别进行确认和计量，并将其汇总。许多无形资产的价值都具有隐蔽性，通常只有与其他有形资产或无形资产相结合才能创造价值。无形资产的价值来自企业的全部资产以及将这些资产联系起来的战略。无形资产的价值创造不是一种简单的相加过程，而是表现为一种倍乘的关系。因此，管理者应对传统的财务业绩评价模式进行扩展，扩展后的模式应包括对企业无形资产和智力资产的评价，这些资产包括优质的产品服务、干劲十足且技术熟练的员工、反应灵敏且能够预测的企业内部机制、满意和忠诚的顾客等。这些资产很难用传统的财务业绩评价模式进行评估，使得它们在企业的资产负债表中永远无法获得承认和披露，但是，这些资产和能力对处于知识经济时代的企业获取竞争优势又至关重要。

总之，单一的财务业绩评价指标不能适应环境的变化，在一定程度上与增加企业价值的目标相脱离，不能引导人们去关注那些关键性的成功因素。管理者需要的是一种像汽车仪表盘一样，能够平衡地对企业经营状况的指标体系进行反映，具有在过程中及时判断企业的经营状况、指导企业的经营行为的能力。基于此，近年来，许多西方国家的企业对业绩评价模式进行了创新，设计出战略层面的业绩衡量体系，试图将业绩衡量与企业的战略目标紧密地联系在一起，引导人们关注关键成功因素。平衡计分卡就是这样一套崭新的业绩衡量体系，它不仅仅局限于单一的财务方面的衡量，而是包括客户、内部业务流程和学习与成长等方面的衡量。这种业绩衡量体系一经出现，便以其合理的架构得到了管理者的青睐，并被不断推广应用。

二、平衡计分卡的产生背景

在目前经济日益全球化、科学技术日新月异的激烈竞争环境下，企业要想持续得到价值增值，除了要考虑规模经营，还必须考虑生产经营上出现的新特点。

1. 加强与客户和供应商的联系

工业经济时代的企业在其经营过程中与客户和供应商保持着距离。但是，知识经济时代使当今的企业能够实现供应、生产和交货等过程的一体化。由此，经营就是由客户的订单引发的，而不再服从于生硬地推销产品、服务和生产计划。一体化系统以客户的订单为起点，向上游追溯到原材料供应，使企业的所有单位都能在成本费用、质量和反应时间等方面得到巨大改善。在这种情况下，企业一方面要发展与客户的关系，维持原有客户对企业的忠诚，并吸引新的客户，这对企业扩大销售是极其重要的；另一方面要搞好与供应商的关系，保证企业获得质量稳定、价格低廉的原材料,这对企业提高产品质量、降低原材料库存、减少积压在原材料上的资金,以及提高企业的效益将起到非常重要的作用。令客户满意是加强企业与客户关系的最好办法。随着经济的发展,客户在满足了衣食住行等方面的基本需求后,会出现其他个性化的需求。企业要令客户满意,就必须学会向不同的客户提供差异化的产品,采用差异化战略。

2. 提升新产品的开发能力

现代技术的革新日新月异,产品的寿命周期越来越短(如个人电脑产品)。今天领先的产品,明天不一定能够继续保持其优势。企业必须善于采用新技术,按客户的需求设计开发新产品。此外,不断提升生产产品的工艺能力、提高产品的质量和性能,对保证企业长盛不衰也是十分重要的。

3. 提高员工的技能并培养多技能工人

一般来说,企业人员可划分为生产人员和管理人员两大类。按照传统的观念,生产人员在管理人员的监督下完成生产任务,他们只利用了自己的体力,而忽视了对自己创新能力的开发。如今,越来越多的企业认识到,这些来自一线的生产工人由于对生产工序非常熟悉,他们能提出许多合理化建议,这些建议不仅能稳步改善企业的生产经营,有时甚至能使企业的经营业绩实现质的飞跃。也就是说,企业的所有员工,都可以凭借自己的知识和技能推进企业的发展。一家优秀的企业必须重视提高员工的技能并培养多技能工人,以便在未来的市场竞争中具有更强的竞争力。

以上这些因素均能影响企业的竞争能力,并关系企业的长远目标能否实现。企业为分析自己在竞争中所处的位置,除了要衡量财务业绩,还必须对上述各个方面进行衡量,从而提供关于企业竞争能力的多方面的信息。而要对这些因素进行衡量,利用传统的财务衡量方法是难以做到的。因此,出于为提升企业长远竞争能力而对之进行衡量的需要,以及传统的财务衡量方法本身固有的缺陷,不能完成任务,促使了平衡计分卡的产生。

三、平衡计分卡的产生

1990年,罗伯特·卡普兰和戴维·诺顿带领的研究小组对12家企业进行了为期1年的名为"衡量未来组织业绩"的课题研究。该研究小组开展这项研究源于这样一个想法:依靠财务方法进行业绩衡量已经过时(卡普兰曾在此之前撰写过一本专著《相关性的遗失:管理会计兴衰史》)。在研究的初期,该研究小组收集了一些富有创新性的业绩衡量方法,其中包括模拟装置公司编制的"公司计分卡"。公司计分卡除了从传统的财务角度进行衡量,还对交货时间、新产品开发的效率等因素进行衡量。很快,该研究小组就将重点放在了这种多维度衡量业绩的计分卡上。在随后的研究中,小组拓展了该计分卡,使之成为现在我们所说的平衡计分卡。平衡计分卡由财务、客户、内部经营过程、学习与成长四个方面组成。之所以称其为平衡计分卡,是因为它兼顾了长期目标与短期目标的衡量、财务与非财务的衡量、外部与内部的衡量、战术与战略的衡量等各个方面,能够多角度地为企业提供信息,综合地反映企业的业绩。例如,一架新型的飞机上安装有空速表、测高仪、燃料表等许多仪器仪表,可以为飞行员提供多方面的信息,飞行员只有对这些信息加以综合利用才能完成一次安全飞行。正如飞行中众多仪器仪表所起的作用一样,平衡计分卡能够为企业的成功提供各方面有用的信息,帮助企业实现其持续增加企业价值的目标。

平衡计分卡是围绕企业的长远规划制定的与企业目标紧密联系的、由体现企业成功关键因素的财务指标和非财务指标组成的业绩衡量系统。这个系统有助于企业实现其战略目标，帮助企业寻找成功的关键因素，建立综合衡量的指标，以促使企业形成其核心竞争能力，实现其战略目标。

第二节 平衡计分卡的基本内容

平衡计分卡是一套把组织的战略意图转变为清楚的具体目标、计量指标和具体行动计划的业绩评价体系和战略管理系统。它一般由财务、客户、内部经营过程、学习与成长四个方面组成，如图4-1所示。

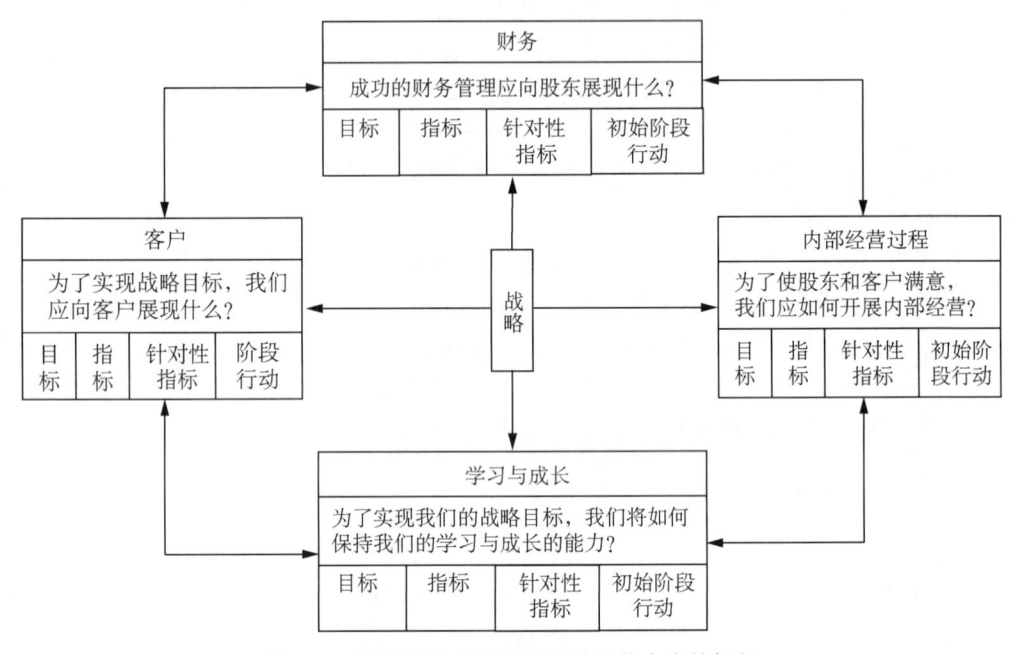

图 4-1 把战略变成可操作性的具体内容的框架

一、反映财务方面的指标

1. 必要性

由于财务指标具有综合性的特点，而且财务指标的计算要遵循严格的会计规范和程序，规范的财务指标应该具有一定的真实性、可靠性。财务指标是企业追求的终极目标。企业战略是否成功以及平衡计分卡其他三个方面是否成功操作都能够在财务指标上体现出来。对客户、内部经营过程、学习与成长等方面的衡量，取决于企业对关键性成功因素的看法，但这些看法未必总是正确的。也就是说，企业不一定能找对成功的关键因素。同时，平衡计分卡只是将企业战略转化成特定的目标和可评价的指标，这种转化并不一定能保持企业战略本身的正确性。如果平衡计分卡中所衡量的财务业绩未能得到改善，则说明某个环节出了差错。企业应考虑重新确定成功的关键因素,甚至对战略计划进行修正。

2. 指标选择

一家企业的寿命周期可以划分为成长、维持和成熟三个阶段。企业所处的阶段不同,其财务指标可能会有很大的不同。处于成长阶段的企业有着巨大的增长潜力。要开发这一潜力,企业必须动用大量的人力、物力和财力进行扩大再生产,扩建生产设施,进行销售网络的建设等。这时企业的资金较紧张,投资回报率也可能较低。企业财务方面的目标多为开发市场、提高市场占有率、扩大销售收入等。处于维持阶段的企业努力保持现有的市场份额,并使这一阶段的投资获得丰厚的利润。维持阶段的财务目标主要是与盈利能力有关的财务目标,如提高净营业利润和投资报酬率等。处于成熟阶段的企业已不需要扩大生产能力,也不需要进行大量的投资。这类企业主要致力于收获前两个阶段投资所产生的利润。成熟阶段的财务目标主要是使现金净流量达到最大。

针对不同阶段的财务目标,我们可以进一步确定衡量指标。成长阶段可以使用销售增长率指标;维持阶段可以使用投资报酬率、利润等指标;成熟阶段可以使用净现金流量等指标。

综上所述,反映财务方面的核心评估指标主要有:投资报酬率、净资产收益率、经济附加值、息税前利润、自由现金流、资产负债率、总资产周转率、企业的收入增长率和收入结构、企业的成本降低率等。

二、反映客户方面的指标

1. 必要性

随着竞争的日益激烈,市场营销在企业中的地位日益重要。与传统的生产观念、产品观念、推销观念不同的是,市场营销观念认为,实现企业各项目标的关键在于正确确定目标市场的需求和欲望,并且比竞争者更有效地提供目标市场所期望的产品或服务,进而比竞争者更有效地满足目标市场的需求和欲望。在这种观念的指导下,企业应致力于客户服务和客户满意度,这就是平衡计分卡客户方面的目标。

有些企业能够集中精力狠练内功,即狠抓产品的质量和性能,但是对客户的需求缺乏了解,最终在竞争中失败。一家优秀的企业,必然会想方设法地满足客户的需求,为客户创造和提供令人满意的产品和服务,从而取得出色的财务业绩,实现自身的长远目标。在平衡计分卡中设计客户方面的内容,需要对客户满意度、客户忠诚度以及来自客户的获利能力等因素进行衡量,促使企业注意满足客户的需求,以实现企业自身的长远目标。

哈佛大学的一份调查报告显示:一般而言,5年之内,大多数企业会失去一半的既有客户;获得一个新客户的成本是保留一个老客户的成本的5倍;20%的客户产生了企业80%的利润;网上的客户距离竞争对手只有"点一下鼠标"那么近,企业稍有不慎,就会让今天属于自己的客户在明天变成竞争对手的客户。

一般而言,由于偏好不同,客户对产品的价格、质量、性能、品牌、售后服务等方面的要求也不一样。那些贪大求全,试图满足所有客户的企业往往是不成功的。企业应该开展深入的市场调研,揭示不同的客户群体,细分客户,并据此分析确认自身的目标客户群体。

例如,某石油公司通过市场调查,将客户划分为五个群体后,发现其中一个客户群体是"追求便宜产品的人",这类客户只占买主的20%,而且是利润最薄的,而该公司多年来一直在花大力气与其他公司争夺这类客户。该公司在进行分析后毫不犹豫地将自己的工作重点转移到了吸引和留住其他类型的客户群体上。之后的财务报表显示,该公司的业绩出现了明显的改观。这个例子可以说明,对客户群体进行划分有利于企业确定正确的目标客户,实现业绩的增长。

2. 指标选择

在确定了目标客户后,企业应该想方设法满足目标客户的需要,以留住原有客户、吸引新的客户,从而提高市场份额,从客户那里获得更高的利润。客户指标一般分为以下几种:

（1）市场份额。企业可以根据政府或其他中介组织以及大众媒体对市场的总体规模的统计数字进行市场份额的计算。设立这个指标的目的是促使企业争取客户,扩大销售。一般来说,市场份额越大,企业从客户那里获得的利润总额也就越高。

（2）客户保持率（或顾客忠诚度）。对这一指标进行衡量,能促使企业想办法留住老客户。显然,留住客户是扩大市场份额的前提。如前所述,留住一个老客户的成本只有获得一个新客户的成本的1/5。我们可以用保持原有客户的数量或者老客户流失率来计算这一指标。

（3）新客户获得率。该指标计算企业新客户的数量占原有客户数量的比例。设立这个指标的目的是促使企业赢得新的客户。一般来说,企业若想扩大自己的市场份额,就应该制订在市场中扩大客户来源的计划,努力赢得新的客户。

（4）客户满意度。该指标衡量客户对企业提供的产品和售后服务等方面的整体满意度。衡量客户满意度的目的是提高客户对企业的满意度,从而留住老客户和争取新的客户。研究表明,客户只有在购买产品时完全满意或极为满意的情况下才有可能继续购买该企业的产品。

确定客户满意度可以通过信函调查、电话调查和上门调查等三种方式进行。这三种调查方式所需的费用不同,调查的准确性与提供的价值也不同。其中,信函调查的费用最低,电话调查的费用居中,上门调查的费用最高。

（5）客户获利能力。客户获利能力一般用企业从某个客户或某个客户群体那里获取的利润与相对应的销售收入的比值来表示。成功地做到提高市场份额、留住老客户、赢得新客户和使客户满意并不一定能保证企业可以从客户身上获取利润。如前所述,一般来说,企业20%的客户产生了80%的利润,所以有必要用这个指标来衡量某项交易是否有利可图。如果某个特定的客户与企业保持多年的关系仍然无利可图,企业就应该摆脱这类长期不能从其身上获得利润的客户。

综上所述,反映客户方面的核心评估指标有:市场份额、客户保持率（或客户忠诚度）、新客户获得率、客户满意度、客户获利能力等。

三、反映内部经营过程方面的指标

1. 必要性

内部经营过程是企业实现其长远目标必不可少的环节。这个过程贯穿了根据客户需要设计开发新产品、进行生产销售、提供售后服务等方面。对内部经营过程的衡量是对企业生产经营的全方位的衡量。

平衡计分卡中对内部经营过程方面的衡量与传统衡量的最大区别是从战略目标出发,

本着满足客户需要的原则来制定内部经营过程方面的目标和评价指标。有时,传统衡量在财务衡量的基础上对质量、生产周期等因素进行衡量,这相对于单一的财务衡量是一种进步。但这种进步仅仅改善了单个部门的业绩,是简单地对现存的生产经营过程的改良,而不是综合地改进企业的整个内部经营过程。例如,一家企业设法大力改进已有产品的质量,但是这种产品是否能满足客户的需要呢?企业可能在改良产品时并未予以考虑。这种改进可以使企业的业绩出现局部的改观,但不太可能实现企业的长远目标,而平衡计分卡中设立的内部经营过程方面对企业生产经营的全过程进行衡量,着眼于生产经营过程的综合改进,有利于实现企业的长远目标。

2. 企业内部价值链

每家企业都有自身独特的确定客户价值及实现其财务业绩的内部程序。平衡计分卡在内部经营方面要求管理者构造一条具有自身特色的价值链。企业的每项生产经营活动都是其创造价值的经济活动。企业所有互不相同又相互联系的生产经营活动构成了创造价值的一个动态过程,即企业内部价值链。企业内部价值链的一般模型如图4-2所示。

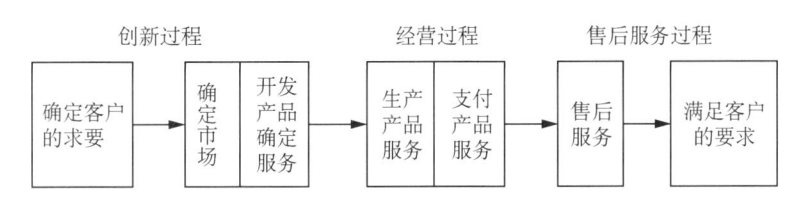

图4-2 企业内部价值链的一般模型

价值链不是一些独立活动的集合,而是相互依存的活动构成的一个系统。在这个系统中,各项活动之间存在着一定的联系。企业为实现其总体目标,应当对整个系统进行最优化抉择,而不是对价值链中的某项活动进行最优抉择。例如,产品开发会影响产品生产成本以及售后服务成本,企业将开发产品活动与售后服务活动放在一起综合考虑时,可能会选择成本高昂的产品设计以减少产品生产成本和售后服务成本。

正因为如此,平衡计分卡要求构造一个完整的内部价值链,以促使管理者从总目标出发,全面改善经营全过程,实现整体要求。与此相比,传统的业绩评价的作用仅局限于对价值链中的某一项经济活动予以改善,实现的不是整体最优而是局部最优。价值链的创新过程、经营过程、售后服务过程是一个整体,它们从客户的要求出发,目的是满足客户的要求。

(1) 创新过程。创新过程包括两个部分,首先是确定市场,即管理者通过市场调查来确定市场的规模、客户的喜好、目标产品以及服务的价格。这些信息对企业能否满足客户的需要是非常重要的。其次是根据市场进行开发产品和提供服务的决策,即管理者决定是否开发新产品和提供服务。

创新过程处于价值链的初始阶段。经营过程的生产成本和售后服务成本已经在创新阶段被锁定。"好的开始等于成功的一半",创新过程比经营过程更具有决定性。特别是对产品设计和开发周期较长的企业来说更是如此。相比之下,企业的经营过程只是向现有的客户提供现有产品。

以前,企业不太注意对产品的设计和开发进行业绩衡量。这是因为以前企业取得成功的关键因素在于大批量生产,生产上所占用的资金远远多于设计和开发上所占用的资金。企业进行业绩衡量时,自然也就将重点放在生产经营环节上,这在当时也是合理的。如今,更多的企业竞争成功是通过产品设计与开发上的创新而达到的,相应对创新过程的衡量已是势在必行。

(2) 经营过程。经营过程是把已经开发的产品和服务生产出来并及时提供给客户,这个过程从接受客户订单开始,至把产品和服务提供给客户结束。在满足客户需要的前提约束下,经营过程强调的是效率,即把产品和服务及时提供给客户。

(3) 售后服务过程。内部经营过程的最后一个阶段是为客户提供售后服务。例如,在规定期限内对产品的免费维修、允许退货和换货等。在提供商业信用时所带来的较长时间的收款工作及纠纷的解决,也是售后服务的内容。在产品或服务的性能和成本等因素相差不大时,售后服务成为客户作出选择的重要依据。现在企业提供的售后服务越来越慷慨,如软件开发公司提供的免费软件升级服务、网络公司提供的免费上网培训服务等。

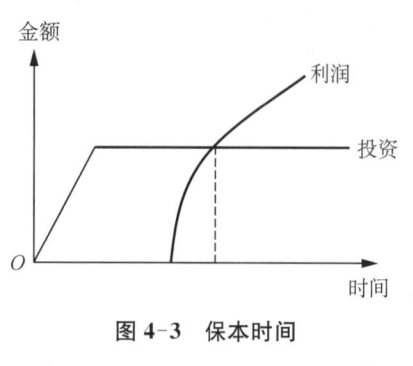

3. 指标选择

(1) 创新过程的目标和衡量指标。创新过程的目标应该是全面、准确地搜集有关市场、客户的信息,在竞争对手之前设计并开发出满足具体客户需要的新产品。为此,企业可以使用如新产品销售额所占比重、开发新一代产品的时间、保本时间等衡量指标。其中,保本时间是指从研制新产品开始到这种新产品投放市场后获取相当于研制成本的利润额时所需要的时间,如图 4-3 所示。

图 4-3 保本时间

保本时间综合考虑了成本、利润、时间等三方面的因素。这个指标能促使企业的设计部门、生产部门和销售部门为降低保本时间这一目标而共同努力。它促使企业去开发真正满足客户需要的产品,以尽快获取利润;同时,促使企业尽快回收研制开发所耗费的投资。

(2) 经营过程的目标和衡量指标。经营过程的目标包括提高产品的质量、缩短生产经营周期和降低产品生产成本等方面。相应地,管理者可以确定质量、时间、成本等方面的指标。

第一,质量指标。管理者可以将合格品率和返工率两项指标相结合来衡量企业产品的质量。合格品率促使企业提高合格品的比率,对返工率的衡量则促使企业产品的生产能够一次过关。

第二,时间指标。许多客户非常重视企业的反应时间,即从他们发出订单到接到货物所经历的时间。企业有两种方式缩短反应时间。一是接到订单之后作出迅速反应,加快生产、交付的过程;二是保持大量库存,接到订单之后,用库存的产品满足客户的订单。然而,第二种方式往往造成企业产品积压,并且使企业缺乏对非库存产品的订单作出迅速反应的能力。越来越多的企业采用第一种方式,即削减内部生产经营所需的时间。管理者可以设立生产主导时间这一指标。生产主导时间是指企业从接到客户订单起到客户接到订单中的产品为止所需要的时间。

第三,成本指标。管理者在对经营过程进行时间和质量方面衡量的同时,还应对生产成本进行衡量。传统财务会计计算出的生产成本难以准确地反映经营过程在降低成本方面的业绩。为了正确地衡量经营过程方面的业绩,管理者有必要以经营活动为对象,单独归集经营过程方面的成本。管理者可以用单位生产成本指标来衡量经营过程在降低成本方面的业绩。这里的生产成本仅指价值链中的经营过程所产生的成本。

(3) 售后服务过程的目标和衡量指标。售后服务过程的目标应该是满足客户提出的合理的售后服务要求。对此,管理者也可以设立质量、时间、成本方面的指标。售后服务质量指标用于衡量售后服务一次性成本的比率;售后服务主导时间是指从接到客户售后服务请求起到客户请求得到满足为止所需的时间;售后服务成本包括售后服务过程中人力和物力方面的成本。

综上所述,反映内部经营过程的核心评估指标主要有:生产负荷率;企业产品或服务的生产(提供)周期,即从接到客户订单起到客户收到产品为止的时间;交货及时率;质量指标,包括产品质量、服务质量、产品合格率(如百万产品的次品率)等;单位成本;存货周转率等。

四、反映学习与成长方面的指标

1. 必要性

学习与成长的成本是指企业投资于员工培训、改进技术和提高学习能力的成本。企业的技术改进和学习能力也就是企业的发展能力,它影响企业价值的大小。平衡计分卡的客户方面和内部经营过程方面的内容明确了企业成功的重要因素,并且确立了相应的目标。而企业成功的重要因素与相应目标是随竞争环境的变化而不断变化的。企业为了适应全球性的激烈竞争,必须不断改进其现有的产品和生产过程。企业只有不断地开发新产品、提高生产效率,最大限度地满足顾客的需求,才能够在激烈的市场竞争中发展壮大。而这些都需要企业具备先进的技术和较强的能力。为此,管理者必须设立学习与成长方面的指标,以促使企业提升学习与成长的能力。

2. 基本内容

企业学习与成长的主体和基础是人,从企业层次看,其学习与成长过程实际上是一个如何促进个人学习,如何发掘和利用个人知识储备中的有关部分,使之转化为企业组成部分的问题。一般来讲,企业的学习和成长能力可以从员工能力、信息系统能力和员工积极性三个方面分析。

员工能力是企业学习与成长能力的最主要的一个方面。提升员工能力,不仅包括提升经理、工程师等白领阶层的能力,而且还包括提升一线员工的能力。许多企业可能认为一线员工只需干活,完成安排给他们的机械任务就行了,对于客户需求的分析、内部经营的完善则是经理等决策人员的事,所以只需要加强经理等高层员工的能力就行了。而事实上,一线员工所处的岗位对客户的需求或是内部经营过程的缺陷有着最直接的认识,提升他们的能力,将使企业获得更多的意想不到的好处。摩托罗拉公司曾在5年时间里为培训职工花费了1.5亿美元,随之而来的回报是139%的生产率的增长。

企业的学习与成长能力第二个方面源自反应灵敏的信息系统。反应灵敏的信息系统可以及时、准确地把客户内部经营的信息传递给决策者和一线员工,这样可以使他们能运用自身的能力作出相应的决策或提出相应的合理化建议。

企业学习与成长能力的第三个方面源自员工的积极性。有能力的员工不一定有为企业努力工作的意愿。完善的管理体系和管理过程可以使个人形成强烈的归属感,增强员工对企业的忠诚度,从而统一员工的价值观,形成良好的企业文化,使他们自觉地为企业的发展作贡献。企业可以利用企业中存在的各种挑战、压力、矛盾和不均衡,来调动和刺激个人的心理能量;还可以利用员工相互间精神的感染,激发员工的积极性,鼓励他们为企业作出贡献。

3. 指标选择

(1) 员工能力方面的衡量指标。对员工能力进行衡量的指标包括员工的满意程度、员工的保持率、员工的劳动生产率等。

第一,员工的满意程度。员工的满意程度可以用打分的形式确定。对企业非常满意的打最高分,不满意的打最低分,这样可以在平衡计分卡上列出员工满意程度的综合指数。员工的满意程度直接影响其工作态度、劳动生产率、反应速度和服务质量。对企业最满意的员工往往同时能使客户最满意。

第二,员工的保持率。衡量这一指标的目的是保留员工。企业对员工进行长期投资,这些员工的流失将给企业造成人力资源方面的损失,甚至是商业秘密的泄露。长期雇用的忠实的员工往往对企业业务了如指掌,能很好地满足客户的需求。

第三,员工的劳动生产率。管理者可以用每位员工给企业带来的收入来衡量员工的劳动生产率。每位员工都能做到令客户满意的话,每位员工给企业带来的收入应有所增加。这项指标可以衡量出企业对员工进行各方面培训的效果。

(2) 信息系统能力方面的衡量指标。要使员工为企业作出最大的贡献,除提升他们的技能以外,还必须使他们获得足够的信息,如有关客户、内部经营过程等方面的信息。这样,企业才能决定如何满足客户的需求,以及贯彻改进计划,在生产过程中节约时间、压缩成本。

信息系统能力方面的目标应该是建立一个完善的信息系统,使员工得到充分关于客户、内部经营过程方面的信息反馈。管理者可以用信息覆盖比率这项指标来衡量信息系统满足员工需要的能力。

(3) 员工积极性方面的衡量指标。管理者有必要衡量员工的积极性。因为只有激发员工的积极性,才能使他们以最好的状态为企业服务。如果一位员工有非常好的技能,但是没有积极性,那么企业是难以指望他作出多大贡献的。

显然,员工积极性方面的目标应该是调动员工的积极性。一家企业(或组织)可以用每位员工提出的合理化建议的数量指标来衡量员工的积极性。一般来说,员工的积极性越高,提出的合理化建议也就越多。

综上所述,反映学习与成长方面的核心评估指标主要有:员工的满意度、员工的保持率、员工的劳动生产率、员工盈利能力、员工生产率、培训计划完成率、员工合理化建议量、合理化建议的采用率、员工获取相关信息的方便程度等。

第三节 平衡计分卡的特点

平衡计分卡对企业业绩四个方面的归纳和总结,以及对这四个方面之间逻辑关系的认识,直接得益于有关价值链的思想。在对企业价值链的分析中,可以清楚地认识到财务业绩是如何实现的,以及为何要对其他三个方面的非财务业绩进行计量、反映和评价。

一、平衡计分卡的五大平衡

1. 财务指标与非财务指标的平衡

平衡计分卡既包括财务指标,如营业收入、利润、投资报酬率等,又包括非财务指标,如客户保持率、合格品率、员工满意度、顾客忠诚度等。这体现了财务指标与非财务指标的平衡。

2. 结果指标与动因指标的平衡

平衡计分卡既包括结果指标,又包括动因指标。例如,客户满意度指标能够使企业扩大销售,从而提高企业的利润。这里的利润是一种结果指标,客户满意度则是利润的动因指标。动因指标和结果指标两者是相对而言的。例如,当我们提高员工的满意度时,调动了员工的积极性,从而生产出质量更佳的产品,使客户更加满意。这样,客户满意度是结果指标,员工满意度则是客户满意度的动因指标。这体现了结果指标与动因指标的平衡。

3. 长期指标与短期指标的平衡

平衡计分卡既包括短期指标,如成本、利润、边际贡献、现金流量等,又包括长期指标,如客户满意度、员工满意度、员工培训次数等。这体现了长期指标与短期指标的平衡。

4. 外部评价指标与内部评价指标的平衡

平衡计分卡既包括外部评价指标,又包括内部评价指标。例如,客户满意度是通过客户调查得到的,反映了外部人员对本企业的评价,属于外部评价指标;合格品率、培训次数、成本、员工满意度等则是企业内部对本企业的评价,属于内部评价指标。这体现了外部评价指标与内部评价指标的平衡。

5. 客观指标与主观指标的平衡

平衡计分卡既包括客观指标,又包括主观指标。例如,利润、投资报酬率、合格品率、培训次数等均是根据客观数据计算出来的,属于客观指标;客户满意度、员工满意度等指标则是主观判断的结果,属于主观指标。这体现了客观指标与主观指标的平衡。

二、平衡计分卡各方面之间贯穿的因果关系

在平衡计分卡中,企业业绩四个方面的目标和衡量指标既保持一致又相互加强,彼此之间存在紧密的因果关系,系统地传达企业战略。例如,利润可以作为财务方面评价业绩的指标,这个财务指标的动因是现有客户的保持和新客户的不断加入。而只有当客户对他们的购买经历是完全或特别满意时,企业才能指望他们再次购买自己的产品,即实现客户的保持。所以,客户满意指标也被包括在平衡计分卡里(在客户方面)。那么如何使客户满意呢?其中一个有效的方法是以低价提供产品或服务,即降低产品或服务的价格可以使客户满意。为了能够低价供应,企业可能会要求在经营过程中降低成本。于是降低成本成为平衡计分卡内部经营过程方面的指标。那么如何降低成本呢?企业可以通过员工的培训,提高他们的技术来达到目的,而这又是学习与成长方面的内容。通过图4-4可以看出,一个因果关系链将各个指标串连在一起,贯穿了平衡计分卡的四个方面。

```
┌─────────────────────────────┐
│ 学习与成长(员工技能、员工的满意度、│
│ 员工的保持率和员工的劳动生产率)  │
└─────────────────────────────┘
              ↓
┌─────────────────────────────┐
│ 内部经营过程(产品质量、降低成本)│
└─────────────────────────────┘
              ↓
┌─────────────────────────────┐
│   客户(客户忠诚度、客户满意度、  │
│         客户保持率)          │
└─────────────────────────────┘
              ↓
┌─────────────────────────────┐
│   财务(投资报酬率或经济增加值)  │
└─────────────────────────────┘
```

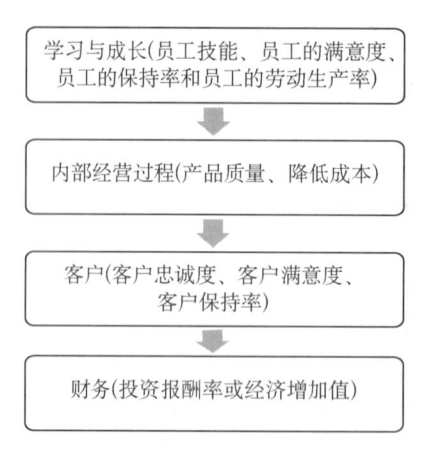

图 4-4 平衡计分卡的四个方面的因果关系

三、平衡计分卡的实施

平衡计分卡在实际应用过程中,需要综合考虑企业所处的行业环境、企业自身的优势与劣势、企业所处的发展阶段、企业自身的规模与实力等。企业运用平衡计分卡来建立绩效评价体系时,一般会经过以下步骤。

1. 企业的远景与战略的建立与实施

本步骤是在企业的高层管理者中对企业的远景及战略达成共识。企业要建立远景与战略,使每一部门可以采用一些绩效衡量指标去完成企业的远景与战略;另外,企业也可以考虑建立部门级战略。同时,企业成立平衡计分卡小组或委员会去解释企业的远景和战略,并建立财务、客户、内部经营过程、学习与成长四个方面的具体目标。

2. 绩效指标体系的设计与建立

本步骤的主要任务是依据企业的战略目标,结合企业的长、短期发展的需要,为前述四个方面具体的指标找出其最具有意义的绩效衡量指标,并对所设计的指标要自上而下,从内部到外部进行交流,征询各方面的意见,吸收各方面、各层次的建议。这种沟通与协调的完成使所设计的指标体系达到平衡,从而能全面反映和代表企业的战略目标。

3. 加强企业内部沟通与教育

本步骤利用各种不同沟通渠道,如定期或不定期的刊物、信件、公告栏、标语、会议等让各层管理者知道企业的远景、战略、目标和绩效衡量指标。

4. 确定每年、每季、每月的绩效衡量指标的具体数字

本步骤是将每年、每季、每月的绩效衡量指标的具体数字与企业的计划和预算相结合,注意各类指标间的因果关系、驱动关系与连接关系。

5. 绩效指标体系的完善与提高

首先,平衡计分卡在本步骤中应重点考察指标体系设计是否科学,是否能真正反映本企业的实际情况。其次,关注采用平衡计分卡后,对绩效的评价中的不全面之处,以便补充新的测评指标,从而使平衡计分卡不断完善。最后,关注已设计的指标中的不合理之处,要坚决取消或改进,只有经过这种反复改进,才能使平衡计分卡更好地为企业战略目标服务。

同时,企业在平衡计分卡的实施过程中,应该注意一些问题:切勿照抄、照搬其他企业的

模式和经验;权衡选用评价指标,将注意力集中在几个关键的评价指标上;找出衡量企业经营成功与否的主导指标,其他一般性指标应与主导指标保持一致;将平衡计分卡与企业的激励机制结合起来;正确对待平衡计分卡实施时投入成本与获得效益之间的关系,等等。

另外,企业实施平衡计分卡时还经常碰到困难,如财务指标之外的三类指标的创建和量化比较难,需要企业的管理层根据企业的战略及运营的主要业务、外部环境加以仔细地斟酌;确定结果与驱动因素间的关系比较难。

综上所述,在企业经营管理中引入平衡计分卡,使企业的发展战略更明确,便于企业部门、个人的目标与企业的发展战略联系起来,使管理者及员工更一致地集中精力于企业的绩效改进,便于企业对发展战略进行检验、确认和修正。平衡计分卡为企业的发展战略提供了一个可管理的框架,同时也使战略本身能根据企业的竞争环境、市场环境以及企业内部条件所发生的变化而不断演变,确保企业的可持续健康发展。

思考与讨论

1. 什么是平衡计分卡?
2. 平衡计分卡需要平衡哪些方面?
3. 平衡计分卡中企业业绩四个方面的因果逻辑关系是怎样的?
4. 为什么说平衡计分卡既是一种战略业绩评价制度,又是一种战略业绩管理系统?

章节案例

案例题目:平衡计分卡案例——美孚公司平衡计分卡的实施

通过这个案例,我们将看到平衡计分卡的具体实施步骤、业绩评价指标的设计过程、平衡计分卡在实施过程中给企业的管理理念和方式上带来的变化。

一、问题的提出

在20世纪90年代早期,美孚公司面临这样一种局面,即汽油和其他石油产品需求平缓,竞争加剧,以及资金投入严重不足。一次公司内部调查表明,员工们感到内部的报告关系、管理过程、通信方面的方针等都限制了创造性和创新性,与顾客间的关系也是敌对的,员工们以一种非常狭隘的方式追求着个人和各自职能部门的业务成果。

这次调查的结果推动了对业务过程和公司有效性的研究,使公司高层明确,要使公司继续发展,必须充分运用其现存资产,并且更加密切地关注顾客,给汽车族需要的东西,而不是公司中的职能专家认为他们应当需要的东西。这所要做的工作包括,控制职员成本、学会关注顾客、让公司中的每个人考虑如何将其全部精力投入到为顾客提供的产品和服务质量上,而不只是如何将自己的工作做得好一点儿。

二、原有的业绩评价体系分析

长期以来,美孚公司一直依靠的是一些局部性的、职能性的测量指标体系,如对制造和分销单位要求的是低成本,对经销商要求的是可用性,对营销单位要求的是利润率和销量,对负责环境、卫生和安全的职能部门要求的是环境和安全指标。这种体系反映出的仍然是以控制者的思维来思考问题,只是在检查过去而不是指导未来,职能性的测量指标难以反映公司所追求的东西。事业部的财务分析确实很漂亮,大量的测量指标,大量的分析,但没有一个与事业部的战略相结合。

通过分析,有效的业绩评价需要的不是那些只是在强化过去的控制性思维习惯的测量指标,而是要使业绩评价成为沟通过程的一部分,使之有助于公司中的每个人理解和实施公司的战略。因此,公司需要更好地测量指标,以使计划过程能够和行动结合起来,能够鼓励员工们去做公司正在追求的事情。

三、业绩评价体系革新的过程

1994年年初,美孚公司的高层批准了平衡计分卡项目。1994年1月项目开始时,项目小组同领导班子的每个成员分别进行了2个小时的会谈,其目的在于了解他们对新战略的看法。项目小组对会谈中得到的信息进行了汇总,并且在平衡计分卡的发明人之一——诺顿的帮助下,召开了若干次研讨会以制定各种目标和测量指标。这些目标与测量指标分别涉及平衡计分卡财务、客户、内部经营过程和学习与成长四个方面。

1994年5月,项目小组开发出了一套试验性的美孚公司平衡计分卡。在这一阶段,他们吸收了更多的管理人员并且分成了八个小组来改进战略目标和测量指标。这八个小组包括一个财务小组;两个顾客小组,一个着重于经销商,另一个着重于普通消费者;一个制造小组,主要关注改进和加工成本方面的测量指标;一个供应小组,关注存货管理和运输成本;一个环境、健康和安全小组;一个人力资源小组;以及一个信息技术小组。每个小组负责确定其相应领域中的目标和测量指标。每个小组还负责确认何时应当建立新机制以提供所期望的测量指标。例如,使两个目标市场的顾客满意这一战略目标,要求所有的美孚加油站都能迅速交货、员工应友善且乐于助人,并且能够奖励忠诚的顾客。

着重于经销商类的顾客小组采取了一项举措以支持经销商训练战略。该小组开发出一套工具,帮助营销代表评价经销商,并与之一起改进七个方面的业务绩效。这七个方面包括:财务管理、服务港、人事管理、洗车、便利店、汽油购买以及顾客的购买体验。营销代表针对经销商评分,确定现有优势和改进机会。

1994年8月,八个小组已经为平衡计分卡的四个栏目制定了特定的战略目标,并初步选定了一套相应的测量指标。在这一过程中,常务领导班子全体成员,全身心投入了两三周的时间。

四、平衡计分卡项目的成果

1994年8月,美孚公司对其最初的平衡计分卡颁发了说明性的小册子。它给公司带来的变化有很多方面。

(1) 它教会经理人员什么是战略,什么是先行指标和滞后指标,教会他们如何考虑公司全局。它促使经理人员去了解自己不熟悉的问题,并且理解了它和公司的其他部分的联系。人们现在开始谈论超出他们直接责任以外的事情,如安全、环境和便利店等。平衡计分卡为沟通提供了一种通用的语言、一个良好的基础。

(2) 过去,经理人员坐在一起仅仅讨论指标的变化。而现在,他们讨论什么是对的,什么是错的;应该继续做什么,应该停止做什么;公司要回到战略轨道上需要什么资源,而不再去费力解释由一些数量变化而导致的负面评价。这个过程使公司高层管理者看到经理人员是如何思考、计划和实施战略的,在此过程中存在什么样的差距。高层管理者通过制定针对性的办法使经理人员成为更好的管理者。

（3）公司认识到仅仅依赖诸如收入或投资回收率这样的财务指标是不够的。大股东可以不关心公司具体的业务情况或竞争环境，只要求实现预期的资本回报率，但在激励经理人员时必须注意到：在好的市场环境中，公司即使干得极差也可能取得相当不错的结果；反之，当市场很糟糕时，即使公司干得非常好也可能会入不敷出。平衡计分卡有助于了解管理者在市场中的表现。因此，管理者开始自觉地应用平衡计分卡，从而可以更加全面地评价公司的业绩。

（4）平衡计分卡还是一种很好的学习工具。在平衡计分卡中，既包括结果指标，又包括动因指标；既包括短期指标，又包括长期指标；既包括外部评价指标，又包括内部评价指标；既包括财务指标，又包括非财务指标。公司通过一系列指标学习如何真正提高企业的长期绩效。

五、美孚公司平衡计分卡的设计
（一）美孚公司平衡计分卡战略目标的描述

美孚公司平衡计分卡战略目标的描述如表 4-1 所示。

表 4-1　　　　　　　　美孚公司平衡计分卡战略目标的描述

财务部分
（1）实际投入资本回报。将公司实际投入资本的回报率始终保持在全美"下游"产业领先的水平，而且不得不低于公司的既定目标——12%。 （2）现金流量。妥善管理公司的经营活动，保证其中产生的现金至少足以支付公司的资本支出、净融资成本以及相应的股东分红。 （3）盈利能力。通过提高销售利润率（美分/加仑）不断增强盈利能力，使其始终保持在全美"下游"产业前两名的水平。 （4）成本最低化。通过有效整合价值链中的各个部分将成本降至最低，从而赢得可持续竞争优势。 （5）实现盈利增长目标。使销售量的增长快于行业的平均水平，同时，在保证与公司整体产品划分战略保持一致的前提下，勇于抓住市场机会进军新的燃料油以及润滑油市场，从而增加收入，实现业务的快速增长。
客户部分
（1）不断取悦目标客户。在不牺牲新入门客户利益的前提下，兑现对公司目标客户承诺的价值（速度、微笑和努力）。 （2）提升公司批发商/经销商的盈利能力。通过向批发商/经销商提供令客户满意的服务和产品，并帮助他们提升其商业竞争能力来改善他们的盈利能力。
内部经营过程部分
1. 市场 （1）产品、服务以及预备利润中心的开发（APC）。开发新颖的、有利可图的服务及产品。 （2）经销商及批发商的质量。提高特许经营团队的经营水平，使其达到石油工业以外零售商的最佳水平。 2. 制造 （3）比竞争者更快地降低制造成本。通过比竞争者更快地提高销售利润总额及降低制造费用来获得竞争优势。 （4）改善硬件性能。通过提高产出水平及减少停产检修时间来优化炼油厂的设备性能。 （5）供货、交易及后勤安全。通过对员工不断进行安全教育及防范工作地点的危险来尽力消灭工伤现象。

(续表)

(6) 降低中转成本。不断降低供货及运输成本、减少产品的中转成本,从而使公司能够用比竞争者更低的成本向最终用户提供产品。

(7) 交易优化。根据炼油厂里完工与未完工产品的中转成本实现现货市场的最大销售额,从而使公司能够用比竞争者更低的成本向最终用户提供产品。

(8) 存货管理。在不影响客户的满意度水平的前提下优化存货水平。

(9) 在健康、安全和环境方面的表现。致力提高公司所有设施的安全性,积极关心生产对周围社区及环境的影响,树立好雇主、好领导的形象。

(10) 质量。通过确保业务过程在整个价值链中及时、准确,并在第一时间内无差错来保证顾客能够得到高品质的产品。

学习与成长部分

(1) 公司改进。通过加强对公司战略的理解及营造一个员工们主动参与并获得充分授权以实现公司愿景的氛围来实现公司的愿景目标。

(2) 核心技能。其包括:①一体化的观点,鼓励并帮助员工们对公司营销与精炼业务有更广的理解。②卓越的职能表现。为实现公司的愿景目标,建立必要的技能水平要求。③领导能力。为实现公司愿景的目标,提高综合业务思维能力及改进领导的技巧。

(3) 开放战略信息资源。为实施公司战略,开发战略信息支持系统。

(二) 美孚公司平衡计分卡业绩评价指标的设计

美孚公司平衡计分卡业绩评价指标的设计如表 4-2 所示。

表 4-2　　美孚公司平衡计分卡业绩评价指标的设计

目标	考评指标	评价频率
财务			
实际使用资本回报	ROE	少量
现金流量	部门外现金流量(亿美元)	中等
	部门内现金流量(亿美元)	中等
收益性	利润与负债(税后亿美元)	中等
	销售净利率(税前加仑/美分)	中等
	销售净利率,6 个中的排名	大量
最低成本	总运营开支(加仑/美分)	中等
实现利润增长目标	销量增长,汽油零售量	中等
	销量增长,蒸馏物大量销量	中等
	销量增长,润滑油	中等
客户			
持续取悦目标顾客	市场份额	大量
	行路族	大量
	忠诚族	大量
	3F 族	大量
	神秘购买者	中等

(续表)

目标	考评指标	评价频率
内部经营过程		
提高我们伙伴的收益性	总毛利,分成	大量
提高 EHS 绩效	安全事件(离岗工作日)	大量
	环境事件	大量
产品、服务和 APC 发展	APC 销售毛利率/店/月(百万美元)	大量
更低制造成本和竞争	精炼厂 ROE	大量
	精炼厂开支(美分/UEDC)	中等
	精炼厂可靠性指数	中等
改进硬件绩效	精炼厂安全事故	大量
	LDC 与最好的公司供应对比——汽油(加仑/美分)	大量
降低投入成本	LDC 与最好的公司供应对比——地区(加仑/美分)	大量
存货管理	存货水平	中等
	可提供产品指数	中等
	质量指数	大量
学习与成长		
组织参与	环境调查指数	中等
核心竞争力和技能	战略能力有效性	充分
战略性信息的获得	战略系统有效性	充分

资料来源:张梦颉,王会良.美孚石油公司平衡计分卡管理实践与借鉴[J].国际石油经济,2014(07):48-53.

第五章
经济附加值理论

教学目标

通过本章教学,学生需要了解传统财务评价的局限性,理解经济附加值理论内涵,掌握经济附加值理论在应用步骤,能够应用经济附加值理论对企业进行绩效评价。

第一节 传统财务绩效评价缺陷

19世纪之前,企业绩效评价基本采用观察绩效评价方法。19世纪工业革命之后,企业绩效评价基本采用统计绩效评价方法,设置了一些统计性指标,但基本与管理会计无关。大约在1919年,美国杜邦公司创立了以权益报酬率(ROE)为核心的杜邦财务评价体系,解决了基于集权化管理的企业内部财务评价问题。1928年,美国学者亚历山大·沃尔创立了综合比率评价体系,初步解决了财务指标之间的权重问题。20世纪50年代至60年代,美国通用电气公司(GE)创立的剩余收益指标弥补了ROE的缺陷。由此,从20世纪开始,企业绩效评价基本采用财务绩效评价方法,从而进入了财务绩效评价时代。

从总体上说,基于财务基础的绩效评价主要借助于财务报表及其财务指标。就其内容而言,基于财务基础的绩效评价主要包括财务报表分析、企业内部责任中心绩效评价和杜邦财务评价体系。以ROE为核心的杜邦财务评价系统堪称基于财务基础的绩效评价的典型代表。

一、传统财务评价体系的基本原理

在过去相当长的历史时期,杜邦财务评价体系被人们当作详细研究企业财务报表的架构,用以评价企业财务绩效的最重要工具。杜邦财务评价体系把利润表和资产负债表合并,用来衡量企业盈利能力的两个综合指标,即投资回报率和ROE。杜邦财务评价体系的基本结构如图5-1所示。

杜邦财务评价体系以一个综合性财务指标及其分解就可以涵盖企业的经营活动、投资

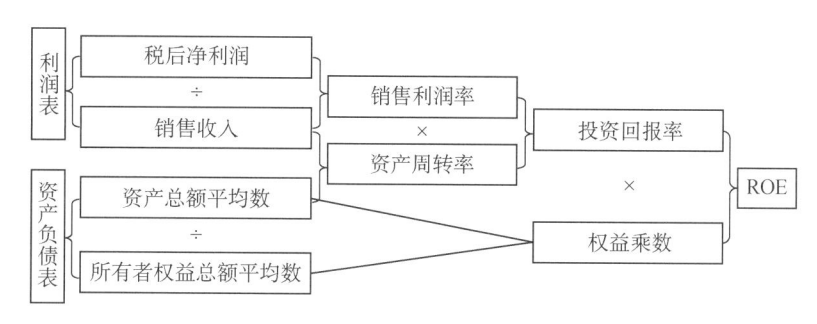

图 5-1 杜邦财务评价体系

活动和筹资活动确实有"高屋建瓴"的味道。这就是杜邦财务评价体系的强大功效。当然，这也是杜邦财务评价体系得以流行的重要原因。

二、传统财务评价体系的局限性

基于工业经济社会，杜邦财务评价体系因其综合性与可分解性备受青睐，成为一种非常盛行的财务绩效评价模式。作为杜邦财务评价体系核心指标的 ROE 更是世界各国企业普遍应用的财务绩效评价指标。

在中国，财政部、中国证券监督管理委员会（以下简称中国证监会）和国有资产监督管理委员会等政府机构高度重视 ROE，并将 ROE 作为企业绩效评价的重要指标。基于中国企业的特有制度背景，ROE 自然成为重要的企业绩效评价指标，并得到普遍应用。

尽管杜邦财务评价体系曾经得到广泛应用，但是，基于绩效评价的视角，随着企业经营环境的变化，以财务报表及其财务指标为基础的杜邦财务评价体系还是存在某些局限性：

（一）财务报表难以全面、如实地反映企业经济活动

基于市场经济环境，企业总是在一定战略指导下，从事经济活动。企业的财务报表用"会计特有语言"总结了企业经济活动的财务后果。从企业经济活动到企业财务报表的转化过程中，许多因素导致企业财务报表难以全面、如实地反映企业经济活动。这些因素主要包括以下几点：

（1）财务报表用特有语言描述企业经济活动。会计以货币计量的方式描述企业的经济活动，这就将难以用货币计量的经济活动排除在财务报表的视野之外。

（2）权责发生制会计。尽管与受托责任或委托代理关系相匹配的权责发生制存在许多优点，但是，其人为武断因素同样不容否认。正是由于权责发生制的这个内在缺陷，受到利益的驱动，企业经理人可能操纵财务报表，而现行的企业会计准则在某种意义上却为人为操纵财务报表提供了选择空间。

（3）审计准则以及以此为基础的审计活动可能强化财务报表本身的内在缺陷。由独立于财务报表编制者的机构或从业人员负责审计企业的财务报表，可以降低会计信息的使用风险，在一定程度上提高了会计信息的质量；但是，也可能强化财务报表本身的内在缺陷，这是因为它认可了长期延续下来的会计规则和常规，而这些会计规则和常规本身未必完美。

总之,财务报表以会计特有的语言描述企业经济活动。然而,企业还有许多经济活动并非会计特有语言所能描述。这是财务报表本身的局限性。基于存在"内伤"的财务报表,财务基础的绩效评价自然也就存在局限性。

(二) 财务报表的结果导向可能导致基于财务基础的绩效评价的短期行为

基于历史成本原则,财务报表及其财务指标以会计特有语言描述企业经济活动及其结果充其量只能说明"企业过去做得怎么样"。财务报表及其财务指标并没有也不可能保证或者承诺企业"明天风采依旧"或者"明天会更好"。因此,财务报表及其财务指标只是讲述企业经济活动过去的故事。这就决定了其讲述"故事"的逻辑起点是结果导向。单独的"结果"无法展示"之所以产生如此结果"的前因后果,以此作为绩效评价指标只能"知其然,而不知其所以然",难以揭示企业绩效背后的动因。更为重要的是,单纯的结果导向,可能导致企业经理人"短期行为",扼杀企业的自主创新,从而危及企业的可持续发展。

(三) ROE 具有较强的可操纵性

ROE 具有一定的可操纵性。ROE 是衡量企业利润相对于所有者股东权益的回报率,它可以被企业通过各种方式操纵,一些常见的可操纵 ROE 的方法包括:

(1) 财务报表调整。企业可以通过财务报表调整来影响 ROE。例如,通过调整收入和费用的计入时间,或通过改变费用和收入的分类,可以改变 ROE 的水平。

(2) 资本结构调整。企业可以通过改变债务和股权的比例来影响 ROE。通过增加债务,可以降低权益的规模,从而提高 ROE。但是,这种做法也增加了企业的财务风险。

(3) 资本回报率调整。企业可以通过增加企业资产的回报率来提高 ROE。例如,通过增加高利润项目的投资,或改善资产利用效率,可以增加企业收入,从而提高 ROE。

(4) 股权回购。企业可以利用股权回购来减少股东权益。通过回购股份,企业可以减少股东权益规模,从而提高 ROE。

(四) ROE 所体现的"股东至上"的逻辑与"利益相关者"的逻辑不吻合

"股东至上"的逻辑是指企业将股东利益置于最高优先级的原则,这通常是以追求最大化股东利润为目标的。而"利益相关者"的逻辑强调企业应该平衡和满足所有与企业相关的利益相关者(如员工、供应商、客户、社会等)的权益。企业可能通过牺牲其他利益相关者的权益来追求更高的 ROE,如压缩员工薪酬、降低产品质量或环保投资等。这可能导致企业以牺牲其他利益相关者的利益为代价来实现短期的股东价值最大化。

然而,要实现长期可持续经营和绩效,企业需要考虑和平衡所有利益相关者的权益。这意味着企业应该注重员工福利、产品质量、客户满意度、环境可持续性等方面的因素,而不仅仅追求 ROE 的最大化。只有综合考虑所有利益相关者的需求和利益,企业才能实现真正的可持续发展和长期的价值创造。

因此,ROE 作为一种财务指标,不能完全准确地反映企业与利益相关者的关系。了解并关注企业与各利益相关者之间的平衡,将有助于更全面地评估企业的绩效和整体价值。

第二节 经济附加值概述

一、EVA 的产生与发展

1982 年,美国财务分析师首次提出了经济附加值(economic value added,EVA)的概念,创造性地把经济学和管理学联系起来。EVA 作为一个蕴含着先进价值理念的管理工具,是对现行会计实务利润概念的有益补充,也是对传统经营业绩评价结果的进一步修正。到目前为止,全球资本市场广泛采用 EVA 体系,已有可口可乐、福特汽车、通用、索尼、澳大利亚国立银行等多家国外大公司采用 EVA 作为业绩评价和奖励经营者的重要依据。

二、EVA 的内涵

(一) EVA 的概念

从最基本的意义上讲,EVA 就是公司业绩度量指标,其与大多数其他度量指标不同之处在于:EVA 考虑了带来企业利润的所有资金成本。从计算角度上说,EVA 等于税后净营业利润减去资本成本(机会成本)后的剩余收入。EVA 的计算公式如下:

$$EVA = 税后净营业利润 - 资本成本(股权与债权成本)$$
$$= 税后净营业利润 - 平均资本占用 \times 加权平均资本成本率(综合资本成本率)$$
$$加权资本成本率 = 股权资本比例 \times 股权资本成本率 + 债权资本比例 \times 债权资本成本率 \times (1 - 所得税率)$$

1. 税后净营业利润的计算

税后净营业利润可以通过财务账簿和报表得出,但是它不等同于报表中的税后净利润,而是需要以按企业会计准则计算的会计利润为基础,对一些项目进行调整,增加或扣除某些项目,以消除根据企业会计准则编制的财务报表中不能准确反映企业价值创造的部分。会计调整项目的选择应遵循价值导向性、重要性、可控性与行业可比性等原则,根据企业实际情况确定。常用的调整项目包括以下方面:

(1)研究开发费、大型广告费等一次性支出但收益期较长的费用,应予以资本化处理,不计当期费用。

(2)反映付息债务成本的利息支出,不作为期间费用扣除,计算税后净营业利润时扣除所得税影响后予以加回。

(3)营业外收入、营业外支出具有偶发性,将当期发生的营业外收支从税后净营业利润中扣除。

(4)将当期减值损失扣除所得税影响后予以加回,并在计算资本占用时相应调整资产减值准备发生额。

(5)递延税金不反映实际支付的税款情况,将递延所得税资产及递延所得税负债变动影响的企业所得税从税后净营业利润中扣除,相应调整资本占用。

(6) 其他非经常性损益调整项目,如股权转让收益等。

2. 平均资本占用的计算

平均资本占用是所有投资者投入企业经营的全部资本,包括债务资本和股权资本。

(1) 债务资本包括长短期借款、应付债券等有息负债,不包括应付账款、应付票据、其他应付款等不产生利息的无息流动负债。

(2) 股权资本包含少数股东权益;资本占用除了根据经济业务实质相应调整资产减值损失、递延所得税等,还可根据管理需要调整研发支出、在建工程等项目引导企业注重长期价值创造。

3. 加权平均资本成本率的计算

加权平均资本成本率是债务资本和股权资本的加权平均资本成本率,反映了投资者对投入资本的最低回报要求。加权平均资本成本率的计算公式为:

$$K_{WACC} = K_D \frac{DC}{TC}(1-T) + K_S \frac{EC}{TC}$$

其中,TC 代表资本占用,EC 代表股权资本,DC 代表债务资本;T 代表所得税税率;K_{WACC} 代表加权平均资本成本率,K_D 代表债务资本成本率,K_S 代表股权资本成本率。

债务资本成本是企业实际支付给债权人的税前利率,反映的是企业在资本市场中债务融资的成本率。如果企业存在不同利率的融资来源,债务资本成本应使用加权平均值。

股权资本成本是在不同风险下投资者要求的最低回报率。其通常根据资本资产定价模型确定,计算公式为:

$$K_S = R_f + \beta(R_m - R_f)$$

其中,R_f 为无风险收益率,R_m 为市场预期回报率,$R_m - R_f$ 为市场风险溢价,是企业股票相对于整个市场的风险指数。上市企业的 β 值,可采用回归分析法或单独使用最小二乘法等方法测算确定,也可以直接采用证券机构等提供或发布的 β 值;非上市企业的 β 值,可采用类比法,参考同类上市企业的 β 值确定。

(二) EVA 的核心理念

EVA 的核心理念是:注重资本成本、鼓励价值创造、主业经营、提高资金使用效率、兼顾出资人与经营者的利益。资本成本就是资金投资项目所要求的收益率,从投资者角度看,资本成本就是机会成本。从企业角度看,资本成本就是使用资金的机会成本,是投资项目要求的最低收益率。在 EVA 理论下,投资报酬率的高低并非企业经营状况好坏和价值创造能力的评估标准,关键在于投资报酬率是否超过资本成本。EVA 为负,说明投资者获得的收益未能弥补所承担的成本,即使会计利润为正,也只是虚盈实亏,也就是有利润的企业不一定为投资人创造价值。

三、EVA 的会计调整

真实的 EVA 是对会计数据作出所有必要的调整,并对企业中每一个经营单位都使用准确的资金成本概念。根据研究,要精确计算 EVA 需要进行的调整多达 160 多项。但是如果一定要去追求准确,而浪费时间去做一些不必要的会计调整,可能会把 EVA 弄得过于复杂。

一般而言,一家公司只需要进行 5~10 项重要的调整就可以达到相当的准确程度。

(一) 会计调整基本原则

(1) 重要性原则。即拟调整的项目涉及金额应该较大,如果不调整会严重扭曲公司的真实情况。

(2) 简单可操作性原则。调整项目和调整方法简单易行,便于理解和操作。即 EVA 的调整能让非财务人员理解。

(3) 行业基本一致原则。为了便于对标考核,对同一行业,原则上应采取统一的调整标准。

(二) 企业会计准则下 EVA 的会计调整方法

1. 企业会计准则下不全面进行调整的事项

(1) 研究开发费用。在企业会计准则下,我国对于研究开发费用采用了费用化和资本化相结合的方法。对于开发阶段符合条件的开发支出予以资本化。在 EVA 调整事项中只需要对研究阶段发生的费用和开发阶段不符合资本化条件计入当期损益的费用进行调整。当然,如果研究阶段发生的费用和开发阶段不符合条件计入当期损益的费用金额较少,企业在计算 EVA 时也可以不予调整。

(2) 并购商誉。在非同一控制下的企业合并中,企业对合并成本大于合并中取得的被购买方可辨认净资产公允价值份额的差额,应当确认为商誉。初始确认后的商誉,应当以其成本扣除累计减值损失的金额计量。企业合并所形成的商誉,至少应当在每年年度终了进行减值测试。

外部并购产生的商誉不再进行摊销,只进行减值测试。所以,EVA 调整事项中不再对商誉单独进行资本化调整,对商誉减值损失的调整合并到对资产减值准备的调整中。

(3) 公允价值变动损益。由于公允价值变动损益反映了企业管理层对金融资产运用产生的损益,虽然公允价值变动损益只是"浮盈或浮亏"而不是已实现的利润或亏损,但其变动对管理层经营业绩有重大影响,因此公允价值变动损益作为营业利润的一部分体现在利润表中。

公允价值变动损益主要包括交易性金融资产、交易性金融负债,以及采用公允价值模式计量的投资性房地产、衍生工具、套期保值业务等公允价值变动形成的应计入当期损益的利得或损失。

企业在计算 EVA 时,不需要对公允价值变动损益进行全面调整,但企业需要注意的是,采用公允价值模式计量的投资性房地产期末公允价值变动产生的损益,由于投资性房地产的公允价值容易受到管理层的操纵,有必要对此进行调整,不计入税后净营业利润。此外,按照企业会计准则的规定,企业将可供出售金融资产公允价值变动计入了资本公积,由于企业管理层能够决定交易性金融资产和可供出售金融资产的分类,因此企业管理层很容易通过金融资产的分类来调整盈余。

2. 计算 EVA 需要进行全面调整的事项

(1) 资产减值损失。出于稳健性原则,使公司的不良资产得以适时披露,以避免公众过高估计公司利润而进行不当投资。对投资者披露的信息,这种处理方法是非常必要的,但对于公司的管理者而言,资产减值损失不反映企业的真实损失,计提的减值损失也不是当期费用的现金支出,易被企业管理层操纵。将资产减值损失在扣除所得税的影响后,加入税后净利润中,同时将提取的减值准备余额计入资本占用。

(2) 营业外收支。营业外收入和支出反映公司在生产经营活动以外的其他活动中取得的各项收支，这与公司的生产经营活动及投资活动没有直接关系，它们的特征是具有偶发性和边缘性，并不反映经营者的正常经营业绩或经营决策。EVA 业绩考核体系强调企业应主要关注其主营业务的经营情况，对于不影响公司长期价值变化的所有营业外的收支、与营业无关的收支及非经常性发生的收支，需要在核算 EVA 和税后净营业利润中予以剔除。

(3) 一次性支出但受益期较长的费用。按照企业会计准则的规定，企业发生的一次性支出但受益期限较长的费用计入当期损益，这些费用包括广告费、人力资源投入费用等。而在 EVA 体系下，这些费用是对公司未来和长期发展有贡献的，其发挥效应的期限不只是这些支出发生的会计当期，按照企业会计准则的规定全部计入当期损益并不合理，而且容易影响管理者对此类费用投入的积极性，不利于公司的长期发展。因此，会计调整就要将这类费用资本化，并按一定期限进行摊销。

(4) 递延所得税费用。企业会计准则要求企业采用资产负债表债务法来核算企业所得税费用，即所得税费用包括当期所得税费用和递延所得税费用。从经济观点看，企业应该从当前利润中扣除的唯一税款就是当前实际缴纳的税款，而不是将来可能（或不可能）缴纳的递延所得税费用。因此在计算 EVA 时，应对递延所得税费用进行调整。同时，将递延所得税负债余额加入资本总额中，递延所得税资产余额从资本总额中扣除。通过调整的 EVA 更接近现金流量，更准确地反映了企业的经营状况。

(5) 不良资产的调整。长期以来，国有企业因急于做大做强，盲目重复投资建设，造成资产闲置浪费，形成了大量的不良资产。这些不良资产虽然账面上表现为企业的资产，但实际上不仅不参与企业生产经营和创造效益，而且侵蚀存量资本创造的利润，影响企业的 EVA 价值，歪曲经营者的业绩，打击经营者的积极性。企业在当年利润表中消化的以前年度不良资产从税后净营业利润中剔除，将历史遗留的不良资产从资本总额中剔除。

(6) EVA 企业所得税。EVA 企业所得税是指按税前净营业利润乘以公司现行税率计算出来所得税，与公司利润表中的当期所得税费用的差异需进行调整。这些差异主要是来自对税前营业利润的收支调整项带来的税收影响。从利润表中的所得税出发，将各项税前收支调整对所得税的影响加上去。

第三节 经济附加值的应用

一、EVA 的应用步骤

企业在应用 EVA 时，应系统构建 EVA 指标体系，一般按照以下程序进行：

(1) 制定企业级 EVA 指标体系。首先应结合行业竞争优势、组织结构、业务特点、会计政策等情况，确定企业级 EVA 指标的计算公式、调整项目、资本成本等，并围绕 EVA 的关键驱动因素，制定企业的 EVA 指标体系。

(2) 制定所属单位（部门）级 EVA 指标体系。根据企业级 EVA 指标体系，结合所属（部门）所处行业、业务特点、资产规模等因素，在充分沟通的基础上，设定所属单位（部门）级

EVA 指标的计算公式、调整项目、资本成本等，并围绕所属单位（部门）经济附加值的关键驱动因素，细化制定所属单位（部门）的 EVA 指标体系。

（3）制定高级管理人员的 EVA 指标体系。根据企业级、所属单位（部门）级经济附加值指标体系，结合高级管理人员岗位职责，制定高级管理人员的 EVA 指标体系。

二、EVA 业绩考核的优点

EVA 可以真实地衡量企业的经营业绩，要保持企业和投资者价值的长期、持续提升，就必须建立以 EVA 为核心的价值管理体系，建立与 EVA 相配套的考核与激励机制，将管理层和员工的报酬与他们为投资者所创造的财富紧密联系起来，用价值管理的理念指导他们的行为，鼓励他们积极进行价值创造，并创造一种"所有者企业文化"以使所有员工都参与到提高业绩并分享成果的过程中来。

（1）EVA 真正反映企业的经营业绩，较为充分体现了企业创造价值的先进管理理念，避免会计利润存在的局限。EVA 与基于利润的企业业绩评价指标的最大区别在于它将资本成本（机会成本）也计入成本，从而能够更准确地评价企业的经营业绩，反映企业的资产运作效率。

（2）有利于促进资源合理配置和提高资本使用效率。EVA 较为全面地考虑了企业的资本成本，能将投资者利益与经营者业绩紧密联系在一起，避免决策次优化。采用 EVA，由于考虑了权益资本成本，可以避免高估企业利润，真实反映投资者财富的增加。因此，经济附加值这种评价方法有利于提高企业资产的使用效率，并维护了投资者的利益。

（3）能够建立有效的激励报酬系统。由于 EVA 是站在投资者的立场上重新定义企业的利润，将经营者的报酬与 EVA 指标相挂钩，可以使经营者和投资者的利益更好地结合起来，使经营者像投资者那样思维和行动，正确引导经营者的努力方向，促使经营者充分关注企业的资本增值和长期经济效益，这也正是 EVA 的精髓所在。

（4）有利于企业提高发展质量。国务院国有资产监督管理委员会于 2019 年 3 月发布的《中央企业负责人经营业绩考核办法》规定，中央企业采用 EVA 进行业绩考核。该办法规定在计算企业税后净营业利润时，对企业非经常性损益在利润表中剔除；对符合主业的在建工程，则可从资本成本中予以扣，以此限制非主业投资。

（5）能够避免盲目追求规模扩张、单纯做大、不讲投资回报的行为。企业把着眼点放在价值创造上，采用 EVA 评价和考核经营者的经营成果，将新增投资项目和产权转让要以 EVA 值作为一个主要的衡量的标尺，有助于科学、谨慎决策，追求有效投资，避免企业"虚胖"，有利于遏制企业投资冲动，合理控制风险。

（6）有利于各类企业间的横向比较（企业对标）。企业之间因为占用集团公司的资源和资本不同，利润总额和净利润有差异是正常的，不能以利润多少来简单评价企业的优劣。通过计算 EVA 值，可以在一个平台上评价企业优劣。

三、EVA 业绩考核的缺点

EVA 作为企业绩效评估指标具有一定的优势，但也存在一些缺陷和限制。

（1）依赖财务数据。EVA 的计算需要依赖企业的财务数据，如净利润、资本成本等。然而，企业的财务数据可能受到会计政策、税收规定等的影响，可能存在主观性和不准确性，从而影响了 EVA 的准确性和可靠性。

（2）难以衡量非财务因素。EVA 主要关注企业的经济利润，但往往不能完全捕捉到非财务因素对企业价值的影响。例如，企业的市场份额、品牌价值、员工素质和技术创新能力等因素可能对企业的长期价值创造产生重要影响，但这些因素难以通过 EVA 来衡量。

（3）不适用于所有行业和企业规模。EVA 的应用范围有限，某些行业或企业规模较小的企业，由于其特殊性和特点，EVA 的计算可能并不适用或不具有实际意义。

（4）长期导向性不足。EVA 倾向于关注短期的经济利润，对长期价值的创造和可持续发展的考虑相对不足。企业为了追求短期 EVA 值的最大化，可能会忽视长期投资和战略规划，对企业的可持续发展可能产生负面影响。

（5）评估企业内部部门和项目存在困难。应用 EVA 作为评估企业内部部门或项目的绩效也存在一定的困难，这是因为往往需要隔离特定的资本成本和利润，而这在实际工作中非常复杂。

综上所述，尽管 EVA 作为一项企业业绩考核指标具有其优点，但在实际应用中需要注意其缺陷和限制，并结合其他指标和方法综合评估企业的绩效和价值。

思考与讨论

1. 经济附加值是如何产生的？
2. 经济附加值的内涵是什么？
3. 经济附加值的会计调整包括哪些内容？
4. 经济附加值业绩考核的优点和缺点分别是什么？

章节案例

案例题目：基于 EVA 的外资并购绩效研究——福特并购江铃的案例分析

一、案例简介

江铃汽车股份有限公司（000550）的前身为南昌汽车修配厂，成立于 1952 年，于 1993 年 2 月始进行股份化改组。1993 年 11 月 22 日，"江铃汽车股份有限公司"宣告成立。1993 年 12 月 1 日，"赣江铃 A"在深圳证券交易所上市交易。它是中国轻型汽车骨干企业，其母公司是国家重点支持的 510 户大型企业集团之一。其主营业务有生产和销售全顺系列商用车、JMC 系列轻卡和五十铃系列轻卡及相关配件和服务。由于公司在 1998 年和 1999 年连续 2 年亏损，公司自 2000 年 6 月 5 日起股票简称由"江铃汽车"改为"ST 江铃"，证券代码仍为"0550"；"赣江铃 B"改为"ST 江铃 B"。2001 年 4 月 12 日，公司股票被撤销特别处理，股票简称改为"江铃汽车"和"江铃 B"。1995 年 8 月，福特以 4 000 万美元的价格认购江铃汽车发行的约 1.39 亿股 B 股，其约占江铃汽车此次发行 B 股总额的 80%，占发行后总股本的 20%。认购价格略高于江铃汽车每股净资产。同时，福特提名 3 人进入江铃汽车的 9 人董事会。1998 年 10 月，江铃汽车增发 B 股 1.7 亿股，福特以每股 0.454 美元认购了 1.2 亿股，这次增发后，福特持有江铃汽车 29.96% 的股份，为公司第二大股东。江铃与福特的并购是通过定向增发B股的方式实现的,首开外资通过上市公司定向增发实施并购的先河。所谓定向发行,是上市公司向特定的外资发行股票、债券以及其他可以对应为上市公司股权的金融工具,外资以现金、实物资产、股权或其他双方认定的资产进行认购。对福特的定向增发,使江铃汽车直接获得了外资的资金投入和明确的新产品发展计划,对其后的业绩增长起了重要作用。

二、研究方法

本文通过计算江铃汽车1997—2002年的EVA指标值,判断并购事件是否给江铃公司带来价值增值,来分析福特并购江铃汽车的长期绩效。由于EVA的绝对值在很大程度上取决于公司的资本规模,为消除资本规模的影响,用单位资本经济附加值(EVAPC)、每股经济附加值(EVAPS)衡量公司的并购绩效。进一步地,为尽量别除汽车行业快速增长对江铃公司EVA增长的影响,本文计算了汽车行业整车类上市公司2000—2002年的EVA及行业平均EVA与江铃公司的EVA作横向分析比较。

(一) EVA指标体系

EVA指标体系包括EVA、EVAPC、EVAPS三个基本指标。EVAPC和EVAPS的计算公式分别如下:

$$EVAPC = EVA \div 资本总额$$
$$EVAPS = EVA \div 普通股股数$$

(二) EVA的计算模型

$$EVA = 税后净营业利润(NOPAT) - 加权平均资本成本(WACC) \times 资本总额$$

其中:

$$\begin{aligned}税后净营业利润 = &税后净利润 + 利息费用 + 少数股东损益 + 本年商誉摊销 + \\&递延税项贷方余额的增加 + 其他准备金余额的增加 + \\&资本化研究发展费用 - 资本化研究发展费用在本年的摊销\end{aligned}$$

$$\begin{aligned}资本总额 = &普通股权益 + 少数股东权益 + 递延税项贷方余额(借方余额则为负值) + \\&累计商誉摊销 + 各种准备金(坏账准备、存货跌价准备等) + \\&研究发展费用的资本化金额 + 短期借款 + 长期借款 + \\&长期借款中短期内到期的部分\end{aligned}$$

$$WACC = K_D \times (1-t) \times \frac{D}{D+E} + K_E \times \frac{E}{D+E}$$

式中:t为企业所得税税率;$\frac{D}{D+E}$为债务资本比例;$\frac{E}{D+E}$为股本资本比例;K_D为税前单位债务资本成本,本文采用中国人民银行公布的1年期流动资金贷款利率作为成本,并根据中国人民银行每年调息情况加权平均;K_E为单位股本资本成本,根据资本资产定价模型(CAPM)确定。CAPM用公式可表示为:

$$R = R_f + \beta(R_m - R_f)$$

式中:R表示公司股票的预期收益率,即为单位股本资本成本K_E。R_f表示无风险收益率,本文选取中国人民银行的 3 个月居民整存整取的存款年利率。R_m-R_f 表示市场风险补贴,即股票市场整体预期回报率(取深成指衡量)高出无风险资产的回报。由于我国证券市场的诞生时间不长,各年的指数收益率相差较大。为最大限度地减少误差,将深证指数开盘以来的第二个月到当年年底前的每月指数回报率加总后,计算出总的回报率;然后再使用利率递增模型平均化每年的深证指数年投资回报率;最后减去中国人民银行 3 个月整存整取年利率 R_f。β 表示市场风险测度,本文使用公司 42 个月的股票月收益率对同期股票市场指数(深成指)的月收益率回归计算得来。

三、实证结果

本文数据和资料主要来源:香港理工大学的中国经济金融研究(CSMAR)数据库(包括中国股票市场交易数据库和上市公司财务数据库);江铃汽车股份有限公司各年年报;中国人民银行 1 年期流动资金贷款利率和 3 个月居民整存整取存款利率;巨潮咨询网;证券之星等网站提供的公开资料。

使用 Microsoft 的 Excel 处理数据,计算出江铃汽车的历年 EVA 指标结果如表 5-1 所示。

表 5-1　　　　　　　　江铃汽车历年 EVA 指标汇总表

项目	1997 年	1998 年	1999 年	2000 年	2001 年	2002 年
EVA(万元)	46 711	−42 454	−41 336	−25 982	−2 511	5 557
EVAPS	−0.68	−0.49	−0.48	−0.32	−0.06	0.03
EVAPC	−0.11	−0.09	−0.10	−0.07	−0.02	0.01
EVA(万元)*	—	4 300	1 100	15 354	23 471	8 068

注:EVA 是指当年的 EVA 值减去上年的 EVA 值。

从 1997 年到 2001 年,江铃汽车的 3 个 EVA 指标值全部为负,这表明江铃汽车的资本回报低于股东资本成本,换言之,江铃汽车在这五年间没有为股东创造任何价值,反而是在损毁股东财富。但是从这三个指标的演变趋势来看,江铃汽车的 EVA 指标呈逐年上升的趋势,负值在逐年改善。2002 年,江铃公司连年 EVA 为负的状况终于得到控制,为股东创造了 5 557 万元的股东财富。原因可能是并购的协同效应在短期内没有得到体现,而是在经历几年的并购整合后,并购的协同效应才开始显现。

我们对汽车整车类上市公司的 2002 年 EVA 指标作一个排名,如表 5-2 所示。长安汽车以 70 429 万元的 EVA 位居榜首,所选的汽车行业 25 家公司中仅有 5 家的 EVA 为正。江铃汽车的 EVA 绝对值排第 4 位,EVAPS 和 EVAPC 均排在第 5 位。

表 5-2　　　　　　　2002 年样本公司 EVA 指标前十名情况一览表

排名	EVA(万元)	排名	EVAPC	排名	EVAPS
长安汽车	70 429	长安汽车	0.15	长安汽车	0.574 147
东风汽车	18 351	厦门汽车	0.11	厦门汽车	0.459 729
厦门汽车	6 966	东风汽车	0.05	宇通客车	0.273 688

(续表)

排名	EVA(万元)	排名	EVAPC	排名	EVAPS
江铃汽车	5 557	宇通客车	0.04	东风汽车	0.183 514
宇通客车	3 742	江铃汽车	0.02	江铃汽车	0.064 377
一汽四环	−1 368	一汽四环	−0.01	上海汽车	−0.041 564
湖北车桥	−1 857	福田汽车	−0.01	一汽四环	−0.064 676
福田汽车	−2 036	上海汽车	−0.01	福田汽车	−0.072 585
北方股份	−3 009	三环股份	−0.03	一汽轿车	−0.113 330
中通控股	−3 100	湖北车桥	−0.04	中通控股	−0.129 991

四、理论解释与结论

并购的动机与效应有紧密的联系,即并购的起因部分来源于并购带来的后果。西方经典并购理论通常是从动因角度出发来解释并购的价值效应,如协同效应动机理论、狂妄假说和代理动机理论。并购的原始动因主要是追求利润和竞争压力。其具体表现为:获取规模经济;实现经营协同效应和财务协同效应;扩大市场份额;实现企业的战略化发展。狂妄假说和代理动机理论通常用来解释并购损毁股东财富;协同效应等总价值增值理论假设并购的目的是股东价值最大化。并购对目标公司和收购公司都是价值增值的投资,因而并购的总收益为正。价值增值的源泉主要有经营协同效应、财务协同效应、替换不称职的管理者等。

思考:

1. 外资实质性并购对上市公司有什么帮助?
2. 税后净利润增加的原因有哪些?

资料来源:周毅,曾勇.基于 EVA 的外资并购绩效研究——福特并购江铃的案例分析[J].电子科技大学学报(社科版),2005(01):25-28.

第六章
战略预算管理

教学目标

通过本章教学，学生需要对战略预算管理有一个基本的理论认识，了解战略、计划和预算的关系，掌握一个完整的战略预算管理系统的主要内容及流程，能够理解利用战略预算管理系统落地战略。

第一节 战略预算管理概述

提起预算管理，理论与实务工作者都比较熟悉。它起于预算的编制，止于预算的考核与评价，是管理会计的重要组成部分，也是企业管理中重要的控制工具之一。将预算管理冠以战略之名，则是在吸收了战略管理和管理会计的思想，并结合了预算管理在企业财务管理实践中的功能以后提出的概念。人们之所以将其称为战略预算管理，是为了区别于传统的预算管理。从本质上讲，预算管理的过程就是将企业战略目标进行分解，对企业资源进行战略配置，对企业完成阶段性战略目标进行分析、评价和考核的过程。所以，将预算管理纳入战略执行阶段的战略管理会计也就顺理成章。

一、传统预算管理的局限

20 世纪 20 年代开始，预算管理在欧美国家的大型企业运用，20 世纪 50 年代风靡企业界，成为许多公司管理控制的利器。多位学者经调查发现，全面预算管理对我国企业的发展产生了深远影响，分析预算与实际结果之间的差异是控制管理的一项十分必要的任务，且在实际结果与弹性预算的标准成本之间进行比较分析是经营控制中最重要的部分。但同时，全面预算管理也因企业个体差异、企业文化的不同产生了截然不同的效果。有的企业把管理控制系统作为不可或缺的工具，不仅运行良好，而且效益明显；也有一些企业遭遇内部的巨大压力，最后只能无奈放弃。

对于预算管理中存在的问题，国内外文献进行了大量的理论研究和实证分析，特别是主张摆脱预算的学者，更是提出了尖锐但不失为事实的批评。我国高级会计师夏宽云把预算的主要缺点总结为以下六个方面：
(1) 预算失败时有发生。
(2) 预算松弛大量存在。
(3) 预算与考核挂钩导致错误激励。
(4) 预算管理的成本效益严重失衡。
(5) 预算管理阻碍了公司变革。
(6) 预算捆住了经理的手脚，使其不能灵活地面对市场的变化。

克兰菲尔德企业绩效研究中心在一项研究中，采访了 15 家被认为在绩效管理方面做得最出色的公司的 100 多位员工，总结出了 12 种传统预算管理的局限，并将它们分为以下三类。

1. 竞争战略的局限
(1) 预算管理很少有战略重点而且经常自相矛盾。
(2) 预算管理侧重于成本缩减而不是价值创造。
(3) 预算管理制约了企业的反应和灵活性，经常成为改革的障碍。
(4) 预算管理很少有价值附加，这种管理手段死板生硬而且不鼓励创造性思维。

2. 经营过程的局限
(1) 预算管理耗费大量时间而且整合各部分预算的成本很高。
(2) 预算管理的更新速度太慢，经常 1 年才更新一次。
(3) 预算管理建立在非持续经营的假设上。
(4) 预算管理鼓励不正当、非功能性的行为。

3. 组织能力的局限
(1) 预算管理强化了自上而下的命令的有效性和管理。
(2) 预算管理并没有反映组织正在适应的新型网络结构。
(3) 预算管理强化了部门间的壁垒，而不是鼓励知识的共享。
(4) 预算管理使员工觉得自己的价值被低估。

二、预算、计划与战略之间的基本关系

企业计划产生于科学管理时期，20 世纪 60 年代以后，随着外部环境对企业的影响越来越深远，企业计划体系逐渐以战略规划为核心。完整的企业计划通常包括企业战略规划、长期经营计划和年度预算三部分，如图 6-1 所示。

从图 6-1 可以看出，完整的企业计划结构有三个主要组成部分：
(1) 顶端是企业战略规划，它大体上概括出企业的特征和未来发展的目标。
(2) 企业长期经营计划源于企业战略规划，它属于研发计划，涉及新产品和新市场的研发。在这里，研发是一个广义的概念，不限于传统意义上的技术研发等；经营计划的指标比较粗略，以实物类指标而非价值指标为主导，其行为约束力也低于预算。
(3) 源于战略规划、受制于长期经营计划的是年度预算，它主要是指年度经营指标，以落实战略规划、经营计划，以及关注现有产品和现有市场为重点。

第一个层次——企业战略规划是战略管理的起点，也是企业计划体系的最高层级，它大体上概括出企业的特征和未来发展目标，其目的是制定企业的指导原则和政策，作为战略执

```
企业战略规划 ──────► 长期经营计划
                         ├──► 投资与设备更新计划
                         ├──► 并购与重组计划
    ⬇                    ├──► 人力资源计划
                         ├──► 研究与开发计划
                         ├──► 市场营销计划
                         └──► 产品经营计划

         ──────► 年度预算
                         ├──► 经营预算
                         ├──► 财务预算
                         └──► 资本支出预算
```

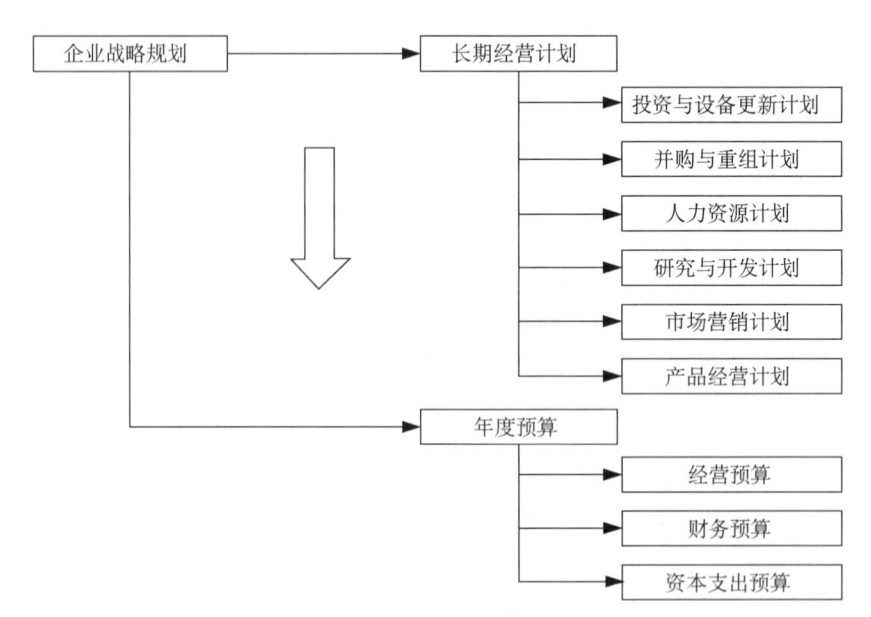

图 6-1　企业战略计划系统

行和评价的基础。企业战略规划以企业所处竞争环境中可能发生的所有可预见、可控制的变化结果为依据,关注企业面临的需求、风险和机会,决定企业发展的方向与目标,包括经营范围、组织结构、资源配置方式、运行机制等。企业战略规划一般包括以下几点:

(1) 对企业基本目的的声明,如保持现有的市场份额、保持不低于当前水平的财务绩效等。

(2) 用来完成这些基本目的的战略和方案,应包括某些具体的行动,如取消某分部或退出某市场、收购某企业以实现多元化等。

(3) 说明依照战略应达到的具体目标和衡量进展程度的方法,如应实现的财务绩效目标等。

(4) 对达到目标所用或所需的假设或条件的声明,这些假设或条件可能包括GDP的增长率、通货膨胀率和外部融资的持续保障等。

第二个层次——长期经营计划,它源于企业战略规划,是对战略的具体执行计划,即关注如何依据战略优先顺序在组织内部各经营单位、各职能部门之间更有效地配置资源,内容通常包括具体的投资与设备更新计划、并购与重组计划、人力资源计划、研究与开发计划、市场营销计划、产品经营计划等。长期经营计划的指标比较粗略,以实物类指标或定性指标为主导,权威性和约束力较低。

第三个层次——年度预算,它基于战略规划和长期经营计划,主要包括经营预算、财务预算和资本支出预算,以落实战略规划、经营计划以及关注现有产品和市场为重点。预算一般应涵盖企业下个年度的所有经营活动,并延伸到企业的每项职能。经营预算以生产预算、销售预算、采购预算、利润预算为重点,财务预算包括预计资产负债表、预计利润表、预计现金流量表以及相应的下年度融资计划等。就计划方面而言,年度预算的益处在于:

(1) 对行动给出战略导向。

(2) 用一个协调平衡统一的方案指引人力和物力的配置。

(3) 明确阶段性的行动目标。使战略目标更加清晰,具有可操作性。

从企业计划的构成可以看出,预算与战略关系密切。预算是企业计划体系中不可或缺的一部分,它必须以长期经营计划为前提和指导,它是对当前经营活动细节的描述,是企业战略规划、第一年度经营计划的支持和补充计划。通常,企业战略规划强调企业使命、战略和重要比率关系,一般只包括一份非常概括的预算费用和收入数额,并不涉及各部门、各单位的具体费用。年度预算是对企业战略规划(财务方面)的具体化和准确化,具体、准确的规划有助于企业决策的有效性,同时也具有控制的可操作性。从动态的视角看,年度预算还会对企业战略规划起到强化或修正的作用,年度预算编制过程中对内外部约束条件的反馈信息是不断修正、调整战略的重要信息来源。企业战略规划与年度预算的互动关系如下:

(1) 企业战略规划决定年度预算的起点。
(2) 企业战略规划决定年度预算的目标。
(3) 企业战略规划决定预算控制边界。
(4) 企业战略规划决定组织结构和组织权力划分,从而决定预算权和预算模式。
(5) 年度预算是对企业战略规划的具体落实。
(6) 年度预算是对企业战略规划的反馈与修正。

三、战略预算管理的实质

预算管理的内容基本不存疑义,但预算管理的实质却见仁见智。有人认为,预算是一种控制手段,通过预算达到对企业经营活动进行控制的目的;也有人认为,预算是一种管理工具,借助预算企业管理者可以监控企业的各个部门、各项业务,继而掌握企业资金、损益和财务状况。这些理解各有偏重,也不无道理。本书认为,从以下三个方面理解预算管理的实质,对正确发挥预算管理在战略管理中的作用具有十分重要的意义。

(一) 用数字指导管理

预算管理是通过整个预算的编制、执行、分析、考评等过程,根据组织战略发展的需要,对组织的资源进行统筹分配,从而使组织的经营活动控制在管理层既定的方向之下的一种综合性的管理活动。

制定和执行全面预算的过程,是要求企业不断用量化的工具,使外部的经营环境、自身拥有的经济资源和企业的发展目标保持动态平衡的过程。因此,从本质上讲,全面预算管理就是用数字指导管理。以预算确定的数字,定出年度战略目标;以战略执行的数据,发现与目标的距离,调整管理的方向;以预算的数字决定年终的考核。在管理过程中,唯有时刻以预算数字指导管理、控制经营活动,才是全面预算管理的真谛。

制定和执行全面预算的过程,并非仅仅为了编制、执行既定的预算,还必须借助这一过程,培养企业内部的预算意识、管理意识,培育用数字指导管理的精细化管理的企业文化。

(二) 微观资源配置的制度安排

从政府的层面来看,一级政府的预算就是配置其所控制的资源的一种制度安排。预算管理被引入企业,是对政府预算的一种借鉴。从其功能来讲,就是利用预算来配置企业可以控制的微观资源。它量入为出,根据企业发展的需要和未来会计期间可以获得的资源,合理地安排实现年度目标所需的各种资源。由于企业的生产经营活动十分复杂,对资源的需求是多方面的,资源在各种业务、各个区域、各个部门、各项活动之间的配置,都需要这种制度的安排。

(三) 预算是体现企业战略适配性的手段

在企业的战略确定以后,如何贯彻执行,不仅体现在各种经营活动中,还体现在具体执行的手段上。

(1) 在预算目标上的战略适配性。企业在确定年度预算的目标时,需要对照企业的战略,对企业的市场份额、业务发展、经营收入、资金积累等财务与非财务指标提出要求,在市场分析的基础上,考虑自身的资源约束,从而确定预算目标。

(2) 在资源配置上的战略适配性。经济学的基本假设是资源是稀缺的,这一点在微观领域也表现得十分明显。企业的人力、物力和财力资源相对于企业发展对资源的需求总是稀缺的,因此预算也需要将微观资源配置于企业的战略方向上。例如,在产品的发展上,对于在战略上需要重点发展的产品,自然需要配置更多的资源。又如,在影响企业竞争力的环节,也需要配置更多的资源。

(3) 在绩效考评上的战略适配性。在进行绩效考评时,对于战略的重点,也需要预算予以重点考虑。

综上所述,预算管理的战略属性体现了战略预算管理的实质。

第二节 战略预算循环

预算循环是由全面预算管理各个部分组成的前后相连、周而复始的环节。通常,年度预算循环起始于预算的目标预测和预算的编制,继而是预算的执行、调整、控制、分析,终结于预算的评价与激励。往往在一个循环尚未结束之际,下一个循环又开始了。如上一轮的预算评价与激励尚未结束,下一轮预算的目标预测已经开始。而且,大的循环中往往穿插着小的循环。如月度和季度中,虽然不涉及预算的布置与编制,但预算的执行、调整、控制和分析仍在循环。

预算循环的中间环节(如预算的执行、调整、控制和分析环节)主要由财务部门负责,前期及后期的管理则以企业相关部门为主。例如,预算目标预测的市场分析、技术分析、制造生产能力分析等经营预算的部分主要由企业市场、计划、生产、技术等相关部门负责,而且这些活动是影响财务预算准确度的前提。又如,预算评价与激励环节主要由企业人力资源等考评职能部门负责。财务部门应该主导预算循环,而不能包揽预算循环的所有环节,这样既有利于发挥部门之间的协同作用,起到调动全员参与预算的积极性,又能增加责任主体,减轻财务部门的压力。

战略预算管理循环的流程如图 6-2 所示。

在战略预算管理循环中,预算编制时预算指标设计要体现战略目标,并根据企业组织结构分层分级设计指标体系,每个部门、每位员工都要承担一定的预算指标。在预算执行过程中,由于企业的战略目标已被量化为财务指标,通过将财务会计系统及时提供的预算执行信息与预算指标进行比较,可将财务控制节点前移,即由事后控制前移至事中和事前控制,发挥财务监督和预警的作用。通过定期开展预算分析,及时发现并纠正预算过程中出现的偏

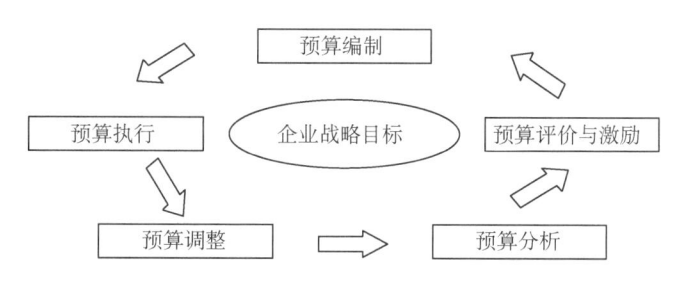

图 6-2 战略预算管理循环的流程

差;根据内外部环境的变化定期调整预算;期末对预算执行结果进行分析评价,并将评价结果与员工激励挂钩。

关于战略预算管理循环的另一种说法与内部控制有关。有效的内部控制制度框架应该包括五个不可分割的部分:控制环境、风险评估、控制活动、信息与沟通、监督。其中,控制活动是内部控制制度的核心。控制活动的主要方式包括目标控制、程序控制和制度控制等。预算控制作为企业内部控制的主要控制手段,为实施公司内部的目标控制、程序控制和制度控制提供了全方位管理的平台。

作为一种目标控制,预算管理通过战略规划和经营分析,来确定年度可实现的经营计划与目标,通过目标分解来强化内部各责任预算单位的目标责任,并以此为依据强化内部预算监控与考核,以达到全面控制的目的。

作为一种程序和制度控制,预算不等于预测,预算一经确定,在企业内部便具有法律效力。作为一种控制制度,预算本身不是目的,预算的目的就是加强控制。而预算无论作为目标控制还是程序控制,都是以规范、严格的制度方式实现的。预算管理制度体系主要包括相互贯穿的五个分制度系统,即 5S,如图 6-3 所示。

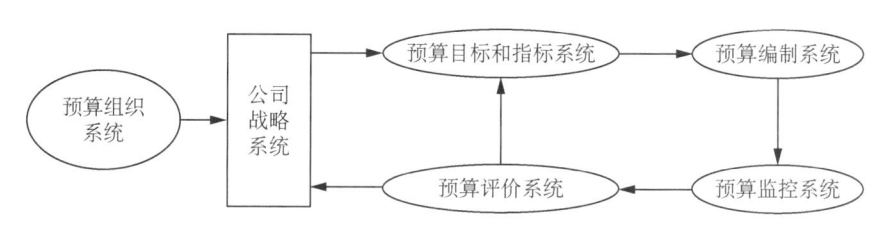

图 6-3 预算管理制度体系

（一）预算组织系统

预算组织系统由预算决策机构、预算组织机构、预算编制执行机构和预算监控机构构成,是全面预算管理实施的组织保证。

（二）预算目标指标系统

预算目标和指标系统相互依托,年度预算目标根据发展战略,结合各成员企业的发展态势确定,通过综合指标体系的设计体现效益与规模的兼顾、短期利益与长期发展能力的均衡、内部效率与外部市场开拓的并重,以及过程与结果的结合。

(三) 预算编制系统

预算编制系统按各责任中心的不同管理层级进行划分，通过预算编制过程，明确"应该完成什么，应该完成多少"的问题和预算编制方法，与预算目标相对接，按部门、业务、人员层层分解，是对目标的具体落实。

(四) 预算监控系统

预算监控系统包括预算的执行控制、预算反馈报告、预算的调整控制和预算审计控制等内容，是预算得以有效执行的保障机制。

(五) 预算评价系统

预算评价系统是对预算完成情况的总结制度。预算关键指标的完成情况作为绩效考核的重要依据。

需要特别强调的是，计划与预算为考核评价各部门及员工工作业绩提供了依据。定期或不定期检查并考评各职能部门所承担的经济责任和工作任务的完成情况、确保企业总目标的实现，是企业管理工作的重要组成部分。所以，预算是考核评价各责任层次与单位的工作成绩和经营成果的重要标杆。

在计划与预算管理循环中，绩效评价是承上启下的关键环节，在预算管理制度中发挥着重要作用。与预算相关的绩效评价是对预算完成情况的考核评价，所以其内容必须与预算编制的内容相适应，以预算执行主体为评价主体，以预算目标为核心，通过比较预算执行结果与预算目标，确定其差异，并分析差异形成的原因，据以评价各责任主体的工作业绩，按照奖惩制度将其与各责任人的利益挂钩，并在此基础上调整下期预算。

预算考评是对企业内部各级责任部门或责任中心预算执行结果进行的考核和评价。由于在预算管理过程中包含了指标确定和分解、目标值确定、实际业绩计量等绩效评价的关键要素，预算评价构成了企业绩效评价的重要组成部分。人们常认为，预算值体现了企业的战略需要以及企业内部各责任单位的年度绩效目标，这一方式相对来说更能体现企业的经营目标和战略要求，并且通过与预算管理相结合更有助于绩效的管理与改进。另外，在发生预算之外的不可控因素影响实际绩效时，预算系统内的调整审批制度既保障绩效的客观反映，又使调整有章可循，减少了绩效评价中产生分歧的可能性。基于预算考评的诸多优势，尽管它也存在过多强调财务指标、目标设定有一定的"游戏"成分等不足，但它在企业绩效评价系统中的作用依然不可忽视。对管理者来说，更为重要的应该是将预算评价与其他新的绩效评价方法更好地结合起来，有机整合在一个绩效评价系统中。

第三节 基于战略的预算编制

一、战略预算编制的特点

在编制战略预算时，应注意以下几个方面的问题。

1. 理念的整合：整合战略计划与预算制度的"理性设计"和"突发过程"两种理念

在企业的计划与预算制度设计上有两大理念：一是"理性设计"理念，认为战略计划与年度预算是一个自上而下管理体制的产物。假定公司高管"有水平、有能力"果断地预测未来、制定理性的战略计划，各部门下属业务单位能不折不扣地落实并执行计划与预算，计划与预算的刚性特征明显。二是"突发过程"理念，认为战略是对环境变化即时反应的结果。由于外部环境的变化、战略目标的不确定性和内部信息不对称等原因，企业计划与预算指标很难果断、理性和准确，强调企业计划与预算确定不可能是"一年一次"，只能反复沟通，并强调自上而下的计划与预算过程。

2. 概念的变化："大计划"与"小预算"的融合

从概念层面上看，计划属于规划范畴，其制度刚性较弱；预算则更侧重人格化的计划，与责任相关，刚性很强。"大计划"与"小预算"配合的制度体系，使得公司中的很多"小预算"就像一个个小齿轮，在公司"大计划"的牵引下有机地契合在一起。而在中国企业中，往往存在以下问题：

(1) 重预算，轻计划。中国企业一般比较关注年度预算，中长期计划比较空泛，或者主要用于对外宣传，这样的计划对预算的约束力很弱。

(2) 不少企业的战略、计划和预算缺乏有效衔接。战略与计划工作是企业战略规划部门的责任，预算往往由财务部门全权负责，两者彼此割裂，其结果是企业计划缺乏高质量的财务信息支撑，年度预算又缺乏长期计划的引导。

所以，企业高层需要统筹规划部门和财务部门的责任，使计划与预算能够有效衔接。在战略问题上统揽全局，通过总公司的"大计划"指导预算的编制；在具体执行和反馈上，强调各单位的独立自主，提高计划执行的灵活性，并在绩效考核上突出财务目标的达成，也就确保了战略目标的刚性。

3. 内容的充实：通过多情景分析把不确定性纳入计划与预算

面对动荡的环境和不确定的未来，企业如何制订计划与制定预算的战略？建立多情景计划是一个良策。多情景计划放弃了单一、固化的计划情景，设想出未来可能出现的多种情景，分析各种情景下企业经营所面临的新机遇和威胁、战略计划选择的范围、企业理应采取的不同策略，以及在不同情景下各项计划的财务结果，并相应地采取备选的预算与业绩目标。正如壳牌石油公司战略计划的前负责人所说，有效的多情景计划的目的并不是改变计划本身，而是克服以简单、主观臆断的态度应对不确定性，并改变计划制定者固有的、僵化的思维定式。多情景计划作为一种改进了的计划手段，提高了计划的科学性和有效性。

4. 流程的分权化：计划与预算编制的权力下放与非正式化过程

在诸如美孚、埃克森、壳牌等石油巨头的战略计划演进当中，战略计划的形成路径发生了变化。在具体的战略制定中，先由各个子公司对其利润、增长以及战略进行评估，编制预算，然后汇总至总公司；总公司将它们与宏观经济环境相结合，把这些信息整合成公司的"大计划"。"大计划"制定后，依托强大的计划跟进系统，将计划和预算的制定、执行黏合在一起，而各个子公司按月制定预算，并定期将子公司的运营报告汇总至总部，描述近期的前景，并对以后几个季度和整个财年的预算进行及时更新。在这个过程中，战略计划与预算的执行监控越来越非正式化和分权化，这成为应对不确定性环境最为有效的计划流程制度安排。

二、作业基础预算

作业基础预算(activity-based budget，ABB)是在传统预算方法的基础上，结合经实践证明行之有效的全面质量管理、作业成本法和作业管理的理念设计的一种新的预算管理方法。

(一) ABB 的基本概念

(1) 消耗率(consumption rate)。即在某一生产过程中被消耗的投入的数量和产出的比率。ABB 使用两个不同的消耗率的概念：作业消耗比率(activity consumption rate)，衡量单位成本标的(产品或劳务)消耗的作业数量；资源消耗比率(resource consumption rate)，衡量单位作业消耗的资源数量。

(2) 资源需求量、资源供应量、资源使用量。资源需求量即下一经营期间的产出数量所决定的资源数量；资源供应量即目前经营期间资源使用量组织所拥有的资源数量，也称可供利用的资源；资源使用量即下一经营期间结束后，产出实际使用的资源数量。

资源需求量、资源供应量、资源使用量这三个概念建立在下列基础之上：一个组织所使用的资源可以分为弹性资源和约束性资源。如果一种资源是需要时才购买，则这种资源的供应和使用是相等的，称为弹性资源(flexible resources)。企业根据其需要量来购买和使用原材料、辅助材料、动力费、计件劳动等弹性资源。弹性资源没有容量限制，产品的实际产量决定着弹性资源的使用和供应，企业仅仅为其需要和使用的弹性资源付款，即为变动成本。如果一种资源是按照"防止意外发生"的目的提供的，则这种资源的供应和使用一般是不相等的，这种资源称为约束性资源(committed resources)。约束性资源为企业提供生产能力，在实际生产之前就取得或签订了合同，如大部分的人力资源、固定资产的折旧等。生产能力决定约束性成本的大小，无论企业使用了多少约束性资源，约束性成本是不受影响的，资源的供应将保持不变，直至生产能力发生变化。因此，短期来看，资源使用量、资源需求量和资源供应量是三个不同的概念。它们三者之间的区别可以用一个简单的例子予以说明。假设某企业的一个检验员每月可以实施 500 次检验，则检验资源的供应量就是 500 次检验消耗的资源数量。企业预算下一经营期间的产出需要消耗 450 次检验，则检验资源的需求量就是 450 次。而实际这个检验员这个月实施 400 次检验，则检验资源的使用量就是 400 次。剩余 100 次的未使用检验资源就被浪费了，虽然没有任何作业来承担这部分未使用资源的成本，但是在计算产品成本时必须由产品来承担这部分未使用资源的成本。

(3) 财务平衡。一个组织所拥有的资源数量和组合可以满足下一经营期间计划产出所需要的资源数量和组合，在产出销售价格一定的条件下，预算的财务指标达到或超过了组织设定的财务目标(如利润总额、利润率、投资回报率等)。

(4) 经营平衡。即一个组织的资源供应量和满足下一经营期间产出所需的资源需求量之间达到平衡。也就是说，资源供应量等于资源需求量，或者两者之间的差额在一个可接受的范围内。管理者认为，无论是调整资源需求量还是资源的供应量，都是不经济的。

(二) ABB 的流程

ABB 的目的在于预测未来期间组织对资源的需求量，而这些需求是由未来期间生产的产品或劳务的数量决定的，因此 ABB 编制预算的起点是下一经营期间产品或劳务的需求量水平。由于 ABB 追踪组织的流程是如何生产产品或劳务的,它建立在资源消耗观的基础上,根据"作业消耗资源,产品消耗作业"的原理,先预测产出量,再预测产出消耗的作业量,最后预测作业消耗的资源量。与传统预算相比,作业预算的一个特色是在战略与预算之间增加了作业和流程分析及可能的改进措施,在改进的基础之上预测作业的工作量以及相应的资源需求,并通过预算来满足。ABB 的基本模型如图 6-4 所示。

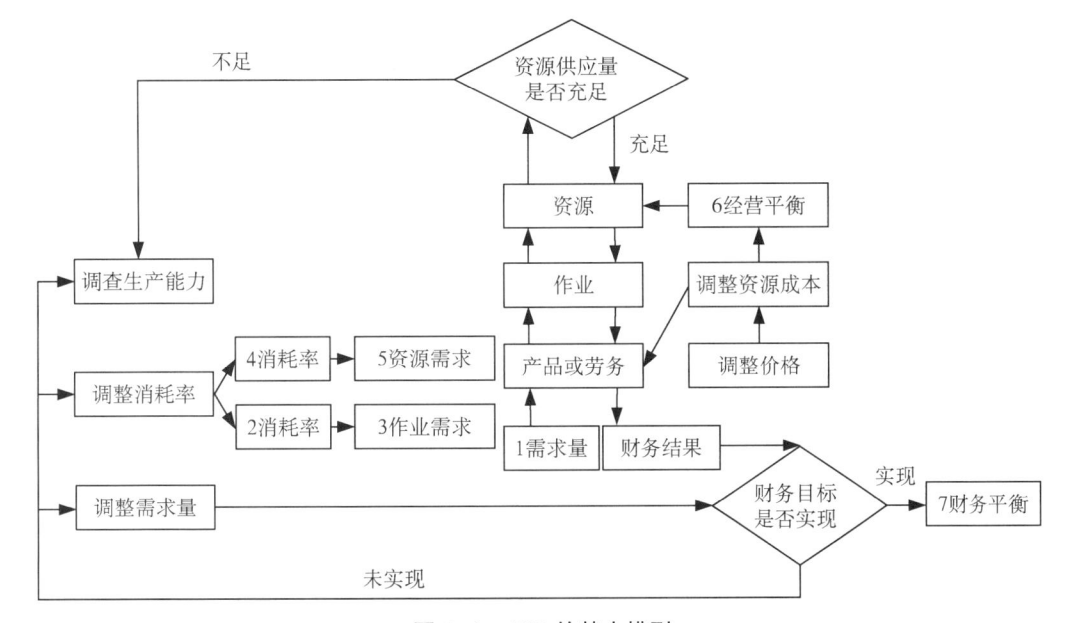

图 6-4 ABB 的基本模型

由图 6-4 可见,ABB 是一个寻求组织资源供应量和资源需求量之间的经营平衡以及满足财务目标的财务平衡的不断循环的过程。ABB 中的资源平衡如表 6-1 所示。

表 6-1　　　　　　　　　　　　　ABB 中的资源平衡

时间	比较的项目	采取的措施	结果
预算年度	资源需求量与目前的资源供应量	增加或减少资源供应量	达到经营平衡的资源供应量(用于下一经营期间)
下一个经营期	资源供应量(预算年度的结果)与实际的资源使用量	选择一个合理分配资源的成本动因	计算出产品或劳务成本(包括未使用生产能力,即资源供应量与资源使用量之间的差异)

下面以某银行贷款部为例说明 ABB 的流程。假设某银行的贷款部预测下一年度的业务量为 1 000 个贷款申请(1 需求量),为了完成这些产出,贷款部必须实施答复电话查询、发放贷款申请、评价贷款申请、投放抵押贷款四项作业。以"答复电话查询"作业为例,首先确定平均每接听 3 个电话才能完成一个贷款申请(2 消耗率,即作业消耗比率为 3 个电话/贷款申请),可以计算出下一年度答复电话查询所需的作业数量为 1 000 个贷款申请×3 个电话/贷款申请=3 000(个)电话的作业要求。假设每个查询电话需要 15 分钟去答复(4 消耗率,即资源消耗比率为 15 分钟/电话),可以计算出下一年度人工的需求量为 3 000 个电话×15 分钟/电话=750(小时)(5 资源需求)。按照同样的方法,可以计算出其他三项作业的人

工需求量分别为 2 000 小时、2 200 小时和 1 800 小时,贷款部的人力需求量为 6 750 小时(750＋2 000＋2 200＋1 800)。

假设贷款部有 3 名员工,每个员工每年可以提供 2 000 小时的人力资源,则贷款部的人力资源供应量为 6 000 小时。资源供应量小于资源需求量,银行可以采取从其他部门调任人员或雇用临时人员的方式解决资源供应不足的问题,使预算达到经营平衡。假设每个员工的小时工资率为 20 元,则人工需求成本为 135 000 元(6 750×20)(6 经营平衡)。

用同样的方法可以计算出贷款部对电话费、房屋租金、设备折旧、差旅费等资源的需求情况。假设贷款部四项作业的资源需求成本总额为 9 000 000 元,则每个贷款申请的成本为 9 000 元(9 000 000÷1 000)(7 财务平衡)。如果银行所确定的目标成本为 9 000 元,则预算达到了财务平衡。

(三) ABB 的战略特性

ABB 的创新表现在以下几个方面:

(1) 以作业、流程、价值链为预算组织基础,强调了整体业绩,增强了预算系统处理跨部门事项的能力。作为一种控制工具,传统预算致力于使差异最小化、单位的责任业绩最大化。而在 ABB 中,控制的主要目标是协调整个企业的活动,并为顾客服务。传统预算将其活动局限在组织内部,很少考虑公司之外的问题,将供应商或顾客的行为看作编制预算的给定条件,成功的 ABB 则需要与供应商协调,同时也需要去分析和满足顾客的需求。

(2) 加强了预算与战略规划的联系。企业的战略目标既包括诸如营业利润这样的财务指标,又包括衡量企业关键绩效的非财务指标如市场占有率、增长率、产品质量和与客户的关系等。传统预算只能按照组织结构分析财务指标,ABB 则可以按照作业的性质将非财务指标分解到每个作业人,并要求他对指标负责。

(3) 能够更准确、更有效地分配稀缺资源。传统预算的构建依据主要是对资源投入(如工资、奖金、费用、设备等)正当性的评价,即"要花哪些钱";ABB 则更进一步依据对资源投入的产出(如处理订单数、增加的销售量、回访客户数等)或动因的评价,即"要完成多少事",然后根据作业本身的增值能力确定资源分配的优先顺序。ABB 的编制过程有利于降低成本、消除无效的作业。

(4) 致力于业绩的持续改进。ABB 的前提是作业分析后的作业管理,即通过识别增值作业和非增值作业,实现作业和流程的不断改进。强化作业层面的作业分析,在区分增值作业与非增值作业的前提下,对增值作业进行资源配置与预算控制,减少非增值作业的资源消耗,有利于价值增值目标的实现。因此,将作业成本管理引入预算管理系统,并区分日常性经营预算和战略投资性预算,是未来战略预算和价值管理的核心。上述核心体系如图 6-5 所示。

三、平衡计分卡预算模型

卡普兰和诺顿于 1992 年提出的平衡计分卡已被许多企业用于战略实施过程。但是他们发现,在大多数企业中,预算与战略之间没有太大关系,管理者的注意力和行动集中于短期运作,而不是长期战略的实施。在传统预算时代,企业面临的主要问题是扩大生产能力和通过运营管理来控制成本,因此预算在这些战术实施过程中为管理者提供了很大的帮助。目前,战略已成为企业成功的重要因素。作为一种战略管理工具,平衡计分卡在实施战术管

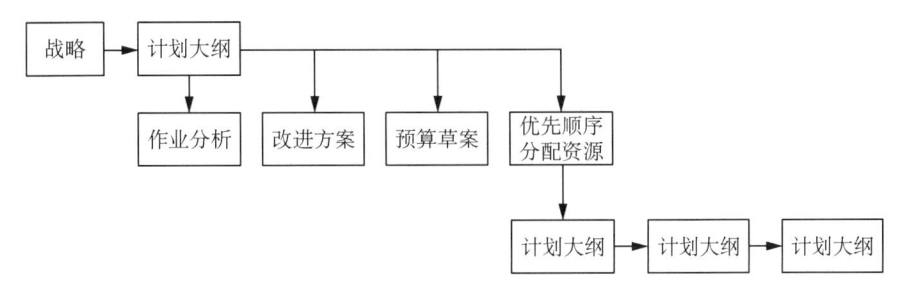

图 6-5　作业成本分析与 ABB

理时也必须与传统的预算管理相联系,但是这种联系在大多数战略实施过程中还不存在。卡普兰和诺顿用飞机"逐渐下降"的过程来比喻从高层战略到局部运营预算的过渡。当在 3 万英尺[①]的高空飞行时,飞行员只是用几个指标来引导飞行,飞机大多数时间都是由自动驾驶仪来控制,在这种情况下,驾驶舱里的气氛是比较轻松的。在某个时候,飞行员必须由高空飞行状态转换到机场着陆状态。当飞机靠近机场的时候,对操作细则和操作手段的处理就变得非常重要了。飞行员不断地检测地面和天气情况,地面控制人员给出需要严格执行的特别指示,飞行员按照一个"逐渐下降"的程序将飞机从 3 万英尺高空的战略飞翔状态过渡到着陆所需要并注重精确性的飞行操作状态。

(一) 将战略引入预算

企业遵循类似于"逐渐下降"的过程来实现从高层战略到具有运营预算性质的过渡,具体过程如图 6-6 所示。

图 6-6　将战略引入预算的逐渐下降过程

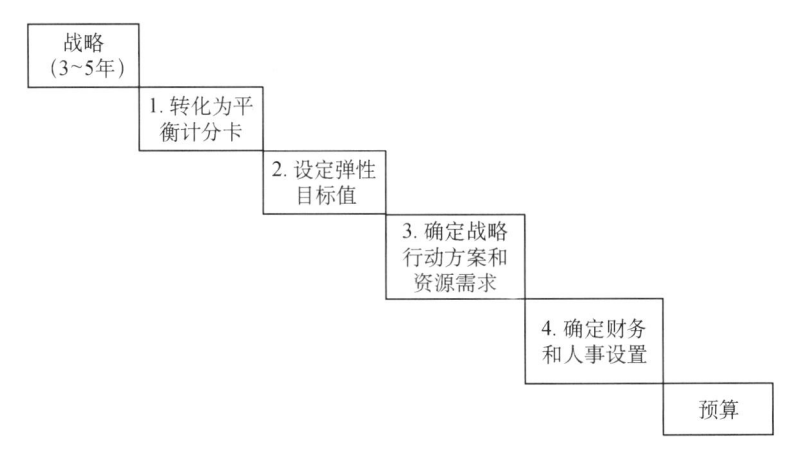

图 6-6 将战略引入预算的逐渐下降过程可以表述为以下四个步骤:
(1) 将战略用平衡计分卡的形式表现出来,确定战略目标和衡量指标。
(2) 为每个指标在未来的时期设置弹性目标,确定目标缺口,用以鼓励和刺激创新。
(3) 确定战略计划和用来补足规划缺口所需的资源,从而促使达到弹性目标。
(4) 为战略计划确定财务和其他人员的人事设置,将这些需求纳入每年的预算。每年

---
① 1 英尺≈0.000 3 千米。

的预算包括两方面的内容:一是管理人选项目的战略预算;二是管理部门职能与生产线效率的运营预算。

第二个和第三个步骤构成了这个逐渐下降程序的核心部分,通常,这个部分被改建成一个3年期的计划。该计划允许组织致力于长期的战略主题并且提供了一个体制,该体制允许发展滚动预测并使其与每年的预算相结合。事实上,战略预算在第一年就将组织推入了预定轨道,朝着3年计划中建立的弹性目标前进,下面通过瑞士A公司的案例来说明上述流程。

(二)基于平衡计分卡的计划—预算衔接

卡普兰和诺顿在《战略中心型组织》一书中,通过瑞士A公司的案例来说明如何使用平衡计分卡将计划和预算结合在一起,如图6-7所示。

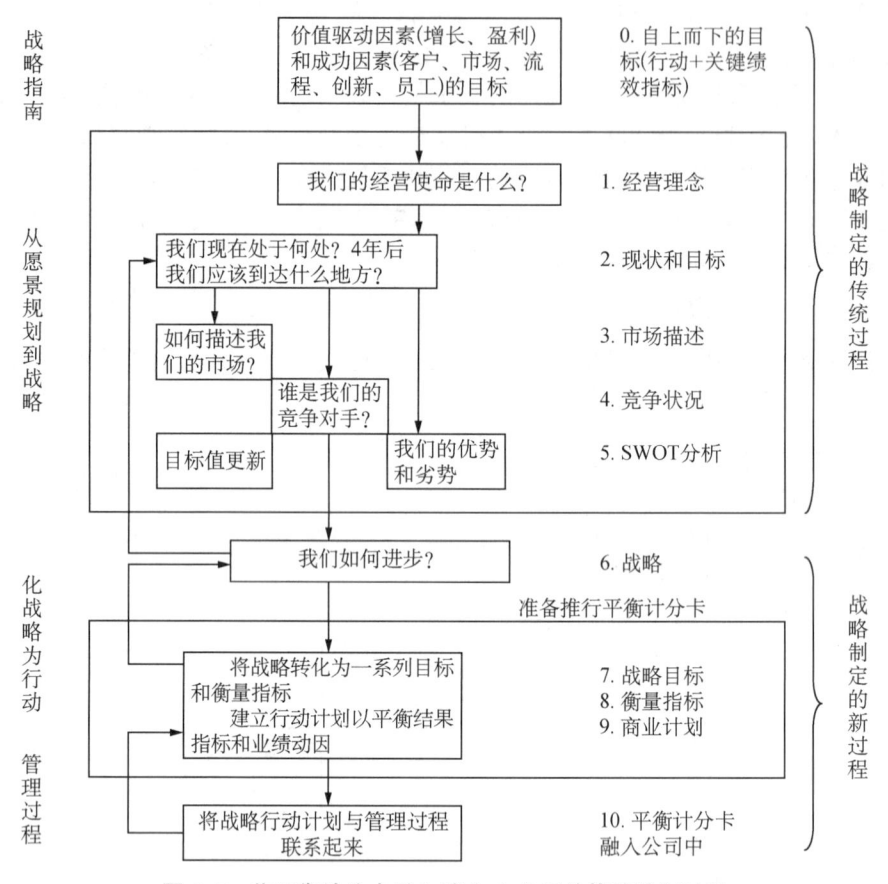

图6-7 将平衡计分卡融入瑞士A公司的战略计划过程

图6-7的上半部分展示了传统的计划制定过程。它强调了各部门的任务和市场定位;建立未来4年财务绩效的挑战性目标值;研究市场空间——对客户、竞争对手、技术、法规、经济进行预测;进行SWOT分析;制定业务部门战略。

上述战略制定程序在A公司已存在多年,该公司缺乏的是一个战略实施程序。公司的战略缺乏一个能直接影响员工行为和工作的机制,导致战略不能影响预算过程,即使定期审查报告也无法改善战略。因此,员工、经理和高级管理人员的日常工作与战略的发展没有直接的联系。

图 6-7 的下半部分展示了公司通过平衡计分卡弥补了战略制定与实施之间的脱节。经理们通过战略地图来描述平衡计分卡四个层面目标和衡量指标之间的关系。其实施过程包括建立能够使业务部门实现战略目标的战略计划和行动方案。

A 公司使用"逐渐下降"程序将平衡计分卡引入其管理过程，如图 6-8 所示。

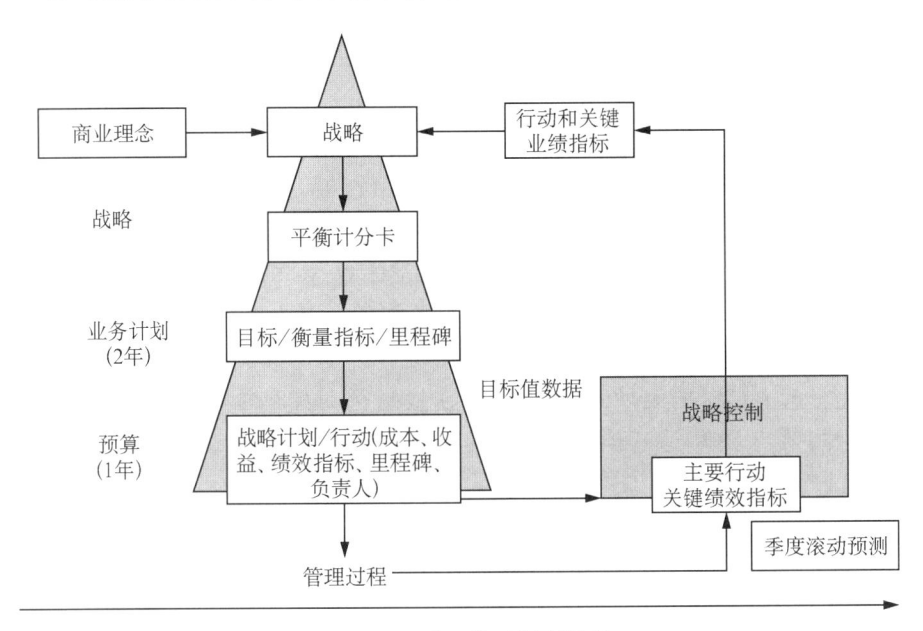

图 6-8　A 公司战略控制流程

（1）将战略转化为平衡计分卡目标和衡量指标。

（2）建立一个为期 2 年的业务计划。为每个战略目标建立挑战性目标，并标识出各期间的里程碑。

（3）确定实施业务计划的战略行动方案。每个行动方案由专人或专门的部门负责实施并建立时间表。此外，这些行动方案都会在一个因果图上表示出来，用以说明在平衡计分卡四个层面的联系。

（4）针对每个行动方案和计划进行培训。这些方案和计划包含在运营预算中。A 公司通过微软的项目软件监控行动计划，这也是定期审查管理的一个组成部分。

（三）基于平衡计分卡的动态预算

卡普拉和诺顿将预算和资源分配区分为运营预算和战略预算两个流程，如图 6-9 所示。

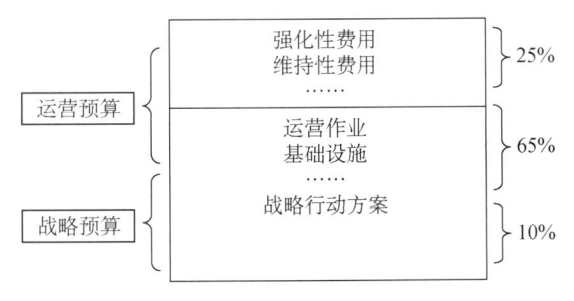

图 6-9　运营和战略预算

运营预算反映了维持日常运营所需的费用。其中，维持性费用是用来维持现有产品及客户所需的持续性费用；强化性费用是为维持正常的销售增长而推出新产品与吸引新客户所必须投入的费用。作业预算的支出和费用仅有极少部分是无法准确估计的，大多数费用取决于产品、服务、客户及其组合。因此，这些费用预算反映了为达到预期营业收入必须在产品、服务与客户组合上的支出。由于大部分现有产品、服务与客户需要维持，企业的资源支出有相当大的比重都是由其运营预算决定的。由于平衡计分卡与现有业务的成长模式具有密切联系，平衡计分卡可以提供运营预算所需的信息。

战略预算是用来支持战略行动方案的费用支出，目的是使企业能够开发新产品或新服务、新能力、新客户关系以及扩大生产能力，以创造未来的成长。为了实现企业战略目标，通常需要制定多种战略行动方案。从短期来看，这些方案很难对财务指标有直接改善，有些甚至会引起财务状况恶化。传统的预算体制因无法清晰描述这些行动方案的战略意义，导致管理者的决策失误，如员工培训预算往往被短视的管理者否决。

许多企业的战略执行失败，就是由于预算中没有调配足够的人力、资本和财务资源，而这些项目是完全远离传统的规划流程的。结果，战略行动方案常常是由原已十分忙碌的人员抽出零星时间执行，并由运营预算中挪出的点滴资源勉强凑合，缺乏适当的人力与财力支持，难怪许多战略执行会失败。平衡计分卡可以帮助我们把战略行动方案中所需人力与财务资源纳入企业的计划与预算，并清晰地将这些预算与传统例行的预算费用分开管理，因而战略目标实现的可能性大为增加。某企业基于平衡计分卡的资源配置与预算过程如图 6-10 所示。

图 6-10 还传达了一个重要信息：战略行动方案是方法而非目标。许多企业在建立平衡计分卡时，常于此处犯错误。它们惯于采用的规划流程是：战略→目标衡量指标→各指标的目标值→战略行动方案。在这个战略规划流程中，行动方案是用以协助战略目标的，其本身并非目的。

(四) 运用战略地图，化战略为预算目标

企业实施战略预算管理是为了实现企业的战略目标。战略目标可以分解为长期目标、中期目标和年度目标。实现年度目标最有力的工具就是战略预算管理，年度目标要转化为不同部门和员工的具体行动。也就是说，各个部门要编制出业务预算，然后通过汇总形成战略预算。在预算的编制过程中，各个部门和员工将目标转化为预算指标和预算目标值。预算的执行与控制很大程度上依赖于会计信息系统提供的信息。将会计信息系统提供的实际执行结果与预算目标值进行比较，从而形成评价结论。评价结论不但为管理者提供了改进管理的信息，而且成为实施激励的依据。综上所述，我们可以构建出这样一个管理流程：战略目标制定与分解→全面预算管理→会计信息系统→绩效评价→激励机制，如图 6-11 所示。

许多企业将"战略导向"作为预算目标制定或预算编制的原则。但是，如何将战略与预算连接起来，做法可谓五花八门。对更多的企业来讲，两者甚至是脱节的，也就是说，存在图 6-11 的预算编制黑箱。预算编制黑箱使战略与预算编制脱节，最终会影响战略的执行和战略目标的达成。卡普兰和诺顿通过战略地图描述了战略的逻辑性，清晰地显示了企业创造的关键内部流程目标。

战略地图		平衡计分卡		行动计划	
流程:运营管理 驻地:地面周转	目标	指标	目标值	行动方案	预算
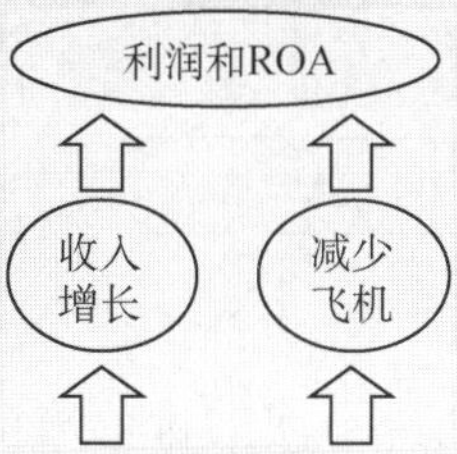 利润和ROA ↑ ↑ 收入增长 / 减少飞机 ↑	营利性 收入增长 减少飞机	市场价值 座位收入 飞机租赁成本	30%CAGR* 20%CAGR 5%CAGR		
吸引和保持更多的客户 ↑ ↑ 准时服务 / 最低票价 ↑ ↑	吸引和保持更多客户 航班准时 最低票价	回头客数量 客户数量 准时到达率 客户排序	70% 每年提高12% 第1名 第1名	实施CRM系统 质量管理 客户忠诚项目	××× ××× ×××
 快速地面周转 ↑	快速地面周转	降低时间 准时起飞	30分钟 90%	周转期最优化	×××
战略工作舷梯管理 战略系统员工安排 地面员工协调一致	开发必要的技能 开发支持系统 地面员工与战略协调一致	战略工作准备程度 信息系统的可行性 战略意识 地面员工持股比率	第1年70% 第3年90% 第5年100% 100% 100% 100%	地面员工培训 完成员工安排系统 沟通项目 员工持股	××× ××× ××× ×××

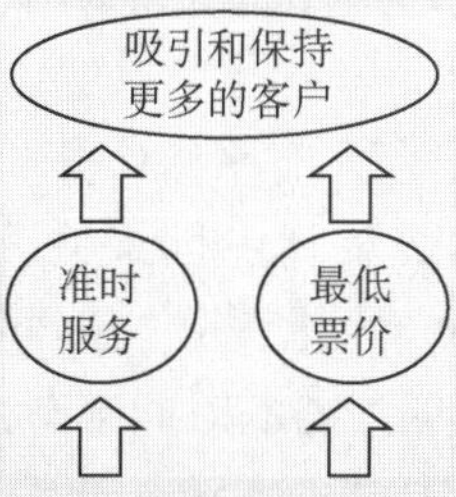

图6-10 某企业基于平衡计分卡的资源分配与预算过程

注:CAGR(compound annual growth rate):年复合增长率。

预算目标的确定以战略为出发点。预算编制的程序大致有自上而下、自下而上和上下结合三种。目前,多数企业采用第三种方式。上下结合的预算编制程序包括以下几个步骤:下达目标、编制上报、审查平衡、审议批准和下达执行。可见,下达目标是预算编制的首要环节。一般来讲,预算管理委员会根据企业发展战略和对预算期经济形势的初步预测,在决策的基础上,于每年9月底以前提出下一年度的企业预算目标、成本费用目标、利润目标和现金流量目标。

如何根据企业战略制定科学合理的预算目标是预算编制的一个难点。预算目标是企业战略的具体体现,目标既可以是财务指标,如净资产收益率、EVA,又可以是财务指标和非财

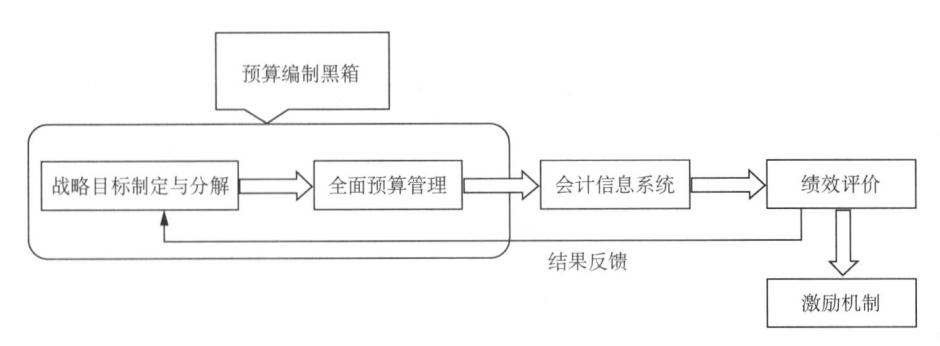

图 6-11 企业管理流程

务指标的结合,如平衡计分卡的指标体系。不同的预算目标反映了企业不同的价值取向。对许多企业来说,需要思考的一个问题是:企业有没有明确的目标?战略地图为企业明确目标提供了很好的方法。

战略地图是从平衡计分卡简单的四个层面模型发展而来的,如图 6-12 所示。平衡计分卡四个层面的战略指标并不是孤立的,而是四个层面的目标之间的一系列因果联系,这些因果关系通用的表示方法叫作战略地图。战略地图是对企业战略要素之间因果关系的可视化表示方法,同时又像平衡计分卡一样具有深刻的洞察力。战略地图增加了细节层,用以说明战略的时间动态性;增加了颗粒层,用以改善清晰性和突出重点。目前,无数的方法被用于制定战略的实践。但是,不管用什么方法,战略地图提供了一个描述战略的统一方法,以使目标和指标得以建立和管理。

战略地图提供了一个战略的可视化表示方法,如图 6-12 所示。它提供了一个只有一页

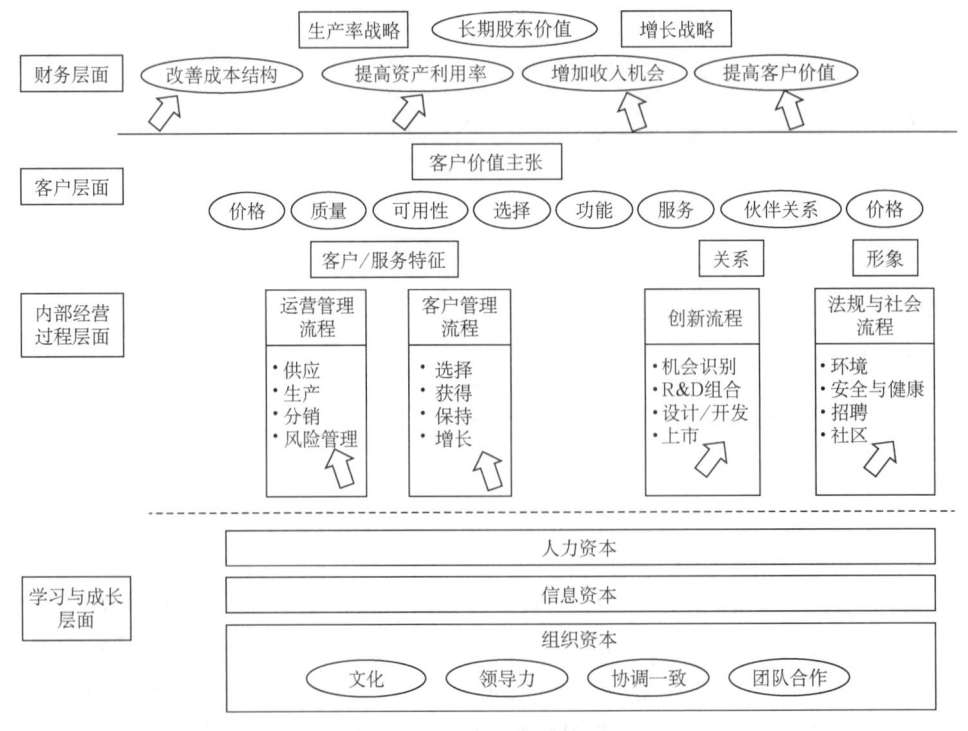

图 6-12 战略地图描述企业如何创造价值

的视图，说明了四个层面的目标如何被集成在一起描述战略。一般来讲，战略地图的四个层面涉及 20～30 个相互关联的平衡计分卡指标。一些人批评战略地图无法同时关注不同的指标。如果平衡计分卡被看作 25 个独立指标，那么对企业和员工来讲，它确实太复杂以至于无法被消化吸收。战略地图显示了适当的平衡计分卡中的多个指标如何为单个战略提供实用工具。企业能够在一个有二三十个指标的集成系统中制定并沟通它的战略，这些指标确定了关键变量之间的因果关系，关键变量包括领先变量、滞后变量和反馈循环。

第四节 基于战略的预算考评与薪酬设计

预算考评是对企业内部各责任单位和个人的预算执行情况的考核和评价。在企业诊断预算控制体系中，预算考评既可以检查、督促各级责任单位和个人积极落实预算任务，及时提供预算执行情况的相关信息，以便纠正实际与预算的偏差，进而实现企业总体目标；又使得企业对相关部门和人员实施有效激励有了合理、可靠的依据，还有助于管理者了解企业生产经营情况。没有预算考评，企业预算无法执行，预算管理变得毫无意义。严格考评不仅是为了将预算目标值与预算的结果进行比较，肯定成绩，找出问题，分析原因，改进以后的工作；还是为了对员工实施公正的奖罚，以便奖勤罚懒，调动员工的积极性。

预算考评应该以企业各级预算执行主体为考评对象，以预算目标为考评标准，以预算完成状况的考察为评价核心，通过预算实际执行情况与预算目标的比较，确定差异并查明产生差异的原因，进而据以评价各级责任单位和个人的工作业绩。

为了实现公司整体战略与预算目标，预算考评必须遵循以下五个原则：

(1) 以预算指标为核心，构建预算考评体系。
(2) 以责任中心为考核对象，将自评与他评相结合。
(3) 强调预算标杆的作用，预算考评基准以预算目标为依据，并考虑预算调整因素。
(4) 预算考评以各预算责任单位的统一会计政策为基础。对于采用不同会计政策而产生的差异，要作出相应调整。年终预算考评必须以审计确认后的财务数据为准。
(5) 正确区分经营业绩与管理业绩。

在预算考核中，应剔除管理者不可控因素（如价格波动、利率调整、税收政策影响、补贴收入项目等非可控因素）对企业业绩产生的积极或消极影响，从而公正、公平、公开地评价管理者业绩。

在以预算为目标值的绩效评价模式中，经营者的薪酬设计通常如图 6-13 所示。

在国外经营者薪酬计划的典型模式中，经营者的收入在其业绩没有达到最低要求时通常都是固定的（称为底薪），一般最低要求为预算目标的 80%，预算目标可以是利润、销售收入、产量或其他诸如增长率之类的指标。在达到了最低业绩要求之后，经营者会得到额外的收入（称为奖金），随着预算完成程度的增加，奖金相应增加，直到达到最高标准（通常是预算目标的 120%）。人们认为，这种薪酬方案具有明显的激励作用，能促使管理者及一般员工努力工作，力争达到企业的预算标准，从而得到物质上的奖励。

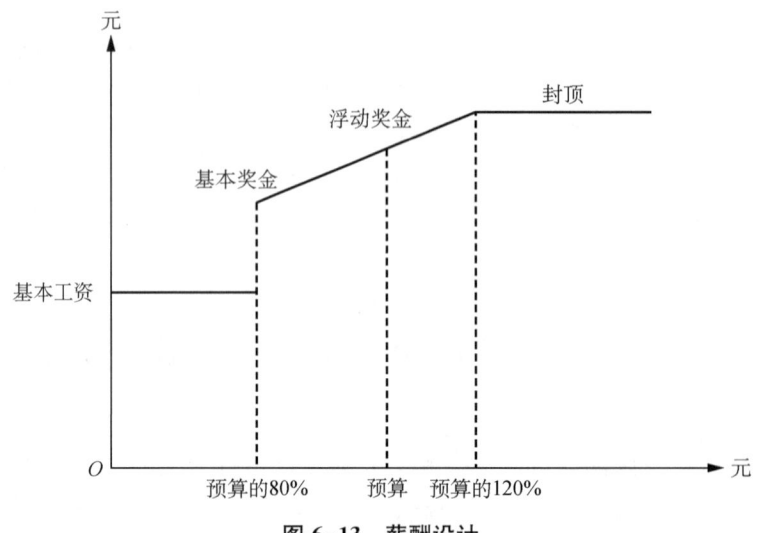

图 6-13 薪酬设计

但是,这种传统的薪酬设计模型往往会在预算管理行为中导致预算松弛和业绩松弛两种问题。预算松弛是指下级在参与制定预算时,隐匿真实信息,提供保守性的、能使其将来经营业绩看起来更好的预算数据,即下级在制定预算中留有余地的行为。业绩松弛则是指预算责任人发现自己无法达到奖励的下限或已经超过奖励的上限后,就会放弃进一步提高业绩的努力,导致预算契约的激励功能失效。

为了解决传统薪酬模型带来的问题,会计学界提出了数种修正的薪酬模型,其中以新维埃奖励模型和联合确定基数法最为成熟。

一、新苏维埃奖励模型

该模型是美国学者威茨曼以苏联中央计划人员在实施计划经济时对下级部门设计并实施的薪酬体系为基础,设计的用于公司预算系统的薪酬计划。该计划用公式表示如下:

$$B = B' + b \times Y' + a(Y - Y') \quad Y > Y' \tag{6-1}$$

$$B = B' + b \times Y' + c(Y - Y'), \quad Y < Y' \tag{6-2}$$

式中:B 是下级的奖金收入;Y 是其实际业绩;B' 是由上级决定的奖金;Y' 是经下级参与确定的预算目标(也可以视为预算责任人自报数);a、b、c 都是奖罚系数,其中 $0 < a < b < c$。$0 < a < b < c$ 是保证该模型能顺利发挥其优越性的关键。预算使用者在使用该模型时为了更好地产生激励作用,甚至作出如下规定:b 至少要比 a 大 30%,同时,c 至少要比 b 大 30%。

表 6-2 展示了当 $B' = 100$、$a = 0.2$、$b = 0.4$、$c = 0.6$ 时,奖金 B 的变动情况。如表 6-2 所示,当预算目标与实际业绩相同时,下级的奖金收入可达到最大值。这样可以防止下级为了获取超额完成预算的奖励而产生的预算松弛现象。

表 6-2　　　　　　　　　　　　　新苏维埃奖励模型示例

Y, Y′	50	60	70	80	90	100	110	120
50	120	118	116	114	112	110	108	106
60	122	124	122	120	118	116	114	112
70	124	126	128	126	124	122	120	118
80	126	128	130	132	130	128	126	124
90	128	130	132	134	136	134	132	130
100	130	132	134	136	138	140	138	136
110	132	134	136	138	140	142	144	142
120	134	136	138	140	142	144	146	148

二、联合确定基数法

我国学者胡祖光就委托人与代理人之间、母子公司之间针对利润（承包）基数的讨价还价、上下博弈过程漫长、上下信息不对称的现实，提出了一个与预算行为问题相关的解决办法，即联合确定基数法。其基本原理是设计一个充分利用代理人信息的利益机制，使代理人为了追求最大利益能够自动地提出一个与实际能力相符的目标利润，并主要根据代理人自报的目标来确定合同的利润数（合同基数是委托人要求数与代理人自报数的加权平均）。联合确定基数法的核心内容是：各报基数、平均、少报罚五、多报不奖、欠收补七。如表 6-3 所示，只有在代理人报出最真实的目标，自报数与期末实际完成数完全一致时，他才能得到最高的净收益。

表 6-3　　　　　　　　　　　　联合确定基数法的核心内容

代理人自报数的五种情况	一	二	三	四	五
(1)代理人自报数	60	70.0	80	90.0	100
(2)委托人要求数	60	60.0	60	60.0	60
(3)合同基数=[(1)+(2)]÷2	60	65.0	70	75.0	80
(4)期末实际完成数	80	80.0	80	80.0	80
(5)超基数奖励=[(4)-(3)]×70%	14	10.5	7	3.5	0
(6)少报罚金=[(1)-(4)]×50%	-10	-5.0	0	0	0
(7)代理人净收益=(5)+(6)	4	5.5	7	3.5	0

第五节 交互预算

一、交互预算控制的提出与界定

交互控制(interactive control)的概念是西蒙斯在其管理控制框架中首先提出的,该框架着眼于实现组织在战略实施过程中两种不可或缺而又相互冲突的目的,即"创新"(适应变化环境、组织学习与管理变革)和"约束"(强调达成既定业绩目标),一个组织完全可以通过管理控制系统的综合利用来协同这两个目标。该理论将组织的管理控制分为具有不同目的但又相互关联的信念控制、边界控制、诊断控制和交互控制四个子系统。框架内前三个系统执行"传统的"控制功能,包括明确组织的目标和理念、确立行为边界、依据个人业绩进行奖励或惩罚等,而第四个交互控制系统"用于追踪战略的不确定性并触发新的学习活动以对不断变化的环境作出适应性调整"。交互控制的提出颠覆了有关控制的传统观念,认为控制不再仅仅表现为对某一目标或规则的遵守、合规或固定的控制等,它可以是行为驱动过程,成为组织学习的重要手段。同时,该理论还指明企业的预算、反馈和评价等工具既可以用于诊断控制,又可以用于交互控制,对同一控制工具不同的运用方式会显著影响控制效果和组织绩效。诊断预算控制与交互预算控制在控制目的、高管参与程度、评价与激励等多个方面的作用都有显著区别,如表 6-4 所示。

表 6-4 交互预算控制与诊断预算控制的特征差异

项目	交互预算控制	诊断预算控制
控制目的	适应战略上的不确定性,鼓励创新、对话与学习	提供必要的激励、资源,确保战略与预算目标的实现
高管参与度	持续、频繁地关注	例外管理原则
目标设定预算编制	自上而下,经咨询和修正后确定;运营部门参与	更多是自上而下;财务部门为主
预算沟通与调整	经常性的闭环沟通;年内可视预算前提的变化而重新调整预算目标;把学习融入预算调整过程	有限的对话,根据例外管理原则关注重大不利差异;一般不可调整既定预算目标
评价与激励	预算完成情况与评价及各种形式的奖励基本没有关系,评价以主观评价及其他非财务指标为主	预算完成情况与评价、奖励关系密切
信息目标	预算部门的状态描述	预算部门及责任人业绩的描述
时间范围	过去和未来导向	过去导向
行为问题风险	很小	很大

二、案例讨论

天津一汽丰田(TFTM)是商务部批准成立的大型中外合资企业,出资方为中国第一汽车集团公司、天津一汽夏利汽车股份有限公司、丰田汽车公司和丰田汽车(中国)投资有限公司,公司注册资本为33亿元人民币,中方和外方的持股比例为50%：50%,合资时间为30年。公司成立于2000年6月,2017年生产能力达到年产53万辆。

预算是TFTM计划系统的重要组成部分。公司每年首先根据合资双方股东的目标做3~5年的中长期滚动经营计划,经营计划从产品战略计划出发,内容涉及计划期间新产品(车型)的投放、技术的选择和更新、生产规模的扩张等,并制订与产品战略计划相对应的产品生命周期核算计划;其次根据产品战略计划编制生产产品的资源需求计划,包括人员、设备计划和资金筹措计划等;最后依据中长期经营计划对经营计划中的第一年做详细的年度预算,通常在每年的9月。年度预算包括经营预算和财务预算两部分,在公司内部人们习惯上又把经营预算分为"大预算"和"小预算"两个流程。"大预算"主要是指预算目标的确定,其基本流程如下:

(1) 由合资企业上报下年度利润预测。
(2) 双方股东讨论协商利润目标。
(3) 确认利润额,并按照经营单位细分下达。
(4) 确定产销量。

"小预算"是指预算目标确定后在合资企业内部进行的分解,主要流程是:根据销售预测和利润目标制定利润计划,即对利润的构成项目进行分解。在编制具体的预算前,公司的首要任务是改善成本,并确定每个车型的基准成本。TFTM的成本改善公式是:收入—利润＝成本(料、工、费)。其中,"料"分为国内采购和国外采购,前者和供应商共同改善,后者由股东在事前谈好;"工"的成本体现在内制品上,项目包括辅助材料、消耗性材料、易耗品和水电等;"费"则是指制造费用,由每个车间运用零基预算法对可控费用编制费用预算,由预算科汇总审批。"工"和"费"的改善主要依靠企业内部,通过成本改善法来完成。公司每个月开经管会,出席者包括主管公司财务工作的副总经理、各部门正副主任及财务部的预算管理成员,会议内容包括对预算执行情况的分析总结、各部门预算执行结果的反馈、公司预算工作重要信息的传达以及基准成本的改善情况等。会议的重点是对预算执行情况的跟踪和降低成本的经验介绍,核心是分析存在的问题和没有实现目标的原因,进一步提出改善的方向和手段。经管会分析预算执行情况的目的不是业绩考核,没有完成计划并不表明业绩不好,更不会因此而受到批评。相对而言,对预算的讨论和分析更关注外部不确定因素和未预测到的事项对现行计划所蕴含的假设带来的挑战和对未来经营活动的影响。

公司每年6月一般会根据环境条件的变化和预算的实际完成情况来分析目标能否完成,如果有必要就对利润目标做一次大的调整,合资双方的母公司一般不会怀疑调整的必要性。由于公司的成本改善法是一种强调持续改善、实时改善的方法,以此为基础编制的预算也没有被当作固定的业绩标杆,在公司的预算管理中没有期末的预算考核及其奖惩这一环节。公司认为预算的最终结果包含很多管理者和员工不可控的因素,因此更强调预算过程中的沟通、知识分享、学习、创新和努力程度,对管理者和员工的评价基本上都是通过上级对下级的主观评价确定的,方式是面谈。

TFTM在实施交互预算方面是一个很成功的案例,它的成功经验可以总结为以下三点。

1. 交互预算控制的运用与对组织的影响

通过分析案例公司的预算管理可以发现,尽管案例公司在预算回顾中也将期初制定的成本改善指标作为标准来考察实际完成情况,从而具有诊断控制的特征,但总体来看,依据前面对交互预算控制的界定,案例公司的预算制度具有明显的交互控制特征。其理由如下:

(1) 预算的编制、执行和反馈是连续不断的,要求各层级的管理者定期、频繁地关注预算;

(2) 公司通过每月、每季度的经管会,讨论预算执行情况(主要内容是成本改善的完成情况),关注是否实现了改善目标,如果没有实现目标,问题是什么、如何解决等;

(3) 每年年中都会根据预算前提的变化对预算目标进行必要的调整,认为这是适应环境的合理、积极行为;

(4) 最为重要的一点就是,预算执行结果与业绩评价及奖惩没有关系,预算回顾的主要目的是发现问题进而解决问题,而非评价业绩、奖惩或者末位淘汰。

与前期阿伯内西和布劳内尔,毕斯贝街和奥特利及亨利等的研究结论相一致,TFTM的交互预算控制取得了良好的控制效果,具体包括以下几点:

(1) 促进了组织内的学习。交互预算控制所涉及的对问题的彻底探究成本改善的跨部门参与和高管的积极介入等讨论方式为组织内部尤其是中方人员学习工艺流程、成本改善、预算管理方法和理念等提供了平台,从而使很多隐性的技术和管理知识显性化。学习不仅仅对于组织至关重要,持续的学习机会和能力的提升对员工个人也是一种强有力的激励,可以增强员工的组织承诺,进而提升个人和组织绩效。

(2) 减少了"预算游戏"行为,促进了业绩的持续改进。不同于诊断预算控制,交互预算控制中的预算并不是绩效评价的业绩标杆,切断了预算与业绩及奖惩之间的联系,整个预算的编制和控制过程都以业绩的持续改进为核心,回顾也是为了找出问题,即将"问题"和"人"分离开来,从而有效地抑制了其他预算管理中常见预算"说谎"和"相互推诿"等行为,员工能够认识到"预算回顾和讨论时找出问题并不是要指责某个人,而是想了解事实以改善公司所面临的不理想的境况"。这样的控制能够诱导员工说真话,增强了组织内部相互间的信任度。

交互预算控制通过促进组织学习和持续改进,有效地增进了 TFTM 组织绩效的提高。在整个轿车行业增产不增收的情况下,TFTM 以成本控制的绝对优势确保了自身利润率,其中成本控制方面的持续改进对公司财务绩效的贡献毋庸置疑。另外,作为合资企业,TFTM 战略绩效主要体现为母公司战略目标的实现程度。对 TFTM 近 15 名中方和日方管理者的调查表明,合资双方对战略目标的实现程度都比较满意,都给出了 5 分以上的评价(要求在 1~7 分打分)。

2. 战略不确定性与交互预算控制

就 TFTM 而言,在成立之初,受内外部环境因素的影响,公司战略存在一定的不确定性。首先,合资双方战略取向的分歧导致合资公司自身目标迟迟难以确定,"中方股东偏重财务收益,而外方更看重市场";其次,合资企业内部在员工行为、制度等方面的跨文化差异使组织的发展前景存在较大的不确定性,战略目标的达成似乎无从谈起;最后,国内汽车市场发展和变化更加迅速,竞争对手的行动、TFTM 自身的优势都尚未明确显现,正如 TFTM 某高管所言,公司的战略目标一开始不是很明确。刚开始时,只是想着顺利投产,产品下线,然后是成本和价格的竞争。直到 2005 年年底,随着车型布局以及产能扩张与储备的逐步完成,双方股东谈判实力的变化及相应的目标的调整,TFTM 才提出明确的战略目标,即 2010 年实现产销 50 万辆、销售收入 800 亿元的发展目标。战略的不确定性导致组织无法确定明确的经营目标和判断关键成功因素,在这样的背景下,进行交互预算控制更为合适。不强调对预算目标的完成,能够降低管理人员和员工的"业绩数字"压力,有利于公司专心摸索和适应外部环境及战略的不确定性。

3. 交互预算控制与其他控制机制的契合

尊重和改善是 TFTM 信念控制的核心,它鼓励员工淡化定量(预算或业绩)目标,在工作中发现问题并积极解决问题。另外,公司主张尊重员工,鼓励团队合作,倡导集体价值观,不强调权责的清晰界定,倡导团队的集体负责制,在小组或员工个人层面的奖励非常少(创意贡献奖除外),但是如果整个工厂或公司业绩好,那么每个人都会有获得重大奖励的机会,增强了员工团队意识。信仰系统所营造的这种组织氛围与实施交互预算控制所需要的积极沟通、无保留地在查找问题和相互配合地解决问题等条件相互契合,为其提供了良好的运行基础,在一定程度上保障了运行效果。可以想象,在一个人人追求个人利益最大化、强调"人人肩上有指标"的组织中,个人之间、部门之间缺乏沟通,同时恪守既定标准、对变化反应迟缓,预算控制是很难交互起来的。

通过分析还发现,TFTM 的交互预算控制与边界、诊断控制相互补充,在确保短期绩效的同时鼓励创新和改进。公司对于品质、安全、效率等关键成功因素及其实现方式的明确界定为预算的交互对话提供了重点和依据,而以"标准作业制度"为代表的诊断控制则有效地从作业这一绩效形成的最根本元素上实施控制,从而保证了组织的短期绩效。另外,面谈制度通过上级基于过程、努力和贡献的主观评价方式激励员工在预算执行和回顾中想方设法地去表达、尝试各种可能的改善,同时,通过交互预算控制频繁而深入的沟通方式,管理者获得了用以评价下属员工的有关经营环境、决策情景、各种备选方案以及员工所做的努力等更加完备有效的信息,在沟通与主观评价之间形成了良性循环。因此,TFTM 的交互预算控制并不是自成一体、独立运行的,相反,它与公司的其他控制子系统交织在一起,相互补充和支持,对组织实施共同控制。

思考与讨论

1. 请根据图 6-14 的内容,归纳出作业成本法与作业基础预算之间的差异。

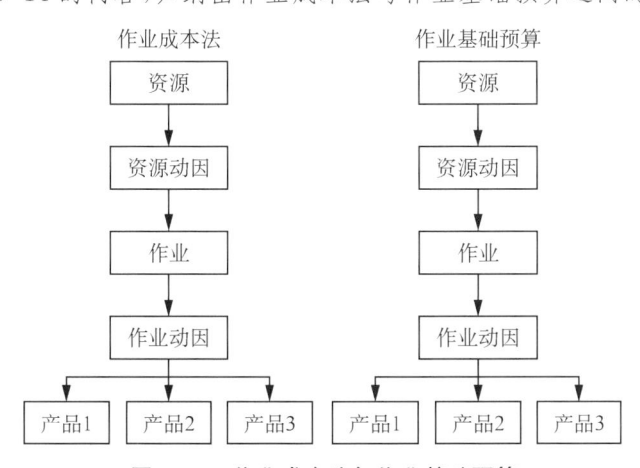

图 6-14 作业成本法与作业基础预算

2. 表6-5详细描述了预算与平衡计分卡在设计原则上的差异。正是这些差异,导致一些企业同时应用这两种管理工具时产生矛盾。请根据本章学到的知识,归纳出缓解这些矛盾的方法。

表6-5　　　　　　　　　预算与平衡计分卡在设计原则上的差异

项目	预算	平衡计分卡
会计领域	责任会计	战略管理会计
目的	公司治理/财务控制	战略适应/战略实施
时间范围	年度的/短期的	战略的/长期的
使用范围	单维度地,财务指标导向	多维度的,包括财务指标和非财务指标导向
用途	个体可控性和个体问责	战略更新时的组织决策和沟通
对经理的影响	强制的	授权的

3. 请根据交互预算的特点说明交互预算在组织战略发生变化时所具有的较强的适应能力。

章节案例

案例题目:中化集团全面预算管理研究

一、中化集团简介

中国中化集团公司(以下简称中化集团)成立于1950年,前身为中国化工进出口总公司,历史上曾为中国最大的外贸企业。现为国务院国有资产监督管理委员会监管的国有重要骨干企业,总部设在北京。

中化集团从成立之初历经各个发展阶段,到目前转型再造为具有较强竞争力和行业影响力的新国企,其发展离不开经营管理的变革与转型创新。中化集团启动的以提高企业管理水平为目的的管理改善工程,主要从创新管理体制、增加总部控制力和量化经营模式,做大做强主业两个方面展开,形成了具有面向市场的核心竞争能力,成为全球资源和市场的组织者,围绕主营业务进行上下游和国内外延伸,形成了资源控制、技术研发、营销和金融服务相互支撑的经验格局,发展出以石油、化肥和化工为三大核心业务的产业价值链,构造了有限多元化、协同发展的产业布局。

二、中化集团预算管理发展概况

1998年的亚洲金融危机让中化集团认识到预算管理的重要性,于1999年启动了以提高企业管理水平为目的的管理改善工程,这是其发展史上的一个重要里程碑。从此,中化集团开始建立一套较为成熟、具有中化特色的、以全面预算管理为核心、以风险控制为关键、以资金管理为对象,辐射到公司管理方方面面的"点、线、面"相结合的内部控制体系,有效防范与规避风险。从这里开始,一改以往简单盈亏预算的初级管理模式,向全面预算管理转型,到2002年逐步完善,迈向战略导向型的全面预算管理新阶段。预算管理开始以战略目标为导向,从预算目标的建立、预算编制、预算分析与执行控制、绩效评价与考核都围绕集团战略目标的实现开展预算管理工作循环,以配合集团战略目标的实现。

三、中化集团全面预算管理的具体实践

中化集团的全面预算管理以战略规划为指导、以市场需求为起点、以经营计划为基础、以追求高绩效为目标,强调资源的优化配置,涵盖事前、事中、事后的全员参与、全流程、全方位的预算管理体系,建立了从预算制定、质询对话、执行监控、分析评价、绩效考核等预算管理循环,如图 6-15 所示。

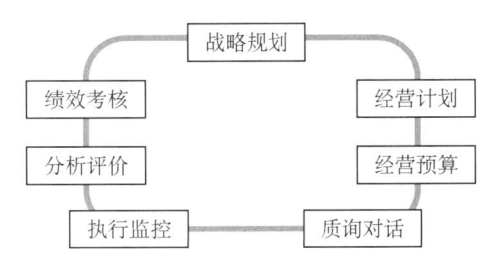

图 6-15 中化集团预算管理循环

(一) 预算目标的制定

中化集团的预算管理以战略为导向,通过将集团战略目标层层分解,细化并落实到各经营单位,各经营单位的经营目标服从并服务于集团整体战略目标,并据此进行预算管理,追求集团整体的高绩效目标,强调经营过程的安全及健康,强调资源的优化配置。下属经营单位应按照集团总部梳理的全面预算逻辑框架的要求进行年度预算的编制工作,以体现预算的全面性与逻辑性。

中化集团的预算管理从市场需求出发,建立符合市场原则的投入、产出模型,按市场原则进行资源配置;以业务活动为起点,细化经营计划,有机衔接经营预算,形成完整的全员、全过程、全方位的全面预算管理体系,如图 6-16 所示。

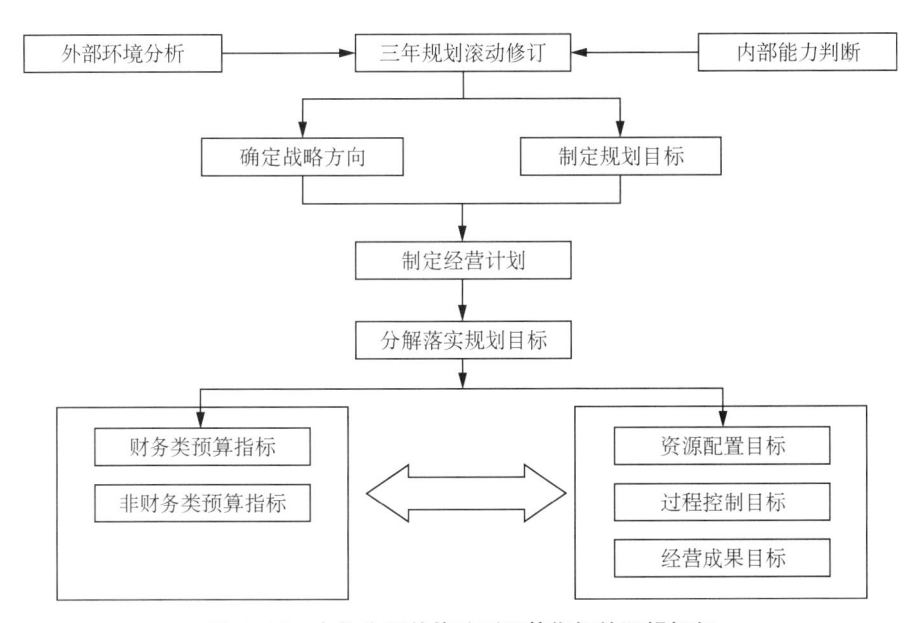

图 6-16 中化集团从战略到预算指标的逻辑框架

预算目标的设定,建立起总部和经营单元之间的管理契约关系,因此在预算的执行过程

中必须保证预算的严肃性。预算编制和执行时必须保证诚信,预算批复后不得擅自调整,预算外事项严格审批,下属经营单位通过下列措施确保集团战略真正落地。

1. 通过战略地图分解战略目标

战略地图通过将平衡计分卡上的不同项目纳入一条因果链内,从而使企业的战略目标与达成目标的驱动因素联系起来,展示战略规划与资源转化之间的关系,使员工可以更好地理解企业战略。

下属经营单位运用战略地图,在兼顾战略要素和运营关键环节的基础上,搭建了涵盖财务目标、战略发展、运营管理、组织基础四个层面的绩效管理体系。下属经营单位基于战略地图的绩效指标体系以集团公司的整体战略为起点,结合财务指标和非财务指标,突出强调指标体系的战略相关性,将部门和个人业绩指标与公司整体战略密切关联,从而使得绩效管理体系超越一般的业绩体系成为一个综合的战略实施系统。

2. 具体指标的分解与构建

中化集团全面预算指标体系不仅包括经营成果指标,还包括经营过程指标和资源配置指标,关注经营过程与经营质量,并通过资源配置与经营成果相匹配,鼓励经营者追求高绩效,具有强调价值创造、风险可控、资源优化配置、全方位内部控制等特点,如图6-17所示。

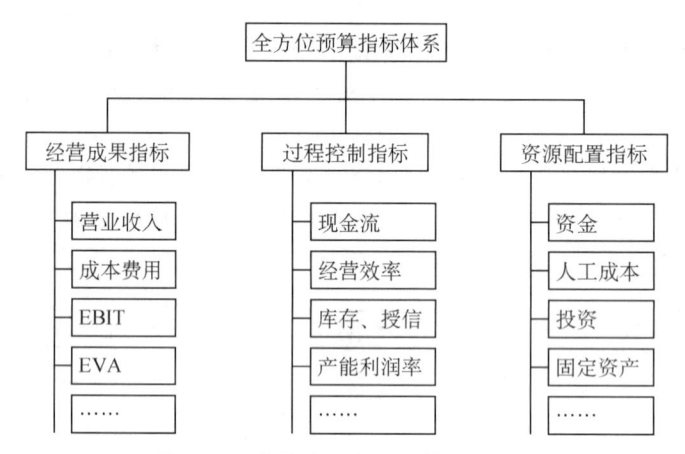

```
                    全方位预算指标体系
                          │
        ┌─────────────────┼─────────────────┐
    经营成果指标        过程控制指标        资源配置指标
        │                 │                 │
      营业收入            现金流             资金
      成本费用            经营效率           人工成本
      EBIT              库存、授信           投资
      EVA               产能利润率          固定资产
      ……                ……                ……
```

图6-17 中化集团全面预算指标体系

中化集团围绕集团的战略关键点和运营管理环节,设置KPI指标进行系统化管理;通过建立若干绩效透视表,从各个维度透视关键经营指标。在指标设置的过程中体现以下原则:

(1) 业绩目标制定引导原则,即反映公司总体预算目标要求和考核引导要求。

(2) 薪酬资源配置原则,即在薪酬资源的配置上秉承高绩效理念。薪酬包括固定部分和浮动部分,固定部分的薪酬资源配置既考虑上年业绩达成,又考虑当年业绩追求。根据上年考核分类、当年经营预算情况和公司当年整体薪酬总额的实际状况确定固定部分增长幅度。

(3) 风险资源配置原则,包括授信预算和存货预算。加速周转,提高风险资源使用效率;控制规模,降低业务风险暴露程度;合理配置,向为公司带来价值的业务倾斜。

(4) 资金资源配置原则,包括资本性资金和营运资金。资金配置优先支持公司重点战略,向经营内涵持续优化、盈利能力及运营效率好的业务倾斜,内部资金使用,除免息额度外,将严格考核资金成本。

3. 预算质询

中化集团各经营单位的预算目标必须经过与集团公司的质询对话后确定。通过预算的对话质询,明确集团公司和经营单位之间的经营契约关系,明确各经营单位的权限空间和职责范围,有助于集团公司围绕战略目标进行资源优化配置,同时保持下属经营单位的经营灵活性和主动性,如图 6-18 所示。

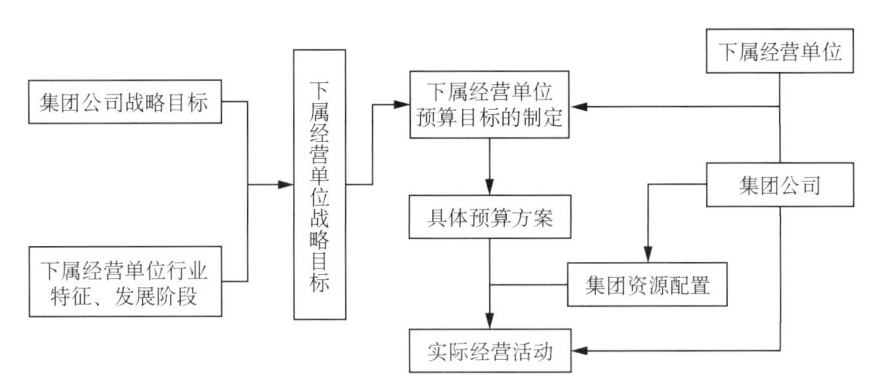

图 6-18　中化集团预算目标的基本逻辑

(二) 预算编制

中化集团的预算编制以战略规划为导向,制订经营计划和经营预算,子公司根据集团整体战略目标以及自身的经营目标制定相应的预算指导原则,并层层向下分解,下达年度预算编制的具体要求。子公司的业务支持部门和职能部门按照公司的预算编制原则及本部门的职责分工,编制相应的预算项目,向事业部汇总后报送子公司。子公司将汇总后的本经营单位预算上报至集团公司,并提出相应的资源配置要求,经过与集团公司质询对话后,确定本经营单位的年度经营预算,并经集团公司以批复形式正式下达。

1. 预算编制指导原则

下属经营单位根据中化集团的整体预算目标,对下属经营单位所属子公司的预算编制提出相应的指导原则:

(1) 战略导向原则。以中化集团和下属经营单位战略要求为导向,细化和落实规划期第一年的各项重点战略议题,确保战略真正落地。

(2) 全面预算管理原则。以业务活动为起点,细化经营计划,有机衔接经营预算,形成完整的全员、全过程、全方位的全面预算管理体系。

(3) 精细化管理原则。细化经营计划编制内容,明确编制标准,设置关键指标,夯实经营预算基础;满足对价值链条的精细化管理要求,加强基础工作,细化预算颗粒度。

(4) 市场自适应原则。从市场需求出发,建立符合市场原则的投入、产出模型。

2. 预算编制组织

在预算编制组织上,下属经营单位完善全面预算管理组织机构,各单位"一把手"亲自负责组织并参与预算管理。在预算的编制过程中,按照从经营计划到经营成果细化全过程编制逻辑,使经营预算与经营计划有机衔接,确保预算的全面性和刚性约束,严控预算外项目。

中化集团的预算管理强调全员参与,通过"金字塔"式的管理责任链使得预算管理工作在系统内逐级延伸、逐级落实,各经营单位在集团总部的统一协调下,各司其职,协作配合,如图 6-19 所示。

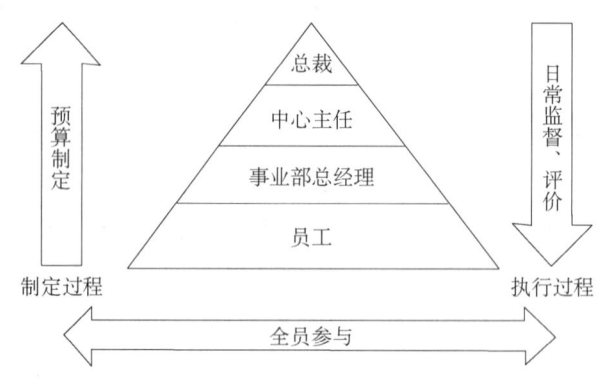

图 6-19 中化集团"金字塔"式的管理责任链

3. 预算编制时间安排

按照集团公司的要求,下属经营单位每年 9 月开始进行下一年度的经营计划及预算编制的布置工作,10 月上报经营计划,在经过预算质询会后,正式向集团公司上报预算,集团公司经过综合平衡后在下一年度 2 月之前下发经营单位重要战略议题及经营预算指标批复。

在具体预算编制上,各业务支持中心及职能部门首先编制各部门相应的预算表格,经利润中心财务部进行汇总初审后,由下属经营单位总经理办公室审核上报集团审批。下属经营单位按照预算流程对所涉及的所有预算内容进行分工,明确各个部门的预算编制责任。

(三)预算的执行与监控

预算目标实现与否需要借助一定措施对预算执行过程进行分析与监控,以及时跟踪预算执行效果,对预算与实际的差异进行分析,建立相应的预警机制,并及时调整公司的资源配置,保证集团整体预算目标的实现。

1. 集团公司对经营单位的预算执行与监控机制

中化集团重点对经营计划、经营成果、经营质量及内部管控进行预算执行的过程监控。过程监控的主要内容框架如图 6-20 所示。

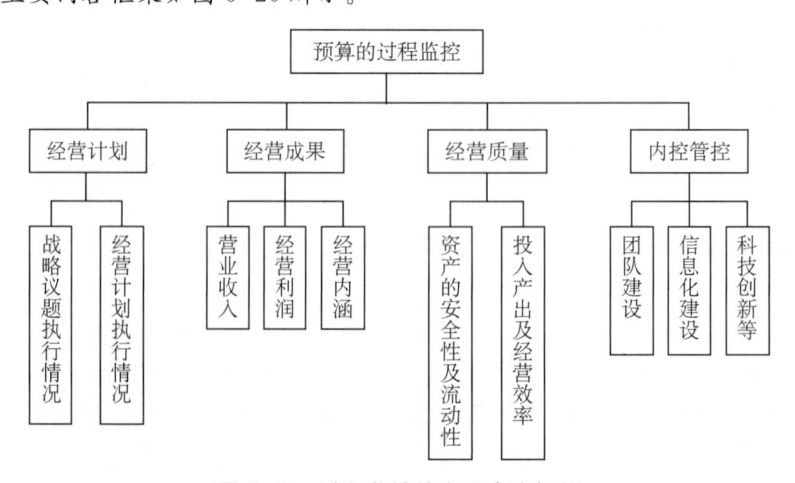

图 6-20 过程监控的主要内容框架

中化集团对企业预算的执行实施全方位监控,其监控手段包括资金集中、会计信息监督、风险管控、战略实施、HSE 管理、审计稽核等,并通过定期绩效报告制度对经营计划和经营预算实施过程进行分析质询及纠正偏差,以保障经营计划和预算实施,如图 6-21 所示。

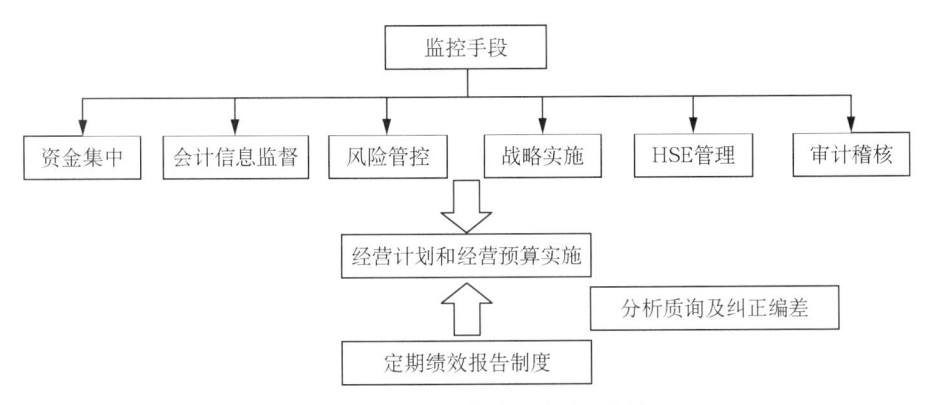

图 6-21　全面预算管理的过程监控

在预算执行监控中,中化集团采用总部监控管理与预算责任单位自我监控相结合,实施全方位的监控流程,具体如图 6-22 所示。

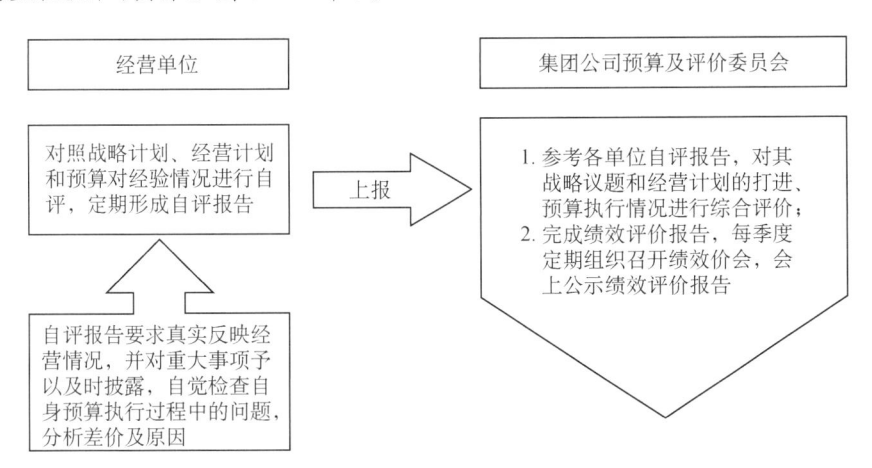

图 6-22　集团公司和经营单位相互结合的监控方法

2. 预算"信号灯"预警机制

为保证预算目标的完成,在集团内部营造主动查找差距的良性竞争氛围,中化集团每月在集团办公系统中发布业绩看板。业绩看板列示集团所有二级单位主要指标的完成情况,并以红灯、黄灯、绿灯三种颜色直观列示。其中,红灯说明与预算进度差距较大,进入严重警示区;黄灯说明与预算略有差距,进入警示区;绿灯说明预算执行正常。

3. 预算分析与评价

传统财务分析是预算分析与评价的基础,其作用在于收集与决策有关的各种财务信息,并加以分析与解释,这种分析目的在于评估企业现在或过去的财务状况及经营成果,对其变动进行系统分析和评价,对企业未来的状况及经营业绩进行最佳预测。然而,传统财务分析存在分析范围限制、财务分析和业务结合度较低、对决策支持力度不足等原因,只能发现业务运作的结果,不能发现业务经营变动的原因,分析的深度和广度都受到制约,预测可靠性不足。因此,中化集团的预算分析评价体系以传统的财务分析为基础,同时深入业务层面,通过经营分析与评价,发现业务中存在的问题,并不断提出目标改进要求,促进企业不断提升内部运营管理水平,如图6-23所示。

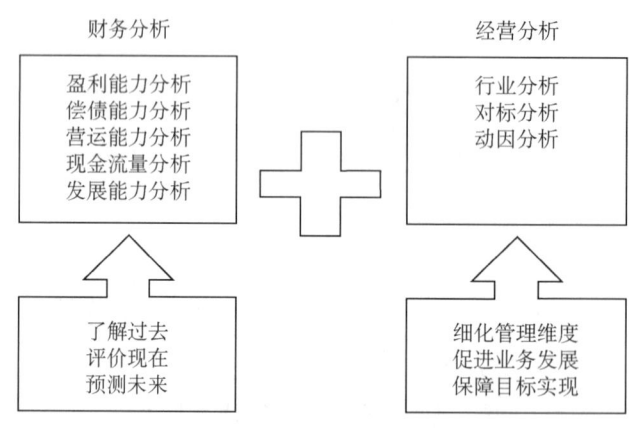

图 6-23 中化集团预算分析与评价内容体系

中化集团以经营分析与评价机制作为财务分析的有效补充,通过内部运营管理支持经营分析与评价,而经营分析与评价的结果又反过来指引企业的内部运营管理。这种经营分析与评价机制有效加强集团公司对业务层面的管控,使得管控更加精细化,有助于及时发现问题、改进问题,促进业务发展,最终保障企业目标的实现。

经营分析与评价分成以下六个步骤,如图6-24所示。

收集相关信息 → 计算相关KPI → 差异分析 → 挖掘业务动因 → 共同提出改进建议 → 跟踪执行情况

图 6-24 经营分析与评价步骤

下属经营单位根据中化集团整体的预算管理要求,建立预算自我评价和监控机制。在预算的执行过程中,将年度预算细分为月份和季度预算,以分期预算控制确保年度财务预算目标的实现;将经营预算分解为各业务部门、职能部门预算,明确执行个体的预算目标;在预算的执行过程中,以部门经理为第一责任人;将预算指标层层分解,从横向和纵向将责任利润落实到个人,做到责权利的有效统一,并和个人绩效并轨,形成全方位的预算执行责任体系,保证预算目标的实现。同时,建立反馈稽查制度和评估体系,按月进行预算分析和跟踪,并逐层向下反馈到个人。通过对KPI指标的定期回顾,进行有效的过程控制。根据下属经营单位的生产经营特点,对于不同的KPI指标,公司分别安排不同的指标回顾时间和回顾频率。

(四)预算考核

传统基于预算的业绩考核不可避免会带来如"预算博弈""预算抵触""预算短视"等预算副作用,为此,必须搭建预算与绩效之间的桥梁,建立明确的绩效考核制度和恰当的绩效指标体系,使得绩效与预算都围绕企业的战略目标实现形成合力。

1. 设置预算及评价委员会,从组织层面推动预算与绩效的整合

中化集团在集团层面设立预算及评价委员会,每季度对各经营单位经营计划执行情况

进行分析评价,分析预算执行进度、差距及原因,及时纠正偏差。在绩效管理工作中,集团的预算及评价委员会具有独立性和权威性。各经营单位按照既定的绩效评分卡进行自评,并将结果上报集团预算及评价委员会;集团预算及评价委员会按照分工分别对绩效评分卡相关项目进行评定和打分,最后结果再行开会讨论最终审定;对于绩效评价结果按不同业务类型进行分类评价比较,并在全年绩效评价会上予以公开列示。预算及评价委员会的职责涵括预算与绩效两部分,有助于从组织层面推动预算与绩效的整合。

2. 建立绩效评分卡,将绩效指标与预算目标相联系

中化集团的综合绩效评分卡是在平衡计分卡的基础上,结合各经营单元实际确定的综合评分体系。绩效评分卡作为对各经营责任单位的绩效评价工具,是对各经营类预算责任单位的最终考核形式。绩效评分卡采用百分制,根据质询通过的战略规划和影响经营管理的关键驱动因素,分别设定各指标的权重,每年年初由绩效委员会确定并和各单位沟通一致;每年年度由各经营单位根据全年工作完成情况进行评分卡的自评,绩效委员会审核和终评;全年工作会议公布评分结果,并将评分结果反馈到各经营单位。

(1) 绩效评分卡的总体设计。中化集团在绩效评分卡总体设计上综合考虑内外部要求,结合国家有关上级部门对集团公司的考核要求以及公司管理实际进行设计;在指标设计上体现财务指标与非财务指标相结合。

在财务类指标层面,主要包括经营成果类(营业收入、成本费用、EBIT、利润和EVA);财务状况类(资产、负债、所有者权益);经营效率类(毛利率、资产周转率、人均收入、人均利润);投入产出类(ROA、ROE等);资源需求类(资金、人工成本、科技投入、HSE投入);经营质量类[现金流、预期应收、高龄存货、敞口浮盈(亏)]。

在非财务类指标层面,主要包括生产经营类(产销量、合同规模、合同履约率、单位能耗、产能利用率、客户结构、市场占有率);经营质量类(期货持仓规模、期货保值率、节能减排、授信占用);资源能力类(仓储罐容、资源储量、分销网络、产能、运力)等方面。

(2) 绩效评分卡的基本结构。中化集团绩效评分卡的基本结构设计,围绕战略目标,践行发展理念(积极、稳妥、持续、健康),坚持价值引导,突出管理的提升保障作用,通过实行对标管理和短板管理,深化对战略执行情况以及投入回报的考核,如表6-6所示。

表6-6 绩效评分卡的基本结构

考核指标	发展理念的体现
1. 投入回报水平(EVA、ROIC、成本费用控制等)	积极
2. 成长性	
3. 安全流动性(评级指标等)	健康
4. 核心战略经营 其中包括:战略议题、运营项目、建设项目、科技创新、其他专业	稳妥 持续
5. 管理提升与保障(共11项管理事项) 其中包括:人力资源管理、风险管理、HSE管理、信息化管理	健康
6. 倒扣分	

3. 通过绩效分析评价机制,优化资源配置,保障预算目标实现

集团公司预算及评价委员会定期完成各经营单位的绩效评价报告,每季度定期组织召开绩效评价会,在会上公示绩效评价报告。中化集团建立定期的绩效分析评价机制如表 6-7 所示。

表 6-7　　　　　　　　　　　绩效分析评价机制

评价机制	周期	会议重点
绩效评价会	年度	评价各经营单位上年度业绩,总结经验教训、公布评分结果,并在分析环境的基础上,提出下一年度工作目标
	半年度	对比经营计划和预算实施进度,查找差距,提出下半年工作重点
	季度(4 月、10 月)	针对重点单位,质询差距,改进不足
绩效分析报告	月度	经营单位自评,反映经营情况,对重大事项予以及时披露,检查问题,分析差距及原因

中化集团的绩效评价结果主要用于资源调整,包括机构调整(清理、调整绩效不佳的企业或业务单元);人员配置(能者上、庸者下,根据业绩好坏调整经营者);根据业绩配置人工成本。

预算关键指标已经体现了集团总部对下属企业的控制要求,以预算关键指标为依据的考核就是激励下属企业的管理层将集团总部的战略贯彻到下属企业的具体经营活动中,以达到集团总部控制下属企业战略的目的。

四、预算管理的实施保障

集团公司实施全面预算管理,并建立以全面预算管理为基础的内控体系,其成功的关键在于以下几个方面的保障。

(一) 组织保障

全面预算管理是一个系统工程,非一朝一夕或几个人可以完成。预算管理的有效实施需要公司全员的积极参与。中化集团建立以预算及评价委员会牵头、全员参与的全面预算管理体系。

1. 建立"金字塔"式的管理责任链

中化集团内部建立"金字塔"式的管理责任链,在预算制定、监督和评价等过程中,各单位"一把手"要亲自负责并参与,各层级负责人、员工全员参与,按照"金字塔"式的预算管理责任链,逐级延伸,层层落实。

2. 横向分工协作,纵向逐级把关

中化集团在公司层面建立了预算及评价委员会,在各经营单位均建立了预算及评价管理机构,横向分工协作,纵向逐级把关、审核;公司下属经营单位各业务支持中心及职能部门编制相应的经营预算项目,由经营单位进行汇总审核后,决策上报集团公司;预算及评价委员会严格履行专业审核职责,在预算管理工作中具有独立性和权威性,确保预算编制的全面、科学。

3. 财务管理转型

在财务管理体制上,集团公司借鉴跨国公司先进经验,改革财务管理体制,将财务部门

分拆为会计管理部门、资金管理部门、分析评价部和财务综合部,由过去集团公司总部财会处单纯管理总部核算、资金事项以及简单汇总分析全系统经营成果的财务管理模式向"三统一、一体系"的财务管理模式转变,即实现资金管理统一、会计核算统一和财务人员管理统一,并建立科学的预算管理和绩效评价体系。

(二) 制度保障——健全和强化执行各项内部管理制度

随着内控体系建设的深入,公司对所有的规章制度进行了修订,健全客户资信管理、预期应收账款管理、期货套期保值管理、资金集中管理、财务预算管理、绩效评价管理、审计等多项内部控制制度,实现管理约束机制的规范化。同时,公司还通过审计稽核等手段加强对制度执行的监控。目前,内部审计已经由推行风险导向与内部控制,进一步发展为广泛参与公司治理与风险控制,为管理层提供有效建议,利用内审成果为集团决策提供支持的审计。

(三) 信息保障——推进会计信息统一,搭建先进的信息化平台

公司在全集团范围内统一会计科目体系和会计核算标准,执行统一的财务会计管理规范,保障会计信息的真实、完整和及时,为集团公司决策提供准确的基础信息。同时,集团公司在国内外贸公司率先引入ERP系统,使得企业的物流、资金流和信息流三流合一,为公司全面监控业务流程、加强财务管理和控制、支持高层决策和提高整体运营效率提供一个功能强大的技术平台。目前,集团公司已经完成ERP系统对主要经营单位的覆盖。另外,公司还大力建设遍布全集团的企业网,实现远程财务信息监控,增加业务操作的透明度,极大地改善了信息不对称的情况。

总而言之,中化集团建立以全面预算管理为基础、以风险控制为关键、以资金管理为对象,辐射到公司管理的各个方面的内控体系,有效地整合了集团公司和子公司的资源,是一个可运行、可操作的计划与控制体系。不仅保障业务国际化和庞大组织机构的有效运行,使得集团公司风险可知、可控、可承受,更为大型国有企业建立内控体系、有效防范与规避风险提供了有价值的借鉴。

五、案例讨论

在全面预算管理实践中,我们需要重点思考以下问题:
(1) 中化集团预算管理特点与创新是什么?
(2) 中化集团是否有效实施预算管理的保障机制?
(3) 全面预算管理成功应用的关键因素是什么?

资料来源:郑玲.高级管理会计理论与实务[M].北京:经济科学出版社,2022.

第七章
公司治理、激励机制与高管薪酬

教学目标

通过本章教学,学生需要了解公司治理问题产生的根源、市场监控机制在外部治理中所发挥的作用;理解公司治理与管理会计的关系;掌握各种公司治理模式的特征、信息披露在外部治理中的重要性、公司内部治理机制、激励机制的内容、监督机制的种类、企业的决策机制的实施途径,以及如何确定高管薪酬;把握利益相关者监督机制与外部治理之间的关系。

第一节 公司治理与管理会计

一、公司治理概述

(一)公司治理问题的产生

1. 现代公司

企业制度从古典到现代的转变,经历了业主制企业、合伙制企业和公司制企业的发展过程。业主制企业是由单个个人出资、归个人所有和控制的企业,它在法律上为自然人独资企业。业主制企业是最古老也是最简单的企业制度形式,这种企业只有一个财产所有者即业主,因此财产关系最清晰、简单,经营权与所有权合为一体,业主对企业的债务负无限责任,风险较大。合伙制企业是指由多个资本所有者共同投资、共同所有、共同经营、共担风险和分享收益的企业。由于是合伙人共同出资,合伙制企业的资本规模比业主制企业大,合伙人要用自己的全部财产对企业的业务承担全部责任或无限责任。所有合伙人都有权代表企业从事经济活动,重大活动都需要得到所有合伙人的同意。合伙制企业与业主制企业在本质上并无区别。

公司制企业是指依据法律法规和公司章程等,通过股权融资把分散的资金集中起来的企业组织形式,是依法享有独立的民事权利、承担民事义务、负有民事责任、独立经营的法人组织,在独立的法人财产权基础上进行运营。股东是公司财产的所有者,有权分享企业的盈余,并以其向公司的出资额承担有限责任;股东不能退股,只能转让其股权。公司制企业中有两个相对应的主体：投资者拥有财产的终极所有权，凭借股权获得收益；法人拥有企业法人财产权，拥有企业生产经营权。

现代公司制度是随着商品经济和社会化大生产的发展而形成的一种典型的企业财产制度。不同于古典企业，现代公司具有如下精神实质：

(1) 公司是由市场经济关系链条构成的多角化经济组织。这样的链条大体包括股东与董事会的信任委托关系、董事会与经理的委托代理关系、经理与员工的聘用关系、债权人与公司的信用关系、公司与监管者（证券、工商、税务等）的依法诚信关系。任何关系链条的断裂都可能影响公司的正常运营。

(2) 公司是各类生产要素的聚合体。公司聚合了生产经营所需的物质资源、技术资源、人力资源、信息资源和资金等，是社会各类资源进行有效配置的微观和基础组织。

(3) 公司是多种利益主体交织和平衡的结合体。公司股东（资本）、经营管理人员（企业家）、员工（人力资本）、债权人、供应商、消费者、社区、税务等主体的利益都以相应公司为依托，各参与者根据自身所提供的资源和承担的风险获取在公司中应得的收益，并通过市场机制的作用逐步形成均衡。公司已不仅仅是股东的公司，而且是参与各方利益平衡的结合体。

(4) 公司是市场契约的联合体。各类经济主体的活动、各种经济利益关系、各种经济关系链条的衔接、各投资人的权利与义务等都是靠数量众多、各式各样的契约维系的，公司是非人力资本、人力资本等缔结的合约，公司体现的是现代市场经济的法治精神。

从现代公司的精神实质可以看出，现代公司相对古典企业而言规模较大，具有经济与社会职能复杂、经营区域广、股权趋于分散、资本的所有者与企业经营者分离等特点。

2. 两权分离与公司治理问题的产生

随着公司制企业的发展，现代公司出现了产权制度和治权制度的两次分离。一是公司出资人拥有的股权和法人所有权的分离，公司的终极所有者不能干预法人对其财产所有权的行使；二是抽象的公司法人所有权与具体的经理人经营权分离。正是在两次两权分离的基础上，公司治理问题才得以产生，并使得公司治理问题成为现代公司的焦点与核心。

一般地，公司主要依靠两种基本关系维持运转，即股东与董事会的信任托管关系和董事会与经理层的委托代理关系。信任托管关系容易产生公司治理顽症——大股东侵占小股东的利益；委托代理关系容易产生公司治理另一顽症——内部人控制现象。

美国著名经济学家伯利与米恩斯在20世纪30年代就观察到了经营权与所有权分离的问题，揭示了现代公司在产权安排和内部控制上的特征，为公司治理的基本理论——代理理论奠定了基石。代理理论认为，当一个或多个人（委托人）为获取某种服务而雇佣另一人或多人（代理人）代为决策实施时，也就是说当一方将决策的权力和责任授权给另一方，并对另一方提供相应报酬时，代理关系就产生了。股东和经理之间就是一种典型的委托代理关系。其中，股东是委托人，将企业的资产和经营委托给经理管理，经理是代理人，为股东经营企业并领取报酬。股东和经理作为两个利益主体，各有其目标和激励。股东追求利润和价值的最大化，经理则追求个人效用最大化，两者的目标和行为虽然存在一致的一面，但也存在分歧之处。在现代大公司，股东分散，小股东没有兴趣和能力监督经理，从而使经理拥有很大的权限，控制了企业的经营。但经理并不拥有企业股票或拥有企业微不足道的股票份额，股价和股息对其经营的激励作用十分微弱，从而可能造成股东与经理在追求目标上的偏离，出现代理问题，即经理利用外部股东不知道的信息和手中的权力，偏离企业价值最大化目标去追求自己的利益最大化。

在存在代理问题的情况下,如果出资人能和经理签订一个完整的契约,规定经营者在各种情况下应如何去做,资金只能用于什么用途,收益怎样分配等,代理问题也就解决了。但由于人们的有限理性、信息的不完全性和交易事项的不确定性,明晰所有特殊权力的成本过高,拟定完全契约是不可能的,不完全契约是必然和经常存在的。由于经理决策的复杂性、不可观察性,以及企业经营的不确定性,股东更难事先用无所不包的契约方式来规定经理人员在各种可能的情况下应怎样去做。实际上正是股东不知道在各种情况下应如何去做、缺乏经营才能,他们才想寻找职业经理,自己甘愿成为出资人。这样,尽管企业要和经理签订契约,但都是不完全契约,有许多事项并没有在契约中明确规定,这些未被明确规定事项的决定权——剩余控制权,绝大部分在事实上交给了经理。在经理与股东之间的利益不完全一致,存在非对称信息及经理拥有事实上的剩余控制权的情况下,极易造成内部人控制现象。两权分离所引发的公司治理问题也就进一步浮出了水面。

20世纪70年代中后期,福特等公司出现的治理危机拉开了美国有关公司治理问题讨论的序幕,而在20世纪80年代的英国,由于不少著名的公司相继倒闭,引发了英国对公司治理问题的讨论,产生了一系列的公司治理委员会和治理准则。国际经济、金融组织积极推动公司治理,经济合作与发展组织(OECD)制定了公司治理准则,国际证监会组织也成立了新兴市场委员会并起草了《新兴市场国家公司治理行为》的报告。在中国,上市公司的治理问题也越来越引起各界的重视,在这方面已出现了很多案例如"兰州黄河"等典型的、严重的内部人控制事件;"猴王股份"等大股东大量占用上市公司资金,从而侵占中小股东利益的问题。对于此类事件和问题,中国证监会也多次强调健全公司治理结构、改善公司治理的重要性并颁布了《上市公司治理准则》。

(二) 公司治理的含义及基本原则

1. 公司治理的含义

公司治理理论的提出及对其进行系统性研究始于20世纪80年代。而西方关于公司治理结构的专著,大多是在20世纪90年代才出现的,自"公司治理"概念诞生之日起,它就是一个颇有争议的话题。到目前为止,学术界对公司治理还没有一个统一的定义。下面是国内外比较流行的几种观点。

美国经济学家威廉姆森将公司治理定义为:公司治理就是限制针对事后产生的准租金分配的种种约束方式的总和,包括所有权的配置、企业的资本结构、对管理者的激励机制、公司接管、董事会制度、来自机构投资者的压力、产品市场的竞争、劳动力市场的竞争、组织结构等。

我国经济学家吴敬琏认为,所谓公司治理结构,是指由所有者、董事会和高级执行人员(即高级经理人员)三者组成的一种组织结构。在这种结构中,上述三者之间形成一定的制衡关系。通过这一结构,所有者将自己的资产交由公司董事会托管;公司董事会是公司的最高决策机构,拥有对高级经理人员的聘用、奖惩以及解雇权;高级经理人员受雇于董事会,组成在董事会领导下的执行机构,在董事会的授权范围内经营企业。

我国经济学家张维迎指出,公司治理结构是所有企业参与人及其利益相关者之间的关系;公司治理的核心问题是如何在不同的企业参与人之间分配企业的剩余索取权和控制权;公司治理结构的有效性主要取决于四个方面的制度安排,即企业所有权安排、国家法律制度、市场竞争和信誉机制、经理人的薪酬制度及企业内部的晋升制度。

国际经济合作与发展组织指出,公司治理是一种据以对上市公司进行管理和控制的体系。公司治理明确规定了公司的各个参与者的责任和权力分布,诸如董事会、经理层、股东和其他利益相关者,并且清楚地说明了决策公司事务时所应遵循的规则和程序。同时,它还提供了一种结构,使之用以设置公司目标,也提供了达到这些目标和监控运营的手段。

从以上各学者和组织给出的公司治理的基本含义出发,结合现代公司在新经济环境下的特点,我们应把握住公司治理的本质特征:公司治理的目的应是在维持公司所有参与主体利益基本平衡或不失衡的前提下,追求股东利益最大化。如果仅仅强调股东利益最大化,而忽视公司所有参与者的利益平衡,将不可能取得治理的圆满成功。公司治理就是为了确保公司的各参与者一方面获取自身利益;另一方面又要保障利益的平衡而进行一系列法律法规和财务制度安排。

2. 公司治理的基本原则

公司治理实际上是一种涉及股东、管理者和其他利益相关者之间关系的制度安排,不同的环境和模式下公司治理的标准和原则不可能"千人一面",但毕竟具有趋同性,还是可以抽象出一些共同的原则。

公司治理的原则在国际最有代表的就是经济合作与发展组织于1999年推出的"OECD公司治理原则"。该准则包括五个部分:

第一,公司治理的框架应保护股东权利;

第二,应平等对待所有股东,包括中小股东和外国股东,如果股东的权利受到损害,他们应有机会得到有效补偿;

第三,应确认公司利益相关者的合法权利,鼓励公司与他们开展积极的合作;

第四,应确保及时、准确地披露所有与公司有关的实质性事项的信息,包括财务状况、经营状况、所有权结构以及公司治理的状况;

第五,董事会应确保对公司的战略指导,对管理层的有效控制,董事会对公司和股东负责。

中国的公司治理起步较晚,且有着明显的"传统计划经济"和"东方文化"的烙印,其治理难度较大,这些特征注定了研究公司治理问题要从中国的国情出发。2002年年初,中国证监会联合颁布了《上市公司治理准则》,该准则从中国的国情出发,参照"OECD公司治理原则",阐明了我国上市公司治理的基本原则、投资者权利保护的实现方式,指出了上市公司董事、监事、经理等高级管理人员所应遵循的基本行为准则和职业道德等内容。并在"OECD公司治理原则"五项基本内容的基础上增加了以下内容:规范控股股东行为和关联交易;强调上市公司独立于控股股东(人员、资产、财务分开,业务、机构独立);要求董事会设立战略、审计、提名、薪酬与考核等专门委员会,并明确了各自的职责和运作方式;建立公正透明的董事、监事和经理人的绩效评价标准和程序等。

(三)公司治理体系及构成

公司治理体系包括公司治理机制、公司治理的主体和客体等。

1. 公司治理机制

公司治理机制主要包含以降低代理成本和代理风险为目的的内部制衡制度、以保障股东利益最大化为目的的激励和决策制度、以维护公司参与各方权益为目的监督和督导制度。

这种机制实际上是由一系列的制度和合约来运转的。

2. 公司治理的主体和客体

公司治理的主体和客体即谁要求治理和治理谁。

按照利益相关者理论，所有对企业有投入或从企业的行为中获利或受到损害的人，都应有权参与公司治理，企业在公司治理中也应考虑所有这些利益相关者的利益。因此，公司治理的主体就不能局限于股东，而应该包括股东、债权人、员工、顾客、政府、社区等在内的公司利益参与者。

公司治理的客体是经营者和董事会，对经营者的治理主要来自董事会，关键看公司的经营管理和业绩；对董事会的治理主要来自股东及其利益相关者，关键看公司的重大战略决策是否恰当，以及股东的投资回报率、公司参与人利益的保障程度。

3. 公司治理的构成

公司治理的构成可分为公司内部治理和外部治理。公司内部治理即通常所说的治理结构，是股东及其他参与者利用公司内部的机构和程序参与公司治理的一系列法律、制度安排。内部治理结构由股东大会、董事会、经理层三大机构之间的权力、责任及制衡关系组成。按照《中华人民共和国公司法》（以下简称《公司法》）的规定，股东大会拥有最终控制权，董事会拥有实际控制权，经理拥有经营权，监事会拥有监督权，这四种权力相互制约，构成公司内部治理机制。

公司外部治理主要来自市场，除此之外也包括政府和社区。其中市场对公司的治理包括产品市场、资本市场、经理人市场和劳动力市场。每一个市场都是企业不同参与者行使企业治理权力的场所。其中，消费者主要利用产品市场，债权人和股东主要利用资本市场，员工主要利用劳动市场。

二、公司治理的模式

虽然各国公司治理的目标与原则相近，但由于各国的历史、文化、法律、制度以及惯例的不同，各国资本市场发育程度、公司资本结构和融资方式的差别，进而形成不同的公司治理模式。

OECD将公司治理的模式大体分为英美治理模式、德日治理模式、东南亚家族治理模式三大类。各类治理模式均有其赖以生存的政治法律制度、文化传统，有各自的优点和不完备的地方。

（一）英美治理模式

每一家企业的资本结构都有其形成和存在的主客观原因，并由此影响着公司治理模式。英国和美国公司在融资方式上比较相似，都是从资本市场上直接融资，资本结构以股权为主，股权具有高度分散性和高度流动性，而且英美两国的资本市场相当发达和完善，有较健全的法规体系和有力的执法体系。这些都对英美治理模式的形成产生了重大影响。

英美模式的公司治理结构由股东大会和董事会组成，是"一元制"的公司治理结构。股东大会作为公司的最高权力机构，是非常设机构。董事会是公司的常设机构，公司不设监事会。为了保证董事会较好地履行股东大会的职权，英美公司的董事会大多附设提名委员会、薪酬委员会、审计委员会和执行委员会等分支机构，行使董事会的部分决策、监督职能。董事会由内部董事与外部董事构成，其中外部董事占主导，美国约占3/4。在执行方面，英美公司普遍采用CEO体制,而且许多公司的首席执行官兼任董事会主席。为了对CEO及其他高级管理人员提供激励,英美公司也普遍实行股票期权制度。

英美公司治理效率的提高主要是靠外部的监督机制,因此,英美治理模式也称为外部监控型的公司治理模式。英美治理模式的公司治理有以下五道防线。

第一,董事会制度,董事会在公司治理结构中居于特殊的地位,董事会的存在及其活动使股东和公司之间架起了一座桥梁。一方面,董事会受股东信托管理公司资产,决定公司法人事项,聘用和监督经理层;另一方面,董事会是企业经营的最高决策机构,但又不管理公司日常经营活动。这样的制度安排,既保证了股东的最终控制权,使公司经营目标集中于创造价值和股权权益,又杜绝了股东对公司经营的直接干预和无序影响,使公司管理层得以放手经营管理。

第二,经理薪酬制度,把经理的个人利益与股东的利益(公司价值)挂钩,让经理在追求个人利益时,为公司和股东创造财富,并通过股票期权等制度让经理人兼顾公司的短期和长期利益。

第三,股东大会制度,即股东在大会上行使表决权,更换或改选不合适的董事或董事会,始终保持对董事会、经理班子的压力。

第四,资本市场的并购和接管机制。当公司出现治理问题时,小股东会"用脚投票",公司价值可能会被低估,此时,投资银行家和机构投资者可能会启动资本市场的购并和接管机制,纠正市场的无效率,并从中获取利润。其主要做法是,收购公司并对公司实施有效治理,从而提升公司价值。

第五,舆论与监管机构的监督机制,即严格的监管制度和强大的舆论监督、强制性的信息披露,公司是在阳光下进行有规则的游戏。

英美治理模式的弊端主要有:股权分散弱化了股东对公司的监控,容易导致经营者的短期行为;银行在公司治理中的作用小。

(二) 德日治理模式

德日治理模式是以德国、日本和其他欧陆国家的公司治理为代表的一类公司治理模式。与英美治理模式有所不同,在德日治理模式中,法人股东、银行和内部经理人员的流动在公司治理中起到了主要的作用。德日治理模式以内部治理为主。

德国和日本公司的资本结构与英国和美国公司有明显的不同,主要特征是通过金融机构进行间接融资,银行在企业融资和治理中具有极其重要的作用。德国与日本的公司治理有许多类似之处,但也有不少的差异。

1. 德国公司治理模式

双重委员会制度是德国公司治理模式的一个重要特点。德国公司的业务执行职能和监督职能相分离,并成立了与之相应的两种管理机构即董事会和监事会,亦称双层董事会。依照德国法律,股份有限公司必须设立双层董事会。监事会是公司股东、职工监督机构,实际上发挥着类似于英美治理模式中董事会的职能,其中一个十分重要的职能就是任命、监督和激励管理委员会的成员。公司日常运作的执行机构是管理委员会,相当于英美治理模式中的经理班子。另外,为了保证监事会的独立性,监事会成员与管理委员会成员不能兼任。

德国公司治理模式的另一特色是强调职工的参与。在监事会中,根据企业规模和职工人数的多少,职工代表可占到1/3～2/3的席位。这种员工通过选派代表进入监事会和执行理事会参与公司决策的共同决定制,使得企业决策比较公开和民主,既有利于股东和员工对经营者的监督,减少失误和腐败,降低代理成本,又有利于调动各方面的积极性,减少摩擦和冲突,保持企业的稳定与持续发展。从某种意义上讲,德国公司治理机制是由股东和公司员工共同治理的模式。

在德国,最大的股东是公司、创业家族、银行等,所有权集中程度较高。《中华人民共和国商业银行法》明确禁止银行向其他非金融行业进行投资。与我国银行截然不同的是,德国的银行是全能银行,可以持有工商企业的股票,公司间交叉持股的限制也比较松,只有持股超过25%才有义务披露,超过50%才有进一步通知监管机构的义务。银行通过控制股票投票权和向董事会派出代表来监督所控公司。

2. 日本公司治理模式

日本公司治理模式的主要特点是"主银行制度"和企业间交叉持股。主银行一般有三个特点:提供较大份额的贷款,拥有一定的股本(5%以下),派出职员任客户企业的经理或董事。银行几乎不持有与自己没有交易关系公司的股份,持股目的基本上是实现和保持企业的集团化。主银行监督公司运转的方式根据企业经营状况而定。同时,自20世纪60年代以来,控制企业股权的主要是法人,即金融机构和实业公司。法人持股主要是集团内企业循环拆封股,整个集团形成一个大股东会。

日本公司的董事会成员一般由公司内部产生,通常是经过长期考察和选拔升迁上来的,大多数董事由各事业部长或分厂的领导兼任。日本公司中普遍设立由主要董事组成的常务委员会,作为总经理的辅助机构,具有执行机构的功能,这样,以总经理为首的常务委员会成员,既作为董事参与公司的重大决策,又作为公司内部的行政领导人掌握执行权,即决策与执行相统一。

日本公司的监督和约束主要来自两方面:一是来自交叉持股的持股公司。一家企业集团内的企业相互控制。总经理会(社长会)就是大股东会。如果一家企业经营绩效差或者经营者没有能力,大股东会就会对该企业的经营者提出批评意见,督促其改进工作,直至罢免经营者。二是来自"主银行"。由于主银行对企业的资金流动密切关注,它们能及时发现财务问题,采取行动。譬如事先通知相关企业采取对策,如果公司业绩仍然恶化,主银行就通过大股东会、董事会更换经理人员、董事等。借助于这些手段,主银行就成了相关公司的一个重要而有效的监督者。

与德国公司相同的一点是,日本公司也很重视员工的治理作用。在日本公司中,经营者的选拔、连任以及工作业绩都需要得到员工的支持和认可。日本企业内部员工的终身雇佣制、企业工会组织的存在为从业人员发挥治理功能提供了良好基础。

(三)东南亚家族治理模式

家族企业是指资本或股份主要控制在一个家族手中,家族成员出任主要领导职务的企业。美国学者克林·盖克尔西认为,判断某一企业是否是家族企业,不是看企业是否以家庭来命名,或者是否有好几位亲属在企业的最高领导机构里,而是看是否有家庭拥有所有权,一般是谁拥有股票以及拥有多少。这一定义强调企业所有权的归属。学者孙治本将是否拥有企业的经营权看作家族企业的本质特征。他认为,家族企业以经营权为核心,当一个家族或数个具有紧密联系的家族直接或间接掌握一家企业的经营权时,这个企业就是家族企业。可见,家族企业的一个核心特征是:家族所有和家族控制,即企业所有权和经营权的两权合一。家族企业主要出现在东南亚国家的华人企业中,由此产生了独特的东南亚家族治理模式。

家族治理模式主要特征如下:

(1) 所有权和控制权配置家族化。企业所有权与经营权没有实现分离,企业与家族合一,企业的主要控制权在家族成员中配置。虽然很多大型家族企业都建立了股东大会、董事会、监事会和总经理办公会等组织和相应的制度,但家族控制特征仍很突出,董事会成员、经营管理人员的来源具有家族化的特征,且企业决策方式以业主个人决策为主,董事会决策功能并没有得到很好发挥。

(2) 公司决策家长化。公司的决策被纳入了家族内部序列,公司的重大决策,如创办新公司、开拓新业务、人事任免及决定公司接班人等都是由家族中的家长一人作出的。家族中其他成员作出的决策必须经过家长的同意,即使家长已经退出公司经营的第一线。这种权威代代相传。

(3) 经营者激励约束双重化。经营者受到来自家族利益与亲情的双重激励和约束。与非家族公司经营者相比,家族公司经营者的道德风险、利己和个人主义倾向发生的可能性较低,但这种激励约束机制使家族公司经营者所承受的压力更大。以东南亚地区为代表的家族治理模式有其一定的优点:代理成本低;剩余索取权与控制权匹配程度较高,责、权、利高度一致;交易成本较低。

家族治理模式的弊端在于:家长制个人决策存在局限性;难以实施制度化管理;人才选拔机制存在局限性;任人唯亲可能带来较大经营风险;家族内部矛盾易导致公司分裂、解体甚至破产;忽视小股东利益。

(四) 中国的公司治理

"公司治理"作为一个完整的概念引入中国是近十几年的事情。在宏观层面上,我国正在借鉴新加坡的国有资产管理模式,改革中国的国有资本和国有企业的管理体系;在微观层面上,我们建立现代企业制度,完善公司的控制体系,夯实企业发展的基本制度。以公司化和所有权多元化等为主要内容的现代企业制度改革,使公司治理成为中国企业改革的核心问题。政府管理机构、经济学界、法学界、投资者以及企业对于公司治理问题日益关注,相关各方也采取了一定的措施来推动公司治理向良性方面发展。

2000 年 11 月,上海证券交易所率先发布《上市公司治理指引》(征求意见稿),提出"良好的公司治理是按照所有者和利益相关者的最佳利益运用公司资产的保证,是实现公司价值最大化这一根本性公司目标的前提,是投资者进行投资决策的重要依据,是单个公司和单个国家降低成本,提高它们在资本市场上的竞争力的基础,是增强投资者信心,增加单个国家及全球金融市场稳定性的必要条件。"

2001 年 8 月,中国证监会发布了《关于在上市公司建立独立董事的指导意见》。

2002 年 1 月,中国证监会又发布了《上市公司治理准则》。该准则分别从"平等对待所有股东,保护股东合法权益"、"强化董事的诚信与勤勉义务"、"发挥监事会的监督作用"、"建立、健全绩效评价与激励约束机制"、"保障利益相关者的合法权利"、"强化信息披露,增加公司透明度"六个方面对上市公司治理提出了原则要求并作出了具体的制度安排。

2006 年 1 月 1 日起,新修订的《公司法》和《中华人民共和国证券法》(以下简称《证券法》)的正式实施为改善公司治理提供了法律保障。中国证监会修订了《上市公司章程指引》，制定了《上市公司股东大会规则》《关于加强社会公众股股东权益保护的若干规定》等与上述法律实施相配套的数十种行政法规，对资本市场法律规则体系进行了一次全方位的清理和重构。

股权分置改革重构了中国证券市场的基础制度，对上市公司和股东的行为模式、监管体制、资本市场的运作和市场的操作都会产生深刻的影响。同时，我国国有资产管理体制改革也取得了重大突破。大型国有公司董事会的试点工作逐步展开，对国家所有权委托代理关系的有效性进行了新的尝试，为国有控股上市公司治理机制的完善奠定了基础。

然而，中国正处于经济转轨的特殊时期。公司治理问题极其复杂，既有体制、法治的问题，又有文化问题，改善公司治理是一个艰巨的任务。尽管各方采取的措施改善了中国公司治理的环境，但依然存在许多突出的问题。

第一，产权基础和股权结构方面。我国上市公司大部分是由国有企业改制而来的，国家股、法人股所占比例较高，但与此相悖的是，国家所有者主体缺位带来了上市公司治理效率低下、所有者权益得不到保障等诸多问题。另外，国有股股权的高度集中，导致政府对企业管理层的行政干预过多，易造成上市公司内部人控制或出现上市公司与母公司之间存在产权关系不清、管理关系不顺的问题，且股权过于集中容易使中小股东的利益受损。

第二，公司组织结构方面。目前我国上市公司基本按照《公司法》《上市规则》等法律法规建立了较为健全的内部组织机构，但形式上的完善并不等于实质上的有效，现行的公司组织结构及其运行机制仍待完善。一方面，董事会的独立性不强，公司内部控制情况比较严重。因控股比例较高，经常导致公司控股股东占据了公司的重要岗位，常常是集控制权、执行权与监督权于一身。董事会的功能和程序不规范，独立董事不"独立"。另一方面，监事会的作用得不到发挥。我国公司采用的单层董事会制度，与董事会平行的公司监事会只有部分监督权，而无控制权和战略决策权，无权任免董事会和经理班子的成员。监事会大多受制于董事会或管理层，成为"鸡肋"。另外，监事会与独立董事的职能从某种程度上的重合亦使监事会处在一个尴尬的地位。

第三，信息披露和制度建设方面。上市公司诚信意识不强，信息披露质量不高，隐瞒、误导甚至虚假信息时有发生，公司内部制度建设有待完善。此外，大多数公司林林总总的"规章""制度"立了不少，但大多只做表面文章。

第四，经理层缺乏长期激励和约束机制。薪酬结构比较单一，不能对董事和高级管理人员起到足够的激励作用。缺乏一个公开、公平的经理人才市场，良好的选聘机制无法发挥作用。

三、公司治理在管理会计中的重要作用

会计是"当今公司治理结构的语言"，公司治理结构的构建和完善离不开会计系统的支持。会计信息系统的建立与完善，很大程度上可以视为会计对现代企业治理的逐步完善做出的一种积极响应。根据当代企业理论和证券市场理论，完善的会计信息系统具有遏制"内部人控制"、完善高管激励机制的作用，并且有助于董事会有效性的增强和对股东责任的履行。

财务会计信息系统是一种强制性信息系统，信息披露的范围、数量和质量必须遵循一定的会计标准，且其披露内容以财务信息为主。由于受到成本效益原则、商业秘密的限制，以

及市场和文论背景的影响,单靠财务会计信息系统很难全面发挥会计信息在公司治理中的应有作用。而在"相关信息适时地提供给相关的人"的原则指引下的管理会计信息系统因其信息提供的灵活性,能较好地满足利益相关者对机会与风险、财务预测、人力资源等方面的信息需求。因此,要满足公司治理的信息需求,很大程度上依靠管理会计信息系统。美国会计学家卡普兰曾指出:1825—1925年这100年间,管理会计的发展历程已为管理会计的未来提供了发展模式,即管理会计的发展应为企业在生产创新、市场创新及组织设计创新等方面提供信息支持换句话说,管理会计信息系统不仅能满足公司管理方面的信息需求,更以满足公司治理方面的信息需求作为其发展方向。

管理会计将在公司治理(特别是公司内部治理)中发挥越来越重要的作用。一方面,它可以通过提供各种强制性财务报告之外的财务和非财务信息,满足公司治理和公司管理中的特殊信息需求;另一方面,它还可以通过计划、控制、考核和激励责任会计,依托管理控制系统来提供制度约束和控制的管理职能。因此,在构建以强调制度约束和内部治理为特征的新型公司治理结构的过程中,会计系统特别是管理会计系统,将起到至关重要的作用。

公司治理和管理会计之间存在重要的联动关系。公司内部治理的加强导致了对管理会计信息的巨大需求。管理会计在公司治理中的重要作用主要体现在以下两个方面。

1. 为公司治理中的权责利统一提供理论与方法

与公司治理相适应的管理会计方法主要体现在责任会计系统上。责任会计是反映和控制责任中心履行责任的方法,而公司治理本身就是一种权责利相统一的制度安排,因此两者之间有着天然的联系。责任会计由责任中心、责任预算、业绩考核评价、账务处理系统组成。传统的责任中心按控制的权限分为成本中心(或费用中心)、利润中心、投资中心。在公司治理中可将责任中心扩展到公司经理层、董事会、股东,以反映经济责任、建立激励机制。将股东作为一个责任层次,主要是为了约束控股股东的行为,防止控股股东损害中小股东利益。董事会是公司内部的最高权力机构,作为决策中心;经理层是执行具体的经营管理的机构,是一种经营中心。划分责任中心后还需编制责任预算,根据可控制性原则设计对各中心的绩效考核指标,并进行责任会计控制与核算,这些公司治理内容都需要应用管理会计方法。

具体过程如下:企业为了强化内部经营责任,激励和提高员工生产劳动的主动性和积极性,在编制出总预算后,还要把企业内部生产经营各单位确立为各个责任中心,责任会计就是在企业内部分权管理的条件下,在企业内部建立若干责任单位,并对它们分工负责的经济活动进行规划与控制,是把会计资料与各有关责任单位紧密联系起来的信息控制系统。责任中心将整个企业逐级划分为多个责任领域,让其责任负责人各尽其职,各负其责,根据成本、利润或投资的发生分清责任,并遵循权责利相统一的原则,确定各个责任中心的归属。

2. 为股东提供董事会责任履行和业绩考核等方面的信息

在管理会计的基础上,董事会评价指标应该以企业战略定位为核心,辅之以有效的内部运营机制和外部沟通机制。企业战略定位要求董事会进行企业定位时应该具有长远的眼光,关注企业可持续发展的能力而不仅仅是短期利益。有效的内部运营机制要求董事会拥有有效的决策机制,同时应利用其公司治理和企业管理的双重权限建立有效的控制制度,使公司有序、有效运行。外部沟通机制要求其建立企业与外部治理机构、投资者、债权人、客户和社区等的联系与沟通体系。

四、公司治理的演进与管理会计角色的转变

公司治理与管理会计存在紧密的联系。为了能够同时反映公司治理方面的特征，管理会计的定义可以表述为：管理会计是企业会计信息系统的一个分支，提供各种强制性财务报告之外的财务和非财务信息，目的是满足公司治理和公司管理中的特殊信息需求。因此，随着公司治理内涵的不断完善，管理会计在公司治理中扮演的角色也将发生变化。管理型公司治理的对象是管理者个人，管理者个人在公司治理中处于核心地位，他不仅拥有公司的日常经营管理权，而且拥有事实上的战略决策权。因为决策所需信息的收集、分析以及决策方案的出台，都是由管理者个人操纵的。在管理型公司治理中，董事会只注重通过权力制衡来制约管理者，而不注重积极主动、认真负责地参与制定公司的发展战略。另外，由于管理者不是其他利益相关者的直接代理者，公司的战略决策对其他利益相关者利益的忽略就很有可能发生，也就是说，管理者在制定战略决策时对债权人、员工、政府、社会等利益相关者的相关信息关注不够。而有关企业的机会与风险、其他利益相关者信息、可能的兼并目标等信息在企业的财务报告中很难得知，要想得知只能求助于企业的管理会计信息系统。管理会计更多是经理层对具体经济业务进行管理提供信息支持，充当了"内部警察"的角色。治理型公司治理围绕决策展开，其目的是建立一种开放式的决策体系。在这种决策体系中，股东及其他利益相关者、董事会、管理人员充分参与决策制定，形成网状治理形态。在公司治理中，董事会发生了角色变换——从事后的消极治理转向董事的积极治理，通过积极地参与企业的战略决策制定来防止其偏离科学化的轨道，而战略决策的制定离不开战略信息的支持。战略信息除了少部分来源于财务会计信息系统，大部分来源于管理会计信息系统的支持。与此同时，随着董事会工作中心的变化，如何更有效地激励董事会勤勉工作及如何更客观地对董事会进行业绩评价就是摆在企业面前的一项艰巨任务，而这一切都离不开管理会计信息系统。因此，董事会角色变换使得公司治理中产生了有效的管理会计信息需求。在治理型公司治理中，由于比较重视其他利益相关者的利益，有关其他利益相关者的信息应进入公司战略决策者的视野，而有关其他利益相关者的信息在正式的财务报告中无法得知，要想得知只能求助于管理会计信息系统。所以在治理型公司治理中，管理会计信息系统实现了其初衷——不仅满足公司管理方面的信息需求，而且以满足公司治理方面的信息需求为其发展方向，成为"决策的战略性伙伴"。

五、公司治理的发展与管理会计的创新

为了满足公司治理的需要，管理会计作为企业财务的一部分，需要结合现代公司制度中产权制度、组织制度、管理制度及相关制度的变革，进行相应的整合。同时，为谋求组织内部战略的有效实施，要将战略与管理会计融合，进行战略创新，丰富和发展管理会计的功能。

1. 传统的平衡计分卡向战略方向转变

为了适应治理型公司治理的信息需求，全面反映企业的战略地位与进展情况的信息，传统的平衡计分卡开始向战略计分卡转变。战略计分卡不是详细的战略计划，而是董事会实施战略选择的过程描述。这种战略计分卡是由战略地位、战略选择、战略实施与战略风险等四个方面的内容构成的，较好地适应了战略管理的要求如表7-1所示。

表 7-1　　　　　　　　　　　　　　　　战略计分卡

战略地位 微观环境(市场、竞争) 宏观环境(经济、政治、法律) 剧烈变化的威胁 企业状况(市场占有、价格、质量差异化)能力(核心能力,SWOT 分析) 企业相关者(投资者、员工、供应商)	战略选择 范围的变化(地域、产品、市场区位)经营方向的变化(成长速度、价格及质量)
战略实施 依据董事会的意图推出最新策略 特定方案选择及详细评价进程 可能实现的目标及时间、方向的设定 设定具有决定性的成功要素	战略风险 基于战略风险的彻底审查 隐藏在公司计划中的战略风险 与主要风险相关的影响及可能性分析重新检查风险的正当手续 面向主要风险的重要行动计划 兼并、收购计划中的风险管理

2. 前馈机制应用于内部控制和公司治理

传统上,为价值创造的内部控制系统服务的是一套反馈体系,它与市场、竞争及风险密切相关,并能促进风险要素的交流,积极开展对策评价与监督等管理活动,但这些工作主要以事后的信息反馈为基础。从理论上讲,正因为该过程涉及公司的整体状况,所以当内部控制的价值创造与管理层的经营报告以及内部审计相结合时,公司治理的结构将得以优化,会计信息的真实性将有所保障。然而,在现实中,实际产生的结果与目标基本不一致,企业的战略失误及风险管理的失败使其处于难以自拔的窘境。安然、世通等事件表明,反馈式控制往往是无效的,或者说即便有效,在其反馈过程中也要投入很高的货币和时间成本。前馈是应用事前的信息,传递、监督、评价系统的控制计划,将接近目标的现实措施在事前通过各种手段得以贯彻的过程。前馈机制的引入,使得公司治理的目标由单纯的事后控制转向事前控制与事后控制的融合,促进了管理会计与财务会计的信息沟通,因为财务会计一般是事后会计,是"历史要求";管理会计是事前会计和事中会计,是"控制现状、规划未来",是"未来要求"。

第二节　治理机制

公司治理通过对公司内部各种权力的分配和运用来发挥作用。公司最基本的权力有股东大会权力、董事会权力、经理人员权力和监事会权力等。公司权力的作用体现在其对公司发展方向和经营管理的影响上。具体公司权力的运用可表现在以下几个方面:选举公司董事;确定董事的报酬津贴;公司的投融资决策;有效配置公司内部资源(财务、人事、行政管理、生产、市场营销和研究开发);收购兼并其他公司;任免公司高层经理人员;确定经理人员的报酬津贴;监督和控制经理人员的行为。

一、公司治理结构

建立有效的公司治理结构的宗旨是在所有者与经营者之间合理配置权力,公平分配利益以及明确各自职责,建立有效的激励、监督和制衡机制,从而实现公司的多元化目标。

(一) 股东大会

根据《公司法》规定,公司实行权责明确、管理科学、激励和约束相结合的内部管理机制。公司设立由股东组成的股东会(股东大会)。

股东大会既是一种定期或临时举行的由全体股东出席的会议,又是一种非常设的由全体股东所组成的公司制企业的最高权力机关。它是股东作为企业财产的所有者,对企业行使财产管理权的组织。企业一切重大的人事任免和重大的经营决策一般只有在得到股东会认可和批准的情况下方才生效。

1. 股东大会的召集

《公司法》第一百一十四条的规定,股东大会会议由董事会召集,董事长主持;董事长不能履行职务或者不履行职务的,由副董事长主持;副董事长不能履行职务或者不履行职务的,由半数以上董事共同推举一名董事主持;董事会不能履行或者不履行召集股东大会会议职责的,监事会应当及时召集和主持;监事会不召集和主持的,连续90日以上单独或者合计持有公司10%以上股份的股东可以自行召集和主持。

股东可以出席会议,也可以委托代理人代为出席和表决,但股东应以书面形式委托代理人,代理人应当向公司提交股东授权委托书,并在授权范围内行使表决权。如果委托人为法人,应加盖法人印章或由其正式委派的代理人签署。

股东大会审议的事项,一般由董事会提出。但是股东有时也会有一些较为重大的事项提交股东大会审议而没有被董事会提出来。《公司法》规定,单独或者合计持有公司3%以上股份的股东,可以在股东大会召开10日前提出临时提案并书面提交董事会,董事会应当在收到提案后2日内通知其他股东,并将该临时提案提交股东大会审议。

2. 股东大会的议事规则

股东大会作出决议,必须经出席会议的股东所持表决权过半数通过。但是,股东大会作出修改公司章程、增加或者减少注册资本的决议,以及公司合并、分立、解散或者变更公司形式的决议,必须经出席会议的股东所持表决权的2/3以上通过。

股东大会投票的基本原则是一股一票原则,也称股票平等原则,即股东原则上以其持有的股份数享有与其股份数同等的投票权。一股一票原则是股东平等原则的具体体现,已成为当今世界各国公司立法的通例。《公司法》规定,股东出席股东大会会议,所持每一股份有一表决权。但是,公司持有的本公司股份没有表决权。

股东大会的表决制度通常有以下几种:

(1) 举手表决制度。股东会议议案的表决在多数情况下是采用一人一票的举手表决制,获多数票的议案得以通过。举手表决制也称按人头表决,与股权的占有状态没有联系,就是说不论股本的持有量是多少,一律一人一票。采用这一表决制度,委托投票的受托人不论其受托的票数有多少,也只能投一票。这种表决制度将股权的多少与议案的表决割裂开来,也就是说议案的通过与否与股权的占有多少没有关系,使大股东的表决权限难以发挥作用。从产权配置的效率标准来讲,既有失效率,又有失公平。它的优点是操作简单,省时间,所以只适用于那些无关紧要的象征性的表决,或比较琐碎、不太容易引起争议的议案。

(2) 投票表决制度。投票表决又可以细分为法定表决制度及累加表决制度两种。

法定表决制度是指当股东行使股票表决权时,必须将与持股数目相对应的表决票数等额地投向他所同意或否决的议案的制度。累加表决制度是指股东可以将有效表决总票数以任何组合的方式投向他同意或否决的议案的制度。与法定表决制度相比,累加表决制度体现了权力制衡的理念,有利于调动小股东投票的积极性,限制或弱化控股股东权力的滥用。在欧洲地区,法定表决制度占主导地位。在北美地区,法定表决制度和累加表决制度并存,但大公司多半采用累加表决制度,累加表决制度呈逐渐流行的趋势。《公司法》规定,股东大会选举董事、监事,可以依照公司章程的规定或者股东大会的决议,实行累加投票制。

阅读案例

格力电器董事会换届选举

格力电器于 2012 年 5 月 25 日的董事换届选举爆出冷门,珠海市国资委代表、格力集团党委书记兼总裁周少强因得票率不足,未能进入格力电器董事会。会议以累加投票制表决《公司董事会换届选举的议案》,该议案除子议案"选举周少强先生为公司第九届董事会董事"被否决外,其他子议案均获得通过。具体表决情况为:出席会议的表决权总数为 1 995 391 682 股,其中各董事候选人的得票数和通过率如表 7-2 所示。

表 7-2　　　　　　　　格力电器董事候选人得票数及通过率情况

项目	董事候选人	得票数(票)	通过率
1	董明珠	2 515 105 800	126.05%
2	周少强	730 345 048	36.60%
3	鲁君四	1 951 141 658	97.78%
4	黄辉	1 953 467 335	97.90%
5	张军督	1 951 351 409	97.79%
6	冯继勇	2 268 056 760	113.66%
7	朱恒鹏	1 923 991 571	96.42%
8	钱爱民	1 924 080 296	96.43%
9	贺小勇	1 923 991 571	96.42%

9 名董事候选人中,周少强得票数占出席会议所有股东所持表决权 36.6%,未达到出席会议所有股东所持表决权 50%,未能获得股东大会审议通过。

资料来源:胡晓明. 公司治理与内部控制[M]. 北京:人民邮电出版社,2014.

(二) 董事会

董事会是公司治理的核心,因此董事会组织结构对于公司治理意义重大。董事会是由股东大会选举数名董事所组成的公司决策机关,是所有权和公司治理之间最重要的联结点。

董事会是由股东大会选举产生的,由符合法律规定人数的董事组成。《公司法》规定,股份有限公司董事会成员为 5~19 人,有限责任公司的董事会成员为 3~13 人。

由于董事会是由数名董事组成的,其职能的发挥自然与董事的素质、能力和不同身份的董事在董事会所占的比重有十分密切的关系。作为公司治理的核心,董事会总体说来具有战略管理职能以及选择和监督总经理的职能。董事会会议是董事会行使职权的主要方式,董事会的议事规则如下所示:

1. 董事会的职权

具体说来,《公司法》对董事会的职权有明确的规定:

(1) 召集股东会会议,并向股东会报告工作。
(2) 执行股东会的决议。
(3) 决定公司的经营计划和投资方案。
(4) 制定公司的年度财务预算方案、决算方案。
(5) 制定公司的利润分配方案和弥补亏损方案。
(6) 制定公司增加或者减少注册资本以及发行公司债券的方案。
(7) 制定公司合并、分立、解散或者变更公司形式的方案。
(8) 决定公司内部管理机构的设置。
(9) 决定聘任或者解聘公司经理及其报酬事项,并根据经理的提名决定聘任或者解聘公司副经理、财务负责人及其报酬事项。
(10) 制定公司的基本管理制度。
(11) 法律法规及公司章程规定的其他职权。

2. 董事会会议的召开

董事会设董事长1人,可以设副董事长。董事长主要职权有主持股东大会和召集、主持董事会会议,督促、检查董事会决议的执行等。与股东大会类似,董事会会议也分为年度会议与临时会议两种。年度会议是董事会一年中必须定期召开的会议,而临时会议是不定期的,在必要时临时召开的会议。《公司法》规定,董事会每年度至少召开两次会议,每次会议应当于会议召开10日前通知全体董事和监事。代表1/10以上表决权的股东、1/3以上的董事或者监事会,可以提议召开董事会临时会议。董事长应当自接到提议后10日内,如召集和主持董事会议董事会召开临时会议,可以另定召集董事会的通知方式和通知时限。若董事长不能履行职务或者不履行职务时,由副董事长履行职务;副董事长不能履行职务或不履行职务时,由半数以上董事共同推举1名董事履行职务。

3. 董事会决议

为了保证董事会会议所形成的决议代表大多数股东的利益,各国公司立法一般都明确了参加董事会会议的法定人数。《公司法》规定,董事会会议应有过半数的董事出席方可举行。董事会作出决议.必须经全体董事的过半数通过。董事会决议的表决,实行一人一票制。而上市公司董事与董事会会议决议事项所涉及的企业有关联关系的,不得对该项决议行使表决权,也不得代理其他董事行使表决权。该董事会会议由过半数的无关联关系董事出席即可举行,董事会会议所作决议须经无关联关系董事过半数通过。出席董事会的无关联关系董事人数不足3人时,应将该事项提交上市公司股东大会审议。

董事会应当对会议所议事项的决定作成会议记录,出席会议的董事应当在会议记录上签名。董事应当对董事会的决议承担责任。董事会的决议违反法律、行政法规或者公司章程、股东大会决议,致使公司遭受严重损失的,参与决议的董事对公司负赔偿责任。但经证明在表决时曾表明异议并记载于会议记录的,该董事可以免除责任。

4. 董事会秘书

公司董事会秘书是公司,尤其是上市公司里不可或缺的重要角色,代表公司的内在素质和外在形象。公司董事会秘书的工作内容多,责任重,维系着公司运作程序的合法性、公正性、完整性。

董事会秘书是对外负责公司信息披露事宜,对内负责筹备董事会会议和股东大会,并负责会议的记录和会议文件、记录的保管等事宜的公司高级管理人员,董事会秘书对董事会负责。在公司规范运作上,董事会秘书要起到重要作用,如提供法规咨询、监督有关程序、及时作出提示、协调治理间的关系等。

董事会秘书由董事长提名,经董事会聘任与解聘。公司董事或者其他高级管理人员可以兼任公司董事会秘书,但如某一行为需由董事、董事会秘书分别作出时,则该兼任董事及公司董事会秘书的人不得以双重身份作出。公司聘请的会计师事务所的注册会计师和律师事务所的律师不得兼任公司董事会秘书。

《公司法》明确规定,上市公司设董事会秘书,负责公司股东大会和董事会会议的筹备,文件保管以及公司股东资料的管理,办理信息披露事务等事宜。

5. 董事会的模式

董事会制度有三种模式。第一种是单层董事会,即董事会由执行的独立董事组成。这种董事会模式是股东导向型,董事会直接对股东负责并且必须定期向股东汇报公司的运作情况,也称盎格鲁—撒克逊治理模式。美国、英国、加拿大和澳大利亚等国都采用这种模式。

第二种是双层董事会,即在董事会之上设立监事会,其中监事会成员全部是由非执行董事组成,董事会成员则全部由执行董事组成。这种模式是社会导向型的,也称欧洲大陆模式。德国、奥地利、荷兰和法国部分公司都采用这种模式。

第三种模式是日本模式。日本《商法》规定,所有公司都必须设立法定审计人。法定审计人由股东大会选举,其职责主要是对董事会和经理层进行监督。中国台湾和泰国等东南亚一些国家和地区采用类似的模式。中国公司的监事会在很多方面也借鉴了这一模式,两者的职能十分接近。

在实行单层制董事会制度的国家,譬如英、美等国,董事会往往是由下面具有特定职能的委员会组成:

(1) 执行委员会,主要负责对集团公司中长期发展战略、年度经营计划、重大投融资决策、利润分配、基本管理制度等事项,以及以集团公司所投资公司、直属企业的有关重大事项进行研究并提出建议,同时监督、指导经理层执行董事会决议的情况,并根据董事会特别授权,在授权范围内行使决策权等。

(2) 提名委员会,主要负责提名公司的总经理、董事会秘书等高级管理人员、所投资公司的董事、监事以及直属企业的法定代表人;对公司总经理提出的公司副总经理、财务负责人、部门正职负责人等人选进行考察,向董事会提出考察意见。

(3) 薪酬委员会,负责制定公司总经理、董事会秘书等高级人员的薪酬、考核与奖惩方案;听取并评审公司总经理制定的公司副总经理、财务负责人以及部门正职负责人的薪酬、考核与奖惩方案并提出独立意见;根据公司总经理的建议,审订公司委派或聘任的所投资公司董事长、董事、监事及直属企业法定代表人、财务负责人的薪酬方案、考核与奖惩方案;审订集团公司职工收入分配方案并提出建议等。

（4）审计委员会。该委员会是公司内部的财务监督和控制部门。其职责包括：经股东会批准，负责提名公司的会计师和审计人员；聘请外部的审计机构，并确定审计范围、评审审计结果；在每年财务报表和其他会计报表公布之前，对其进行审计；监督公司会计核算和内部控制程序；在公司董事、注册会计师、内部审计人员和财务经理之间建立通畅的交流渠道。主要负责监督公司内控和风险管理体系的有效运行，指导和监督公司内部审计部门工作，向董事会提出建议等。

在董事会下设立若干职能委员会使董事会内部分工明确，责任与义务明晰，保证董事会运作的独立性和有效性。当然，各个公司的具体情况可能差别较大，在董事会内部设立哪些职能部门应根据各企业的自身情况来定。

6. 独立董事制度

独立董事制度是英美模式公司治理的重要制度，它对于提高公司效率，保护中小股东利益，防止大股东和管理当局侵害公司利益具有重要作用。近年来，许多原先采用双层治理模式的国家和地区（如日本、韩国和中国台湾等）开始引入独立董事制度。

为了保证独立董事有效行使职权，上市公司应当为独立董事提供必要的条件。

（1）上市公司应当保证独立董事享有与其他董事同等的知情权。凡须经董事会决策的事项，上市公司必须按法定的时间提前通知独立董事并同时提供足够的资料，独立董事认为资料不充分的，可以要求补充。当两名或两名以上独立董事认为资料不充分或论证不明确时，可联名书面向董事会提出延期召开董事会会议或延期审议该事项，董事会应予以采纳。上市公司向独立董事提供的资料，上市公司及独立董事本人应当至少保存5年。

（2）上市公司应提供独立董事履行职责所必需的工作条件。上市公司董事会秘书应积极为独立董事履行职责提供协助，如介绍情况、提供材料等。独立董事发表的独立意见、提案及书面说明应当公告的，董事会秘书应及时到证券交易所办理公告事宜。

（3）独立董事行使职权时，上市公司有关人员应当积极配合，不得拒绝、阻碍或隐瞒，不得干预其独立行使职权。

（4）独立董事聘请中介机构的费用及其他行使职权时所需的费用由上市公司承担。

（5）上市公司应当给予独立董事适当的津贴。津贴的标准应当由董事会制定预案，股东大会审议通过，并在公司年报中进行披露。除上述津贴外，独立董事不应从该上市公司及其主要股东或有利害关系的机构和人员取得额外的、未予披露的其他利益。

（6）上市公司可以建立必要的独立董事责任保险制度，以降低独立董事正常履行职责可能引致的风险。

（三）监事会

虽然各国公司治理结构中都有履行监督职能的机构或人员，但这些机构或人员是设在董事会内部，还是在董事会之外另设专门的监督机构，在国际上并无统一的模式。是否设立这一机构，与一国董事会的模式和构成有十分密切的关系。依据董事会的模式，监事会的设置在国际上有以下三种类型。

1. 公司内部不设监事会

相应的监督职能由独立董事行使这种董事会模式即单层制董事会，以美国为代表。在这种模式下，董事会既有监督职能又有决策职能。董事会下设的主要由独立董事构成的审计委员会、报酬委员会及提名委员会，可以看成公司内部履行监督职能的机构。从对管理层的监督来看,由于独立董事在董事会中占多数,他们不参与决策的执行,相对于管理层的独立性强,能够从制度上保证董事会履行其监督职能。在这种情况下,就没有必要在董事会之外再设专门的监督机构来对董事会和管理层进行监督,否则会引起机构职能的交叉和重叠。

2. 设立监事会,且监事会的权力在董事会之上

这种董事会模式即双层董事会,以德国为代表。德国主张员工参与公司治理,法律规定员工在2 000名以上的大企业,监事会成员由股东代表和员工代表构成,各占一半,其中员工代表由员工选举,股东代表由股东大会选举。在这种模式下,监事与董事不能兼任,从而使监督权与执行权从机构上明确分开,而且监事会具有任命和监督董事会成员的权利。

3. 设立监事会,但监事会与董事会是平行机构,也叫复合结构

这种董事会模式以日本最为典型。这种模式下的董事会具有决策职能,但由于董事会大都由执行董事构成,它还具有执行职能。为了避免监督者监督自己,法律规定由股东大会选举法定审计人或监事,对董事和经理层进行监督,其中审计和财务监督是其主要职责。

在设立监事会的不同国家或地区,法律赋予监事会的实际职能和权力也有很大差异。在德国,监事会制度已有140多年的历史,法律规定监事会是公司的最高权力机构。其权力主要包括:

(1) 董事会成员任免权。

(2) 公司财务活动的检查、监督权。

(3) 公司的代表权。

(4) 公司章程中规定的某些业务的批准权。

(5) 股东大会的召集权等。

可见,德国公司监事会实际上与英美国家的董事会履行着相似的职能,与日本和我国公司中专司监督职能的法定审计人会或监事会有本质的不同。

日本《商法》规定,所有上市公司都必须设定法定审计人。法定审计人会作为股东委托的对董事进行监督的机构,具有以下职能:

(1) 确保公司的经营符合法律、公司章程和股东的利益。

(2) 向股东大会报告公司的经营是否正常,以及由董事会向股东大会提出的议题是否合适。

(3) 参加董事会和其他重要的会议,并从公司经营层得到经营报告和财务报告,对公司包括公司的运作进行实地检查。

(4) 接受独立审计人会和内部审计机构审计报告。

(5) 如果发现董事作出有损于公司的决策,必须立即向董事会提出建议,并要求停止这类活动。中国的监事会与日本的法人审计会在职能上十分接近,都是专司监督职能的机构。

简单地说,公司治理是一整套系统的公司制度设计安排及其贯彻实施问题。在这一整套系统的制度设计中,激励机制、监督机制和决策机制这3套制度的设计和安排,应当是公司治理机制的灵魂和核心。

二、公司监督机制

公司监督机制是指公司的利益相关者针对公司经营者的经营成果、经营行为或决策所进行的一系列客观而及时审核、监察与督导的行动。公司内部权力的分立与制衡原理是设

计和安排公司内部监督机制的一般原理。公司内部的监督机制包括股东会和董事会对经理人员的监督和制约,也包括它们之间权力的相互制衡与监督。

(一)股东与股东会的监督机制

1. 股东的监督

股东的监督表现为"用手投票"和"用脚投票"两种形式。用手投票,即在股东会上通过投票否决董事会的提案或其他决议案,或者通过决议替换不称职的或者对现有亏损承担责任的董事会成员,从而促使经理层人员的更换。用脚投票,即在预期收益下降时,通过股票市场或其他方式抛售或者转让股票。

股东的监督具有明显的局限性:一方面,股东的极端分散性使得众多中小股东的个人投票微不足道,任凭大股东操纵董事会;另一方面,由于众多小股东从证券市场获取信息成本高昂,他们往往对公司经营及财务报告不够关心,"用脚投票"时往往带有很大的盲目性。

2. 股东会的监督

股东会是公司的最高权力机构,股东会的监督是公司最高权力机构的监督,理论上说具有最高的权威性和最大的约束性,但是,股东会不是常设机关,其监督权的行使往往交给专事监督职能的监事会或者部分地交给董事会,仅保留对公司经营结果的审查权和决定权。

具体地说,股东会对公司经营活动及董事、经理的监督表现为:选举和罢免公司的董事和监事;对玩忽职守、未能尽到受托责任的董事提起诉讼;对公司董事会经理人员的经营活动及有关的账目文件具有阅览权,以了解和监督公司的经营,此即知情权和监察权;通过公司的监事会对董事会和经理层进行监督。

(二)董事会的监督机制

董事会的监督表现为董事会对经理层的监督。董事会对经理层的监督表现为一种制衡关系,其通过行使聘任或者解雇经理层人员、制定重大和长期战略来约束经理层人员的行为,以监督其决议是否得到贯彻执行以及经理人员是否称职。

但由于董事只是股东的受托人,有些董事本身是股东,而有些董事不是股东,而且由于董事会和经理人员分享经营权,可能存在董事人员偷懒,或与经理人员合谋损害股东利益等问题。可见,董事会对经理的监督是有限度的。

(三)监事会的监督机制

监事会是公司行使监督职能的机构,监事会对股东会负责,以出资人代表的身份行使监督权。监事会以董事会和经理层人员为监督对象。监事会可以进行会计监督和业务监督,可以进行事前、事中和事后监督。多数国家的公司法规定,监事会列席董事会议,以便了解决策情况,同时对业务活动进行全面的监督。

一般认为,监事会的监督机制具体表现在:通知经营管理机构停止违法或越权行为;随时调查公司的财务情况,审查文件账册,并有权要求董事会提供情况;审核董事会编制的提供给股东会的各种报表,并把审核意见向股东会报告;当监事会认为有必要时,一般是在公司出现重大问题时,可以提议召开股东会。

从理论上说(也有国家在立法上作规定),在出现特殊情况下,监事会有代表公司的权力,如:当公司与董事之间发生诉讼时,除法律另有规定外,由监事会代表公司作为诉讼一方处理有关法律事宜;当董事自己或者他人与本公司有交涉时,由监事会代表公司与董事进行交涉；当监事调查公司业务和财务状况及审核账册报表时，代表公司委托律师、会计师等中介机构，所发生的费用由公司承担。

（四）公司内部监督机制实施的主要途径

公司内部监督机制是规范公司行为、维护出资者利益的一种内部治理机制，其运作和监督功能的实施必须从以下几个方面着手。

1. 发挥董事会的监督职能

公司董事会作为所有者或股东的代表，不但有管理决策功能，还应拥有对公司经理人员的监督功能。董事会应对经理人员偏离公司董事会经营决策目标的行为予以纠正；监督经理人员正确行使其权力，维护公司利益，实现公司利润最大化的目标；对不称职的经理予以解聘，对经理人员侵犯公司利益的行为通过法律手段给予制裁。这些监督方式的实施，对提高公司效率、强化对经理人员的约束能起到积极作用。

2. 发挥监事会的监督功能

公司监事会是由股东、职工组成的公司内部自律性的机构，是公司自身监督的典型形式，是对董事和经理人员进行监督的专门机构。发挥监事会的监督功能的关键是要赋予监事不受干扰的独立监察权，同时提高监事的业务水平，对不称职的监事通过股东会予以及时罢免。

3. 充分发挥公司职工和工会的监督功能

职工是企业聘用的劳动者，是企业的利益相关者，有维护自身利益、关注公司利益、对公司经营进行监督的权力。职工监督有以下两条途径：一是推选出职工监事行使监督权；二是通过工会行使监督权。工会是代表职工的合法机构，有权代表职工与公司签订集体合同，保证职工利益。

三、公司决策机制

公司决策机制是指通过建立和实施公司内部监督和激励机制，来促使经营者努力经营、科学决策，从而实现委托人预期收益最大化。公司治理的权力系统由股东会、董事会、监事会和经理层构成。决策机制解决的就是，公司权力在上述机构中如何科学、合理地分配的格局。决策机制是公司治理机制的核心。

决策活动分工与层级制决策是公司内部决策机制设计的原理。所谓层级式决策机制是指在一个决策者的辖区内，决策权的层级分配和层级行使。层级制的优点在于：第一，可以发挥集体决策的优势以弥补个人决策的不足。第二，组织内部的分工与协调使交易费用大大降低，从而形成对市场交易的替代。其缺点一是由于信息的纵向传输和整理，容易给最高决策者的决策带来失误；二是因为这种决策机制是一种自上而下的行政性领导过程，所以难免出现各层级决策的动力不足，以及由此而产生的偷懒和"搭便车"行为。

（一）股东会的决策

1. 股东会决策权的基本内容

股东会是公司的最高权力机关，拥有选择经营者、重大经营管理和资产收益等终极的决策权。

从多数国家的公司立法规定来看，股东年会的决策权主要内容如下：

(1) 决定股息分配方案。
(2) 批准公司年度报告、资产负债表、损益表以及其他会计报表。
(3) 决定公司重要的人事任免。
(4) 增减公司的资本。
(5) 修改公司章程。
(6) 讨论并通过公司股东提出的各种决议草案。

2. 股东会的决策程序

股东会行使决策权是通过不同种类和类别的股东会来实现的。一般地说,股东会主要分为普通年会和特别会议两类。此外,根据公司发行股票类别的不同,存在类别股东会议。

3. 股东会的决策方式。

股东会的决策是以投票表决的方式来实现的,表决的基础是按资分配,所有投票者一律平等,每股一票。具体的表决方式有直接投票、累积投票、分类投票、偶尔投票和不按比例投票五种。

(二) 董事会的决策

1. 董事会决策权的基本内容

在股东会闭会期间,董事会是公司的最高决策机关,是公司的法定代表人。除了股东会拥有或授予其他机构拥有的权力,公司的一切权力由董事会行使或授权行使。董事会的重大决策权,不同国家的立法有一些区别,但主要的或者类似的决策权包括:制定公司的经营目标、重大方针和管理原则;挑选、聘任和监督经理层人员,并决定高级经理人员的报酬与奖惩;提出盈利分配方案供股东会审议;通过、修改和撤销公司内部规章制度;决定公司财务原则和资金的周转;决定公司的产品和服务价格、工资、劳资关系;代表公司签订各种合同;决定公司福利待遇;召集股东会。

2. 董事会的决策程序

董事会的决策权是以召开董事会并形成会议决议的方式来行使的。如果董事会决议与股东会的决议发生冲突,应以股东会决议为准,股东会有权否决董事会决议,甚至改造董事会。董事会会议又分为普通会议和特殊会议。参加董事会会议的人数必须符合法定人数要求,只要由出席会议的董事法定人数中的多数通过的决议,就应当视为整个董事会的决议,但是公司章程中有特别规定的除外。

3. 董事会的决策方式

董事会会议决议是以投票表决的方式作出的,表决采取每人一票的方式,在投票时万一出现僵局,董事长往往有权行使裁决权,即投决定性的一票。对于公司治理的决策机制,从另一方面说,公司决策是一个从分歧、磋商、妥协到形成统一认识的过程。除了上述决策权的分配,按照程序来决策是所有层面决策有序进行的前提和先决条件,决策程序一般可以分为决策准备、决策方案的产生、决策方案的讨论和最终决定(形成决议)4 个相互衔接的阶段。信息充分是必要前提;优化决策方案是关键;决策民主化是科学决策的保障。

四、公司外部治理机制

自 20 世纪 80 年代开始,伴随着企业兼并浪潮及机构投资者的兴起,公司治理问题重新受到国内外学者的重视,公司治理问题已经成为理论界和实务界研究的一个世界性难题。

目前,国内外众多学者对内部治理的研究较为广泛,主要强调公司产权明晰和激励机制等措施对完善公司治理的重要性。从全球资本市场和公司治理机制发展趋势的整体角度来看,外部治理机制正日益受到重视,外部治理在公司治理体系的中的地位也日渐提升。我国国内有不少专家学者对公司治理这一课题也展开了大量研究,但有些领域还没有触及,甚至还存在不少误区,比如对利益相关者参与外部治理的意义认识不足等。鉴于此,从外部市场体系的角度,分析公司治理的外部机制,将为我国公司治理的研究提供前瞻性启示。

(一) 信息披露管理

信息披露是上市公司的法定义务,是投资者了解上市公司、证券监管机构监管上市公司的主要途径,是维护证券市场秩序的必要前提。信息披露制度在各国证券法律制度体系中都占有重要的地位。

1. 信息披露制度的含义与意义

(1) 信息披露制度的含义。信息披露制度,也称公示制度、公开披露制度,是上市公司及其信息披露义务人依照法律规定必须将其自身的财务变化、经营状况等信息和资料向社会公开或公告,以便使投资者充分了解情况的制度。它既包括发行前的披露,又包括上市后的持续信息公开。信息披露制度是证券法"三公原则"中公开原则的具体要求和反映。在各国法律中,公开原则被具体化为信息披露制度。公开原则是三公原则的基础,是公平、公正原则实现的保障。没有公开原则的保障,公平、公正便失去了衡量的客观标准,也失去了得以维持的坚实后盾。只有公开,才能有效杜绝证券市场的舞弊行为,保障证券市场的健康运转。美国大法官布兰迪斯(Brandies)在其1933年的著作中提出:"公开原则被推崇为医治社会和企业弊病的良药,犹如阳光是最好的消毒剂;犹如电灯是最棒的警察。"

(2) 信息披露制度的意义。信息披露制度的重要意义主要体现在以下几个方面:

首先,有利于约束证券发行人的行为,促使其改善经营管理。公开性原则要求发行人严格按照法定的程序、格式和内容真实、准确、完整地公布与投资者决策密切相关的资料,可促使发行人严格财务制度,规范其内部管理;同时,增加发行人内部状况的透明度,将其置于广大投资者和社会公众的监督之下,还可以激励发行人全面加强经营管理,以不断自我完善提高经济效益。

其次,有利于证券市场上发行与交易价格的合理形成。以股市价格为例,其价格的形成固然与社会经济、政治形势等公司外部环境有关,但从根本上说,是由公司自身经营状况来决定的。经营的好坏,决定了公司的盈利高低,从而也影响股票预期收益高低。因此,有必要将发行公司经营状况、财务状况和发展趋势公开化,以便于投资者在全面了解情况的基础上作出投资决定,促使证券供求关系自然形成,市场可根据供求关系形成合理价格。

再次,有利于维护广大投资者的合法权益。证券市场的繁荣发展来源于投资者的信心。信息披露制度可以确保广大投资者在接触和了解证券市场信息面前,一律平等,根据公开化了的信息作出自己的投资决策,既可防止盲目投资,以减少或避免不应该有的风险,又有利于保护广大投资者的知情权,进而有助于增强其对证券市场的信心。

最后,有利于进行证券监管,提高证券市场效率。公开的信息是证券监管部门进行管理的重要依据,同时,也是其监督证券市场各方依法活动的重要法律手段。依据公开原则,监管部门既可及时、有效地查处违反信息披露制度的证券违法犯罪活动,又可根据高度透明化的证券市场信息,及时防范、预警和化解金融风险调控、引导证券投资及筹资行为。

信息披露制度保障了交易的安全,维护着投资者的信心,也维持了证券市场的稳定秩序。

鉴于此,公开原则成为各国证券法律制度的重要原则,信息披露制度在各国证券法律制度体系中都占有重要的地位。

2. 信息披露制度的基本原则

《证券法》第六十三条规定,发行人、上市公司依法披露的信息,必须真实、正确、完整,不得有虚假记载、误导性陈述或者重大遗漏。因此,上市公司信息披露应遵循以下原则

(1) 真实原则。真实原则是指公开的信息必须具有客观性、一致性和规范性,不得作虚假陈述。客观性是指公开的信息所反映的事实必须是公司经营活动实际发生的,禁止为了影响市场价格而编造虚假信息;一致性是指公开的信息依据的标准,应保持历史的一贯性,如有变动应作出说明;规范性是指公司所公开的信息必须符合证券法所规定的对不同性质信息的真实性的不同判断标准。

真实原则应适用于公司所公开的全部信息,包括描述性信息、评价性信息和预测性信息。只是由于信息的性质不同,对其真实性的判断标准也不同。

描述性信息反映的是上市公司经营活动中的既存事实,应以客观事实为依据,检验其真实性。其中,对"计划事实"的真实性,不应以计划实现的充分性来判断,而应以计划实施的充分性来判断。如果计划未得到充分的实施,上市公司必须对此作出合理的说明。如果上市公司没有合理的原因而不充分实施计划,则可以认定其所公开的计划为虚假计划。

评价性信息反映的是已公开信息中的事实与其他事实之间的联系性,是对既存的事实的性质、结果或影响的分析和价值判断。它往往是在公开上市公司经营状况的同时,又加入了信息发布者自己的判断。评价性信息的真实实际上是一种逻辑真实。在检验评价性信息的真实性时,应在确定描述信息所反映的既存事实的基础上,对评价依据的真实性和评价方法的合理性进行判断。

预测性信息是对上市公司未来的经营状况(主要是盈利状况)所作的预测,反映的是上市公司经营状况中的既存事实和将来事实之间的联系性。由于上市公司的经营活动具有持续性,其经营状况处于不断变动的过程中,其经营状况不仅包括经营现状,还包括经营潜力和经营风险,证券价格的确定便含有预测的因素。上市公司公开的信息中可以包括盈利预测,尽管这种预测一般并不可靠,而且常常被用来作为误导市场的工具,但为了便于投资者作投资判断,各国现行的证券法规和证券监管机构的规范性文件往往允许上市公司公开盈利预测,并给予规制以防止其弊端。规制往往从对盈利的界定、预测假设的合理性及可靠性、重大差异的说明等来进行。

(2) 准确原则。准确原则是指公司公开的信息必须准确无误,不得以模糊不清的语言使公众对其公布的信息产生误解,不得有误导性陈述。

公开的信息是通过语言文字的表述来实现的,而语言内容的多义性与语言表达方式的多样性,使证券法在规定公开的信息时,必须贯彻准确原则。信息的准确性是投资判断准确性的前提。实践中因虚假陈述与重大遗漏具有显现性,而"使人误解"则利用了语言的多义性并可能把责任推给投资者,"使人误解"便成为公司信息公开活动中较为多见的违法行为。

准确原则,不是强调已公开信息与信息所反映的客观事实之间的一致性,而是强调信息发布者与信息接收者,以及各个信息接收者之间对同一信息在理解上的一致性。一个虚假

的信息固然是不准确的信息,但不准确的信息未必是虚假的,因为对不准确的信息人们可依表面文义作出多种理解。而只有一种解释的不准确信息,则构成违反真实原则。不准确信息往往具有非显现性,不易被人察觉,因此,更应对此作出明确的规定,以防误导投资者。

首先,准确原则要求在有法律明确标准的前提下,应按法定标准以语言文字的通常意义进行信息公开。由于公司与各投资者之间,行业归属、知识水平、语言习惯、检验能力等各不相同,对于公开的信息内容的判断也会有所不同。但由于信息公开的目的是为方便投资者进行投资判断,对公开信息内容的理解与解释,应以一般投资者的素质为标准。

其次,准确原则要求处理好表述准确与易于理解之间的关系。公司所公开的信息应容易被理解,即信息公开的篇幅、使用的术语及叙述方式,能被具有一般文化知识和经营知识的投资者所理解,而不只是使投资专家理解。但公司公开的经营活动是一种专业性活动,专业术语或行业术语往往有不可替代的作用。为了兼顾信息公开的准确性与易于理解性,公司在公开信息时,对所使用的术语或行业术语应进行必要的解释,以便于一般投资者的理解。

最后,准确原则要求处理好正式信息与非正式信息的关系。投资者对经营状况的理解并不完全通过依法正式公布的公司信息,公司非正式发布的信息(如广告促销等活动),或者不是公司发布的但与公司有关的信息(如媒体有关公司的报道),也能作为投资者进行投资判断的依据。但是,正式信息与非正式信息内容的差异,有时也能导致误解的结果,因此不能将公司保证信息公开的义务局限在正式信息方面。法律应规定公司有责任保证自己发布的非正式信息与正式信息的一致性,对于不是公司发布的但与其有关的信息,如果足以有影响众多投资者的判断投资,公司则应附有说明的义务。

(3) 完整原则。完整原则是指公司必须依照法律规定或证券监管机构和证券交易所的指令将有关信息予以公开,不得有重大遗漏。如果公司在公开信息时有"重大遗漏",即使已公开的各个信息具有个别的真实性,也会在已公开信息的总体上造成整体的虚假性。

证券的市场价格是由公司经营状况整体决定的,证券投资者的判断,是对特定公司所公开的全部信息进行的综合判断。尽管投资者在作出投资决定时,对各种公司信息重要性的认识与有用性的选择各有不同,但对投资者整体而言,公司将各种可能影响证券市场价格的重大信息都予以公开,是投资者判断公平性与准确性的前提条件。

信息披露的完整性,有质与量两方面的规定性。

首先,应充分公开的信息,在性质上必须是重大信息。重大信息是指能够影响公司证券市场价格的信息。将那些对证券市场价格并无影响的信息予以公开,一方面,会增加公司信息公开的成本;另一方面,不仅无助于投资者作出投资判断,还会增加投资者信息选择的难度。因此,应以"重大"性来达到公开信息的简约性。

其次,应充分公开的信息,在数量上必须达到一定的标准,以使投资者在通常市场情况下能够据此作出适当的投资判断。

(4) 及时原则。及时原则是指公司必须在合理的时间内尽可能迅速地公开其应公开的信息,不得有延迟。无论怎样正确的信息,如果其公开的时间迟滞,作为投资判断依据的有用性将必然减退。所以,公司信息公开的内容应及时:首先,公司应以最快的速度公开其信息,即公司经营和财务状况发生变化后,应立即向社会公众公开其变化;其次,公司所公开的公司信息应一直保持最新的状态. 不能给社会公众以过时和陈旧的信息。

生产经营的连续性和信息披露的间断性之间的矛盾,使信息披露的及时性受到了严重的挑战,其结果是:一方面,当投资者得到消息时,许多信息已是"遥远的历史"而失去了相关性。该信息反映的经营状况对证券市场价格的影响作用已被新的尚未公布的经营状况所抵消,或者早已被变动的证券市场所吸收,以致不能起到价格信号的作用。另一方面,那些占据信息优势的内幕人员可利用信息披露的时间间隔进行内幕交易,导致了投资者之间的非公平竞争,使证券市场的有效性大打折扣。

信息披露的及时性,不仅可以保证投资依据的相关性,还可以最大限度地缩小内幕人员利用内幕信息进行内幕交易的时间差。内幕人员能进行内幕交易,不仅在于内幕人员有途径掌握更多的信息,更重要的在于内幕人员能够比投资者提前掌握信息。进行内幕交易,首先是要预先掌握内幕信息,并据此买卖证券;其次是要待内幕信息公开后导致证券价格发生相应变动时,做相反买卖以牟利或避损。可见,内幕信息既包括那些一旦公开就可能影响证券市场价格的信息,又包括那些迟早会公开的信息。如果某一内幕信息永远都不会公开,那么该信息就不会成为价格信号,证券的市场价格就不会因此发生内幕人员所期望的变动,利用该信息牟利或避损的期望就不会实现。所以,内幕人员与公众投资者在掌握信息上的时间差,正是内幕交易得以存在的"温床"。公司信息的公开越及时,这种时间差就越小,内幕信息被内幕人员利用的机会相应地就会越少。

3. 信息披露的内容

鉴于信息披露对公司治理的主要影响,中国证监会颁布了《公开发行股票公司信息披露实施细则(试行)》。该法规的第 4 条规定,我国上市公司信息披露的内容主要有四大部分,即招股说明书(或其他募集资金说明书)、上市公告书、定期报告、临时报告。

(1) 招股说明书。招股说明书必须遵循《公开发行股票公司信息披露的内容与格式准则》第一号的要求编制,主要披露有关股票发行的信息,包括发行股票的类型、股数、每股面值、每股发行价格、预计发行时间、申请上市证券交易所和主承销商。

(2) 上市公告书。上市公告书是公司上市前重要信息披露资料,它需要披露发行人的情况、股票发行与股本结构、董事、监事、高管人员和核心技术人员、同行业竞争与关联交易和财务会计资料等信息。

(3) 定期报告。定期报告包括中期报告和年度报告两种形式。公司在会计年度结束后 60 天内编制完成中期报告,每个会计年度结束后 120 天内编制完成年度报告,并报中国证监会备案,将报告摘要刊登在至少一种证监会指定的全国性报刊上,同时备置于公司所在地、挂牌交易的证券交易所、有关证券经营机构及其网点,以供投资公众查阅。

(4) 临时报告。临时报告又分为重大事件报告和公司收购公告。公司发生重大事件(可能对公司的股票股价产生重大影响的事件)或收购行为时,在得到证监会及证券交易所核准后应当编制相应的公告书向社会披露。

招股说明书和上市公告书为公司上市前的信息披露内容,帮助投资者对股票发行人的经营状况和发展潜力进行细致评估,以利于投资者更好地作出股票认购决策;定期报告和临时报告为公司上市后的持续性信息披露内容,以确保及时、迅速披露那些可能对该上市公司股票的价格走势产生实质影响的信息。

4. 信息披露方式

信息披露主要采取定期信息披露(中期报告和年度报告)和不定期信息披露(临时报告)

的方式,在信息披露内容构成上采取定量和定性相结合的方式。

(1) 定期信息披露。信息披露一般有中期报告和年度报告,为了增加信息披露的及时性还增加季报和月报。

(2) 不定期信息披露。为了及时、有效地与公司利益相关者进行沟通,根据公司发生重大事件的情况可能影响利益相关者决策时,应采取不定期(临时)信息披露。

5. 信息披露报告要求

(1) 审计独立性。增强注册会计师的独立性,提高他们的质量审计标准和职业道德服务能力,是确保审计独立性的前提条件。

(2) 信息披露报告要经过公司内部和外部双重审计方可对外发布。

(3) 强化管理层对信息披露的责任,加强审计委员会对信息披露的监管。

(二) 市场监控机制

传统市场经济条件下,市场在资源的配置中起着基础性作用,按不同的方法可以对市场作出不同的分类。在公司治理外部机制研究中对市场的划分也没有统一的意见,为方便起见,可以将市场分为经理人市场和资本市场两个方面。

1. 经理人市场

经理人市场是职业经理人供求关系的交易市场,它的发达和完善标志着人力资本价值的市场化程度,也映射出职业经理人的整体素质和能力水平。经理人市场对经营管理者产生的约束作用,主要通过两个方面表现出来:一是经理人市场本身是企业选择经营者的重要来源,在经营不善时,现任经营者就存在被替换的可能性。这种来源于外部乃至企业内部潜在经营者的竞争将会迫使现任经营者努力工作。二是市场信号显示和传递机制会把企业的业绩与经营者的人力资本价值对应起来,促使经营者为提升自己的人力资本价值而全力以赴改善公司业绩。因而,成熟的经理人市场的存在,能有效促使经理人勤勉工作,激励经理人不断创新,注重为企业创造价值。

从竞争性市场来看,一个发达、完善的经理人市场能够推动经理人才在企业之间或企业内部不同职位间合理自由流动,一方面给经理人提供了发展机会;另一方面也给经理人造成了一种压力,迫使他们勤勉努力工作,否则就会被"潜在"经理人所替代,可能造成自身"人力资本"的贬值乃至身败名裂。尽管我国职业经理人市场还没有成熟,更谈不上职业经理人市场管理问题(职业经理人认证制度、测评、聘任和解聘条件、转移价值、职业准则等),然而民营企业职业经理人经营已日趋成为发展趋势,有力推动了职业经理人市场的形成和发展,无形中给经理人带来一定职业危机。

从绩效薪酬来看,经理人的薪酬是由经理人在市场竞争中所表现出来的经营能力和经营业绩决定的。从经理人短期经济利益来看,经理人的薪酬是通过定期的绩效考核来调整其薪酬收益的,即"完全事后清偿"。从长期动态效果来看,即使不考虑直接薪酬对经理人的激励作用和监督约束作用,经理人自身也会考虑如何给市场留下好印象,以保持和提高个人人力资本市场价值。所以,在存在经理人市场条件下,那种偏离利润最大化的经营者不可能被长期委托代理经营管理企业。

理论上,经理人市场具有很强的约束力,但从我国现状来看,还不存在有效的经理人市场。从上市公司样本调查来看,董事、监事和高层管理人员的选聘主要在控股股东和公司内部产生,而且在国有企业中还存在"商而优则仕"现象,职务的升迁主要依靠政治关系而非企业家才能,这完全与股东和社会公众对高层管理者的期望相悖,董事和监事来源如表 7-3 至表 7-5 所示。

表 7-3　　　　　　　　　　　　　　新董事来源

项目	样本调查一	样本调查二
样本数(名)	250	246
股东大会提名	56.8%	79.3%
董事会提名	34.0%	10.6%
大股东决定	8.6%	8.5%
董事长决定	1.6%	1.6%

表 7-4　　　　　　　　　　　　　董事和监事来源情况

项目	所占比例	项目	所占比例
股东单位委派	60.0%	职工选举(监事)	16.7%
国有股和法人股委派	87.7%	招聘或选聘	12.0%

表 7-5　　　　　　　选聘董事和高层经理标准前六位重要因素及所占比例

序号	选聘董事	所占比例	序号	选聘高层经理	所占比例
1	管理机能	58.8%	1	管理机能	68.6%
2	专业技能	17.9%	2	专业技能	22.3%
3	行业经验	11.5%	3	行业经验	5.6%
4	社会声望	6.0%	4	社会声望	1.7%
5	持股数	1.9%	5	与公司领导熟悉	0.5%
6	股东单位领导或代表	0.4%	6	给公司带来长远发展和效益	0.4%

在家族式民营企业中,公司为一个家族或几个家族所有,往往企业所有权与经营管理权合二为一,表现在高层管理人员选聘上,依据的标准主要看是否为家族成员或与企业创始者的家族保持紧密的私人关系。

从企业经营者角度来看,不论国有企业,还是股份有限公司、有限责任公司、外资企业,经营者们根据经济环境的变化和发展,对政府和社会提出了更大的希望和要求。

由此可见,我国的经理人市场还没有完全形成,相关的法律制度还不健全,人力资本价值还没有统一或被市场接受的评判标准,经理人市场的流动性还不充分,也就是说,中国规范化、市场化的经理人资源配置机制还没有建立起来,因而,经理人市场的约束力相对较弱。

如何构建职业经理人市场化平台? 如何完善职业经理人管理体系和运作机制? 这些问题需要理论界、企业界、政府等方面的共同努力才能解决。

首先,我们必须明确职业经理人的市场定位和职业特点。职业经理人就是以专业化的企业管理技术为资本,从事企业资源配置的优化组合,完成企业所有者的经营业绩和战略目标,并以此为职业的特殊社会群体。他们利用自己创新的智慧与献身精神为社会创造财富,为企业相关利益者创造价值,通过市场选择机制获得相应的物质报酬和社会地位、声望等精神激励,他们将经营活动视为职业生命,承担着更大的社会责任和企业经济责任。

其次,建立市场供求机制。市场的供给来源于市场的需求,没有市场需求就没有供给,因而,想要建立职业经理人市场的供给市场就必须解决其需求市场,打破公司高层管理者单一来源渠道问题。如何做到这一点?第一,理论界要构建职业经理人市场框架或模型,突破制度化发展瓶颈。第二,政府要积极倡导,舆论引导,法律规范,创造市场发展环境。第三,企业界一方面建立代理权竞争制度,促进职业经理人市场的培育和发展;另一方面职业经理人市场建立丰富的人才资源库、信息查询系统、人才市场交易制度、职业经理人诚信或信誉管理制度、标准化考评和薪酬制度。第四,建立职业经理人信息鉴定筛选制度,随时收集和跟踪职业经理人经营活动,建立信息完善的个人档案,并将其业绩及时向外界披露,使职业经理人在"阳光下"从事自己的职业,避免信息不对称带来的"道德风险"和逆向选择问题。

最后,要承认职业经理人的市场价值。职业经理人是社会特殊的稀缺资源,应引起社会的广泛关注,给予相应的政治地位、社会荣誉,为其创造更好的事业平台,同时给予股权、红利、薪金、福利等物质奖励,充分调动他们的积极性和创造性。

在职业经理人市场发展方面我们要走的路还很长,只有经过各方面的共同努力,才能构建完全市场化的职业经理人市场,才能真正起到对公司职业经理人的约束作用。

2. 资本市场

资本市场是公司治理结构互补性制度安排,应服从于投资者筛选和监控企业目标。资本市场原则上应具有如下两个约束功能:一是正确地反映并评估企业的经营绩效;二是具有一种内在的机制使得劣质企业一旦被发现就能够被逐出市场竞争,并将其资源转交给真正的优质企业,由此不断促进企业制度的创新与完善。现实中,资本市场对企业的上述作用及影响主要通过股价机制和接管机制来完成对企业的筛选和监控。

(1) 股价机制。所谓股价机制,就是资本市场上通过股票价格的高低及其波动情况,来反映股票发行公司的经营状况和变动情况,并以此引导或影响投资者(股东)"用脚投票"对企业进行筛选与监控。资本市场股价机制的监督作用主要体现于两个方面:一是用股票价格反映公司企业家的经营能力,并决定其去留;二是将公司企业家的薪酬与股价相联系,以激励和约束企业家。也就是说,当证券市场处于法律制度健全、股权足够分散、市场规模足够大的市场环境下,股票价格中的泡沫和噪声就比较小,股票价格的涨落就能真实地反映企业的运营情况,其变动的大小完全反映企业利润水平,使市场参与者更能客观真实地对公司潜力(未来收益能力)和现状(企业运营状况、经营者才能和努力程度等)进行评估,并以较小的监控成本获得合理的投资收益。

当然,股价机制与接管市场有所不同,对经营者不是采取非此即彼的惩罚,股价的变动对经营者形成长期的压力,使其不敢长期懈怠。另外,与股价挂钩的薪酬——股票期权实质就是通过股票价格来提取公司发展潜力信息,从而实现对经理人的长期激励。

(2) 接管机制。当法律和内部控制机制无法促使经理人为公司价值最大化而努力时,公司控制权市场将成为约束经理层的最后武器。因此,高效而富有活力的公司控制权市场,对于公司治理、提高资源配置效率均具有积极作用。

由于世界各国所有制结构、股权结构和资本市场的差异化,其相应的控制权市场也存在很大的不同,如表7-6所示。

表7-6　　　　　　　　世界主要国家控制权市场差异化对比

项目	英美国家	欧洲大陆(德国、法国)和新兴市场(韩国和东南亚国家)
所有权结构	分散化	集中化
控制权	竞争型	锁定型
控制权获取方式	敌意收购	协议转让
对公司治理作用	英美国家主要以绩效较差公司为收购目标,收购后管理层常常被解雇; 收购后,目标公司收益显著为正,收购公司收益显著为负,总体考虑显著为正,并购创造了价值; 在控制权发生作用的条件下,即使仅仅存在被接管的可能,低股价也会对管理层施加压力,使其忠于股东利益	

中国控制权市场基本类似于欧洲大陆(德国、法国等)和新兴市场(韩国和东南亚国家)的情况,而且存在国有股和法人股不流通的客观现实,这将直接影响控制权市场的发展和完善以及对经营者的约束作用,造成控制权市场运作存在很多投机主义行为,为收购后的公司带来很多的后遗症,如表7-7所示。

表7-7　　　　　　　　中国控制权市场情况

项目	内容
动机	改善业绩是控制权转让的主要动机; 获得"壳资源"为公司创造价值
目的	为了获得控制权的私人收益; 通过收购上市公司可提升公司知名度和信誉度; 享受资本市场以配股、增发、发债等形式获得直接融资的便利; 借"壳"上市,节省直接上市所需的高额成本,获取直接融资可能性
转让方式	协议转让;无偿划拨;间接控股;司法裁定;公开拍卖;二级市场拍卖;二级市场收购
存在主要问题	国有权和法人股不流通阻碍了公司控制权市场的真正形成; 控制权转让主要以绩差上市公司为中心、以价值转移和再分配为主要方式; 非市场化的动因左右控制权市场; 控制权交易缺乏融资机制,并购融资工具单一且发展很不成熟; 控制权转让常常与内幕交易和股权操纵等违法行为相关联

总之,在"两权分离"的公司治理结构中,资本市场是解决企业内部治理失灵(董事会、经理层的经济行为发生偏差,而法律赋予股东的权利又受到削弱)的次优选择方案,一方面,中小股东通过高度流动的股票市场的抱怨机制对经营者进行治理;另一方面,外部股东通过股份或依附于股份上的、潜在的控制权的争夺而形成公司控制权市场(接管市场)对经理层更换。也就是说,在管理层操纵董事会,使单一股东仅用"用脚投票"无法对公司经理层构成约束的条件下,公司控制权市场就成为克服这一缺陷的制度安排。

综上所述,产品市场、经理人市场和资本市场所构成的市场监控约束机制,通过信息显示机制和优胜劣汰机制显性表现出来,从而更加直观地对经营者进行考评,从而达到监督约束的目的,如表7-8所示。

表 7-8　　　　　　　　市场竞争机制对经营者约束作用表现形式

项目	信息显示机制	优胜劣汰机制
产品市场	企业财务会计指标	盈亏、破产机制
经理人市场	声誉显示	竞争选聘机制
资本市场	企业市场价值指标	股价机制、接管(并购)机制、破产机制

资料来源：陈佳贵，杜莹芬，黄群慧.国有企业经营者的激励与约束——理论、实践与政策[M].北京：经济管理出版社，2001.

(三) 利益相关者监督

传统企业理论认为，企业目标是追求股东利益的最大化，企业治理结构是"资本雇佣劳动"型的单边治理结构，企业的剩余索取权和控制权全部归股东所有，这就是所谓的"股东至上"理论。然而在现代社会，特别是在知识占据经济发展主导地位的时代，随着物质资本社会化及证券化程度的不断提高、人力资本的专用性和团队性的不断增强，以及企业之间战略伙伴关系的不断发展和人们对企业社会责任的日益关注，"股东至上"理论受到了越来越强烈的挑战。利益相关者理论由此应运而生，并受到了人们越来越普遍的关注。

1. 政府监督

企业、消费者和政府是市场经济主体，其中企业是最主要的市场经济主体。企业的经营环境主要来自市场和政府的制约和干预。在完全市场化经济条件下，市场这只"看不见的手"主要通过价值规律来调节企业的经营行为，政府这只"看得见的手"则通过行政政策来诱导企业的经营决策。在不完全市场化经济条件下，政府对企业经营行为的干预和影响就较大。尤其在发展中国家和经济转轨国家，政府的作用更加突出。因而，中国经济由粗放式经济增长向集约式经济增长方式转变时期，现代企业制度的建立更需要政府的直接参与，否则很难构建起有效的公司治理结构。

政府在市场经济中主要承担管理职能和监督职能。首先根据国家经济发展史、经济发展史和市场经济主体的现状构建适合国情的市场经济体系，其次根据市场经济运行体系构建规范的法律体系，最后宏观指导并参与制定市场运行机制体系，在此基础上建立市场经济监管体系。那么在公司治理方面也需要政府的直接参与，并行使其宏观管理和监督职责。本书主要研究政府在公司治理结构法规建设和实施监管方面的作用。

(1) 制定法规。尽管世界各国公司治理结构日益趋同，但由于各国政治、经济、文化等因素的不同，其公司治理结构还存在一定的差异。欲确保其运行的有效性就必须通过法律途径加以规范，明确各利益关系人的责、权、利，强化对各利益关系人特别是经营管理人员的约束，并通过法律的最终威慑力达到公司治理的目的。

政府应致力于为企业提供一个规范、有序、有利的市场环境，制定市场规则，建立法制秩序，完善市场运作机制；强化资本市场上的竞争机制，培育竞争性的市场环境。因而，从某种意义上讲，一国公司治理水平的高低最终决定于该国法律法规的完善程度与质量水平。在公司治理结构中，其主要的法律法规包括基本法律、行政法规、部门规章、自律性规则和行业准则等，还有相关联的法律法规，如产品质量法、反垄断法、反倾销法、消费者保护法、税法、银行法、环保法等。

(2) 实施监督。对上市公司而言，政府监督由管理机构监督和行业监督组成。《证券法》确立了中国证监会作为对证券市场进行统一宏观管理的主管机构。中国证监会及派出机构依照法律法规对我国证券业实施集中统一监管,对监管的重合领域进行及时沟通和协调,杜绝监管漏洞和真空,确保法律法规执行的有效性和运作机制实施的规范性。为了确保证券市场的健康发展,中国证监会加大了执法力度,在其内部设立了稽查二局,处罚操纵市场企业。中国证监会还实行了摘牌机制,依照《公司法》连续3年亏损的企业将被摘牌等。

上海证券交易所、深圳证券交易所和证券业协会是中国证券市场自律性管理机关,通过其章程及业务规则等规范券商的行为,并有权对券商的日常经营活动进行监督检查,对违规者进行处分。上海证券交易所、深圳证券交易所作为上市证券集中交易的场所,可以对整个交易活动实施监控,承担证券市场一线监控的职责,按照既定规则对交易所会员、上市公司、证券发行、上市及交易等方面相关活动进行监管。对弄虚作假者、违规操作者、信息披露不规范者等方面都进行了严格监管和处罚。因而,上海证券交易所、深圳证券交易所和证券业协会对行业监管起到非常重要的作用。

总之,中国证监会、交易所形成相互独立而层次分明的监管梯度,为中国证券市场和上市公司的健康持续发展起到了保驾护航的作用。中国证券业仅短短10多年的发展历史,监管体系、运作程序和经验还很不成熟,尽管如此,监管部门和机构只有积极吸收借鉴先进国家好的做法和经验,加强市场宣传和推广,真正将保护中小投资者利益作为工作出发点,将预防和处罚市场操纵或欺诈行为作为工作目标,将确保市场的流动性和透明性、市场信息的有效性作为监管重点,才能真正实现证券市场的公平、公正、公开和公信原则。

2. 债权人监督

债权人是公司借入资本即债权的所有者。理论上讲,由于债权人要承担本息到期无法收回或不能完全收回的风险,债权人和股东一样,在公司治理上,有权对公司行使监督权。债权人可以通过给予或拒绝贷款、信贷合同条款安排、信贷资金使用监管、参与债务人公司的董事会等渠道起到实施公司治理的目的,尤其是当公司经营不善时,债权人可以提请法院启动破产程序,此时,企业的控制权即向债权人转移。因而,商业银行是公司治理除公司内部监督机关之外的主要微观主体,也是控制"内部人"监督激励除股权治理之外的重要因素。债权人参与公司共同治理已成为未来发展的必然趋势。从理论上讲,公司处于不同经营状态,其控制权应归属不同的利益相关者。当公司处于正常经营状态时,控制权一般由经营者掌握,而公司一旦陷入财务危机,某些权益将受损的利益相关者(如债权人)为实现保全,将会通过相关治理程序,要求重新分配控制权。

(1) 债权人控制作用。债权人在参与客户公司治理方面,主要发挥两个方面的作用:一是抗衡企业内部经理人;二是防止控股公司的权力滥用。一般来讲,债权人控制比股东控制对经理人更加残酷,这是因为经理在债权人控制时比在股东控制时更容易"丢掉饭碗"。因而,债务可更好地约束经理。当债务人无力偿债或企业需要再融资以偿还到期债务时,债务人会根据债务合同对企业的财务状况进行调查,从而有助于揭示企业的真实情况并更好地约束和监督经理,以有效地缓解管理层的代理问题。

银行介入公司治理有助于克服众多股票持有者"用脚投票"造成的控制权虚置和普遍存在的代理问题与"内部人控制"问题,作为债权人实施经济控制是银行的实质性职能。在转轨经济中资本市场的不完善导致其治理力量有限,商业银行在企业融资结构中的作用更加凸显。

(2) 债权人控制优势。债权人在参与公司治理结构方面，与其他利益相关者相比具有净成本优势和信息优势。因为债权人最了解自己的客户（贷款公司）的经营状况，又具有专业的金融领域、财务领域的审计人员，可随时掌控客户的经营状况，必要时向客户发出预警信息。

(3) 债权人控制动力。作为以市场为导向，实行企业化经营的银行必然极力监督和约束贷款企业的行为，以降低信贷风险。然而只有解决银行人格化所有者缺位问题，才能使银行有足够的动力来对银行中债券与股权风险负责，去选择好的经理和好的投资项目发放贷款。因而，银行只有完全、彻底商业化改革，才能使其更有动力、压力和能力对企业经营进行有效监控，成为公司治理最重要的构成部门。

1996年1月，中国人民银行、中华人民共和国国家国有资产管理局联合发布了《关于银行向企业监事会派出监事任职资格的审查办法》。企业监事会银行方面的监事由被监督企业建立有基本账户的银行派出，且一人可能同时担任若干个企业的监事。这项措施的实行改变了银行消极参与公司治理的局面，也改善了银企关系中因信息不对称而产生的"道德风险"问题。

（四）其他利益相关者治理

1. 媒体治理

媒体作为一种兼具监管效率和效果的舆论载体，具备了吸引社会群体关注、形成社会规范的优势，从而能强化声誉机制保护投资者利益。此外，相比法律及管制存在监管成本高、举证责任重、监管顺序靠后的问题，媒体具有介入早且监管成本低的监管优势。

然而，由于媒体通常并不拥有上市公司的所有权，也不掌握这些公司的控制权，这就决定了媒体往往不会直接影响公司治理。媒体一方面作为信息中介，对资本市场中的信息进行收集、加工和传播，改善信息质量；另一方面则扮演着信用中介的角色，监督、记录着市场中的各种交易行为，为交易双方提供隐形承诺，降低交易成本，这两种角色与信息传播机制及声誉机制一一对应。媒体对市场中参与主体的影响具体如下：

(1) 影响投资者。由于资本市场中存在信息不对称，投资者在获取和判断信息方面存在困难。媒体作为信息中介，正好能给予信息弱势群体免费搭便车的机会，缓解信息搜集带来的问题。大多数研究认为，媒体通过传播、包装、新闻写作创造新的信息形成了公司的外部信息环境，有助于削弱知情交易者的信息优势，从而减少信息不对称程度。媒体不仅能依靠信息传播机制缓解信息不对称问题；同时还能借助声誉机制为市场中的投资者提供对交易的外部承诺，作为隐性的信用保证，增强投资者信心，提高投资者的交易参与度。

(2) 影响管理者。在投资者无法完全了解管理者行为的现实环境中，媒体一方面借助信息传播机制缓解投资者与管理者间的信息不对称问题；另一方面则通过声誉机制约束管理者遵从社会规范。当管理者的行为与媒体灌输的主流价值观相违背时，管理者将可能损失个人声誉以及社会声誉。前者主要与管理者在经理人市场中的交易结果直接相关，一旦管理者声誉受损，很可能引致未来就业以及薪酬待遇的黯淡前景。后者则为社会规范第三方建立的声誉机制，依靠"让别人知道"的声誉信息传递对经理人起约束作用。媒体报道管理者的丑闻不仅会摧毁管理者在亲朋好友眼中的形象，而且会让管理者在陌生的公众面前变得不堪，以此施加道德的舆论压力。调查显示，管理层将媒体的批评视为公司声誉最大的威胁。不仅如此，媒体的两种作用机制互相交融，能进一步强化约束管理者行为效果。媒体通过信息传播机制对管理者的信息进行确认、汇总和再传播,能够强化了声誉机制的惩罚效果。

(3) 影响监管者。媒体对监管者的影响体现在如下两方面:首先,媒体通过声誉机制将增加监管者"不作为"的声誉成本,从而敦促监管者尽快采取监管措施,并修改、实施相关的法律;其次,媒体借助信息传播机制可以消除行政治理中上下级信息不对称的问题,从而引发更高级别监管机构的介入,保证行政链条的连续性,修正行政治理机制自身的某些内在缺陷,值得一提的是,媒体引发监管介入的方式颇具中国特色。

当然,媒体是否具有治理功能,还与媒体自身有关,具体来说,三个因素决定了媒体最终是否具有治理功能:第一,媒体是否有能力获得并无偏向地报道一些有价值的信息,也就是媒体是否敢说真话的问题。第二,这些媒体报道是否会对信息使用者产生足够的影响。媒体报道影响读者的数量与程度,是影响媒体治理效率的重要因素。第三,在媒体报道对信息使用者产生影响后,媒体之外的治理机制(主要包括声誉机制与监督机制)是否有效,也是影响媒体治理功能形成的重要因素。

2. 员工治理

员工参与公司治理,已经成为各国公司运行实践中的普遍现象。各国的公司法也大多对员工参与公司治理加以肯定,并具体规定员工参与公司治理的途径和方式。员工参与公司治理,对于公司治理结构的变革和完善,以及提高公司治理的效率,有着积极和重要的意义。

员工参与公司治理有着深厚的理论基础。劳动力产权是生产中的一个重要因素,应该和物质资本要素一样共同享有公司经营管理的权利,包括对公司重大决策的参与权和监督权。传统的公司股东所有理念基础上的公司治理结构中,权力分立制衡机制并没有从根本上解决公司权力的分配行使问题,而员工参与公司治理权力的确立及其行使,具有优化公司权力运行机制的功能。同时,员工参与公司治理是对员工劳动权保护的最高层次。

各国的公司治理体制大致可分为三种,即以德国为代表的双层制公司治理结构、以日本为代表的单层二元制公司治理结构和以英美为代表的单层一元制公司治理结构。在双层制公司治理结构中,员工主要是通过职工监事的形式参与公司经营的监督,但也不排除员工通过职工董事的形式直接参与公司的经营管理。双层制公司治理结构中员工参与公司治理,因过于追求民主和公平,一定程度上可能导致公司偏离利润导向,影响公司对运行效率的关注和追求。

单层一元制公司治理结构中,理论上员工可以通过独立董事的形式参与公司的治理,但实际工作中比较少见。员工主要是通过各种形式的员工持股计划的方式,即通过股权的行使,参与公司的治理。这种员工治理方式对于改善公司的股权结构和公司决策机制,具有积极的作用。同时,员工持股计划的实施,使得劳动力资本所有者,能够与作为实物资本所有者的股东分享公司盈利,提升了员工在公司中的地位,有利于形成员工与股东之间的平等互利和合作关系。

单层二元制公司治理结构中,员工主要通过职工董事、职工监事,参与公司的治理。其中,日本主要是通过员工担任外部监事的方式参与公司治理,但也不排除员工担任公司董事。单层二元制公司治理结构中的员工参与公司治理,存在一些结构性的缺陷,甚至存在一些法律上的障碍,为解决这些问题,出现对单层一元制公司治理结构借鉴的发展趋势,即参照单层一元制引进独立董事制度。欧盟各国由于国情和立法传统的不同,各国的公司治理结构存在较大的差异,要对其进行协调或统一,甚为困难。为解决此问题,欧盟采取了一种开放和弹性的态度,其相关的政策和指令允许各国自行选择公司治理结构和员工参与公司治理的方式。甚至一些欧盟成员国,如意大利的公司立法,也允许公司自行选择公司治理结构及员工参与公司治理的方式。不过,对不同的公司治理结构,也存在一些共通性的规定,从而出现一定程度的公司治理结构融合的趋势。

我国的职工参与公司治理,有着坚实的社会经济基础和立法传统,但立法上也存在一定的缺陷,需要进一步完善和改进。一方面,应坚持我国的立法传统;另一方面,应在比较和借鉴各国员工参与公司治理制度的基础上,同时把握公司治理结构融合、趋同的国际发展趋势,形成我国多层次的、立体的,并具有一定灵活性和弹性的员工参与公司治理制度。

(五) 机构投资者治理

在发达的资本市场,机构投资者对其所投资企业会产生重要影响,尤其对股权相对分散的美国资本市场,其影响力更大。往往一个或少数几个大股东持有公司10%～20%的股份,他们就有动力搜集信息并监督经理人员,从而避免中小股东普遍存在的"搭便车"现象。机构投资者对上市公司的监督约束作用,主要通过拥有足够的投票权对经理人员施加压力,甚至可以通过代理权竞争和接管来罢免经理人员,有效解决代理问题。

目前,我国机构投资者对上市公司的监督约束作用相对较小,造成这种局面的原因多种多样,主要根源在于我国上市公司国有股和法人股非流通股比例较高,致使机构投资者所持有股份不足以对公司形成控制。同时,我国对证券投资基金持有上市公司股份有限额的规定,致使机构投资者治理作用无法得到最大程度的发挥,并且我国资本市场发展不够完善,缺乏成熟的法律法规规范制度,机构投资者本身治理机制也不够健全等。鉴于此,我国证券监管部门与机构投资者有责任、有义务加大在上市公司外部治理中的作用,从而保证上市公司的发展更加规范、有效、透明。

1. 机构投资者的含义与种类

机构投资者是指用自有资金或者从分散的公众手中筹集的资金专门进行有价证券投资活动的法人机构,包括证券投资基金、社会保障基金、商业保险公司和各种投资公司。与机构投资者所对应的是个人投资者,一般来说,机构投资者投入的资金数量很大,而个人投资者投入的资金数量较小。

机构投资者有广义和狭义之分。狭义的机构投资者主要有各种证券中介机构、证券投资基金、养老基金、社会保险基金及保险公司。广义的机构投资者不仅包括这些,还包括各种私人捐款的基金会、社会慈善机构甚至教堂宗教组织等。以美国为例,机构投资者主要包括商业银行、保险公司、共同基金与投资公司、养老基金等机构。

目前我国资本市场中的机构投资者主要有基金公司、证券公司、信托投资公司、财务公司、社保基金、保险公司、合格的外国机构投资者(QFII)等。目前可以直接进入证券市场的机构投资者主要有证券投资基金、证券公司、三类企业(国有企业、国有控股企业、上市公司)和合格的外国机构投资者等,其中证券投资基金的发展最引人注目。

2. 机构投资者的特点

机构投资者作为资本市场中一个重要的市场主体,具有自己的特点:

(1) 机构投资者在进行投资时追求的是具有中长期投资价值的股票。一般来说,机构投资者大多是长期投资者,在进行投资时,追求的是具有中长期投资价值的股票,特别关注公司的经营稳定性和上市公司的未来业绩。因此,机构投资者更加重视上市公司基本面情况与长期的发展情况,以及公司所处行业的发展前景。

(2) 机构投资者都拥有行业及公司分析专家、财务顾问等,具有人才优势。机构投资者为了在股票投资中取胜,特别重视对行业及其公司基本面的研究,他们都相应地拥有行业及公司分析专家、财务顾问等,具有人才优势,利用这些专业人士对上市公司及其所处行业基本情况和发展前景进行分析研究,从而选择行业发展前景好、公司基本面好的上市公司作为他们的投资对象。

(3) 机构投资者可以利用股东身份,加强对上市公司的影响,参与上市公司的治理。机构投资者是所持股票公司的股东,因而就有影响上市公司的权利和义务,就可以利用股东身份,加强对上市公司的影响,参与公司治理。例如,机构投资者可以发起对所持股票上市公司的改革倡议和活动,也可以给公司出谋划策或者给上市公司施加压力促使其改善经营状况、提高管理水平,从而提升公司盈利能力、改善和提高公司的社会形象,最终实现公司价值最大化,作为股东身份的机构投资者的价值也得到提升。

3. 机构投资者参与公司治理的方式

机构投资者参与公司治理的方式有以下几种:

(1) 向公司管理层提出各种议案,以及通过媒体等公开途径迫使管理层接受提案。

(2) 当公司在资本市场上准备发行股东优先购买权的股票时,机构投资者可以拒绝参与增发股票的活动。

(3) 在公司的年会上作为股东行使他们的投票权。1991年,英国机构投资者协会曾鼓励机构投资者在行使他们的投票权时应发挥积极作用。

(4) 通过股东大会免除经理职务,当然这是在最极端的情形下机构投资者所采取的干预形式。

4. 机构投资者参与公司治理所需要的外部条件

当然机构投资者在公司治理结构中发挥作用还需要一系列外部条件,美国的经验说明至少需要如下条件。

首先,严格限制机构投资者参与公司治理的法律环境渐趋宽松。20 世纪 80 年代中期,美国联邦政府决定鼓励持股人参加公司投票选举;1992 年,美国证券交易委员会新准则允许持股人之间互相自由地串联、互通消息,这样就大大降低了机构投资者收集"选票"的成本,更容易取得对公司的控制权。

其次,机构投资者成长很快、规模不断扩大。由于机构规模很大,其被"免费搭车"的成本降低,即使其他的持股人从机构的行动中免费搭车,机构投资者就整体而言仍是得大于失。机构投资者规模巨大导致的另一重要后果是,机构投资者作为整体持股量占整个资本市场的一半以上,无法像一般个人投资者那样方便地卖出持股,而只能在不同的机构之间相互转手。对于经营管理不尽如人意的公司,不再能够轻易地"用脚投票"卖出股票,只能积极地利用其大股东的身份介入公司管理,督促企业家改善经营。

最后,以"股东至上主义"为核心的股权文化的盛行。股权文化是指公司具有的尊重并回报股东的理念,它包括公司重视听取并采纳股东的合理化意见和建议,努力做到不断提高公司经营业绩,真实地向股东汇报公司的财务及业务状况,注重向股东提供分红派现的回报等。这就要求加强对企业家的监督和约束、保障出资人的权益的客观需要。20 世纪 80 年代后期,发达国家资本市场针对经营不善公司的敌意接管逐渐减少,但是公司治理依然问题重重,公司的企业家机会主义行为有增无减,客观上需要一个主体替补敌意收购留下的空白,加强对企业家的监督和约束,保障出资人的权益,而机构投资者正好可以填补这个空白。

机构投资者在公司治理结构中发挥作用正是在这样的大背景下应运而生的。

第三节 激励机制

一、道德风险与设计激励机制的必要性

现代公司制度所具有的所有权与经营权两权分离的特点,使得公司的经理人与所有者各得其所,形成了一种比较明确的社会分工,促进了社会与经济的发展。公司法人治理结构为实现公司内部治理提供了相互制衡的组织结构,但公司治理问题的产生表明,由于代理问题的存在,合约不完备和信息不对称所引发的不确定性,委托人的代理成本与风险问题不可能通过合约解决。

科托维茨给道德风险下的定义是:从事经济活动的人最大限度地提升自身效用时作出不利于他人的行动。形成道德风险的最主要原因是委托人和代理人所掌握的信息不对称。一方面,代理人的某些行为是隐蔽的,很难被委托人所察觉和提防,在委托—代理契约中难以对未来事项面面俱到。代理人可能拥有独家信息,包括"隐蔽行动"和"隐蔽信息"。前者包括不能为他人准确观察和预测到的行动,因此,对这类行动订立合同是不可能的;后者则包括代理人对事态的性质有不够全面的信息,但这些信息足以导致他们采取恰当的行动,而委托人不能完全察觉到。另一方面,委托人所掌握的某些信息只以自己占有的为限。由于委托人和代理人之间的信息不对称,有关当事人之间的风险分担会引致道德风险问题。

在委托—代理关系中,风险承担人是委托人,风险规避者是代理人。在公司治理结构中,代理人按照委托合同的要求从事经济活动,是公司经济活动的直接行为人。如何保证代理人的行为既在委托人的监督范围内,又不会因超出合同而损害委托人的利益,这就需要寻求缓解道德风险的有效方法。如何有效地设计代理人与委托人之间的契约关系,使得代理成本与风险达到最小?现代公司内部治理机制为解决公司治理问题提供了三种有效的机制,分别是激励机制、监督机制与决策机制。通过这三种机制促使代理人(经营者)努力工作,降低代理成本,避免偷懒、机会主义等道德风险行为,而激励机制正是降低公司代理成本的一种有效方法。

二、公司激励机制的主要内容

如果说监督或约束是事后纠正,那么激励则是事先预防。激励的核心是使经理人员将对个人效用最大化的追求转化为对公司利润最大化的追求。有效的激励机制应包括以下几个方面:

(1)薪酬激励机制。一般而言,经营者的薪酬激励由固定薪金、股票与股票期权、退休金计划等构成。其中,固定薪金的优点在于它是稳定可靠的收入,没有风险,起到基本的保

障作用,但其缺乏足够的灵活性和高强度的刺激性。奖金与其经营业绩密切相关,对经营者来说有一定的风险,也有较强的激励作用,但容易引发经理人员的短视行为。股票期权激励允许经营者在一定时期内,以接受期权时的价格购买股票。如果股票价格上涨,经营者收益就会增加,这种激励机制在激励经营者的长期性行为时作用很大,但风险更大,这是因为时间越长,经营者面临的不确定因素就越多。退休金计划则有助于激励经营者的薪期行为,以解除其后顾之忧。经营者的薪酬结构确定的理论基础在于激励与风险分担的最优替代。最优薪酬激励机制的设计与选择应根据公司情况和行业特点进行最优组合。短期薪酬激励与长期薪酬激励各有优缺点如表7-9所示。

表7-9 短期薪酬激励与长期薪酬激励的优缺点

项目	短期薪酬激励	长期薪酬激励
优点	1. 直观、可预见性强 2. 立即奖励 3. 易于控制、风险相对较小	1. 激励长期业绩 2. 与股东利益相连 3. 代理人可以获得较高收入
缺点	1. 个人目标与公司目标不挂钩 2. 短期行为严重 3. 不利于企业长远发展	1. 风险相对较高 2. 股票价格波动大,不可预测 3. 与相对业绩不挂钩

(2) 剩余支配权与经营控制权激励。剩余支配权激励机制表现为向经营者大幅转让剩余支配权。对剩余支配权的分配,即如何在股东和经营者之间分配事后剩余或利润。公司得到的剩余越接近于企业家开创性的努力,则激励效果越好。如果一家企业没有或只有很少的剩余权契约,这种最大化效率一般不会产生,因为它忽视了对产生和创造剩余的直接承担者的激励。

与此同时,经营控制权对经营者产生激励。经营控制权使得经营者具有职位特权,享受职位消费,给经营者带来正规报酬激励以外的物质利益满足。经营者的效用除了货币物品,还有非货币物品。非货币物品是指那些通常不以货币进行买卖,但能与以货币买卖的物品一样可以给消费者带来效用的在职消费项目.如豪华的办公室、合意的员工、到风景胜地公务旅行等。

(3) 声誉或荣誉激励机制。在公司治理中,除了物质激励,还有精神激励。公司的高层经营者一般非常注重自己长期职业生涯的声誉。一方面,良好的职业声誉是声誉或荣誉激励,使经营者获得社会的赞誉,从而产生成就感和心理满足。声誉、荣誉和地位是激励经营者努力工作的重要因素。另一方面,声誉、荣誉和地位意味着未来的货币收入。经营者追求货币收入最大化是一种长期的行为,现期货币收入和声誉之间有着替代关系,经理人员过去工作的良好声誉可能使他获得较高的现期或未来收入,差的声誉则可能使他获得较低的未来收入。

(4) 聘用与解雇激励机制。虽然货币支付是资本拥有者用来对经营者行为进行激励的主要手段,但并非唯一手段。资本所有者还拥有一个重要手段,就是对经营者人选的决定权。聘用和解雇对经营者行为的激励是通过经理人市场的竞争实现的。资本所有者可以比较自由地对经理人进行选择。已经被聘用的经理人员不仅要面对经理人市场的竞争,而且要面对公司内部下级的竞争,这种竞争使已被聘用的经理面临被解雇的潜在威胁。聘用和解雇对经理人员行为的激励作用通过经理人员自身声誉而实现。声誉是经理被聘用或解雇的重要条件,经营者对声誉越重视,聘用和解雇作为激励手段的作用就越大。

第四节 公司高管薪酬

企业激励机制的核心就是如何确定高管薪酬,使得企业能够将两权分离带来的代理问题降到最低。薪酬制度设计得当,能够有效降低股东与管理层之间的委托—代理成本,激励管理层努力工作,提高公司价值,增加股东财富;反之,如果薪酬制度设计不当,可能导致对管理层激励失效,进而引发管理层为追求自身利益而牺牲股东利益,最终进一步激化股东与管理层之间的矛盾。

围绕高管薪酬有很多理论和观点,但是总体而言,对其影响最大也最深刻的当属委托—代理理论。它对高管薪酬的设计有三个最主要的启示:一是高管人员的薪酬应与企业业绩挂钩;二是这一联系应随着企业经营环境风险的增大而减弱;三是在外界相关信息可利用的情况下应该引入相对业绩评估。

一、高管薪酬的绩效基础

激励机制、业绩评价与公司治理有着密切的联系,在不同的公司治理模式下,激励机制与业绩评价都受其牵动,表现出不同的特点。公司治理模式的演变主要体现在治理主体的演变上,其内涵变化也决定了激励机制主体与业绩评价主体的变化。

(1) 股东至上模式下高管的业绩评价基础。股东至上模式的公司治理遵循的是"资本雇佣劳动"的逻辑认为股东完全拥有企业所有权,企业所有权在委托—代理关系中是指对企业的剩余索取权和剩余控制权,是由契约的不完备性产生的。剩余索取权是指对企业收入扣除固定的合同支付后的余额的要求权,剩余控制权则是指合同中没有特别规定的活动的决策权。"股东至上"这种观点在工业经济时代是比较合适的(杜胜利,2003),因为在工业经济时代,股东提供的物质资本具有相对稀缺性和专用性,人力资本对企业财富的创造、经济的发展及社会贡献的作用不太明显,专用性也相对较弱。这就使得物质资本所有者在企业权力博弈中处于有利的地位,而同为物质资本提供者的债权人让渡的又仅仅是财务资源有限时间的使用权,因此,股东便当仁不让地成为企业所有者。在股东至上的模式下,公司治理的中心是调整股东与经营者的关系,公司治理的主体是股东,客体是经营者,治理目标是股东财富最大化。

相应地,激励机制的主体、客体及目标要与公司治理保持一致,激励方式早期以短期薪酬为主,随着资本市场的发展,已转变为短期薪酬与长期薪酬相结合的方式。以股东财富最大化为导向的业绩评价主要是衡量经营者是否为股东的财富增值,关系到经营者的奖惩、职位升降等问题。能体现出股东财富增值程度的评价指标主要是经调整后的 EVA。

(2) 共同治理模式下的业绩评价。共同治理模式下的公司治理遵循的是"剩余索取权应由利益相关者掌握"的逻辑,认为公司是利益相关者相互之间缔约的"契约网"。在共同治理的模式下,企业不仅要重视股东的利益,而且还要重视其他利益相关者对经营者的监控。

具体来说,在董事会中要有股东以外的利益相关者代表(如债权人、员工代表等),以发挥利益相关者的作用,公司治理的主体是利益相关者,客体是经营者,治理目标是利益相关者价值最大化。

以利益相关者价值最大化为导向的业绩评价指标是在传统财务性指标的基础上进行补充的,即以非财务指标来补充财务评价指标的不足,典型代表是由美国哈佛大学卡普兰教授提出的平衡计分卡(在本书相关章节已做过介绍)。该业绩评价系统将财务指标与非财务指标相结合,弥补了传统财务指标的不足,通过引导企业除了关注财务方面,还要关注客户、内部经营过程,以及学习与成长等方面来创造未来的价值,成为企业长期战略的基础。

平衡计分卡清楚地表明了长期的公司价值和业绩驱动因素的关系,它所包含的业绩衡量指标兼顾了影响业绩的长期与短期的因素、财务与非财务的因素、外部与内部的因素等多个方面,能够多角度地为企业提供信息。当代表各部门的业绩评价指标好转时,可以理解为企业实际上就在实现利益相关者的利益,如客户满意度的提高就意味着客户得到的服务质量水平的提高,员工满意度的提高也就意味着员工的利益得到了相应的改善和保障。由此看来,平衡计分卡通过满足利益相关者的相关利益来实现企业价值最大化,在实现企业价值的同时不仅关注了股东财富,也考虑了部分利益相关者(客户、供应商、员工)的作用及财富。平衡分卡是共同治理模式下一种有效的业绩衡量评价体系。

二、高管薪酬的类型

支付公司高管薪酬的方式有多种。首先,是他们的基本年薪,包括养老金分担额和津贴;其次,还有股票期权、经理人持股和在职消费。

(1) 基本年薪和奖金。公司 CEO 的基本年薪一般按标杆管理法确定,即比照其他公司 CEO 的薪酬水平确定。如果薪酬水平位于 50% 分位以下,被认为是低于市场标准;位于 50%~75% 分位,则被认为是竞争性的标准。由于 CEO 总是要求拿到有竞争力的薪酬,他们的基本年薪不断提升。有趣的是,相关学者的研究发现,高管基本年薪的多少,更多地取决于公司的特性,如公司所属的产业及规模;而非 CEO 本人的情况,如高管的年龄、经验等。公司越大,高管的工资越高。标杆管理法同样适用于津贴和期权计划。高管还会在每年年终领取一笔现金奖励,数额多少取决于公司上一年度的经营业绩。公司业绩一般以每股收益(EPS)和息税前利润(EBIT)为标准。常用的指标还有 EVA,即利润与资本成本之差。这一概念可以用来衡量公司在使用不同成本的资本时,给公司带来的增加值。但是,不论是采用息税前利润标准还是 EVA 指标,高管只有满足了最低的业绩标准,才能领到奖金。公司的业绩越好,高管的奖金也就越高。

然而,用会计利润来衡量公司业绩有若干潜在问题。首先,为了提高会计利润,高管会放弃能给公司带来未来而非当前利润的需要高投入的研发项目。其次,会计利润可被操纵。再次,奖金计划年年变。如果公司某一年的业绩未达标,高管就会把当年的利润延期。这样,在制定来年的奖金计划时,人们对公司业绩的期望值便会降低,高管拿奖金的机会反而会增多。总之,高管更关注的是如何操纵公司的短期利润,而非提高公司的长期利润和增加股东财富。

(2) 股票期权。股票期权是一种重要的金融衍生证券,又称股票选择权,是指买卖双方按约定价格在特定时间买进或卖出一定数量的某种股票的权利。股票期权交易是一种权利的单方面有偿让渡。股票期权的买方以支付一定数量的期权费为代价，拥有这种权利，但并不承担买进或卖出股票的义务；期权的卖方则在收取了一定数量的期权费后，在一定期限内必须无条件服从买方的选择并履行约定的承诺。这种约定的价格被称作行权价（exercise price）。因此，如果公司股票市价高于行权价，这两者之差就是高管的收益。例如，公司授予高管股票当日的市价为25美元，行权价便为25美元。若干年后，如果股价涨到50美元，持有者便可获利100%；相反，如果股价跌破25美元，期权也就失去了行权价值。

股票期权具有很明显的优势：第一，该制度与企业的利益更趋于一致，从而降低了企业的代理成本。第二，克服了经营者的短视心态，在这样的制度下，可以让经营者分享公司的预期收益，突破只分享当期利益的局限性，经营者的利益可以在企业今后的发展中逐步实现，从而有利于经理人及员工更加专注于提高企业的效益。因此，人们认为，股票期权可以将经营者的目标与股东的目标统一起来，并有助于克服因所有权和经营权分离而产生的一系列代理问题。

尽管股票期权形式的激励薪酬呈现出迅猛增长之势，但几乎没有直接证据表明股票期权正在发挥积极的作用。公司及股票市场的表现会在高管得到股票期权后更上一层楼吗？平均股价会上涨吗？对于这些问题，金融领域学者至少研究了20年，结论却不尽相同。一些研究表明，股权激励和公司业绩呈正相关关系。但也有研究发现，在控制了公司的其他监督机制之后，两者并无联系。几乎没有直接的证据表明，公司可以通过股票期权激励的方式获得更高的投资回报率。

股票期权的一个突出优点是既可以激励经营者，又可以实现股东目标。但它还存在一个严重的问题：将股票期权与公司的股票价格联系起来虽然有助于协调经营者与股东的利益，但是经营者对股价仅有部分的影响力。股价会受公司业绩水平的影响，同时也会受到其他许多不可控因素的影响，特别是经济状况的影响。经济繁荣时，股价普遍上扬，即使管理不善的公司也会获利丰厚；相反，当经济疲软或投资者信心不足时，股市会随之下跌，即使是组织管理水平出类拔萃的公司，也会面临股价下挫的窘境。在这种情况下，经营者本应受到嘉奖，但由于股市低迷，股价低于行权价，他们实际上得不到这笔奖金。

（3）经理人持股。公司给予达到一定绩效标准的经理人一定的股份，使其成为投资者。通常情况下，公司会规定经理人所持股份的限售期，来避免经理人的短期行为。经理人持股的方式可以使经营者与投资者的利益一致，一定程度上解决了代理问题。

（4）在职消费。公司通常还会以其他方式向高管支付薪酬，如在职消费。公开透明的在职消费是一种薪酬激励方式，它激励高管努力工作从而维持或提高其在职消费水平。现在常用的方式包括：公司为经营人员支付理财费、专车（配司机）、私人旅游费、私人飞机等其他名目的费用等。

除了上述方式，高管长期激励方式还有合伙人计划（如阿里巴巴）、项目跟投计划（如万科）等。

三、高管薪酬的现实困境

近年来，高管薪酬制度的弊端及其引致的激励失效问题日益突出。一方面，制定高管薪酬的董事会薪酬委员会流于形式，高管薪酬失控的现象日益增多；另一方面，天价高薪对高管形成的激励并不显著，公司机制没有得到应有的提升。薪酬制度甚至产生了许多扭曲激励,一些公司高管为了增进私利,作出伪造账目、虚报业绩、隐瞒信息、选择市场透明度较低的项目和战略等行为。这些问题都对传统的"薪酬制度可以有效降低代理成本"这一理论提出了挑战。

(1) 高管的高薪酬不一定带来企业的高业绩。理论上讲,设计科学的与业绩挂钩的薪酬制度有利于激励高管努力工作,但在现实中,对高管提供的许多薪酬安排与企业的业绩并没有太大关系。近年来,一些天价高管薪酬引发了社会各界的争议。美国国际保险集团在亏损高达1 000亿美元的同时,却用政府救助的资金向高管支付了1.65亿美元的奖金;2007年中国平安董事长马明哲的年度薪酬高达6 600万元;伊利股份在2007年的股权激励在使高管获益的同时直接导致了公司亏损2 100万元。在研究高管薪酬与业绩之间的关系时,我们必须考虑到高管可能承担的不良业绩成本。薪酬和业绩的相关程度不仅取决于高管因良好业绩获得多少奖励,还取决于因不良业绩受到多少"惩罚"。但是,多数企业的薪酬合同都保证即使在经营失败的时候高管也能获得优厚的待遇。并且当高管因业绩不良而被辞退时,董事会通常会提供高额的奖赏性离职补偿,这大大降低了高管失败的成本,不利于高管薪酬激励效果的发挥。

(2) 董事会与高管进行的薪酬谈判很难做到公平交易。首先,董事有各种各样的经济动机支持或接受有利于公司高管的薪酬安排。有证据显示,CEO通过向董事个人提供特殊津贴或连任承诺可以有效地买通董事。已有的研究发现,在CEO薪酬较高的公司,其董事的薪酬也较高。其次,除了经济诱因和连任欲望,各种社会和文化因素(私人友谊、忠诚、和谐相处等)也促使董事批准有利于高管的薪酬安排。从同僚之情和团队精神来看,除非在发生危机等特殊情况下,董事会成员与CEO之间一般能做到和谐相处,避免直接冲突与对抗,因此对于高管薪酬的制定,董事们即使心存异议,也往往会投出赞成票。

(3) 市场对高管薪酬的约束非常有限。尽管经理人市场、公司控制权市场、资本市场和商品市场等市场力量的存在会对高管薪酬具有一定的约束力,但这种约束依然不能防止高管薪酬偏离公平交易。以控制权市场为例,被收购的风险很难抑制高管提高自己的薪酬:假设公司市值200亿美元,高管们试图增加其薪酬,薪酬增加的现值为2亿美元。由于高管加薪,公司价值降低了1%。显然,提高薪酬的代价是降低了公司价值,增加了公司被收购的风险。但是实际上,公司因为市值降低1%而被收购的可能性很小,高管加薪带来的直接收益远远超过预期成本,控制权市场对高管薪酬的约束是十分有限的。如何根据公司的具体情况设计合理、有效的高管薪酬体系,仍然是如今一个值得深入讨论的理论和实务问题。

思考与讨论

1. 什么是现代公司?现代公司有哪些基本特征?
2. 什么是代理问题?其产生的原因是什么?请举例说明。
3. 什么是公司治理?为什么需要公司治理?良好的公司治理应该是什么样的?
4. 公司治理有哪些模式?这些模式各自有什么特点?
5. 公司治理在管理会计中的作用有哪些?
6. 公司的激励机制有哪些内容?
7. 高管的薪酬有哪些类型?

8. 高管薪酬的现实困境是什么？

章节案例

案例题目："商界9·11"——安然破产大事记

2001年10月，美国500强中排名第七的商业巨擘，曾是世界上最大的天然气和最大的电力交易商的安然公司突然宣告破产。安然公司的破产不仅使其职工的就业和养老金受到重大冲击，而且冲击了各有关的主要金融机构，包括投资银行、商业银行、养老基金和共同基金。这一假账破产丑闻对华尔街股市的影响和压抑直至2002年2月底，严重妨碍了美国经济在"9·11"事件以后衰退的结束和复苏的进程，对美国的经济运行和经济管理制度都形成了阶段性的重大冲击。

一、安然公司崩塌时刻表

2001年10月17日，安然公司公布季度财务报告，其利润由2000年的1 000亿美元降到亏损6.38亿美元。随后，《华尔街日报》一篇文章披露安然公司利用合伙公司隐瞒巨额债务。10月22日，美国证券交易委员会介入安然事件调查。11月8日，安然公司被迫承认做了假账：自1997年以来，安然虚报盈利共计近6亿美元。接着，标准普尔将安然公司的债券调低评级至"垃圾"，并且将其从代表美国经济的标准普尔500种股票中拉出；穆迪公司也将安然公司的信用等级调至最低。11月21日，休斯敦的能源公司取消了原定收购安然的计划，进一步加速了安然覆灭的速度。12月2日，美国安然公司根据美国《破产法》第十一章规定，向纽约破产法院申请破产保护，其在破产申请文件中开列的资产总额为498亿美元。12月8日，安然的29名高级行政人员被以纽约为基地的联合银行起诉，索赔金额高达250亿美元。指控缘由是明知公司的前景欠佳，趁机出售数以百万的股票。其中包括公司时任主席和总裁肯尼斯·莱和得克萨斯州时任参议员格兰姆和其妻子。12月12日，美国众议院一个特别委员会开始对该公司破产案展开调查。

2002年1月9日，美司法部正式开始对安然案进行刑事调查。随后，负责安然公司审计工作的安达信公司承认，其内部员工已经毁坏了司法调查所需的有关安然的重要资料。1月12日，根据美国政府两家监督机构公布的调查报告，258名国会议员（其中，既有民主党人，又有共和党人）曾接受安然公司的政治捐款，至少15名布什政府高官拥有安然公司的股份。1月16日，纽约证交所正式取消安然股票和相关交易，并拟取消其上市资格。

二、安然公司神话的破灭

安然公司的前身是成立于1930年，拥有跨美国和加拿大的天然气输送网络的英特诺思公司。1985年，英特诺思公司以24亿美元收购了实力超过自己的HNG公司，并改名为安然公司。作为世界最大的能源交易商，公司营运业务覆盖全球40个国家和地区，共有员工2.1万人，资产额高达620亿美元。公司掌控着美国20%的电能和天然气交易，业务包括能源批发与零售、宽带、能源运输以及金融交易。2000年，在《财富》美国500强评选中位列第七，并连续6年被该杂志评为美国最具创新精神的公司。安然股票是所有的证券评级机构都强力推荐的绩优股，股价高达70多美元，并且仍然呈上升之势，成为众多投资者的追捧对象。在如此耀眼的光环下，究竟是什么因素使安然公司这个庞然大物轰然崩塌呢？安然公司的事件又为什么在美国社会产生如此大的震动呢？

(一) 财务造假埋下祸根

公司财务舞弊,掩藏债务:安然事件最主要的问题就是公司的财务舞弊行为。上市公司有几种财务舞弊方式,最普遍的就是通过关联企业、分公司隐瞒债务。在美国只要拥有一个公司不超过50%的股份,即使是实际的控股股东,也不需要把该公司的债务记到自己的公司下。从20世纪90年代中期以后,安然公司通过资本重组,建立复杂的公司体系,其各类子公司和合伙公司数量超过3 000多个,形成一个典型的金字塔式的关联企业集团。安然公司就是强迫这些处于金字塔下层的关联企业借债用于顶层资金储备,这些负债在总公司财务报表上根本反映不出来,而其利润却能反映到总公司的财务报表中,这样就使公司在账面上看回报不断增多,而且由于美国法律规定不同的组织形式的企业负担不同的税收,一般的独资公司、合伙企业、有限责任公司由其股东缴纳个人所得税,而不必缴企业所得税,安然公司就是利用这一点将控股公司改为有限责任公司的形式,逃避了高额的税收。

除此之外,安然公司还利用自我交易进行舞弊。安然公司将出卖资产的收入作为业务收入,虚构利润,而出卖资产多在关联企业中进行,价格明显高于市场正常价格。此外,安然公司为了增加股民的投资量,还不断制造概念,使投资者相信公司已经进入高增长、高利润的领域,而且将可能给公司带来的未来期间收益计入本期收益,但未披露其不确定性,严重地误导了投资者。

以兼并掩盖问题,利用兼并手段,安然公司可以通过会计处理的手法改善业绩数据,欺骗投资者、抬高股价。在其他情况下,公司要建立一笔与并购相关的储备金,用于诸如预期中的裁员等事宜,这笔费用会在随后几年中逐渐开支,并且并购双方也可以在兼并过程中大做文章。虚报销售收入,虚报销售收入是最常见的造假手段之一。在商务往来中,给客户延期付款的做法已有几个世纪的历史,所以会计准则应承诺这种销售的灵活性。安然公司就经常利用虚报销售收入对账目进行技术处理,但他们把实际上已不可能获得的现金收入的款项也列入其中。利用特殊目的实体,安然公司使用了特殊目的实体复杂的金融工具和其他资产负债表表外融资工具,此类工具允许安然公司在资产负债表上不必报告债务的情况下增加负债率。

信息失真使安然公司高层主管的持股计划不仅没能解决公司的内部人控制问题,反而形成了一个特权阶层。公司管理层为追求自身利益,通过发布虚假信息,把公司股价做高,套现获利,失去了企业家应承担的掌握公司庞大资产并不断实现增长的相关责任,给公司员工养老金计划的实施和普通投资者利益带来了严重损失。

(二) 安达信公司审计失真

美国是世界上市场经济最发达的国家之一,市场经济的实质是契约经济、信用经济,以及以这种信用为基础的发达的市场经济。美国各大公司一般是依靠会计师事务所及其他信誉等级机构、投资银行进行评估审计的,政府对这种市场监管制度很放心,所以很少干预。

安然公司舞弊丑闻发生后,人们开始怀疑负责安然公司审计的著名会计师事务所安达信公司与安然公司之间也许做了什么不可告人的勾当。事实上,正是安达信公司违规操作,帮助安然公司虚报利润,隐瞒巨额债务,从而误导投资者投资。20世纪90年代,安达信公司在负责安然审计工作的同时,还为其做账、提供咨询服务。2000年,安达信公司在安然公司获得的5 200万美元收入中,咨询服务收入就高达2 700万美元。由于怕得罪这些大客户,安达信公司面对安然公司的弄虚作假"睁一只眼,闭一只眼",加上顾及巨额的咨询收入,在财务审计方面自然是网开一面,而且安然公司的许多高级管理人员也有不少来自安达信公司,两者的关系牢不可破。在这种自己人审自己人的关系中,安然公司舞弊的行为更加肆无忌惮,甚至在丑闻暴露后,还要求安达信公司的审计师将造假的账目销毁。

安然公司的事件结束后,美国联邦行政、立法和司法机构立即启动了应对危机的应急程序。2002年7月25日,美国国会参众两院通过了《萨班斯—奥克斯利法案》,该法案主要是围绕如何有效确保上市公司财务报告的真实性、公正性的问题,对原有法律进行了必要的补充与修改,为加强对上市公司内部财务风险的责任管理与会计师事务所的审计风险管理。该法案明确规定,上市公司制作公司定期报告时,其首席执行官、首席财务官以及负责该项工作的其他人员应对发行人提交的财务报告内部控制是否达标签署书面证明。另外,该法案要求外部审计师对上市公司提交的财务报告内部控制效力评估报告的签字证明。审计师在审计过程中要严格履行职责,预防并发现在财务报告内部控制中存在的重大不足与材料缺陷。对不履行职责甚至采用欺诈等手段欺骗监管机构与社会公众的相关机构与人员,法案也采用了新的犯罪法律规定,加大了对违法违规机构与个人的处罚力度。可以说,《萨班斯—奥克斯利法案》对加强上市公司财务风险防范、保护投资者利益发挥了积极的作用,但是由于在实施财务报告内部控制过程中存在着执行成本过高等问题,相当一部分有在美融资意愿的国内企业推迟赴美上市或者最终选择了其他地区的资本市场进行融资。例如,中国国航股份就是因法案中的苛刻条例而决定将上市地点从原先的中国香港和美国修改为中国香港和英国;原计划在纽约上市的中行和建行最终也都放弃了美国市场。

安然公司的事件给全世界的人上了一课,在所有的地方都一样,如果市场不能争取投资者的信任,最终将被投资者所抛弃。安然公司的教训告诉我们投资者很脆弱,要想保护他们,法规、监管者和市场自律缺一不可。无论是中国证监会还是美国证监会,都应该以安然公司的事件为教训,避免一个又一个安然公司的事件发生。

思考:

1. 借鉴相关材料,你认为造成安然公司加速崩塌的关键因素还有哪些?
2. 在安然破产案中受到损失的权益方有哪些,各自受到什么方面的损失?
3. 请结合上述材料,讨论安然公司破产案给我国政府监管部门、企业和企业相关服务机构带来的深刻教训及影响。

第八章
内部控制与管理会计

教学目标

通过本章学习,学生需要了解国内外内部控制产生与发展的背景、内部环境是内部控制的基础;理解我国企业内部控制发展和创新过程;掌握内部控制与公司治理之间的区别和联系,组织架构、发展战略、人力资源、社会责任和企业文化等企业层面控制的风险及应对;熟悉内部环境的构成因素、国外内部控制演进阶段以及各阶段的内容与特点。学生也需要了解控制活动的种类,熟悉控制活动的内容,综合运用控制程序,对各种业务和事项实施有效控制。学生还需要熟悉风险的定义和分类,掌握风险的构成要素、风险应对和策略。

第一节 内部控制与管理会计概述

一、企业内部控制与管理会计的关系

管理会计与内部控制两者互相交叉,相辅相成,共同发展,对社会经济的影响和推动至关重要。

(1) 基础的相似性。在当今社会下,企业比较重视研究管理会计,并把其应用到实际的内部管理活动之中。管理会计主要是以财务为基础管理企业的一种方法。如果企业运用管理会计,就相当于共同提升自身的财务水平以及管理水平。内部控制有利于企业协调各方面的利益,减少管理阻力,规范员工行为,推动经营活动的顺利开展,促进自身健康稳定运转。鉴于以上分析,管理会计与内部控制都是以管理为基础开展企业内部控制管理活动。因此,两者形成的基础具有相似性。

(2) 目标的相同性。管理会计主要是以财务信息作为管理的切入点,对企业进行各方面管控的一种方法。在管理会计下,相关部门可以根据自身的经营活动现状,作出科学的经济决策,保证自身经济活动的顺利开展。总之,企业可以运用管理会计对自身当前以及未来发展作出可行性分析,提高管理质量。内部控制主要贯穿在企业的经营事项之中,负责控制部门活动,保证活动的有效性及科学性,以便提高经济发展质量。由此可见,管理会计与内

部控制都是为了能够帮助企业开展管理工作，提高企业综合实力的管理方法。因此，两者在目标上具有相同性。

（3）相互的依存性。由于内部控制及管理会计同属于内部管理方式，两者在企业管理中的联系性相对紧密。管理会计主要通过整合、分析、管理财务信息等方式，为企业的发展提供决策依据，引导企业科学地开展经济活动。内部控制主要关注企业的预算策略、会计信息、内部发展状况、外部市场经济环境、分析与评估自身的经营风险等，进而严格把控各方面要素，从而保证经济活动的顺利推进。虽然两者的管理侧重点存在一定的差距，但是两者在实际的企业管理中是相辅相成、不可或缺的。企业相关部门可以通过内部控制管理活动，提高自身的经济发展水平，为会计管理活动提供一个良好的财务信息管理环境。企业运用管理会计也能够更好地引导员工行为，提高内部控制管理能力。鉴于以上分析，企业需要将两种管理方式，灵活运用到管理活动之中，激活自身发展活力，提高自身整体管理水平，增强自身在行业的竞争力。

二、内部控制与管理会计在企业中的联系与作用

（一）完善成本预算管理，树立成本管控意识

成本预算管理主要是根据当前的企业财务信息以及经营活动等预测自身运行成本，进而提高成本管理工作的科学性，从而提高资金利用效率。预算是企业成本预算管理在实施过程中的重要工作步骤，也是开展成本控制活动的重要保障。其主要通过综合分析活动成本的方法，明确预算信息，并根据预算内容与执行预算的实际情况，判断预算工作效率，以便更好地规范成本预算管理工作。为了提高自身的管理水平，企业需要加大力度宣传成本管控工作，影响员工的思想意识，保证员工按照正确的成本管控路线开展各项工作活动。

（二）加强内部审计职能，创建良好的内控环境

内部审计是保证企业健康发展一种工作方式。为了提高内部审计效率，企业需要端正自身处理事务的态度，深入研究内部审计工作方法，掌握内部审计工作步骤，提高监督经营业务水平，避免经营风险，保证各项工作的顺利推进。不同环境影响人的思维方式与行为习惯。为了充分调动员工工作的主动性，企业有必要创设良好的内部审计氛围，增强员工的责任意识，提高内部审计效率。总而言之，企业需要认识到内部审计的优势，保证自身获得更加持续性的发展活力。在这种情况下，企业的管理会计工作也能顺利开展，进而提高自身的综合实力，从而更好地应对外界复杂的发展环境。

三、运用内部控制突出管理会计的重要性

（一）内部控制为企业管理会计的信息提供保障

为了保证管理会计工作的准确性以及有效性，企业需要全方位地搜集以及分析财务信息。这些财务信息主要来源于内部控制部门的管理工作成果。由此可见，企业需要优化自身内部控制结构，提高内部控制管理效率，以便更好地保证管理会计工作的科学性。

（二）管理会计的理念方法促进内部控制的顺利实施

随着外界市场环境发生变化，我国企业面临着诸多的生存压力。为了加快自身发展，提高自身发展质量，内部控制成为企业关注的焦点。如今，企业积极采用内部控制，管理部门

的经营活动。随着内部控制工作的深入推进,其问题逐渐凸显出来。举例来讲,有的企业内控方法过于老套,执行力度比较小。为此,企业需要探索当前问题的解决之道。管理会计的出现为企业内部控制质量提供了发展机遇。管理会计当中的成本分析可以帮助企业控制资金支出。在这种情况之下,企业能够更好地强化内部控制,提高内控管理效率。

四、内部控制与管理会计的融合措施

通过内部控制活动,企业能够有效地保障资产安全,提高财务信息的科学性。管理会计属于内部管理工作的一种表现方式。加之,内部控制与会计管理制度分属于相互促进的关系。因此,企业可以将两者相互渗透,进行融合发展,深化内部管理工作,提高财务工作的透明度,保证企业的健康发展:一是企业需要了解内部控制和管理会计的工作要点,掌握两者的实际应用规律,保证融合的有效性;二是由于有的企业在两者融合过程中也产生了一些问题,企业需要不断地完善两种管理方式的融合的方法,提高管理质量。总而言之,企业需要认识到内部控制和管理会计的融合对自身发展的好处,保证融合的科学性,促进自身的高效发展,提高企业的发展水平。由于内部控制与管理会计具有关联性,本书分别从两者各自的角度提出了管理融合措施。

(一)从内部控制方面,促进内部控制与管理会计的深度融合

(1)优化内控环境,营造良好工作氛围,促进管理会计发展。由于管理会计与内部控制有利于促进企业的健康发展,企业需要积极运用两种管理方式,提高自身的管理水平。内部控制主要通过内部管理活动,提高会计信息质量,规范企业的运作行为,避免发生违规操作事件,提高企业发展稳定性,保证企业获得最大化的经济效益。众所周知,环境影响人的行为。为了提高管理水平,获取良好的竞争优势,企业需要为员工营造一个良好的内部控制环境,潜移默化地影响员工的思想意识。在这种情况之下,企业内部员工更加理解管理者的工作,提高自身工作的积极性,保证各项财务信息传递的及时性:一是企业需要优化内部管理结构,激发员工工作活力,进而落实财务管理责任,从而提高内部控制活动的实施效率;二是企业需要把内部控制与管理会计理念贯穿在管理活动之中,进而更好地规范员工的行为,从而提高自身的管理能力。总而言之,企业有必要进一步强化内部控制对自身健康发展的重要作用,保证管理会计的有效发展。

(2)加强内部审计职能,保证管理会计有效实施。由于内部审计工作属于内部控制工作的重点,企业需要内部重视审计工作,进而更好地约束员工的行为,从而保证企业的健康发展。具体措施包括:一是企业需要培养内部审计人才,提高内部审计工作水平;二是企业加大内部审计工作的宣传力度,帮助员工了解内部审计工作的重点,提高内部控制管理效率;三是企业需要创建与内部审计工作内容相关的企业文化,逐步增强员工的内部审计管理意识。总而言之,企业需要加强内部审计职能,保证各项审计工作的顺利推进,以便更好地促进管理会计的有效实施。

(3)建立风险识别评估应对机制,降低管理会计经营风险。在新的发展阶段,我国企业有必要全面地分析外界经济发展环境,进而针对性地开展经营活动,从而更好地满足市场需求。与此同时,企业需要分析自身的财务管理问题,提高财务管理水平,以便规避经营风险。一是员工素质方面。企业需要建立高素质员工队伍,强化风险管控工作,提高风险预测的准确性与及时性。在这种情况下,企业才能够更加科学性地制定出风险防控方案。同时企业

可以提高信息传递效率,保证经营业务的顺利推进。二是充分发挥内部控制制度的价值。内部控制活动能够为管理会计工作提供准确信息。在这种情况之下,企业可以能顺利地推进管理会计工作,保证自身稳定发展,增强抵抗外界风险的能力。三是总结风险识别与应对经验。企业在做好关于风险管理的相关工作的过程中有必要总结经验,进而及时地控制自身经营风险,从而提高风险管控水平。除此之外,企业可以通过召开年度大会的方式,鼓励部门管理者提出自己的风险管控建议,提高风险识别工作的有效性。总而言之,企业有必要通过风险识别工作,提高应对风险的能力,保证自身的健康发展。与此同时,企业可以更加有效地保证会计信息质量,降低管理会计应用风险,保证自身稳定开展经营活动

(4)评价内部控制工作,提高管理会计应用水平。为了提高内部控制质量,企业需要着力提高内部控制监督水平,加大内部控制评价力度。首先,企业相关部门需要先指派人员,监督内部控制工作的完成度。如果相关者发现内部控制工作管理缺陷,就需要及时提出解决对策。同时相关者需要把这些内部控制工作内容作为评价工作的考量标准。其次,各大执行内部控制活动的部门需要定期向相关管理者汇报内控工作。最后,企业可以应用先进的信息化设备,搜集部门内部控制信息。无论企业采用什么样的工作方法,都需要保证内部控制评价工作的有效性。在这种情况下,企业才能更好地保证内部控制工作的有效推进,进而早日完成自身的发展战略,从而提高自身的经营实力。基于此,企业需要重视管理评价机制,及时发现管理问题,保证管理方法的有效推进。

(二)从管理会计方面,促进内部控制与管理会计的深度融合

(1)建立科学的管理会计方法体系,提高内部控制质量。与其他国家相比,我国的管理会计形成时间相对较晚。因此,我国关于管理会计制度及理论尚未健全。基于此,我国需要根据自身企业发展现状,完善管理会计工作,提高管理会计工作的有效性。在这种情况下,我国才能更好地发挥管理会计的实际作用。为了提高管理水平,企业需要在自身发展现状的基础之上,灵活管理会计管理方法。与此同时,企业需要掌握管理会计制度规律,提高分析财务信息有效性,保证自身按照正确的发展战略开展工作。如果企业在实际应用管理会计取得了良好成果,就需要综合分析这些管理经验,提高管理会计工作的科学性,以便提高管理会计相关工作的工作质量。这样企业的内部控制质量也会逐渐提升。

(2)重视管理会计相关人才培养,推进内控活动有效开展。众所周知,人才是推动社会发展的重要力量。我国各大领域都非常重视培养人才的工作。为了提高管理水平,我国企业积极引进了管理会计。然而,企业管理会计实际应用水平相对较低,在一定程度上阻碍了自身的健康发展。其主要原因是企业相对缺乏管理会计类型的人才。基于此,企业需要早日把培养人才提到日程之上。一是满足自身需求。由于有的企业在管理会计工作中陷入了迷茫状态,企业有必要充分审视自身,探寻当前管理会计工作问题,针对性地培养适合自身管理的人才。与此同时,企业需要重视引进人才的工作,以便从源头上提高员工管理会计素养,提高管理会计工作效率。二是创设学习氛围。不同学习氛围影响员工的学习管理会计的质量。基于此,企业需要为员工营造工作氛围,提高员工的学习兴趣,激发员工探索管理会计内容的兴趣。例如,企业可以通过在墙体上张贴标语的方法,潜移默化地影响员工的思想管理,提高员工管理会计工作水平。三是建立健全激励机制。如今,人才成为企业健康发展的保障。基于此,我国多个地区开展人才抢夺大战。如果企业不重视人才对自身发展的重要作用,就可能产生人才流失问题,影响自身的竞争力。为此,企业需要采用各方法留住

人才。例如,企业可以通过建立激励机制,提高员工工作的积极性。同时企业需要打通晋升渠道,以便让员工的工作获得相应的回报。四是建立培训机制。随着社会发展,管理会计理念与方法也在不断更新与发展。为了保证员工学习先进的管理会计方法,我国企业有必要建立培训机制,帮助员工提升自身的专业素养。例如,企业可以通过聘用管理会计经验相对丰富的专业人员,为员工讲解会计管理方法。五是建立考核制度。企业可以通过考核的方式,让员工了解自身在管理会计工作中经常出现的问题,以便更好地提高员工的工作水平。如果员工通过了考核,企业就可以对他们进行嘉奖,激发他们的工作热情。如果员工没有通过考核,企业就可以对他们实施相应的惩罚,以便督促他们努力学习管理会计知识。基于以上方法,企业的内控活动也能够顺利推进。

第二节 内部控制概述

一、内部控制的历史演进

(一) 内部牵制阶段

控制的终极源头可以追溯到人类社会的形成之初。自从有了人类的群体活动和组织之后,就产生了对组织的成员及其活动进行控制的需要。从现有的记录和考古证据来看,内部控制的发生最早可以追溯到公元前 3600 年至公元前 3200 年的苏美尔文化时期。根据《柯勒会计辞典》的解释,内部牵制是指"以提供有效的组织和经营,并防止错误和其他非法业务发生的业务流程设计。其主要特点是以任何个人或部门不能单独控制任何一项或一部分业务权力的方式进行组织上的责任分工,每项业务通过正常发挥其他个人或部门的功能进行交叉检查或交叉控制"。由此可见,内部牵制的基本思路是分工和牵制。

内部牵制机能主要包括分权牵制、实物牵制、机械牵制和簿记牵制。

分权牵制也叫职责分离,是指通过分工和制衡,由不同的部门和人员来完成不同的业务环节,以达到牵制的目的。例如,会计中约定俗成的"钱(出纳)账(记账)分设、管钱不管账"等。显然,分权程度越高,牵制效果就越好。但是,分权也要把握适当的度,以免增加成本、影响效率。一般而言,对于那些重要的不相容职务,即如果不分离可能导致错误或舞弊的职务(如业务的审批与执行,业务的处理与复核等),要求予以分离。

实物牵制也叫实物负责制,是指将财产物资的保管责任落实到特定的部门和人员头上,以达到保护这些财产物资安全完整的目的。例如,现金出纳必须对库存现金的短少承担责任,仓库保管人员必须对库存物资承担责任等。通过落实实物保管责任,并辅之以清查盘点、账实核对、考核奖惩等措施,对于相关财产物资的安全完整能起到良好的保障作用。

机械牵制也叫技术牵制,是指借助专门的技术手段来进行的牵制。例如,对于库存现金,借助保险柜密码这一技术手段来防止失窃;对于需要特定授权方能进入的信息系统界面,通过口令和密码等技术手段来防止非法进入等。机械牵制一般可以与特定的授权结合运用。

簿记牵制也叫会计系统牵制,是指通过簿记内在的控制职能而实现的牵制。复式簿记体系对于所有的业务和事项,都要以原始凭证为基础,进行序时和分类的记录,这就在账证、账表、账实之间形成了严密的勾稽关系,因而可以用它们来实施对业务事项、财产物资等的有效控制。

尽管随着经济社会的发展,内部控制日益超越内部牵制的范畴,但内部牵制的基本理念在内部控制中仍然发挥着重要作用。正如《柯勒会计辞典》所载,"设计有效的内部牵制以使每项业务能完整正确地经过规定的处理程序,而在这规定的处理程序中,内部牵制机制永远是一个不可缺少的组成部分"。这一阶段的不足之处在于人们还没有意识到内部控制的整体性,只强调内部牵制机能的简单运用,还不够系统和完善。

(二) 内部控制系统阶段

1958年,出于注册会计师测试与财务报表相关的内部控制的需要,AICPA 审计程序委员会又发布了第29号审计程序公告《独立审计人员评价内部控制的范围》,也将内部控制分为内部会计控制和内部管理控制两类,其中前者涉及与财产安全和会计记录的准确性、可靠性有直接联系的所有方法和程序,后者主要是与贯彻管理方针和提高经营效率有关的所有方法和程序,一般与财务会计并不直接相关,如统计分析、时间动作研究、业绩报告、员工培训、质量控制等。1963年10月,美国注册会计师协会(AICPA)审计程序委员会在《审计程序公告第33号——审计准则与程序(汇编)》中强调,独立审计师应主要检查会计控制;于1972年11月发布的《审计程序公告第54号——审计师对内部控制的研究与评价》,对管理控制和会计控制的定义进行了修订和充实。

1972年11月,AICPA 下属的审计准则委员会(ASB)发布《审计准则公告第1号——审计准则和程序汇编》,将内部控制一分为二,使得注册会计师在研究和评价企业内部控制制度的基础上来确定实质性测试的范围和方式成为可能。由此,内部控制进入"制度二分法"或"二要素"阶段。在这一阶段,内部控制被正式纳入相关准则和制度体系之中,管理控制正式成为内部控制的一个重要组成部分。

(三) 内部控制结构阶段

进入20世纪80年代,资本主义发展的黄金阶段以及随后到来的"滞涨"促使西方国家对内部控制的研究进一步深化,人们对内部控制的研究重点逐步从一般含义向具体内容深化。在实际工作中,注册会计师发现很难确切区分内部会计控制和内部管理控制,而且后者对前者其实有很大影响,在审计过程中无法被完全忽略。于是,1988年,AICPA 发布《审计准则公告第55号》(SAS55),并规定其自1990年1月起取代于1972年发布的《审计准则公告第1号》。这份公告首次以"内部控制结构"的概念代替"内部控制系统",明确"企业内部控制结构包括为企业实现特定目标提供合理保证而建立的各种政策和程序"。该公告认为,内部控制结构由下列三个要素组成:

(1) 控制环境。控制环境是指对有效建立和实施特定政策与程序有重大影响的各种因素,包括:管理层的理念和经营风格;组织结构;董事会及其所属委员会,特别是审计委员会发挥的职能;职权和责任的分配;管理层监控和检查工作时所使用的控制方法,包括经营计划、预算、预测、利润计划、责任会计、内部审计、人力资源政策与实务等。

(2) 会计系统。会计系统是指为确认、归类、分析、记录和编报各项经济业务,明确资产与负债的经营责任而规定的各种方法,包括:确认和记录一切合法的经济业务;对各项经济业务及时和适当地分类,作为编制财务报表的依据;将各项经济业务按照适当的货币价值计价,以便列入财务报表;确定经济业务发生的日期,以便按照会计期间进行记录;在财务报表中恰当地表述经济业务,并对有关的内容进行揭示。

(3) 控制程序。控制程序是指企业为保证目标的实现而建立的政策和程序,包括:经济业务和事项的适当授权;明确人员的职责分工,如指派不同的人员分别承担业务批准、业务记录和财产保管的职责,以防止有关人员利用正常经济业务图谋不轨和隐匿各种错弊;账簿和凭证的设置、记录与使用,以保证经济业务活动得到正确的记载,如出库凭证应事先编号,以便控制发货业务;资产及记录的限制接触,如接触电脑程序和档案资料要经过批准;已经登记的业务及其记录与复核,如常规的账面复核,存款、借款调节表的编制,账面的核对等。

内部控制结构阶段对于内部控制的发展的贡献主要体现在两个方面:其一,首次将控制环境纳入内部控制的范畴。因为人们在管理实践中逐渐认识到控制环境不应该是内部控制的外部因素,而应该作为内部控制的一个组成部分来考虑,尤其是董事会、管理层及其他员工对内部控制的态度和行为,是内部控制体系得以有效建立和运行的基础和有力保障。其二,不再区分会计控制和管理控制,而统一用要素来表述,这是因为人们发现内部会计控制和管理控制在实际工作中其实是相互联系、难以分割的。

可见,这一阶段的内部控制融会计控制和管理控制于一体,从"系统二分法"阶段步入了"结构三要素"阶段。这是内部控制发展史上的一次重要改变。

(四) 内部控制整合框架阶段

1992 年 9 月,美国反虚假财务报告委员会下属的发起人委员会(COSO)发布了著名的《内部控制——整合框架》,并于 1994 年进行了局部修订。该报告是内部控制发展历程中的一座重要里程碑,它对内部控制的发展所作出的最重要的贡献在于它对内部控制下了一个迄今为止最为权威的定义:内部控制是由主体的董事会、管理层和其他员工实施的,旨在为经营的效率和有效性、财务报告的可靠性、遵循适用的法律法规等目标的实现提供合理保证的过程。

这个定义反映了一些基本概念:一是内部控制是一个过程,它是实现目标的手段,而不是目标本身;二是内部控制是由人员来实施的,它并不仅仅是政策手册和表格,还涉及组织中各个层级人员的活动;三是内部控制只能为主体目标的实现提供合理保证,而不是绝对保证;四是内部控制被用来实现一个或多个彼此独立又相互交叉的类别的目标,内部控制目标包括经营目标、财务报告目标和合规目标,而财务报告的可靠性并不是内部控制唯一的目标,换言之,内部控制不等于会计控制。《内部控制——整合框架》提出的内部控制目标如表 8-1 所示。

表 8-1 内部控制目标

目标类型	特点
经营目标	与主体资源利用的有效性与效率有关
财务报告目标	与编制可靠的公开财务报表有关
合规目标	与主体遵循适用的法律和法规有关

此外,COSO 报告还明确了内部控制的内容,即内部控制包括五个相对独立而又相互联系的构成要素:控制环境、风险评估、控制活动、信息与沟通和监控。目标和构成要素之间有

着直接的关系，目标是主体努力争取实现的东西，构成要素则代表着要实现这些。

（1）控制环境。控制环境主要涉及主体内部的文化、价值观、组织结构、管理理念和经营风格等。这些因素是内部控制的基础，将对内部控制的运行和效果产生广泛而深远的影响。具体来说，控制环境包括员工的诚信和道德价值观、胜任能力、管理层的理念和经营风格、董事会及审计委员会、组织机构、权责划分、人力资源政策与实务等。

（2）风险评估。风险评估是指识别和分析与实现目标相关的风险，并采取相应的措施加以控制。这一过程包括风险识别和风险分析两个部分。通常，企业的风险主要来自外部环境和内部条件的变化。其中，风险识别包括对外部因素（如技术发展、竞争态势、经济形势）和内部因素（如员工素质、公司活动性质、信息系统处理的特点）进行梳理和辨识。风险分析则涉及估计风险的重大程度、风险发生的可能性、确定风险应对策略等。

（3）控制活动。控制活动是指主体对所确认的风险采取必要的措施，以保证其目标得以实现的政策和程序。一般来说，控制活动包括职责分离、实物控制、信息处理控制、业绩评价等。其中，职责分离是指为了防止单个员工舞弊或隐藏不正当行为而进行的职责划分。一般来说，应该分离的不相容职责有：业务授权与业务执行、业务执行与业务记录、业务记录与业务复核等。实物控制指对企业的具体实物所进行的控制行为，如针对现金、存货、固定资产、有价证券等实行的实物负责制。信息处理控制可分为一般控制和应用控制两类。一般控制通常与信息系统的设计和管理有关；应用控制则与特定数据在信息系统中处理的方式有关。业绩评价是指将实际业绩与业绩标准进行比较，以便确定业绩的完成程度和质量。

（4）信息与沟通。信息与沟通是指主体内部部门及员工之间必须有效沟通、交流与内部控制相关的信息。这些信息既有外部的信息，又有内部的信息。通常而言，信息与沟通包括确认记录有效的经济业务、采用恰当的货币价值计量、在财务报告中恰当列报和披露。沟通的目的主要是让员工了解其职责，了解其在工作中如何与他人相联系，如何向上级报告例外情况。沟通的方式一般有政策手册、财务报告手册、备查簿，以及口头交流或管理示例等。

（5）监控。监控是指评价内部控制的设计与执行情况，包括日常的监控活动和专项评价等。监控活动通常是由内部控制、内部审计等部门执行。通过定期或不定期地对内部控制的设计与执行情况进行检查和评估，与有关人员就内部控制有效与否进行交流，并提出改进意见，以保证内部控制随着环境的变化而不断改进。

由于COSO报告集内部控制理论和实践发展之大成，在业内备受推崇，已经成为世界通行的内部控制权威标准，被国际和各国审计准则制定机构、资本市场和金融监管机构以及其他方面所采纳。1995年12月，ASB发布《审计准则公告第78号》，全面采纳COSO的内部控制框架。2002年，美国国会通过的《萨班斯—奥克斯利法案》第404条款及相关规则采用的也是这个框架。

（五）企业风险管理整合框架阶段

自COSO报告于1992年发布以后，《内部控制——整合框架》已经被世界上许多企业所采用，但理论界和实务界也纷纷对该框架提出改进建议，认为其对风险强调不够，使得内部控制无法与企业风险管理相结合。2001年，COSO开展了一个项目，委托普华永道开发一个有利于帮助管理层评价和改进所在组织的企业风险管理的简便易行的框架。正是在开发这个框架的期间,2001年12月,美国最大能源公司之一的安然公司,突然申请破产保护。此后上市公司和证券市场丑闻不断,特别是1992年框架,在该日期后,该框架将被COSO视为已被新框架所取代。COSO董事会认为在过渡期间,使用者在应用其《内部控制——综合框架》进行外部报告

2002年6月的世界通信公司会计丑闻,"彻底打击了投资者对资本市场的信心"。美国国会和政府加速制定和实施新的法律以试图改变这一局面。2002年7月,美国出台了《2002年公众公司会计改革和投资者保护法案》,该法案是由参议院银行委员会主席萨班斯和众议院金融服务委员会主席奥克斯利联合提出的,它又被称作《萨班斯—奥克斯利法案》。该法案是继《美国1933年证券法》《美国1934年证券交易法》以来又一部具有里程碑意义的法律。《萨班斯—奥克斯利法案》强调了公司内部控制的重要性,从管理层、内部审计及外部审计等几个层面对公司做了具体规定,并设置了问责机制和相应的惩罚措施,成为继20世纪30年代美国经济危机以来,政府制定的涉及范围最广、处罚措施最严厉的公司法律。

2004年9月,COSO发布了《企业风险管理——整合框架》(以下简称ERM框架)。ERM框架指出,全面风险管理是过程,它由一个主体的董事会、管理层和其他人员实施,应用于战略制定并贯穿于企业之中,旨在识别可能影响主体的潜在事项、管理风险,以使其在该主体的风险容量之内,并为主体目标的实现提供合理保证。

相对于《内部控制——整合框架》,ERM框架的创新在于:

第一,从目标上看,ERM框架不仅涵盖了内部控制框架中的运营、财务报告和合规三个目标,而且还新提出了一个更具层次的战略目标,同时还扩大了报告的范畴。ERM框架指出,企业风险管理应贯穿于战略目标的制定、分解和执行过程,从而为战略目标的实现提供合理保证。报告范畴的扩大表现在内部控制框架中的财务报告目标与公开披露的财务报表的可靠性相关,而企业风险管理框架中的报告范围有很大的扩展,覆盖了企业编制的所有报告。

第二,从内容上看,ERM框架除了包括内部控制整合框架中的五个要素,还增加了目标制定、风险识别和风险应对三个管理要素。目标制定、风险识别、风险评估和风险应对四个要素环环相扣,共同构成了风险管理的完整过程。此外,ERM框架对原有要素也进行了深化和拓展,如引入了风险偏好和风险容忍度,将原有的"控制环境"改为"内部环境"。

第三,从概念上看,ERM框架提出了风险偏好和风险容忍度两个新概念。风险偏好是指企业在实现其目标的过程中愿意接受的风险的数量。企业的风险偏好与企业的战略目标直接相关,企业在制定战略时,应考虑将该战略与企业的管理层风险偏好结合起来。风险容忍度是指在企业目标实现过程中对偏离的可接受程度,是企业在风险偏好的基础上设定的在目标实现过程中对偏离的可接受程度和可容忍限度。

第四,从观念上看,ERM框架提出了一个新的观念—风险组合观。企业风险管理要求企业管理层以风险组合的观念看待风险,对相关的风险进行识别并采取措施将企业所承担的风险控制在风险偏好的范围内。对企业的各个组成部分而言,其风险可能在各自的风险容忍度范围内,但从企业总体来看,总风险仍可能超过企业总体的风险偏好范围。因此,应从企业整体的角度评估风险。

需要特别说明的是,ERM框架的发布虽然晚于《内部控制——整合框架》,并且在后者

的基础上有较大程度的扩充，但是它并不意味着要完全替代后者。

二、内部控制的定义

我国对于内部控制的定义几经变迁。从 21 世纪初财政部颁布的《内部会计控制规范——基本规范(试行)》(以下简称《基本规范》)和《内部会计控制规范——货币资金(试行)》等一系列具体规范，到上海证券交易所和深圳证券交易所分别发布的《上海证券交易所上市公司内部控制指引》和《深圳证券交易所上市公司内部控制指引》，直到内部控制规范体系的基本形成，对于内部控制的定义也经历了由无到有、范围逐步扩大、科学严谨性逐步提升的发展过程。最早的内部控制定义仅仅局限于会计控制，而现在的内部控制则是完整的内部控制概念。根据《基本规范》的解释，"内部控制是由企业董事会、监事会、经理层和全体员工实施的、旨在实现控制目标的过程"。对于这一定义，可从以下几个方面进行理解。

1. 内部控制是一种全员控制

内部控制是一种全员控制，即内部控制强调全员参与，人人有责。企业的各级管理层和全体员工都应当树立现代管理理念，强化风险意识，以主人翁的姿态积极参与内部控制的建立与实施，并主动承担相应的责任，而不是被动地遵守内部控制的相关规定。

值得注意的是，内部控制的"全员控制"与董事会、监事会和经理层在内部控制的建设和实施过程中的领导作用并不矛盾，领导者与普通员工仅仅是分工不同、承担的权责大小不同，但都是内部控制的参与主体。具体而言，董事会负责内部控制的建立健全和有效实施；监事会对董事会建立和实施内部控制进行监督；经理层负责组织领导企业内部控制的日常运行，在内部控制中承担重要责任。企业所有员工都应在实现内部控制中承担相应职责并发挥积极作用。企业应当在董事会下设立审计委员会，负责审查企业内部控制、监督内部控制的有效实施和内部控制自我评价情况。这就形成了上至董事会，下至全体员工全员参与的内部控制，克服了长期以来我国企业内部控制建设滞后、相关各方执行时权责不清，管理层和员工缺乏参与内部控制的责任与动力等问题。

2. 内部控制是一种全面控制

内部控制是一种全面控制，是指内部控制的覆盖范围要足够广泛，涵盖企业所有的业务和事项，包含每个层级和环节，而且还要体现多重控制目标的要求。内部控制本质上是对风险的管理与控制，风险是指偏离控制目标的可能性。《基本规范》规定，内部控制的目标是合理保证企业经营管理合法合规、资产安全、财务报告及相关信息真实完整，提高经营效率和效果，促进企业实现发展战略。企业设计的内部控制活动和流程要充分防范和控制任何影响以上五个目标实现的风险(而不能仅仅局限于财务报告风险)，并要为以上目标的实现提供合理保证。也就是说，内部控制不仅仅是一种防弊纠错的机制，而且还是一种经营管理方法、战略实施工具，是一种为实现多重目标而实施的全面控制。

应当特别说明的是，内部控制只能为控制目标的实现提供"合理保证"，而不是"绝对保证"，这是因为企业目标的实现除了受到企业自身因素的限制，还会受到外部环境的影响，而内部控制无法作用于外部环境；而且，内部控制本身也存在一定的局限性，使得其不可能为企业控制目标的实现提供"绝对保证"。

阅读案例

中石化的"家规家法"

《财富》杂志日前公布2010年度世界500强公司排名,中石化(中国石油化工集团公司)名列第7位,世界第7的排名,彰显着中石化作为一家大型跨国石油企业综合实力的持续提升,更凝聚着中石化7年来内控建设背后的无数艰辛。如果没有《萨班斯—奥克斯利法案》,中石化的内控建设或许不会如此紧迫。

2002年7月,美国出台《萨班斯—奥克斯利法案》,所有想在美国资本市场淘金的上市公司都必须建立内控制度并保证其有效运行,且须在发布的年度报告中对内控制度的设计有效性和运行有效性进行评估。

中石化别无选择。公司管理层决定以此为契机,全面推行内部控制制度建设。

据中石化内控项目负责人方春生介绍,中石化遵照相关法律法规的要求和公司经营管理的实际情况,主要借鉴了COSO内部控制框架,围绕公司发展战略和合规目标、资产安全目标、财务报告目标、经营效果效率目标,从内部环境、风险评估、控制活动、信息与沟通、内部监督等方面,全面梳理公司各项业务和重大事项,编制内部控制手册;同时要求所属分(子)公司根据总部编制的内控手册,结合实际制定本单位的实施细则,形成具有中石化特色的两级内部控制制度体系。

方春生对《中国会计报》记者表示:尽管中石化内控工作起源于《萨班斯—奥克斯利法案》,但公司管理层自始至终都强调,公司推行内控制度绝不仅仅是为了满足外部法律监管要求,更重要的目的是,通过建立完善的内控体系,加快完善公司治理结构,转换经营机制,规范管理行为,防范风险,保证公司资产安全完整和公司战略目标的实现。

为此,中石化赋予了内部控制更丰富的内涵,使企业的各项管理都逐步纳入内控管理的"家规家法"。

资料来源:杨雪.中国石化的家规家法[N].中国会计报,2010.

3. 内部控制是一种全程控制

内部控制是一种全程控制,是指内部控制是一个完整的全过程控制体系。从时间顺序上看,内容控制包括事前控制、事中控制和事后控制;从内容上看,内部控制包括制度设计、制度执行和监督评价。它们环环相扣,逐步递进,彼此配合,共同构成了一个完整的内部控制体系。

内部控制的全程控制通常以流程为主要手段,包含流程的设计、执行和监督评价,但其不仅仅局限于流程。流程本身就包含着过程控制的思想,流程的设计是前提和基础,流程的实施是核心,对流程的监督是关键。流程设计的合理性往往会直接影响整个内部控制工作的效率和效果。因此,企业要有效地实现全程控制,就必须优化与整合企业内部控制流程。企业进行的流程再造,也是基于全面控制和以提高运行效率的目的。如果说全面控制是从横向角度为企业实现控制目标搭起了一道无形的网,那么全程控制则是从纵向角度为企业防范和管理风险架起了一堵牢固的墙。

以上是从不同角度对内部控制的理解。内部控制的定义在内部控制概念框架中处于基础地位,是内部控制目标、原则、要素等的理论依据和逻辑起点,也是企业设计和执行内部控制的最基本的要求。只有真正做到了全员控制、全面控制和全程控制,内部控制的设计才不会出现盲点,内部控制的执行才会合理有效,内部控制的作用才能真正发挥。

内部控制通常被划分成若干个基本要素。这些要素及其构成方式,决定着内部控制的内容与形式。《企业内部控制基本规范》第五条规定了内部控制的五要素,即内部环境、风险评估、控制活动、信息与沟通和内部监督。

第三节 内部控制活动

一、不相容职务分离控制

《企业内部控制基本规范》第二十九条规定:不相容职务分离控制要求企业全面系统地分析、梳理业务流程中所涉及的不相容职务,实施相应的分离措施,形成各司其职、各负其责、相互制约的工作机制。

（一）不相容职务分离的含义

不相容职务是指那些不能由一个人兼任,否则既能弄虚作假,又能掩盖其舞弊行为的职务。不相容职务分离就是这些职务由两人或两人以上担任,从而达到相互制约、相互监督的目的,即所谓"四只眼"原则或双人控制原则。

不相容职务的分离基于两个假设,一是两个或两个以上的人或部门无意识地犯同种错误的概率要低于一个人或一个部门犯该种错误的概率;二是两个或两个以上的人或部门有意识的合伙舞弊的可能性大大低于一个人或一个部门舞弊的可能性。

（二）不相容职务分离的内容

不相容职务分为不相容部门、不相容岗位和不相容流程。根据大部分企业的经营管理特点和一般业务性质,需要分离的不相容职务一般包括授权批准职务、业务经办职务、会计记录职务、财产保管职务、稽核检查职务。

1. 授权批准职务与业务经办职务分离

授权批准职务与业务经办职务分离控制要求,请购与审批、采购与审批、采购合同的订立与审批、销售商品与审批、对外投资预算的编制与审批、投资或筹资的决策与执行等必须分离,以利于决策、审批人从独立的立场来评判业务行为的合理性、科学性与可行性,防范舞弊。例如,销售业务的各个环节,包括销售合同的签订、销售单的编制、发票的开出、售价的确定、销售方式和结算方式、销售折扣折让与退货等,都要经过恰当的批准,并确保与业务经办职务分离。

2. 业务经办职务与稽核检查职务分离

业务经办职务与稽核检查职务分离控制要求,现金出纳、会计与稽核职务相分离,采购员与库管员职务相分离,库管员与盘点稽核人员职务相分离,预算编制、执行与检查相分离等。该举措应使相关业务执行人员都受到应有的监督,同时也应使稽核、审计人员处于相对客观、独立、公正的地位,保证监督质量。业务经办职务与稽核检查职务分离,使得经办人员受到牵制和约束,从而更加尽职尽责地做好本职工作,提高企业内部控制的质量,保证各项经济业务正常开展。

3. 业务经办职务与会计记录职务分离

业务经办与会计记录职务分离是企业实施内部控制最基本的要求。例如,销售部门和销售人员必须专职独立,不得兼记会计部门销售收入账和应收账款账;企业的会计不能兼任采购员。如果不进行业务经办与会计记录职务分离,业务执行的过程和结果就缺乏了在记录时所应该进行的复核和确认。

4. 财产保管职务与会计记录职务分离

会计和出纳相分离是一个最基本的不相容职务分离,也就是钱账分管制度,即管钱不管账,管账不管钱。出纳专职负责货币资金的收支业务,除现金和银行存款日记账外,不兼记总账和债权债务等明细账,不负责汇总记账凭证,不抄寄各种往来结算账户对账单。

5. 业务经办职务与财产保管职务分离

企业财产物资的保管职务应该与实物核对和财产盘存职务相分离。如果一家企业的材料采购员既负责材料采购又负责入库保管,那么这样身兼数职的行为,就有可能给经办人员创造舞弊的机会,缺乏内部牵制和监督,形成职务犯罪的隐患,给企业造成损失。

(三)不相容职务分离控制程序

不相容职务分离的核心在于实现牵制、制衡。企业在设计内部控制制度时,首先要确定哪些岗位和职务是不相容的;其次是要明确规定各个机构和岗位的职责、权限。控制不相容职务的方法,就是从组织设计以及职务安排上进行分离,将不相容职务分别安排给不同人员甚至不同部门,以形成一个可以相互监督、相互牵制、相互核查的业务机制。要做好不相容职务分离控制,以下两个程序是关键。

(1)设立管理控制机构,企业可以根据自身的经营特点设立审计委员会、价格委员会、报酬委员会等,通过这些机构的设置来监督不相容职务分离实施的过程和效果,对不完善的地方及时作出调整。

(2)推行职务不相容制度,用制度约束不相容职务的兼任对企业来讲是一种有效的办法,通过制度在企业中的制定和实施,杜绝高层管理人员交叉任职,从而可以避免关键人物大权独揽或徇私舞弊。同时,需要坚决贯彻不相容职务相分离的要求。所有经济业务的控制,必须按照不相容分离的要求,合理设计相关岗位,明确职责权限,形成内部牵制、内部制衡机制。

二、授权审批控制

《企业内部控制基本规范》第三十条规定:授权审批控制要求企业根据常规授权和特别授权的规定,明确各岗位办理业务和事项的权限范围、审批程序和相应责任。

企业对于重大的业务和事项,应当实行集体决策审批或者联签制度,任何个人不得单独进行决策或者擅自改变集体决策。

(一)授权审批的含义

授权是对一般交易或特殊交易的政策性制度决策,审批是对公司授权制度的具体执行,表现形式为签字。授权审批是指单位在办理各项经济业务时,必须经过规定授权审批的程序。如采购部门采购材料,会计部门进行账务处理,人力资源部门招聘员工等。

(二) 授权审批的形式

授权审批的形式通常有常规授权和特别授权两类。

常规授权(又称一般授权)是指企业在日常经营管理活动中按照既定的职责和程序进行的授权。所谓既定的职责和程序,就是指已经制定好的职责和程序,如制度、计划和预算等。这种授权一般来说稳定、不易变动,时效性较长,主要是由管理当局制定整个组织应当遵循的政策,内部员工在日常业务处理过程中,可以按照规定的权限范围和有关职责自行办理或执行各项业务。

特别授权是指企业在特殊情况、特定条件下进行的授权。特别授权是一种临时性的,通常是一次有效。例如,总经理委托其助理代理某次合同的签署,就必须授予他必要的签约权利,一旦合同签订完毕,授权也自动终止;又如离岗授权。

(三) 授权审批的体系与原则

企业应当编制常规授权的权限指引,规范特别授权的范围、权限、程序和责任,严格控制特别授权。不论采取哪种授权批准方式,企业都必须建立授权批准体系。

1. 授权审批的范围

通常,企业的所有经营活动都应纳入其范围,以便于全面预算和全面控制,授权审批的范围不仅要包括控制各种业务的预算制定情况,还要包括对相应的办理手续、业绩报告、业绩考核等明确授权。

2. 授权审批的层次

授权审批的层次应根据经济活动的重要性和金额大小确定不同的授权批准层次,从而保证各管理层有权人有责。但重大事项应集体决策和集体联签,防止"一支笔"现象的发生。

3. 授权审批的责任

授权审批的责任应当明确被授权者在履行权利时应对哪些方面负责,以避免授权责任不清,一旦出现问题又难追究其责任。同时,防止以授权名义授责。

4. 授权审批程序

授权审批程序应规定每一类经济业务审批程序,以便按程序办理审批,避免越级审批、违规审批的情况发生。

为了使授权批准制度拥有较好的效果,企业一定要遵循以下几个原则:一是有关事项必须经过授权批准,且在业务发生之前;二是授权批准责任一定要明确;三是所有过程都必须有书面证明;四是对于越权行为一定要有相应的惩罚制度。

三、会计系统控制

(一) 会计系统控制的含义

会计系统控制是指与保护财产安全的企业会计责任及会计记录可靠性有关的组织、计划、程序、方法,它是企业所有业务活动价值结果的终点。其基本思路就是通过对会计主体所发生的各项能用货币计量的经济业务进行记录、归集、分类、编报等活动进行的控制。会计系统控制要求企业严格执行国家统一的会计准则、制度,加强会计基础工作,明确会计凭证、会计账簿和财务报告的处理程序,规范会计政策的选用标准和审批程序,建立、完善会计档案保管和会计工作交接办法,实行会计人员岗位责任制,充分发挥会计的监督职能,保证会计资料的真实、完整。

(二) 会计系统控制的目标

会计系统控制以保护财产物资和确保会计资料可靠性为目的,是与保护财产物资的安全性、会计信息的真实一致性和完整性以及财务活动的合法性有关的控制。会计系统控制的目标是通过对财产物资保管和会计信息等控制对象制定一系列控制方法、措施和程序所要达到的最终目的和要求,它是建立、完善会计系统控制,以及有效实施会计系统控制的指南。会计系统控制应达到的基本目标是:

(1) 规范企业会计行为,保证会计资料的真实、完整性,即所有已发生或完成的事项都被记录了下来,且记录充分,这是会计系统控制的首要目标。

(2) 堵塞漏洞、消除隐患,防止并及时发现、纠正错误及舞弊行为,保护企业资产的安全、完整。

(3) 确保企业贯彻执行国家有关法律法规和企业的规章制度。

(三) 会计系统控制的内容

会计系统控制的主要内容包括以下几个方面:

(1) 会计凭证填制的控制。由于会计凭证中详细记录了各类经济交易与事项的具体内容和经济活动的基本财务信息,会计凭证处理是整个会计信息系统运行的第一个环节,也是会计账簿信息和财务报表信息产生的基础。会计凭证包括原始凭证和记账凭证。原始凭证的控制应遵循只有当某个交易或事项真实发生时才能取得或填制相应的原始凭证这一原则。企业在取得已经发生的相关经济交易与事项的原始凭证后,会计人员应及时对原始凭证进行审核,并据以编制记账凭证。

(2) 会计账簿登记控制。会计账簿登记控制是指在设置、启用和登记会计账簿时实施的相应控制措施。企业应当结合会计信息使用者的需要和会计内部经营管理的具体要求,建立完整的会计账簿体系。在登记账簿过程中,遵循不相容职务分离政策,不能由一人同时登记总账和明细账。会计账簿应妥善保管,同时企业应在日常会计处理过程中及时进行对账,达到账证相符、账实相符、确保会计记录的数字真实、内容完整、计算准确、依据充分、时间适当。

(3) 会计报告编制控制。会计报告是会计信息系统运行的最后一个,也是最重要的环节,企业应当按照国家统一的会计准则或制度规定的会计报表格式和内容,根据登记完整、核对无误的会计账簿记录和其他资料编制会计报表。为了保证会计报表的真实性,财务部门应编制会计凭证汇总表与会计账簿、会计报表进行分析核对,编制内部财务报告与预算平衡表和总账相核对,发现异常及时解决和处理。

(4) 会计机构和人员设置。企业应当依法设置会计机构,配备会计从业人员。从事会计工作的人员,必须取得会计从业资格证书。会计机构负责人应当具备会计师以上专业技术职务资格。大中型企业应当设置总会计师,设置总会计师的企业,不得设置与其职权重叠的副职。

四、财产保护控制

《企业内部控制基本规范》第三十二条规定:财产保护控制要求企业建立财产日常管理制度,采取财产记录、实物保管、定期盘点、账实核对等措施,确保财产安全;企业应当严格限制未经授权的人员接触和处置财产。

企业的财产可以分为两类:有形资产和无形资产。有形资产又可以分为固定资产、存货等。无形资产又分为商标、商誉、专利权、非专利技术、土地使用权等。公司的财产是公司可利用的资源,是公司生存和发展的物质保证,因此加强财产安全保护,防止财产流失、浪费是非常重要的。财产保护控制的主要内容包括:

(1)限制接近控制。企业应当严格限制无关人员对资产的直接接触,只有经过授权批准的人员才能够接触资产。另外,不仅对资产接近加以限制,同时对授权使用和处分资产的文件加以限制,才能形成充分的保护措施。具体措施主要包括:保证存货、小型工具、证券等贵重和流动资产存入地点的安全;限制接近未使用票据并恰当注销已使用票据;每日及时将现金收入送存银行;限制接近计算机、终端代码、磁盘文件、数据库要素;限制单独接触可转让证券及其他便携式有价资产,以免未经授权的挪用发生。

(2)定期盘点控制。盘点应当根据实际需要定期和不定期举行,应当建立盘点制度和盘点流程,明确责任人,确保财产安全。盘点可以采用先盘点实物再核对账务的形式,也可以采用先核对账务再确认实物的形式。对盘点中出现的财产差异应进行调查、分析和处置,并修正相关制度。定期盘点制度包括确定各账户余额下的财产的数量和金额。典型的盘点和复核方法有:永续盘存记录和定期清点及复核制度;为应收账款、应付账款、投资项目、实收资本设立明细账,并把总账以及重要财产账户与各明细分类账比较核对;每月核对银行存款余额调节表;每月现金记录审核等。

(3)记录保护控制。记录保护控制是指对企业各种文件资料尤其是资产、会计等资料妥善保管,以避免记录受损、被盗窃及毁坏。对某些重要资料,应当留有后备记录,以便在遭受意外损失或毁坏时重新恢复。

(4)财产保险控制。财产保险控制是指通过对资产投保,增加实物受损后的补偿机会,保护实物安全。企业的主要财产应当投保(如火灾险、盗窃险、责任险等),降低企业经营风险,确保财产安全、保值、增值。

五、预算控制

《企业内部控制基本规范》第三十三条规定:预算控制要求企业实施全面预算管理制度,明确各责任单位在预算管理中的职责权限,规范预算的编制、审定、下达和执行程序,强化预算约束。预算控制的主要内容包括:

(1)预算编制控制。在预算编制环节控制方面,企业应当对编制依据、编制程序、编制方法等作出明确规定,确保预算编制依据合理、程序适当、方法科学。

企业预算的编制,应坚持效益优先原则,实行总量平衡,进行全面预算管理;坚持积极稳健原则,确保以收定支,加强财务风险控制;坚持权责对等原则,确保切实可行,围绕经营战略实施。编制程序一般按照"上下结合,分级编制,逐级汇总"的程序进行,采用自上而下或自下而上的编制程序。

同时,企业应遵循经济活动规律,确定符合自身经济业务特点和生产经营周期和管理需要的预算编制方法。不同的预算项目采用不同的编制方法。企业应遵循成本效益原则,可以选择或综合运用固定预算、弹性预算、零基预算、滚动预算等方法进行编制,达到预算控制的目的。

(2) 预算执行控制。预算执行环节控制方面,企业应当对预算指标的分解方式、预算执行责任制的建立、重大预算项目的特别关注、预算资金支出的审批要求、预算执行情况的报告与预警机制等作出明确规定,确保预算严格执行。

企业预算一经批准下达,各预算执行单位必须认真组织实施,将预算指标层层分解,从横向和纵向落实到内部各部门、各环节和各岗位。形成全方位的预算执行体系。企业应当建立预算执行责任制度,对照已确定的责任指标,定期或不定期地对相关部门及人员责任指标完成情况进行检查,实施考评。

对于重大预算项目和内容,企业应密切跟踪其实施进度和完成情况,实行严格监控。货币资金收支业务的预算控制要求企业应及时组织预算资金的收入,严格控制预算资金的支付,调节资金收付平衡,严格控制支付风险。企业应当健全凭证记录,完善预算管理制度,严格执行生产经营月度计划和成本费用的定额、定率标准,并对执行过程进行监控。同时建立预算执行内部报告制度,及时掌握预算执行动态及结果。

预算执行情况预警机制要求企业科学选择预警指标,合理确定预警范围,及时发出预警信号,积极采取应对措施。建立预算执行结果质询制度,要求预算执行单位对预算指标及实际结果之间的重大差异作出解释,并采取相应措施。

(3) 预算调整控制。预算调整是指当企业的内外环境发生变化,预算出现较大偏差,原有预算不再适宜时所进行的预算修改。

企业正式下达执行的预算,不得随意调整。企业在预算执行过程中,需要调整预算的,应当报原预算审批机构批准。调整预算由预算执行单位逐级向原预算审批机构提出书面报告,阐述预算执行的具体情况、客观因素变化情况及其对预算执行造成的影响程度,提出预算的调整幅度。企业预算管理部门应当对预算执行单位提交的预算调整报告进行审核分析,集中编制企业年度预算调整方案,提交原预算审批机构审议批准,然后下达执行。

(4) 预算分析与考核控制。预算分析与考核环节的控制主要是通过建立预算执行分析制度、审计制度、考核与奖惩制度等,确保预算分析科学、及时,预算考核严格、有据。

预算执行分析制度要求企业预算管理部门应当定期召开预算执行分析会议,通报并全面掌握预算执行情况,研究、解决预算执行中存在的问题,提出改进措施,纠正预算的执行偏差。预算执行情况内部审计制度要求企业预算委员会通过定期或不定期地实施预算审计,实施审计监督,及时发现和纠正预算执行中存在的问题,充分发挥内部审计的监督作用,维护预算管理的严肃性。

预算执行情况考核制度要求企业预算管理部门应当定期组织预算执行情况考核,考核时坚持公开、公平、公正的原则,考核结果应有完整记录。同时,建立预算执行情况奖惩制度,明确奖惩办法,落实奖惩措施。

六、运营分析控制

《企业内部控制基本规范》第三十四条规定:运营分析控制要求企业建立运营情况分析

制度,经理层应当综合运用生产、购销、投资、财务等方面的信息,通过因素分析、对比分析、趋势分析等方法,定期开展运营情况分析,发现存在的问题,及时查明原因并加以改进。

企业在经营的过程中,运营分析是非常重要的,可以随时了解企业的经营状况,避免盲目行为。对于存在问题的方面,及时发现并调整方向或采取补救措施;对于比较理想的方面,通过分析可以判断是否发挥了企业的现有条件和优势,是否存在对企业更有利的措施。运营分析控制制度应明确规定运营分析的内容、方法、程序等方面,其具体要点有以下几个方面。

（一）明确分析对象

运营状况包含的内容非常丰富,它是对企业各种情况的综合概括,包括筹资能力、偿债能力、营运能力、盈利能力、发展能力等。企业在分析运营状况之前,应明确具体的分析对象,对于不同时期不同的分析目的,其分析对象也应有所差别。当企业的经营活动或者外部经营环境的变化涉及某运营指标时,该指标通常应作为分析的重点对象。

1. 筹资能力

筹资能力是企业筹集生产经营所需资金的能力。广义的筹资能力包括企业内部筹资能力和企业外部筹资能力。企业内部筹资能力主要来源于企业留存收益,取决于企业的获利水平。外部筹资按筹集资金的性质可分为债务筹资和权益筹资。外部筹资主要来源于金融机构、证券市场、商业信用、租赁市场等。外部筹资能力取决于企业的综合状况,包括资产状况、信用状况、公关能力、盈利能力、发展趋势和潜力等因素,另外还取决于市场资金的供求状况、证券市场的行情等外部因素。

2. 偿债能力

偿债能力是指企业偿还到期债务的能力。偿债能力包括短期偿债能力和长期偿债能力。短期偿债能力是指企业流动资产对流动负债及时足额偿还的保证程度,是衡量企业当前财务能力,特别是流动资产变现能力的重要指标。企业短期偿债能力的衡量指标主要有流动比率、速动比率和现金负债率等。长期偿债能力是指企业偿还一年以上债务的能力,与企业的盈利能力、资产结构有十分密切的关系。对企业的长期债权人和所有者来说,他们更关心的是企业的长期偿债能力。反映长期偿债能力的比率有资产负债率、权益乘数、产权比率、利息保障倍数等。

3. 营运能力

营运能力反映企业资产的利用效率。其实质是要以尽可能少的资产占用,在尽可能短时间周转,生产尽可能多的产品,创造尽可能多的营业收入。因此,企业的营运能力是影响企业财务状况稳定与否和获利能力强弱的关键。营运能力分析主要通过对资产效率的分析来反映一家企业的资产管理水平和资产周转情况。企业的营运能力分析,实际上就是分析企业资源运用的效率,通常主要是从企业资金使用角度来进行的,因此有人也称其为资产管理效率分析。常用的分析指标包括总资产周转率、流动资产周转率、固定资产周转率、存货周转率、应收账款周转率等,利用这些指标可以分析出企业对这些可利用资产的使用效果。

4. 盈利能力

盈利能力是指企业利用各种经济资源赚取利润的能力。它是企业的重要经营目标,是企业生存和发展的物质基础,它关系到企业所有的利益相关者。通常,盈利能力也有广义和狭义之分。狭义的盈利能力通常仅指企业的经营获利水平,即来自销售产品或提供劳务的能力。而广义的盈利能力包括企业的资本运作获利能力。经营获利水平是指企业的销售水平和生产水平。销售水平又取决于销售量水平和销售价格水平。影响销售量水平和销售价格水平的因素有企业的市场营销能力、整个市场的供需状况、整个社会货币资金的供需状况等。生产水平取决于产量和成本。产量取决于企业的生产能力。企业的资本运作水平取决于企业对资本市场的洞察力、决策能力以及整个资本市场的状况。企业可以使用内含报酬率、净现值、会计收益率、投资回收期等指标来分析资本运作水平。

5. 发展能力

企业的发展能力也称企业的成长性，它是企业通过自身的生产经营活动不断扩大积累而形成的发展潜能。企业能否健康发展取决于多种因素，包括外部经营环境、企业内在素质和资源条件等。企业发展能力衡量的核心是企业价值增长率。通常，用净收益增长率来近似地描述企业价值的增长，并将其作为企业发展能力分析的重要指标。另外，营业收入增长率、资产保值增值率、资本积累率、总资产增长率、营业利润增长率、技术投入比率等均可作为评价发展能力的指标。

(二) 收集充分的信息

在进行运营情况分析时，应充分收集与分析对象相关的信息。这些信息既包括企业内部的又包括企业外部的，既包括财务的又包括非财务的，既包括数据型的又包括非数据型的，等等。在收集信息的过程中，应坚持准确性、全面性和及时性等原则，以保证信息的质量。内部信息主要包括财务信息、生产经营信息、资本运作信息、技术创新信息、综合管理信息等。企业可以通过会计资料、经营管理资料、调查研究报告、会议记录纪要、内部报刊网络等渠道和方式获取所需的内部信息。外部信息主要包括政策法规信息、经济形势信息、市场竞争信息、行业动态信息、科技进步信息等。企业可以通过立法监管部门、社会中介机构、行业协会组织、业务往来单位、市场调查研究等渠道和方式获取所需的外部信息。

(三) 选择适当的分析方法

企业应选择适当的方法对收集到的信息加以分析，从而全面系统地评价企业的经营状况。运营分析有很多种方法，常见的方法包括因素分析法、对比分析法、比率分析法、趋势分析法等。

1. 因素分析法

因素分析法是指依据某指标与其驱动因素之间的关系，从数量上确定各因素对指标的影响程度的一种方法。因素分析法既可以全面分析各因素对某一经济指标的影响，又可以单独分析某个因素对经济指标的影响。

2. 对比分析法

对比分析法是指将同一个指标在不同时期的执行结果进行对比，从而分析差异的一种方法。对比分析法可以用实际与计划进行对比，也可以用当期与上期进行对比，还可以用行业之间进行对比的方法。对比分析法根据分析的特殊需要又有绝对数比较和相对数比较两种形式。绝对数比较是利用绝对数进行对比，从而寻找差异的一种方法；相对数比较是用增长百分比或完成百分比指标来进行分析的一种方法。

3. 比率分析法

比率分析法是指将有关指标进行对比，用比率来反映它们之间的关系，以解释企业经营状况的一种方法。根据不同的分析内容和要求,可以计算各种不同的比率并进行对比,其中有相关指标比率、构成比率等。

4. 趋势分析法

趋势分析法是根据企业连续若干会计期间(至少 3 年)的分析资料,运用指数或动态比率的计算,比较与研究不同会计期间相关项目的变动情况和发展趋势的一种财务分析方法,也叫动态分析方法。趋势分析法既可以用文字表述,又可以用图解、表格或比较报告的形式。

七、绩效考评控制

(一)绩效考评控制的定义

绩效考评是指运用科学的方法,对企业或其各分支机构一定经营期间内的生产经营状况、资本运营效益、经营者业绩等进行定量和定性的考核、分析,作出客观、公正的综合评价,作为一个反馈控制手段,绩效考评在内部控制中作用显著。

《企业内部控制基本规范》第三十五条规定:"绩效考评控制"要求企业建立和实施绩效考评制度,科学设置考核指标体系,对企业内部各责任单位和全体员工的业绩进行定期考核和客观评价,将考评结果作为确定员工薪酬以及职务晋升、评优、降级、调岗、辞退等的依据。

(二)绩效考评系统的内容

绩效考评的本质是一个由各个要素组成的具有整体目的性和内在联系性的系统。一个典型的绩效考评系统应由评价主体与客体、评价目标、评价指标、评价标准、评价方法、评价报告等基本要素构成。

1. 评价主体与客体

绩效考评系统的评价主体主要是公司董事会和各级管理者;评价客体是各级管理人员和全体员工,当然也涉及对部门的绩效考评。

2. 评价目标

评价目标是指通过绩效考评所要达到的目的。评价目标与组织目标相关联,多依赖于战略目标的层层分解。企业应当建立以绩效为核心的分配激励制度,将绩效考核与薪酬相挂钩,切实做到薪酬安排与员工贡献相协调,既体现效率优先又兼顾公平,杜绝高管人员获得超越其实际贡献的薪酬;同时,要注意发挥企业福利对企业发展的重要促进作用,既要吸引企业所需要的员工、降低员工的流动率,又要激励员工、提高员工士气及对企业的认可度与忠诚度。

3. 评价指标

评价指标是指对评价客体的哪些方面进行评价。目前,评价指标的反映内容已经从过去的仅仅关注财务结果逐步拓展到关注驱动财务结果的非财务活动。考虑到绩效考核的目的不同,故要准确、客观地评价客体的业绩,必须对不同目的的绩效考核的评价指标进行个性化处理。

4. 评价标准

评价标准是判断评价客体业绩优劣的基准。评价标准最初是以实际的业绩水平为准来评判,但随着组织背景的逐渐变化,评价标准也随之变化。目前,绩效考评系统最为常用的三类标准是预算标准、历史标准和行业标准(包括竞争对手的标准)。

5. 评价方法

评价方法解决的是如何评价的问题,即采用一定的方法运用评价指标和评价标准,从而获得评价结果目前在实践中应用比较广泛的评价方法主要有单一评价方法(如经济附加值方法)、综合评价方法(如综合评分法)和多角度平衡评价方法(如平衡计分卡法)三类。

6. 评价报告

评价报告实际上属于绩效考评系统的输出信息,也是绩效考评系统的结论性文件。评价报告的编制应按照评价指标制定与计算、评价指标的实际值与评价标准的差异计量和分析、评价结论的得出、形成评价报告、奖惩建议等几个步骤进行,但其关键步骤在于评价指标计算和差异分析。

绩效考评系统各要素之间存在相互依存、相互支持的关系,具体表现在:评价目标是绩效考评系统的指南和目的,它决定了评价指标的选择、评价标准的设置、评价方法的确立和评价报告的编报。评价目标从定性和定量两个维度又分解为评价指标和评价标准。评价指标反映评价目标的具体内容;评价标准反映评价目标的具体水平。评价指标和评价标准相互影响。评价指标和评价标准是形成评价方法的基础,其类型的选择会影响评价方法的确立。评价方法不仅是对评价指标和评价标准的具体运用,而且还是对实际业绩是否达到评价目标的判断过程和处理过程。评价报告是整个绩效考评系统的输出信息,是对绩效考评系统其他要素的最终反映和综合体现。当然,评价报告的深度、广度与可信度要取决于评价指标、评价标准和评价方法的科学性。

(三) 绩效考评的三种模式

目前,人们广泛接受并在实践中得到普遍应用的绩效考评模式主要有会计基础绩效考评模式、经济基础绩效考评模式和战略管理绩效考评模式三种。

1. 会计基础绩效考评模式

会计基础绩效考评模式的主要特点就是采用会计基础指标作为绩效考评指标。会计基础指标的计算主要是利用财务报表的数据。会计基础绩效考评的方法主要包括:综合指数法、综合评分法、功效系数法等。会计基础绩效考评模式的优点在于:会计基础指标计算数据相对容易取得,而且严格遵循企业会计准则,具有较高程度的可比性和可靠性。

会计基础绩效考评模式的局限性在于:

(1) 会计收益的计算未考虑所有资本的成本,仅仅解释了债务资本的成本,然而却忽略了对权益资本成本的补偿。

(2) 由于会计方法的可选择性,以及财务报表的编制具有相当大的弹性,会计收益存在某种程度的失真,往往不能准确地反映企业的经营业绩。

(3) 会计收益是一种"短视指标",片面地强调利润容易造成企业管理者为追求短期效益而牺牲企业长期利益的后果。

2. 经济基础绩效考评模式

经济基础绩效考评模式的主要特点就是采用经济基础指标作为绩效考评指标。经济基础指标的计算主要是采用经济利润的理念。与传统的会计基础绩效考评模式相比,经济基础绩效考评模式更注重股东价值的创造和股东财富的增加。

EVA是经济基础绩效考评模式的典型代表。根据EVA的基本定义,它可以表述为经过调整的税后营业净利润减去投入资本的成本,即企业资本收益与资本成本之间的差额。EVA 并不是一项全新的创造,它的思想起源于经济利润的理念,其最大的优点就是不仅考虑了债务成本,而且考虑了股东权益资本成本。EVA 指标在利用会计信息时,尽量进行调整以消除会计失真,更加真实反映一家企业的业绩。此外,与净利润不同,EVA 指标的设计着眼于企业的长期发展,而不是短期行为,因此,应用该指标能够鼓励经营者进行能给企业带来长远利益的投资决策,如新产品的研究和开发、人力资源的建设等。而且,应用 EVA 能够建立有效的报酬激励系统,将管理者的报酬与衡量企业业绩的 EVA 指标相挂钩,正确引导管理者的努力方向,促使管理者充分关注企业的资本增值和长期经济效益。正是由于 EVA 具有上述优点,国务院国资委从 2010 年 1 月起正式引入 EVA 考核中央企业负责人的经营业绩。

3. 战略管理绩效考评模式

战略管理绩效考评模式源于 20 世纪 90 年代,引入非财务指标并将评价指标与战略相联系是战略管理绩效考评模式的显著特点。

战略管理绩效考评模式最具有代表性并具有广泛影响力的是平衡计分卡。1992 年,哈佛商学院教授罗伯特·卡普兰和复兴全球战略集团创始人戴维·诺顿在《哈佛商业评论》上联合发表了一篇名为《平衡计分卡:驱动业绩的评价指标》的文章。该文章是以 1990 年参与项目小组的 12 家公司试用这一新型绩效考评方法所得到的实证数据为基础的。卡普兰和诺顿的这些文章和著作集中体现了平衡计分卡自产生以来的发展历程:不仅评价指标不断丰富和创新,而且系统本身逐渐从单纯的绩效考评提升到了战略管理的高度。

平衡计分卡的基本形式,就是将影响企业运营的各种因素划分为四个主要方面,即财务、客户、内部运营和学习与成长,并针对这四个主要方面,设计出相应的评价指标,以便系统、全面地反映企业的整体运营状况,为企业的平衡管理和战略的实现服务。因此,平衡计分卡是以企业的战略为导向,以管理为核心,以各个方面相互影响、相互渗透为原则,建立起来的一个网络式的绩效考评系统。

平衡计分卡考核的优点如下:

(1) 有效地实现了指标间的平衡,强调了指标间的因果关系。

(2) 兼顾了不同相关利益者的利益,有利于获取和保持竞争优势。

(3) 兼顾非财务业绩计量,增强了过程控制和结果考核的联系。

(4) 这种方法将目标与战略具体化并加强了内部沟通。

平衡计分卡的局限性在于:

(1) 在评价目标的确定方面,尽管平衡计分卡从不同方面关注了客户、员工等利益相关者的利益,但忽略了通过利益相关者分析来认识企业经营目标和发展战略,因而不能准确地确定提高利益相关者满意度的关键动因。

(2) 在评价指标的选择方面,平衡计分卡对于如何选择特定的绩效考评指标并没有具体展开。正是由于这种因果关系的不明确,平衡计分卡遭到了许多质疑。另外,非财务评价指标的设计和计算也是一个难题。

(3) 在评价方法方面,平衡计分卡并没有给出明确的答案,单个指标的计分方法、权重的确定是一个产生问题的重要领域。卡普兰和诺顿并没有对其所使用的不同指标说明如何进行权衡如果不能明确如何在大量的指标中进行权衡,计分卡就无法达到"平衡"。

八、合同控制

合同是企业与自然人、法人和其他组织等平等主体之间设立、变更、终止民事权利义务关系的协议,其中不包括企业与职工签订的劳动合同。合同控制是企业经营管理的一项重要内容,也是企业依法经营、依法维护自身合法权益的一个重要方面。企业加强合同控制不仅有利于依法订立并履行合同协议,减少合同纠纷,保障企业自身的经营利益,还有利于企业加强和改善经营管理、提高经济效益和实现健康、良好发展。

在合同控制过程中,企业应当关注的风险有:未订立合同、未经授权或越权对外订立合同、合同对方主体资格未达要求、合同内容存在重大疏漏和欺诈,可能导致企业合法权益受到侵害;合同未全面履行或监控不当,可能损害企业利益、信誉和形象;合同协议纠纷处理不当,可能损害企业利益、信誉和形象。

在合同控制中,企业应该关注合同的签署、合同的履行以及合同的评估,从而完善合同控制的流程。

1. 合同的签署

企业对外发生经济行为,除即时结清方式外,应当订立书面合同。企业应注重从合同的签约对象、合同标的谈判与协商、合同文本、合同审核与内部会签、合同签署权限管理等几个方面加强合同控制。

2. 合同的履行

企业应当遵循诚实信用原则严格履行合同,对合同履行实施有效监控,强化对合同履行情况及效果的检查、分析和验收,确保合同全面有效履行。

合同生效后,企业就质量、价款、履行地点等内容与合同对方没有约定或者约定不明确的,可以协议补充;不能达成补充协议的,按照国家相关法律法规,合同有关条款或者交易习惯确定。

在合同履行过程中发现有失公平、条款有误或对方有欺诈行为等情形,或因政策调整、市场变化等客观因素,已经或可能导致企业利益受损,应当按照规定程序及时报告,并经双方协商一致,按照规定权限和程序办理合同变更或解除事宜。

企业应当加强合同纠纷管理,在履行合同过程中发生纠纷的,应当依据国家相关法律法规,在规定时效内与对方当事人协商并按规定权限和程序及时报告。合同纠纷经协商一致的,双方应当签订书面协议。合同纠纷经协商无法解决的,应当根据合同约定选择仲裁或诉讼方式解决。企业内部授权处理合同纠纷的,应当签署授权委托书。纠纷处理过程中,未经授权批准,相关经办人员不得向对方当事人作出实质性答复或承诺。

企业财会部门应当根据合同条款审核后办理结算义务。未按合同条款履约的,或应签订书面合同而未签订的,财会部门有权拒绝付款,并及时向企业有关负责人报告。

3. 合同的评估

企业应当建立合同履行情况评估制度,至少每年年末对合同履行的总体情况和重大合同履行的具体情况进行分析评估,对分析评估中发现合同履行中存在的不足,应当及时加以改进。企业应当健全合同控制考核与责任追究制度。对合同订立、履行过程中出现的违法违规行为,应当追究有关机构或人员的责任。

思考与讨论

1. 怎样理解"内部环境是内部控制的基础"这句话？
2. 简述董事会在内部控制中的地位和作用。
3. 机构设置的基本原则是什么？
4. 授权审批控制的主要形式有哪些？说明预算控制在其中的作用。
5. 控制活动有哪些？
6. 财产保护控制有哪些？
7. 绩效考评控制的三种模式有哪些？
8. 如何实现合同控制？

章节案例

案例题目：法兴银行的兴衰

一、案例简介

法国兴业银行(以下简称法兴银行)创建于1864年5月,是有着近150年历史的老牌欧洲银行也是世界上最大的银行集团之一。1997年总资产达到4 411亿美元,在法国跃居第一,在全球银行业排第7位,并进入世界最大的100家公司之列。

法兴银行分别在巴黎、东京、纽约的证券市场挂牌上市,拥有员工55 000名、国内网点2 600个,世界上多达80个国家的分支机构500家,以及500万名客户。它提供从传统商业银行到投资银行的全面、专业的金融服务,被视为世界上最大的衍生交易市场领导者,也一度被认为是世界上风险控制最出色的银行之一。

2008年1月,期货交易员杰罗姆·科维尔在未经授权情况下大量购买欧洲股指期货,形成49亿欧元(约71亿美元)的巨额亏空,创下世界银行业迄今为止因员工违规操作而蒙受的单笔最大金额损失,触发了法国乃至整个欧洲的金融震荡,并波及全球股市,引发暴跌。无论从性质还是规模来说,法兴银行的交易欺诈案都堪称史上最大的金融悲剧。法兴银行的惊魂6日为：

1月18日,法兴集团查出科维尔交易记录存在异常。

1月19日,科维尔承认进行未授权交易,调查团队开始调查。

1月20日至1月21日早晨,所有的头寸都被最终确认。在当天下午早些时候,总体盈亏程度被确认。

1月21日至1月23日,法兴集团对欺诈案中头寸紧急平仓,整整抛售3天。

杰罗姆·科维尔,法国人,出生于1977年11月,于1996年在法国南特大学获得学士学位,于2000年在法国里昂第二大学毕业,获金融市场运营管理硕士学位。老师评价认为,科维尔是一名极为优秀的学生,深受老师和同学的喜爱。

2000年,科维尔进入法兴银行,在监管交易的中台部门工作5年,负责信贷分析、审批、风险管理、计算交易盈亏,积累了关于控制流程的丰富经验。2005年,科维尔调入前台部门,供职于全球股权衍生品方案部,所做的事并非与客户直接相关：用银行自有资金进行套利的业务。

科维尔负责最基本的对冲欧洲股市的股指期货交易,即在购买一种股指期货产品 A 的同时,卖出一个设计相近的股指期货产品 B,实现套利或对冲目的。这是一种短线交易,且相似金融工具的价值相差无几,体现出来的仅是非常低的余值风险。

科维尔采用真买假卖的手法,把这种短线交易做成了长线交易。根据银行调查,从 2006 年后期起,科维尔开始买入一种投资组合 A 后,并不同时卖出。为掩盖建仓痕迹,规避相关的风险控制,他同期虚拟卖出,在投资组合 B 中置入了伪造的操作数据,使这个投资组合看起来与他所购买的投资组合 A 形成对冲,伪造手法五花八门。

(1) 第一种手法是确保所执行违规操作的特征不会引起高概率的控制核查;
(2) 第二种手法是盗用操作人员管理的 IT 系统权限,用于取消特定的交易行为;
(3) 第三种手法是伪造相关数据,使其能够伪造虚假操作数据的来源;
(4) 第四个手法是确保在每次虚假操作中使用另一个不同于他刚刚取消的交易中的金融工具,此举的目的是增加规避相关审查的概率。

在 2007—2008 年年初长达 1 年多的时间里,科维尔在欧洲各大股市上投资股指期货的头寸高达 500 亿欧元,超过法兴银行 359 亿欧元的市值。其中:道琼斯欧洲指数期货头寸 300 亿欧元;德国法兰克福股市 DAX 指数期货头寸 180 亿欧元;英国伦敦股市《金融时报》100 种股票平均价格指数期货头寸 20 亿欧元。

历史上有惊人的相似,法兴银行、英国巴林银行和中航油案如同出一辙,涉案者都为个人,都涉及金融产品,都给企业带来巨大的损失,有的甚至破产。相似的案例比较如表 8-2 所示。

表 8-2　　　　　　　　　　　　相似的案例比较

项目	法国兴业银行	英国巴林银行	中航油案
时间	2008 年	1995 年	2004 年
主要涉案人	杰罗姆·科维尔	尼克李森	陈久霖
涉及金融产品	利用银行漏洞买卖欧洲股指期货	违规进行东京证券交易所日经 225 股票指数期货合约交易	擅自从事石油衍生品期权交易
损失金额	71 亿美元	14 亿美元	5.5 亿美元
影响	向外界寻求注资约 55 亿欧元	破产	2006 年 3 月通过债务重组方案

二、内部控制漏洞分析

法兴银行作为一家"百年老店",享有丰富的金融风险管理经验,监控系统发达,工作权限级别森严,一个普通的交易员为何能够闯过五道电脑关卡,获得使用巨额资金的权限,违规操作一年多而没有被及时发现,这是我们关心的首要问题。我们把科维尔的行为定性为职务舞弊,那么我们仔细分析一下,可以发现科维尔职务舞弊得逞的原因不仅"归功于"其采取的"高超"操作手法,更主要的原因是法兴银行相关内部控制的严重漏洞。

与同事共谋为科维尔规避内部控制提供了机会,科维尔采用的虚假交易大约 15% 是由他的交易助理来完成的。正是交易助理和科维尔的共谋为规避内部控制提供了机会。在法兴银行基于诚信的企业文化背景下,交易员之间经常均衡经营业绩来获取更高的津贴,这就为科维尔规避内部控制创造了动机。

主管权益证券和派生证券的前台部门工作不力,自2007年以来,存在许多需要警惕或者调查的信号,但是银行前台部门都没有进行调查,其原因主要可归纳为五个方面。

(1) 科维尔顶头上司监管失灵,否则科维尔的职务舞弊可能更早被发现。在科维尔的舞弊案例中,对于交易活动和职员个人管理方面的监管都缺乏。交易员的顶头上司和监管者并没有对现存的数据结构进行必要分析,否则将能发现科维尔交易中的舞弊行为有许多敏感情形。内部控制系统不能及时作出反应并解决,尽管法兴银行总稽核部早就将交易员交易的内部控制缺陷识别为需要修正的事实,却没有得到及时解决。

(2) 更高一级的Delta One部门经理监管不力。该经理是一个新手,对科维尔所从事的交易业务不太熟悉,从而不能有效监管科维尔的交易。

(3) Delta One部门下属的上市产品部(科维尔所在部门)对科维尔职务舞弊业务的容忍,为科维尔更方便地实施职务舞弊行为创造了条件。伴随着Delta One部门交易量和利润的迅猛上升,前台部门迅速发展。在基于诚信的企业文化背景下,部门内交易员经常突破限额,进行未授权交易,以实现经营业绩均衡化。

(4) 前台部门对舞弊风险缺乏敏感度,对大量信号缺乏关注。不同部门间的内部控制缺乏有效交流和沟通,员工职责和内部控制程序没有充分明晰,而且缺乏完善的信息交流沟通制度,各个部门发现的异常信号很难集中并逐级报告到相关部门进行处理。

(5) 部门迅速扩展给正常经营带来了困难。譬如,交易量一年增长了一倍,员工2年内由4人增加到23人。在权益证券(equities)部门交易量急剧增加情况下,尽管对信息系统投入了不少资金,信息系统还是跟不上日益增长的交易环境的复杂性,从而不能有效处理交易。过分依赖人工处理以及员工超负荷工作意味着内部控制很难有效运行。这样的整体环境降低了内部控制运行的有效性。

整体上,内部控制按照规定的程序运行,但是这些内部控制并不能有效发现舞弊行为,缺乏一些关键的可以发现职务舞弊的内部控制。营运部门、会计财务部门、风险管理部门、主管权益证券和衍生证券交易的部门等部门的支持和控制功能存在瑕疵,从而不能发现科维尔舞弊。

这主要表现为:法兴银行的内部控制程序中,缺乏部门间横向内部控制功能,没有具体规定横向各个部门间内部控制的职责,各个部门发现的异常信号不能有效汇总并进行适当处理;缺乏特定的内部控制措施来识别舞弊。法兴银行的内部控制程序并没有将风险管理要求反映到与风险、结果或情形一致的分析中。作为内部控制中的一个重要参考标准,现金流量的变化可以反映出额外的异常信号,但遗憾的是,法兴银行的内部控制中缺乏明确的现金流量参考标准。

职业道德委员会缺乏适当的舞弊风险意识,忽视外部警示信号,从而不能及时发现舞弊。2007年11月,关于科维尔交易的异常现象,欧洲期货与期权交易所给法兴银行写了两封信,信中提及科维尔在2个小时内购买价值近12亿欧元的法兰克福DAX指数期货的异常现象。法兴银行总秘书处职业道德委员会收到信后和科维尔顶头上司进行了沟通,但是其沟通仅局限于对交易员科维尔的解释(譬如,科维尔与其助理的解释说明)进行确证,而不是深入调查并例外报告和校正错误。

三、思考

法兴银行在舞弊案例发生后,聘请"四大"之一的普华永道会计师事务所对其内部控制缺陷进行改进的方案,对我国企业的内部控制建设也是一个有益的借鉴。该方案指出,法兴银行旨在形成责任共担,互相尊重的企业文化。完善后的新内部控制旨在形成稳健且独立的内部控制和支持功能,恢复内部控制相关各方之间的平衡和牵制。

(1)在事先得到所有员工对其所承担的职责正式认可后,清晰界定各部门内所有员工的职责,将各个岗位职责写在员工手册上,明晰员工职责要求。

(2)明确银行内各个职能部门和辅助支持部门间的职责分工,制定辅助支持部门的交易支持辅助手册,取消交易员使用辅助支持部门IT的权利。

(3)成立专门委员会来评估内部控制程序和监管内部控制异常信号,将内部控制相关各方信号汇集到一起,从整体上对内部控制进行评价,使得内部控制的运行更为稳健。

(4)开展旨在强化风险管理和运营风险意识的计划。

思考:

1. 法兴银行的漏洞有哪些?
2. 如何改进法兴银行的内部控制?如何降低舞弊发生的概率?

资料来源:杨雪.内部控制与评价[M].上海:上海财经出版社,2018.

第九章 大数据时代下的管理会计发展

教学目标

通过本章教学,学生需要了解科技发展对管理会计的推动、管理会计目前的最新发展状况、财务共享发展的现状和智能财务的发展趋势,理解财务共享的处理流程以及财务共享的技术支撑需求,掌握智能财务的定义。

第一节 财务共享服务中心

一、财务共享服务中心概述

财务共享服务中心(Finance Shared Service Center,FSSC)是近年来出现并流行起来的会计和报告业务管理方式。它是将不同国家、地点的实体的会计业务拿到一个共享服务中心(SSC)来记账和报告,这样做的好处是保证了会计记录和报告的规范、结构统一,而且由于不需要在每个公司和办事处都设会计,节省了系统和人工成本;但这种操作受限于某些国家的法律规定。财务共享服务中心作为一种新的财务管理模式正在许多跨国公司和国内大型集团公司中兴起与推广。财务共享服务中心是企业集中式管理模式在财务管理上的最新应用,其目的在于通过一种有效的运作模式来解决大型集团公司财务职能建设中的重复投入和效率低下的弊端"财务共享服务"最初源于一个很简单的想法:将集团内各分公司的某些事务性的功能(如会计账务处理、员工工资福利处理等)集中处理,以达到规模效应,降低运作成本。目前,众多《财富》500强公司都已引入、建立"共享服务"运作模式。根据在欧洲的调查,30多家在欧洲建立"财务共享服务中心"的跨国公司平均降低了30%的财务运作成本。

二、财务共享服务中心的优势

与普通的企业财务管理模式不同,财务共享服务中心的优势在于其规模效应下的成本降低、财务管理水平及效率提高和企业核心竞争力上升。具体表现为:

(1) 运作成本降低。这可进行量化计算与比较，如分析一个共享服务中心人员每月平均处理凭证数、单位凭证的处理费用等。这方面的效益主要通过减少人员数目和减少中间管理层级来实现。如果共享服务中心建立在一个新的地点，通常成本的降低效果更显著，原因是：通常选择的新地点，当地的薪资水平会较低；通过在共享服务中心建立新型的组织结构和制定合理的激励制度，能显著地提高员工的工作效率，并形成不断进取的文化。

(2) 财务管理水平与效率提高。比如，企业对所有子公司采用相同的标准作业流程，废除冗余的步骤和流程；财务共享服务中心拥有相关子公司的所有财务数据，数据汇总、分析不再费时费力，更容易做到跨地域、跨部门整合数据；某一方面的专业人员相对集中，公司较易提供相关培训，培训费用也大为节省，招聘资深专业人员也变得可以承受，"共享服务中心"人员的总体专业技能较高，提供的服务更专业。此外，共享服务中心的模式也使得IT系统（硬件和软件）的标准化和更新变得更迅速、更易用、更省钱。

(3) 企业整合能力与核心竞争力提高。企业在新的地区建立子公司或收购公司，共享服务中心能马上为这些新建的子公司提供服务。同时，企业管理人员更集中精力在公司的核心业务，而将其他的辅助功能通过共享服务中心提供的服务完成。共享服务中心将企业管理人员从繁杂的非核心业务工作中解放出来。

(4) 向外界提供商业化服务。有些企业开始利用共享服务中心（一般为独立的子公司）向其他公司提供有偿服务。例如，由壳牌石油公司建立的"壳牌石油国际服务公司"每年约8%~9%的收入来自向外界提供服务。

三、财务共享服务中心的发展

随着中国经济强有力增长，在华的跨国企业、地区总部在逐年增加，中国企业的国际竞争力也日益凸显。而这些企业的内控、管理以及运营的优化则成为冰山一角，逐渐浮出水面，由此应运而生的IT、HR尤其是财务共享服务中心开始悄然风行……摩托罗拉、诺基亚、GE、ABB、麦当劳等诸多在华企业都已经建立了共享服务中心。

在各类共享服务中心中，目前国际上最流行的就是财务共享服务中心，通俗说就是财务文件管理外包服务。所谓财务共享服务中心，即将企业各种财务流程集中在一个特定的地点和平台来完成，通常包括财务应付、应收、总账、固定资产等等的处理。这种模式在提高效率、控制成本、加强内控、信息共享、提升客户满意度以及资源管理等方面，都会带来明显的收效。

据了解，在建立财务共享服务中心之前，诺基亚的供应商不得不将所有单据寄到各地分公司的财务部分别处理，不仅流程繁琐，而且不易保存。而富士施乐的财务文件管理服务，则将其单据处理模式转变为了电子化的集中管理，把工作人员从每月繁重的单据处理工作中解放出来，既节省了人力，又大大提高了工作效率。统计数字显示，采用这一服务后，诺基亚的供应商单据处理流程从原先的48步减少到12步，每张单据的处理时间也从5天减少到2天。

随着财务共享服务中心在欧美等发达国家的应用逐渐成熟，以及中国市场的快速成长与发展，在华的跨国公司和国内的大型企业对这项服务的需求也日渐增多。以一家在华的知名国际餐饮巨头为例，它通过富士施乐的外包服务建立了财务共享服务中心。利用这一数字化财务管理平台，这家餐饮巨头的会计中心开始了全新的工作方式。其中，负责应付账款的财务人员每天只需将票据扫描成电子文件、加上检索关键字、上传至管理平台，系统就会生成相应的电子凭证,进入财务审批流程。各地分店还能独立、快捷地通过该数字化财务管理平台查询发票信息和付款进程。不但工作效率得以大幅提升,还简化了部门及异地公司的查询流程。

通过资源整合,财务共享服务中心将对资源进行更有效分配,避免了在原先传统的分散处理模式下资源闲置的现象。此餐饮巨头建立财务共享服务中心之后,原先以录入为主的工作人员由 25 人降至 5 人,发票归档人员从 6 人降至 1 人。同时,企业还可将包括人力资源在内的各种资源优化配置。例如,在会计中心内部,可以按照实时的工作量变化灵活地调配财务人员,满足及时处理的需求。

"正是由于富士施乐的领先技术与丰富的文件管理经验,目前已经为众多企业提供了包括财务流程咨询、文件管理服务、共享平台建立、ERP 整合在内的整体解决方案。"富士施乐(中国)有限公司全球服务部业务拓展经理陈雪波介绍,"作为文件管理外包服务的领导者,富士施乐在中国财务共享服务中心的客户数正在成倍增长,其中包括不少大型国企。"

随着经济全球化和全球信息化的推进,许多全球主流的跨国公司,如杜邦、美孚、壳牌、宝洁等,也相继成立了财务共享服务中心。这些中心不仅提高了企业效率、优化了运营,还使企业能够专注于核心业务的拓展。从 2005 年开始,财务共享服务中心在全球范围的发展速度均超过 25%。通过财务共享中心的建设,企业能够有效地整合财务信息,利用网络直接开展财务信息的交流,大大提高了财务管理的效率,并降低了企业财务管理的成本。此外,财务共享中心的建设还有效提升了企业的综合竞争力,使财务人员的角色从日常账务处理转向更倾向于财务决策,重视对财务共享中心的管理效率的提升,从而为企业的发展作出更大的贡献。

四、财务共享服务中心给财务管理带来的变化

财务会计与管理会计的分离,是现代市场经济条件下企业财务管理的必然趋势。从职能上看,财务会计工作主要是账务处理,对它的要求是真实客观地反映企业经营状况,并符合各项规章制度的要求;管理会计主要涉及企业理财,即为资金的筹措和运用提供决策依据。在共享服务中心模式下,与决策成功相关性较低、重复度高、工作量大的会计核算工作被集中起来统一处理,使财务会计与管理会计的分离成为可能。

另外,在共享服务中心模式下,对财务人员的要求不再像从前那样全面。没有共享服务中心之前,各地分公司都设有自己的财务部门,在控制成本的前提下,要求每个财务人员都熟悉整套财务系统,能独立完成所有的账目处理。但在共享服务中心的财务中心,每个财务人员只需完成整个账目处理中的一个或某几个环节。比如,应收账款,对中国、日本、韩国的分公司都是同样的业务内容,一名财务人员就不需要做一个国家的全套账目处理,而只是需要处理某几个国家的同一个账目处理环节。这就如同工业化的流水线,降低了对每个流水线上员工的要求,即使是刚毕业的大学生,也能胜任工作。在大量节省人力资源及人力成本的同时,还保证了操作的准确性和可靠性,并且明确了员工的责任,有助于员工的绩效考核。

五、如何推进财务共享服务

作为一种新型的管理模式,共享服务的本质是由信息网络技术推动的运营管理模式的

变革与创新。在财务领域,它是基于统一的系统平台、ERP系统、统一的、会计核算方法、操作流程等来实现的。建立共享服务既是机遇又是挑战,任何新生事物都面临巨大的挑战,财务共享服务也不例外。财务共享是基于提高工作效率及成本效益两方面考虑而实施的,要成功地实施共享服务,如下因素非常关键:

(1) 实施共享服务成功的最重要因素是有效管理创新和思维方式的改变,这需要高层管理人员、基层经理和工作人员强有力的支持。

(2) 共享服务在技术上要有统一的系统支持。企业的财务信息系统是实现财务共享服务的基础和保障,因此,系统平台的统一搭建和整合是实现共享服务的第一步。统一的ERP系统是保证共享服务平台顺利搭建的关键因素。建立一个好的平台很重要,需要有一个统一的IT标准和一个流程标准,这样整合可以更快。

(3) 财务共享服务中心作为一个独立的运营实体,需要有一个非常好的商业模型,即使是内部的一个事业部门,也需要一个内部结算体系。因此,共享服务中心需要向服务对象提供一个能为他们所接受的低成本服务,同时又需要在低成本之上建立合理的价格体系。

管理是门艺术。任何先进的管理方法都要和自己公司的实际情况结合起来,变成适合自己的方法,才能发挥其最大效用。对财务共享服务中心这种模式,企业也应取其精华,去其糟粕,最大限度地利用这种模式获得增值。

六、财务共享服务中心处理流程

财务共享服务模式具体运作通常为:公司选址建立财务共享服务中心,通过共享服务中心向其众多的子公司(跨国家、跨事业部)提供统一的服务,并按一定的方式计费,收取服务费用,各子公司因此不再设立与财务共享服务中心相同功能的部门。最典型的服务是财务方面账务处理的服务,称为"共享会计服务",是一种以事务性处理功能为主的服务。还有一类"共享服务"以提供高价值的专业建议为服务内容,如税务、法律事务、资金管理等。

从原理上来看,财务共享服务中心是通过在一个或多个地点对人员、技术和流程的有效整合,实现公司内各流程标准化和精简化的一种创新手段。通常在财务共享服务中心的业务按循环可以分为总账、应付账款、应收账款和其他四大类。下面以财务共享服务中心的应付账款业务循环为例来介绍财务共享服务中心的运作流程。

在财务共享服务中心内,应付账款循环一般设有三种职位:出纳,负责共享服务中心所有本外币付款;员工报销专员,审核负责所有员工日常费用;供应商付款会计。财务共享服务中心的应收账款循环,通常可以分为申报、审批及入账和付款三大块。

第一,申报。各分公司员工将实际业务中发生形成的业务票据进行初步整理,并在分公司通过全公司财务信息管理系统中填报并形成一份独立的报销申请单,由该分公司的相关负责人批复后由专门管理部门收集并寄往财务共享服务中心。

第二,审批及入账。财务共享服务中心在收到分公司单据后,由专门管理部门进行登记和分类并根据分类情况发送至相应部门。应付账款小组在收到凭证后进行逐一确认并在公司的财务系统中进行审核。审核通过后生成文档导入财务模块,自动生成相关凭证;如果审核不通过,应付账款小组人员用电子邮件或电话形式通知分公司相应人员进行联系沟通以确认信息的准确性和完整性。在确认完信息后,如果在应付账款小组人员可直接修改情况下应该要求分公司员工发送一份书面修改请求。对于不能够由应付账款小组直接修改的情况,应付账款小组将会在公司财务信息系统中将报告驳回并要求相关人员对报销进行重新批复。

第三,付款。在生成凭证后应付账款小组进行付款,并对相关凭证进行归档。对于公司参股控股的独立法人的凭证将寄回原法人单位。

七、财务共享服务中心的技术支撑需求

财务共享服务中心模式虽然具有许多优势,但这种模式并不适合于所有的企业,其有效运行需要强大的信息系统、管理模式和员工素质作为技术支撑。

1. 信息系统支撑

财务共享服务中心模式下,远程财务流程需要建立强大的网络系统,需要强大的企业信息系统作为IT平台。IT技术的发展,特别是ERP系统的出现,推动了"财务共享服务"概念在企业界的实践和推广。利用ERP系统和其他信息技术"财务共享服务"模式可以跨越地理距离的障碍,向其服务对象提供内容广泛的、持续的、反应迅速的服务。

在财务共享服务模式下,只有通过IT平台来强化内部控制、降低风险、提高效率,才能实现"协同商务、集中管理"。所以必须建立一个财务共享服务的IT信息平台,让分子公司把数据导入系统,做到事前提示、事中控制、事后评价;可以在平台上建立财务模板,尽可能取消人工作业,让业务数据自动生成有用的财务信息;可以运用系统标准执行减少偏差及各业务单元可能的暗箱操作,降低各种隐含风险;可以通过设置让系统自动提示例外和预警;可以利用系统的开放性建立各数据共享接口和平台,满足各方不同需求;可以通过系统定期生成不同会计准则要求的报表及特殊报表等。

在满足信息化的环境下,财务人员可以更好地使财务直接用于支持战略决策的增值分析,为公司战略发展提供及时正确的导向,根据市场快速调整业务策略、经营战术等。共享服务的模式是在信息技术支持下的管理变革,只有利用现代的IT技术,才能使企业集团的财务共享服务真正落到实处。

2. 管理模式变革

财务共享服务模式,不是财务部门发起的,而是随着企业、集团公司的管理变革而产生的。当企业规模扩大、业务类型和管理层级不断增加时,企业分子公司的多套财务机构会使企业财务人员与管理费用快速膨胀、财务流程效率降低、重复设备投资规模加大、内控风险上升,多个独立、粗放而臃肿的财务"小流程"使总部统一协调财务变得越来越困难,增加盈利的代价就是加大风险。当这些现实严重毁损着企业的核心价值时,传统的财务管理模式已经成为企业发展的瓶颈。这时,企业必须站在战略的高度上,进行自身的管理变革,在变革中寻求突破。

3. 财务组织变革

在共享服务模式里面,必须进行财务组织结构的深度变革。管理变革以后,要求财务部门高效多维度提供信息满足企业管理与发展的需求,而传统的分权式或集权式财务架构无法完全满足这些需求。分权管理的优势是客户导向、商业智能,弊端是分支机构在一线有比较大的管理部门,流程与制度繁杂,很多工作难以实现标准化;集权的优势是经济规模化、流程标准化,弊端是反应迟钝、不灵活、与业务分离。而财务共享服务是将共性的、重复的、标准化的业务放在共享服务中心,它同时汲取了分权和集权的优势,摒除各自的弊端,使财务

共享中心成为企业的财务集成芯片,日常业务集中处理,总体职能向广阔和纵深发展,让财务在共享管理中直接体现出价值增值。通过财务共享方案的实施促使财务人员转型,使财务人员由记账转向财务建议、财务管理,为各个部门、各项业务提供财务支持,对市场变化作出反应,只有把工作重心转到高价值的决策支持上来,才能更好实现财务职能,满足企业战略、组织的需要。

4. 财务制度与政策统一

如果没有一个统一的制度政策,即使进行组织架构改革,仍然会出现问题。可见,要有统一规范的财务作业标准与流程,通过有效整合后,把制度政策配套起来切入到系统中去,保证前端业务部门按照制度和政策去运营,并根据外部环境和内部管理的需要不断完善与改进。

5. 人力资源配置

由于整个流程的规模统一性要求所有员工对流程一定基础的了解,在财务共享服务中心建立初期应大规模对各地员工进行培训。同时,在财务共享服务中心模式下,远程交流使得其对员工的沟通技术及能力提出了较高的要求。

第二节 财务智能

一、财务智能的定义

将财务管理理论模型化,通过智能匹配方式,将数据导入数据仓库或以数据仓库现有数据为分析对象,根据财务管理模型,利用计算机高速准确的计算能力,对数据仓库中的数据进行处理,迅速得到企业经营诊断报告,形成经营决策建议。财务智能从世界范围看,理论和实践才刚刚起步,但对改变企业管理、财务管理却起着革命性提升工作效率、辅助经营决策的作用。

(一)财务分析智能的定义

将财务分析模型固化在计算机程序中,通过从外部导入企业报表数据或以数据仓库内部存储的报表数据为分析对象,系统可自动依照分析模型,对数据进行相应处理,迅速出具各种形式的企业财务分析报告。

(二)经营分析智能的定义

将经营分析模型固化在计算机程序中,通过从外部导入企业明细报表数据或以数据仓库内部存储的明细报表数据为分析对象,系统可自动依照分析模型,对数据进行相应处理,迅速出具各种形式的企业经营分析报告。

(三)经营决策智能的定义

企业经营决策理论与计算机理论融合在一起,可通过计算机自动实现投资决策、融资决策和分配决策管理。

(四) 全面预算管理智能的定义

将全面预算管理理论与智能财务分析理论紧密结合在一起,利用计算机硬件、软件和因特网,实现对企业全程实时监控。监控环节包括目标确立、计划编制、上报、审批、下达、修订、执行、考核。

二、财务智能的历史

财务智能发展是人工智能和商务智能发展的结果,因此,本节首先介绍人工智能和商务智能的历史。

(一) 人工智能的历史

人工智能的发展是以硬件与软件为基础。它的发展经历了漫长的发展历程。

人们从很早就已开始研究自身的思维形成,亚里士多德(公元前384—公元前322年)在着手解释和编写他称之为三段论的演绎推理时,就迈出了向人工智能发展的早期步伐,可以看作为原始的知识表达规范。

人的心理活动具有不同的层次,它可以与计算机的层次相比较,心理活动的最高层级是思维策略,中间一层是初级信息处理,最低层级是生理过程,即中枢神经系统、神经元和大脑的活动,与此相应的是计算机程序、语言和硬件,如图9-1所示。

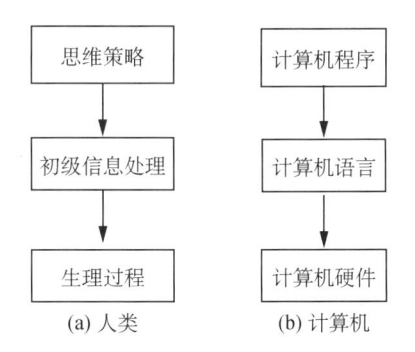

```
思维策略          计算机程序
   ↓                ↓
初级信息处理      计算机语言
   ↓                ↓
生理过程          计算机硬件
 (a) 人类          (b) 计算机
```

图 9-1 人类智能与人工智能认知对比

研究认知过程的主要任务是探求高层次思维决策与初级信息处理的关系,并用计算机程序来模拟人的思维策略水平,而用计算机语言模拟人的初级信息处理过程,既然计算机是一个物理符号系统,它就一定能够表现出智能。既然人是一个物理符号系统,计算机也是一个物理符号系统,那么我们就能够用计算机来模拟人的活动。

1940年,美国数学家维纳开始考虑计算机如何能像大脑一样工作。他发现了两者的相似性。维纳认为计算机是一个进行信息处理和信息转换的系统,只要这个系统能得到数据,机器本身就应该能做几乎任何事情。而且计算机本身并不一定要用齿轮,导线,轴,电机等部件制成。维纳系统地创建了控制论,根据这一理论,一个机械系统完全能进行运算和记忆。

著名人工智能历史研究学者麦考达克在她的著名的人工智能历史研究《机器思维》(1979)中曾经指出:在复杂的机械装置与智能之间存在着长期的联系。从几世纪前出现的神话般的复杂巨钟和机械自动机开始,人们已对机器操作的复杂性与自身的智能活动进行直接联系。

著名的英国科学家图灵被称为人工智能之父,图灵不仅创造了一个简单的通用的非数字计算模型,而且直接证明了计算机可能以某种被理解为智能的方法工作。1950年,图灵发表了题为《机器能思考吗?》的论文,给人工智能下了一个定义,而且论证了人工智能的可能性。定义智慧时,如果一台机器能够通过称之为图灵实验的实验,那它就是智慧的。图灵实验的本质就是让人在不看外形的情况下不能区别是机器的行为还是人的行为时,这个机器就是智慧的。

西蒙和纽威尔于1976年提出的物理符号系统假设的推论告诉我们,人和计算机这两个物理符号系统所使用的物理符号是相同的,因而计算机可以模拟人类的智能活动过程。

(二) 商务智能的历史

商务智能的概念起源于20世纪90年代中期的西方发达国家。有人将其定义为:商务智能是终端用户查询和报告、OLAP(多维分析)、数据挖掘、数据仓库等软件工具的集合,并使用某种数学算法对数据进行分析发现规律,从而建立起一种商业模型,提供给管理决策层进行模拟分析。可以说,商务智能是一个可包含企业所有知识的系统,服务于管理决策层或部门执行经理,帮助其进行决策和分析。

商务智能系统是一项复杂的系统工程,实施整个项目涉及企业管理、运作管理、信息系统、数据仓库、数据挖掘、统计分析等众多知识。用户必须按照正确的实施方法才能保证项目得以成功。

财务智能的历史在中国极其短暂,也就四五年的时间,财务智能事业方兴未艾。专业从事财务智能系统研究的机构很少。

三、财务智能的现状

(一) 人工智能的现状

目前人工智能的主要学派:符号主义、联结主义和行为主义。符号主义又称逻辑主义、心理学派或计算机学派,其原理主要为物理符号系统(即符号操作系统)假设和有限合理性原理。联结主义又称仿生学派或生理学派,其原理主要为神经网络及神经网络间的连接机制与学习算法。行为主义又称进化主义或控制论学派,其原理为控制论及感知—动作型控制系统。

人工智能的研究和应用领域包括问题求解、逻辑推理与定理证明、自然语言理解、自动程序设计、系统与语言工具、机器学习、人工神经网络、机器人学、模式识别、机器视觉、智能控制、智能检索、智能调度与指挥、专家系统。

一般来说,专家系统是一个智能计算机程序系统,其内部具有大量专家水平的某个领域知识与经验,能够利用人类专家的知识和解决问题的方法来解决该领域的问题。也就是说,专家系统是一个具有大量专门知识与经验的程序系统,它应用人工智能技术,根据某个领域一个或多个人类专家提供的知识和经验进行推理和判断,模拟人类专家的决策过程,以解决那些需要专家决定的复杂问题。

在已经建立的专家咨询系统中,有能够诊断疾病的(包括中医诊断智能机),估计潜在石油等矿藏的,研究复杂有机化合物结构的以及提供使用其他计算机系统的参考意见等。发展专家系统的关键是表达和运用专家知识,即来自人类专家的并已被证明对解决有关领域内的典型问题是有用的事实和过程。专家系统和传统的计算机程序最本质的不同之处在于专家系统所要解决的问题一般没有算法解,并且经常要在不完全、不精确或不确定的信息基础上作出结论。

专家系统可以解决的问题一般包括解释、预测、诊断、设计、规划、监视、修理、指导和控制等。高性能的专家系统也已经从学术研究开始进入实际应用研究。随着人工智能整体水平的提高,专家系统也获得发展。正在开发的新一代专家系统有分布式专家系统和协同式专家系统等。在新一代专家系统中,不但采用基于规则的方法,而且采用基于模型的原理。

(二) 商务智能的现状

商务智能是提高企业市场竞争力的一种技术手段和方法论。商务智能软件会将海量信息进行分类,让相关信息聚集在一起,并会根据要求对数据进行分析或整理。许多企业管理人员发现,有效、快速对有价值的信息进行分析和利用,是企业制胜的关键。商务智能可以通过对信息进行汇总、分类,让管理人员可以进行更快,更正确地分析和决策,从而提升决策品质和企业竞争力。

在企业的大量信息中可能包含有很多潜在的规律,比如各类客户的特征、购买习惯与喜欢购买商品之间的联系等信息,简单统计或汇总是无法发现的。而通过商务智能系统对销售数据的分析就可实现。有人这样形象地来说明商务智能的意义:一张有意义的图表所代表的价值远胜于一堆表格中的数字,这是因为最后需要的结果不是报表,而是决策。

其实,商务智能是一种管理辅助技术,帮助管理人员及时了解企业运行状况,发现企业中的问题,进行快速、准确决策。但商务智能系统是辅助决策系统,不能自动处理企业运行过程中遇到的问题,更不能代替管理人员进行决策。

面对日趋激烈的竞争和挑战,越来越多的企业明白不能快速、准确地决策,不能及时发现业务中潜在问题、抓住商机,就是竞争的失败;发现问题的及时性,发现对手未发现的潜在规律,就是抓住了效益。于是,企业将目光投向了商务智能——能带来决策的快速性和准确性的科学管理思维方式。

如今,对商务智能认识不断深入的企业愈来愈多,国外许多成熟的 BI 厂商已看中这一市场。国内软件公司已可以利用先进的技术和方法开发,实现了产品基于 B/S 体系结构,支持各种主流平台和工业标准,并可在互联网环境下部署。但还需提高构建跨平台的、可重用的、可伸缩的、可管理的应用开发、部署与管理架构等。

目前智能企业管理分析平台是集财务决策、经营分析、预算管理以及合并会计报表为一体的智能分析平台,有简易到极点的财务智能仓和灵活到极点的万能管理仓,两仓合一形成中国自主研发的智能管理仓。智能企业管理分析平台的诞生,标志着中国财务智能的发展进入到新阶段,拓展到企业管理智能的领域。

四、财务智能的发展趋势

(一) 人工智能的发展趋势

人工智能的发展对人类的影响包括对社会、文化、经济的影响。对社会的影响包括:劳务就业问题、社会结构变化、思维方式与观念的变化、心理上的威胁、技术失控的危险、引起的法律问题；对文化的影响包括：改善人类知识、改善人类语言、改善文化生活；人工智能对经济的影响如下：专家系统的效益。成功的专家系统能为它的建造者、拥有者和用户带来明显的经济效益。用比较经济的方法执行任务而不需要有经验的专家，可以极大地减少劳务开支和培养费用。由于软件易于复制，专家系统能够广泛传播专家知识和经验，推广应用数量有限的和昂贵的专业人员及其知识。如果保护得当，软件能被长期地和完整地保存。领域专业人员（如医生）难以同时保持最新的实际建议（如治疗方案和方法），而专家系统却能迅速地更新和保存这类建议，使终端用户（如病人）从中受益。同时人工智能推动计算机技术发展。

（二）商务智能的发展趋势

1. 企业商业智能——箭已在弦上

"在今天这样的信息分析时代，我们面对的已经不是缺少信息，我们的问题是如何得到正确的信息以帮助我们制定决策。"这是众多的 CIO 共同的感叹。

企业要想在激烈的市场竞争中立于不败之地，产品、服务的质量是最基本的生存法则。但是，外界环境的飞速变化，企业领导要想真正了解自身的运营状况，并作出符合市场未来发展方向的经营决策，就必须依靠其对市场变化的掌控能力和敏锐的洞察力，以及企业内部精准的成本核算。商业智能系统的最大好处是可以得到准确、及时的信息，帮助企业赢得竞争优势，借助商业智能的核心技术，利用企业中长期积累的海量数据，可以实现客户分类和特点分析、市场营销策略分析、经营成本与收入分析等具体应用。

随着网络的发展，以及各种信息系统在企业中的应用，企业将收集越来越多的关于客户、产品及销售情况在内的各种信息，这些信息能帮助企业更好地预测和把握未来。商务智能在迅速发展的电子商务中的应用将会愈加广泛。

2. 从商业智能到管理智能

从国外企业商业智能的最新发展趋势，以及企业信息化的最终目标——信息化的平台来看，商业智能软件不可能以一个单独的软件来引导企业的发展。从战略上来说，统一的信息化平台也要求必须把商业智能技术和管理软件的所有模块整合，让人力资源管理系统、客户关系管理、安全防护、操作输入、数据应用、办公自动化、流程管理、信息平台也变得智能，这已经不是一个简单的融合了。它标志着管理智能已经初现端倪，国内已经有商业智能的软件开发企业在这方面进行了有效的尝试，这也从一个侧面标志着我国企业管理软件的一个新的走向：正从商业智能扩展至管理智能。

管理智能是一个多智能体系统，目前在国外主要运用于大型企业集团的管理和辅助决策，它汇集了企业集团内外尽可能全面的信息，并能根据企业不同层面经营与决策者的需要提供有用的参考信息和决策方案选项，模拟企业的经营和管理过程，是企业各级管理人员和经营者进行战略分析和管理决策的电子模型。在企业管理基本实现信息化后，企业信息化的深入应用目标应该转向决策的智能化，可以相信，企业管理从信息化走向智能化是商业智能进一步深入发展的重要途径。

总体来看，国内企业运用商业智能的确取得了快速的进步，但是目前国内企业的商业智能距离国际化的"智能"标准还有相当大的差距，企业管理者只有清楚认识到这些差距，才有可能在该领域市场取得长足进步。更进一步，从长远的和可持续发展的眼光来看，中国企业只有不断缩小与国外成熟企业在管理模式和管理理念上的差距,从商业智能走向管理智能才能真正从 BI 中获得竞争优势。

财务智能作为管理智能重要组成部分,有以下几个发展趋势:

(1) 功能演变趋势。功能演变趋势包括智能财务分析、智能经营决策、智能全面预算管理和智能企业管理。

(2) 技术演变趋势。技术演变趋势包括单机版、网络版和移动商务。

思考与讨论

1. 财务共享服务中心的优势是什么?
2. 财务共享给管理会计带来哪些变化?
3. 人工智能的现状有哪些?
4. 财务智能的发展趋势什么?

章节案例

案例题目:财务共享服务中心的银行分析

A 银行是我国大型股份制商业银行之一,该银行成立初期,财务报销、资金支付和会计核算等相关操作分散在总、分行本部和支行三级分别进行;2003 年,A 银行实现了一个城市一个财务中心,即相关操作集中到分行一级完成;2006 年,A 银行经过深入调查研究,提出了实行全行财务共享服务的工作思路,经过 7 个月的系统开发和 5 个多月的实施推广,于 2007 年完成财务共享服务中心的建设,实现了全行财务共享服务。

A 银行财务共享服务中心的建设经历了项目规划、系统开发、推广上线三个阶段。项目规划主要是成立项目小组,进行调研、论证,制定实施方案,对组织架构、岗位职责、操作流程、系统建设等进行详细规划;系统开发主要是以财务软件、网上银行系统为基础,进行集成开发,完成财务原始单据影像化、财务审批、资金支付和会计核算全过程的电子化处理;推广上线主要是通过试点,及时发现和解决问题,不断完善系统,并在充分动员的基础上,分批推广上线。

一、A 银行实行财务共享服务的主要做法

A 银行财务共享服务的主要内容包括全行所有机构财务事项集中审核、资金集中支付、会计账务集中处理三个方面。财务事项集中审核:A 银行开发了原始单据影像处理系统,分行通过扫描方式将财务凭证和审批单据输入系统,传到总行财务共享服务中心,总行对系统上传信息进行合规性、完整性审核,财务部门的审核实现全过程电子化。资金集中支付:全行所有支付原则上由总行统一办理,分支机构相关账户不再保留余额,对经财务共享服务中心集中审核后的资金支付事项,总行资金支付管理人员确认无误后发出支付指令,财务共享服务系统自动将指令传递给网上银行系统,实现自动支付。会计账务集中处理:全行会计核算工作由财务共享服务中心完成,分支行不再承担会计核算工作,在具体操作中,财务共享服务系统与财务总账系统对接,财务总账系统根据审核后的报账信息,自动生成会计分录,完成会计核算,每日营业终了,财务系统自动将相关信息传入综合业务系统和数据仓库系统。

为实现上述"三个集中",A银行除了完成业务流程梳理、项目规划和系统开发等工作,还完成了对财务组织架构作适当调整、对财务管理制度建设进行修订、做好相关培训工作、进一步优化事由审批流程、财务共享服务系统与其他系统的对接等配套工作。

(一)对财务组织架构作适当调整

A银行将原来的总、分、支行三级财务组织架构改为总行财务共享服务中心、分行财务共享服务分中心两级架构,支行不再设置财务机构或财务岗位。其中:总行财务共享服务中心负责管理全行的财务账务报账工作,包括全行财务报账的审核、核算和支付结算等;分行财务共享服务分中心负责组织辖内财务账务报账工作,包括审核原始票据的合规性,扫描及上传原始凭证,上传辖内有关财务数据,维护当地税务关系,装订及保管原始单据、账簿等。

(二)对财务管理制度进行修订

A银行制定了财务报账管理办法等规章制度和操作手册,对财务共享服务中心的工作职责、报账流程、审批权限、财务会计档案管理、分行报账工作考核办法等进行了明确规定,确保有章可循,规范操作。

(三)做好相关培训工作

A银行财务部门制定了专门的培训教材,并组织实施了多次大规模的培训活动。其中,对分行的培训,先在各分行财务人员中培训一批业务骨干,再由各分行业务骨干去培训各分行操作人员,保证了在较短的时间内完成了对全行人员的培训。

(四)进一步优化事由审批流程

A银行按照电子化报账的要求,在OA系统设置了财务事由审批的模块,并设计了电子化和手工审批相结合的流程;通过财务制度的培训和宣讲,使全体员工知晓和掌握财务报账要求,提高了财务事由审批的效率。

(五)财务共享服务系统与其他系统的对接

A银行的财务共享服务系统与OA系统、管理会计系统、客户关系管理系统、资产负债管理系统、稽核系统等相对接,基本实现了各信息系统的业务集成和数据共享。通过全面信息化建设,不仅为经营管理提供了强大的支持,而且为推行全面预算管理、全成本管理、责任单位考核等先进财务管理奠定了基础。

二、A银行实行财务共享服务的主要成效

A银行通过在全行推行财务共享服务,达到了经营管理水平和经营效益双提高的效果,具体表现在:

(一)降低了管理成本

通过财务共享服务,取消了支行财务岗位和财务人员,压缩了分行的财务管理人员,全行财务人员总数大大减少,降低了人力成本;通过将财务工作中简单、重复、操作性的事务集中到总行处理,降低了分支机构财务检查、审计、监督等的管理成本。

(二)提高了经营效率

通过财务共享服务,实现了前、后台的专业化分工,分支机构不再承担操作性工作,有利于其将主要精力投入到市场和业务拓展中;财务操作的标准化、流程化和集中处理,有利于先进技术的采用和工作效率的提高。

(三) 是有效地控制了经营风险

通过财务共享服务,实现了对分支机构财务的事中控制,保证了会计信息的质量,全行财务管理的透明度大大提高。通过统一的制度和标准化的流程,还强化了总部对分支机构的管控力度,有利于降低银行整体的运营风险。

(四) 是有利于提升财务的决策支持能力

通过财务共享服务,有利于细化和丰富核算内容,也提高了财务信息的及时性、准确性和完整性;大大解放了财务的生产力,有利于为业务发展和决策提供更有力支持。

(五) 为构建先进的财务管理模式奠定了基础

财务共享服务是会计电算化的深化,也是财务管理信息化的最基本层次。只有以此为基础,才能推进预算管理、资金管理、成本管理的信息化,使财务的职能和作用得到充分发挥。

三、A银行实行财务共享服务的主要经验

(一) 将财务共享服务中心的建设作为发展规划和流程再造的重要内容

A银行以建设一流银行为目标,制定了新一轮的5年发展纲要,打造前台市场化、中台标准化和后台集中化的管理模式,以便于对内部资源进行整合和形成竞争优势,进行标准化经营。与此相适应,财务共享服务作为后台集中化的重要内容,也作为银行基础设施的重要组成部分,得到了先行实施。

(二) 财务共享服务的成功实施很大程度上取决于高层领导的决心和支持

实行财务共享服务,需对现有财务管理组织架构、操作流程、财务制度等方面进行较大的调整,工作量大,难度高,且不可避免地会触及现有内部利益格局。A银行这些工作能够顺利完成,很大程度上得益于高层领导的决心和大力支持,A银行董事长在全行会议上作重点强调,计划财务部负责人作专题发言,总行领导出面进行协调推动,这些都为项目的成功提供了组织保证。

(三) 要破除一些传统习惯和认识

财务共享服务也带来思想观念上的变革,打破了一些传统习惯和认识:一是打破我国企业组织体系"大而全、小而全"的传统观念,按照专业化、流程化、集约化的标准来调整内部组织架构,实施流程再造;二是打破依赖手工操作、纸质文件签名审批的传统习惯,大力推行电子化审批,并以严密的安全措施,增强电子化操作的可信度和可靠性;三是打破害怕公开、透明、习惯遮遮掩掩的落后心理,大力宣传正确的财务理念,加强阳光财务建设。

(四) 要善于运用先进技术手段

A银行在财务管理中,积极引进先进的管理理念,并努力使之与先进的技术相结合,如为满足财务处理对原始单据的要求,创造性地在报账系统中增加了图像扫描处理功能,将用于大宗货物销售管理的条形码技术用到了日常财务管理中。这些都极大地挖掘了内部潜力,提升了管理价值,为银行创造了不可估量的效益。

(五) 要积极稳妥,周密筹划,分步实施

鉴于财务共享服务存在思想观念、行为习惯和现实利益方面的困难,A银行制定了积极稳妥、周密筹划、分步实施的推进原则。在项目初期,进行了充分的前期准备,清晰界定了项目的目标和需求;在项目实施过程中善于抓住主要矛盾,先易后难,逐步推进,保证了整个项目按时保质完成。

当前,财务共享服务在西方国家已得到了较为普遍的应用,并取得了良好的效果。我国

由于法律、制度、文化、产权结构以及思维习惯与国外存在较大的差别,决定了我国企业集团在应用共享服务时,必须结合国内实际情况、行业特点和企业自身的特点,不能一哄而上。笔者认为,我国符合如下特点的企业比较适合建立财务共享服务中心:

(1) 企业达到一定的规模,分支机构众多。

(2) 企业经营相对单一,在多元化经营的企业中,因核算准则不同,可考虑按行业提供财务共享服务,如果一家企业行业众多而每个行业的单位又很少,则不适于推行财务共享服务。

(3) 每个分支机构的财务事务能够按统一的规则和流程处理,可复制可批量处理。

(4) 总部有集中财务管理的需求,要求强化分支机构管控。

(5) 企业对风险管理的要求较高,追求流程的科学、标准化以及制度的强力执行。我国证券、保险、银行、电信等行业的大部分集团企业符合以上特点。

资料来源:胡保亮,闫帅.商业模式创新[M].北京:清华大学出版社,2022.

主要参考文献

[1] 郑玲.高级管理会计理论与实务[M].北京:经济科学出版社,2022.
[2] 杨公遂,杨若谷,尉可超.高级管理会计理论与实务[M].大连:东北财经大学出版社,2019.
[3] 刘运国.高级管理会计[M].北京:中国人民大学出版社,2018.
[4] 冯巧根.高级管理会计:理论与实践[M].北京:清华大学出版社,2019.
[5] 胡玉明.高级管理会计[M].4版.厦门:厦门大学出版社,2016.
[6] 李敏.绩效管理理论与实务[M].上海:复旦大学出版社,2015.
[7] 胡晓明.公司治理与内部控制[M].北京:人民邮电出版社,2014.
[8] 杨晔.管理会计案例与解析[M].北京:经济科学出版社,2019.